中国石化产业上市公司发展报告 2024

Development Report of
China Petrochemical Industry Listed Companies 2024

中国石油和化学工业联合会 ——— 组织编写
和君集团

化学工业出版社
·北京·

内容简介

本书以中国 A 股上市的石化产业上市公司为切入点，分析研究中国石油与石化产业高质量发展现状。全书从产业发展、资本运作、科技创新和 ESG 表现四个维度出发，构建"绝对＋相对"两套标准，对石化产业上市公司做系统诊断，并结合行业发展现状和典型案例，通过对上市公司分析和对比找出不足，以期引领石化行业高质量发展。

本书可以为行业从事企业决策及市场分析、发展规划的中高层管理人员以及国内外投资机构、贸易公司、银行、证券、咨询服务部门的管理人员、政府主管部门、行业协（学）会、科研机构、高等院校、制造企业及材料供应商等提供一定的参考。

图书在版编目（CIP）数据

中国石化产业上市公司发展报告. 2024 / 中国石油和化学工业联合会，和君集团组织编写. -- 北京：化学工业出版社，2024. 10. -- ISBN 978-7-122-46298-5

Ⅰ．F426.22

中国国家版本馆CIP数据核字第2024Q3N261号

责任编辑：仇志刚　韩霄翠　林　洁　　装帧设计：王晓宇
责任校对：王　静

出版发行：化学工业出版社
　　　　　（北京市东城区青年湖南街13号　邮政编码100011）
印　　装：中煤（北京）印务有限公司
787mm×1092mm　1/16　印张19¾　字数413千字
2024年10月北京第1版第1次印刷

购书咨询：010-64518888　　　　　　售后服务：010-64518899
网　　址：http://www.cip.com.cn
凡购买本书，如有缺损质量问题，本社销售中心负责调换。

定　　价：198.00元　　　　　　　　　版权所有　违者必究

《中国石化产业上市公司发展报告（2024）》
编委会

主　　任：孙伟善

委　　员：戚志强　瞿　辉　庞江竹　张福琴　曹东学

《中国石化产业上市公司发展报告（2024）》
编写组

主　　编：任　旸　解　雷

编写人员（按姓氏拼音排序）：

　　　　　边思颖　陈　苏　陈晓彤　高　阳　李顶杰

　　　　　李海洋　陆　浩　罗　荻　王　力　杨政鸿

　　　　　易阳春　战　玮　张　量　张　伟

序一
Foreword

2023年9月份以来，习近平总书记围绕什么是新质生产力、怎么发展新质生产力做出了系统阐述和一系列重大论断。总书记在新的历史发展时期，提出新质生产力的理论，正是中国共产党在带领14亿中国人民实现中华民族伟大复兴的进程中，对生产力发展理论的重大创新和自觉实践。新质生产力的提出，对我国石油和化学工业全力加速培育和锻造具有竞争性和成长力的优势特色产业指明了方向，为我国石油和化学工业强国建设增添了动力和活力。

企业强则国家强，企业兴则行业兴。"十三五"初期，石油和化工行业提出了由石油和化学工业大国向强国跨越的历史性目标。如何加速实现这一重要目标，就是要有一批代表行业新质生产力的行业企业，行业企业的发展水平直接关系着行业的发展前景。行业上市公司就是石化行业新质生产力的重要代表，是行业内的领军企业，能够带动相关产业的发展，能够引领行业趋势，是行业经济增长的重要驱动力。

截至2023年11月底，我国石油和化工行业上市公司456家（占行业规模以上企业数量30 507家的比重为1.49%），实现营收总额10.28万亿元（全行业营收总额的占比达64.45%），净利润5 182.61亿元（全行业净利润总额的占比达59.34%），行业上市公司对行业发展重要性不言而喻，十分重要。鉴于此，《中国石化产业上市公司发展报告（2024）》的出版发行就十分必要。

同样截至2023年11月30日，我国石化产业上市公司总市值6.95万亿元，占全A股5 314家上市公司总市值比例7.82%，低于营业收入和净利润占比（2023年营收占比14.16%，净利润占比9.15%）。石化产业上市公司平均市值（152.36亿元）也小于全A股上市公司平均市值（167.11亿元）。放眼全球，中国石化产业上市公司在全球石化产业上市公司中的数量占比为19.33%，总市值占比14.36%，总营收占比约19.50%，净利润总额占比约11.90%。中国石化产业上市公司的平均市值（152.36亿元）同样小于全球石化产业上市公司的平均市值（208.23亿元）。相对于全球石化产业，我国石化产业上市公司在盈利能力和市值方面表现较弱。这充分说明我国石化产业上市公司的资本市场价值与其实际经营能力不甚匹配，无论与我国A股上市公司相比，还是与全球石化产业上市公司相比,我国石化产业上市公司在盈利能力和市值方面也有较大差距。如何通过分析和对比找出不足,如何通过上市公司分析引领全行业高质量发展?《中国石化产业上市公司发展报告(2024)》的出版不但必要而且迫切。

《中国石化产业上市公司发展报告(2024)》通过对石化产业和资本市场两个层面政策文件的学习解读,分别从产业发展(财务表现)、资本市场、科技创新和 ESG 表现四个维度做了分析,剖析了我国石化产业上市公司的发展现状。通过分析数据了解本因,为本书看点之一。

另一方面,由于石化行业资本密集、重资产等行业特征明显,行业内上市公司规模差距大,可比性较小。基于上述原因,在四个分析维度的基础上,本书采用了"绝对+相对"两个标准,衡量上市公司的发展质量并进行横向对比。绝对标准,即上市公司在各维度内相应指标的绝对值;相对标准,即创新性地构建一套石化产业上市公司发展质量的评价体系,通过回归去除绝对体量(市值、营收)的影响后,得到上市公司各指标在行业内的相对发展水平。通过现象了解实质,此为本书看点之二。

通过对系列数据、模型和案例的分析,本书较完整剖析了中国石化产业上市公司的发展现状,并据此提出了针对每个细分行业的发展建议,本意是立足于高质量发展当下,对石化行业上市公司进行一次系统诊断,也是面向中国式现代化目标要求,对石化产业高质量发展提出建议的倡议书。由表及里提出措施和方法,此为本书看点之三。

我们所处的时代是最好的时代,既对石油和化工行业的高质量发展提出了新的要求,也为石油和化工行业的高质量发展创造了机遇。在挑战和机遇面前,某一类企业的进步不能代表全行业的进步,只有所有类型企业的进步才是全行业的整体进步。石化行业产业链条众多,细分行业多,各行业各有特色,且不同所有制企业在发展思路、社会责任以及政策环境不尽相同,这也恰恰为我们的深层次研究提出了方向:后续的研究将由表及里向纵深转变,尽力精细化针对性为行业高质量发展提供参考与支撑。

希望本书的出版能为石化行业上市公司的高质量发展提供有益借鉴。同时,也希望越来越多的石化上市公司能够立足行业发展实际,加快走"产品卓越、品牌卓著、创新领先、治理现代"的世界一流企业发展道路,为我国石化行业的高质量发展、为建设石油和化学工业强国做出应有贡献!

2024 年 6 月

序二 Foreword

上市公司是国民经济的骨干力量，以其资本实力、市场影响力和创新能力，在推动经济持续健康发展方面发挥着产业引擎作用。国务院于 2020 年发布《关于进一步提高上市公司质量的意见》，从国家层面形成了提高上市公司质量的制度安排。在此背景下，我国上市公司内生动能不断集聚，回报能力稳步提升，高质量发展稳步推进。截至 2024 年 6 月底，国内 A 股上市公司共计 5348 家，总市值 80.94 万亿元，2023 年会计年度总营收 72.61 万亿元，净利润总额 5.68 万亿元。全市场上市公司 2023 年共实现增加值 19.49 万亿元，占 GDP 总额的 15.46%，较上年增加 0.14 个百分点，对国内经济的影响力日益增强。

石化产业作为国民经济基础性、支柱性产业，是推动我国经济高质量发展的关键和重点产业之一。2023 年我国石油和化工产业实现营业收入 15.95 万亿元，利润总额 8 733.6 亿元，分别占全国工业的 12% 和 11.4%。截至 2023 年 11 月底，石化产业上市公司共计 456 家（占全 A 股 8.58%），总市值 6.95 万亿元（占全 A 股 7.82%），营收总额 10.28 万亿元（占全 A 股 14.16%、全产业 64.45%），净利润总额 5 182.61 亿元（占全 A 股 9.15%、全产业 59.34%）。石化产业上市公司数量众多、规模较大，俨然已经成为中国石化产业的中流砥柱，对其系统研究意义重大。

石化产业的特点是产业链条长、细分行多，从上游原油开采到下游化工产品制造各环节差异显著。从市值来看，上游炼化及贸易板块 29 家上市公司的总市值占全产业 35.86%，平均市值 858.99 亿元；而下游塑料板块 72 家上市公司总市值仅占全产业的 5.16%，平均市值仅 49.79 亿元。面对石化产业上市公司上述特点，本书基于和君咨询超过 20 年的"管理咨询＋投资银行"专业实践经验，将石化产业研究和资本市场研究有机结合，利用下述三种研究思路：

第一，运用"HJ-18"模型建立研究框架。为全面勾画一个产业或地区上市公司群体的特征，和君咨询原创性提出 18 个研究上市公司的维度，包括上市公司数量、上市进程、产业特征、市值特征等。据此，和君咨询连续多年发布区域上市公司发展报告（39 份／年），在上市公司研究领域积累了丰富经验。结合石化产业发展特点与政策趋势，本书将"HJ-18"进一步总结提炼到产业发展、资本市场、科技创新和ESG表现四个维度，以此作为全书研究框架。

第二、利用"绝对分析＋相对比较"研究方法。石化产业上市公司数量众多、市值分布区间广泛（50亿元市值以下上市公司数量占比达63.84%，高于全A股50亿元市值以下上市公司数量占比54.41%），市值前十的上市公司占产业市值总和的比例高达53.37%。本书在用绝对数据对上市公司进行"HJ-18"维度的剖析之外还原创性提出了一套石化产业上市公司发展质量的评价体系，在去除了市值和营收等上市公司绝对体量的影响后，比较其各类维度在产业内的相对水平。

第三，确立"产融互动"研究理念。和君咨询针对企业发展提出了"产业为本、战略为势、创新为魂、金融为器"的基本理念，本书紧紧围绕石化产业上市公司的产业赛道、战略定位、科技创新和资本运作，探寻如何将产业发展与资本运作有机结合，实现产融互动，打造产业龙头上市公司，为石化产业上市公司高质量发展提供参考和借鉴。

本书通过对比石化产业上市公司与全A股上市公司、对比石化产业各细分板块上市公司，可以看到资本市场对石化产业及其各环节的态度和反馈，同时也是对当下产业可持续、精细化发展趋势的印证和牵引，旨在深入剖析石化产业上市公司发展现状，提出高质量发展建议。

和君咨询作为中国本土领先的综合性管理咨询公司，有幸受中国石油和化学工业联合会邀请参与到本书的编写，我们期待通过这份报告助力中国石化产业上市公司的稳健成长，激发未上市公司的发展潜力，共同推动石化产业高质量发展。

和君集团董事长

2024年8月于和君小镇

Preface 前言

当前我国石化行业正处于高质量发展筑牢根基的关键时期，2023年全行业总营收与利润"双下降"，结构性产能过剩问题凸显，科技创新与绿色低碳转型疾步推进，行业发展"由大到强"。系统认识我国石化产业的发展状况是行业高质量发展的基础，上市公司作为行业龙头企业，其发展情况是行业最为典型和直接的体现。因此，本书以中国 A 股上市的石化产业上市公司为切入点，分析研究中国石油与石化产业高质量发展现状。

目前关于石化产业及其上市公司发展的研究，在对行业现状分析后大多向后预测，聚焦于某一面角度或细分行业，缺乏全局视角和横向对比。本书从"产业发展、资本运作、科技创新和 ESG 表现"四个维度出发，构建"绝对 + 相对"两套标准，对石化产业上市公司做系统诊断，结合行业发展现状和典型案例，实现了对石化产业整体的深度认识。

书中对上市公司分类采用申万宏源行业分类标准，将石化产业上市公司分为石油石化（46 家）与基础化工（410 家）两个板块，共计 10 个二级行业。该标准主要从投资管理角度出发，兼顾政府及行业管理部门的行业分类，主要考虑公司收入与利润的行业来源结构。

本书的研究对象是截至 2023 年 11 月 30 日 A 股上市的 456 家中国石化产业上市公司，资本市场数据获取时间为 2023 年 11 月 30 日，财务数据获取时间为 2022 年底；报告所涉及的所有货币单位均为人民币。

全书从产业发展、资本运作、科技创新和 ESG 表现四个维度展开对中国石化产业上市公司的研究，四个维度的分类来源于《关于"十四五"推动石化化工行业高质量发展的指导意见》之石化产业高质量发展要求：创新发展、产业结构、产业布局、数字化转型、绿色安全，以及《关于进一步提高上市公司质量的意见》、《关于加强监管防范风险推动资本市场高质量发展的若干意见》等资本市场高质量发展意见。

本书自 2023 年 12 月开始立项撰写，撰写过程充分听取行业内专家建议，与相关企业、证券公司与投资机构等进行了深度交流，经过数月的深入研究和精心撰写，最终完成对中国石化产业上市公司的系统研究。

希望本书能为行业内上市公司提供较为清晰的定位，为非上市公司提供参考与方向；为政策制定提供依据与参考；也为关注石化产业的投资者提供更多视角与决策支持，共同蓄力石化产业高质量发展。

编者

2024 年 6 月于北京

目录 Contents

绪论 001

第一章 中国石化产业上市公司基本情况 007

第一节 上市公司总体分布 008
一、上市公司的数量 008
二、石化行业公司上市的进程与速度 009
三、所有制性质 012
四、市值分布 014
五、板块分布 028
六、区域分布 030

第二节 上市公司发展情况 032
一、业绩表现 032
二、资本运作 092
三、科技创新 135
四、ESG 表现 141

本章小结 171

第二章
中国石化产业上市公司发展质量评价
175

第一节 上市公司发展质量评分方法 … 176
 一、评分体系构建 … 176
 二、评价指标 … 177
 三、综合评分 … 179

第二节 上市公司发展质量评分结果 … 182
 一、产业发展（财务维度） … 182
 二、科技创新维度 … 184
 三、资本市场维度 … 186
 四、ESG 表现维度 … 188

 本章小结 … 191

第三章
中国石化产业发展现状与趋势
193

第一节 宏观经济形势 … 194
 一、国际经济环境 … 194
 二、国内经济环境 … 194

第二节 相关政策 … 195
 一、石化行业主要产业政策分析 … 195
 二、上市公司高质量发展政策分析 … 200

第三节 产业发展现状 … 201
 一、产业结构优化 … 201
 二、产业空间布局 … 219
 三、创新驱动发展 … 222
 四、数字化转型 … 225
 五、绿色低碳发展 … 226

第四节 产业发展趋势 … 228
 一、产业供给高端化 … 229
 二、产业布局集约化 … 230

三、产业转型数字化 … 230
四、产业过程绿色化 … 231

本章小结 … 231

第四章 石化产业上市公司典型案例 235

第一节 荣盛石化 … 236
一、公司概况 … 236
二、产业发展 … 237
三、技术创新 … 242
四、资本运作 … 243
五、ESG 表现 … 244
六、案例总结 … 246

第二节 恒力石化 … 249
一、公司概况 … 249
二、产业发展 … 251
三、技术创新 … 255
四、资本运作 … 256
五、ESG 表现 … 258
六、案例总结 … 260

第三节 万华化学 … 262
一、公司概况 … 262
二、产业发展 … 263
三、技术创新 … 267
四、资本运作 … 268
五、ESG 表现 … 269
六、案例总结 … 271

第四节 中国石化 … 273
一、公司概况 … 273

　　　　　二、产业发展　　　　　　　　274
　　　　　三、技术创新　　　　　　　　277
　　　　　四、资本运作　　　　　　　　278
　　　　　五、ESG 表现　　　　　　　280
　　　　　六、案例总结　　　　　　　　282

　　第五节　巴斯夫　　　　　　　　　　284
　　　　　一、公司概况　　　　　　　　284
　　　　　二、经营状况　　　　　　　　285
　　　　　三、资本运作　　　　　　　　287
　　　　　四、案例总结　　　　　　　　287

　　第六节　韩国 SK 集团　　　　　　　288
　　　　　一、公司概况　　　　　　　　288
　　　　　二、经营状况　　　　　　　　289
　　　　　三、资本运作　　　　　　　　291
　　　　　四、案例总结　　　　　　　　291

第五章　中国石化产业上市公司发展建议

第一节　中国石化产业上市公司发展问题总结　　296

第二节　中国石化产业上市公司高质量发展建议　　298

　　　一、化学制品、橡胶、塑料板块　　299

　　　二、油气开采、炼化及贸易、油服工程板块　　300

　　　三、农化制品、化学原料、化学纤维、非金属材料板块　　301

绪论

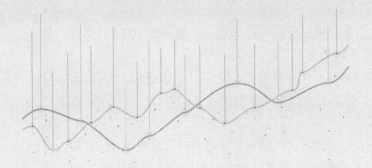

研究对象

报告以截至 2023 年 11 月 30 日 A 股上市的 456 家中国石化产业上市公司为研究对象，资本市场数据获取时间为 2023 年 11 月 30 日，财务数据获取时间为 2022 年底；报告所涉及的所有货币单位均为人民币。

中国 A 股 456 家石油石化上市公司总市值 6.95 万亿元，总资产 10.30 万亿元，总营收 10.61 万亿元，净利润总额 0.58 万亿元。

同期，A 股上市公司共 5 314 家（石化产业占比 8.58%），总市值 88.80 万亿元（石化产业占比 7.82%），总营收 71.85 万亿元（石化产业占比 14.77%），净利润总额 5.33 万亿元（石化产业占比 10.88%）。

全球共有 2 359 家石油石化上市公司（中国占比 19.33%），总市值 48.41 万亿元（中国占比 14.36%），总营收 54.41 万亿元（中国占比 19.50%），净利润总额 4.88 万亿元（中国占比 11.89%）。

行业分类

报告采用申万宏源行业分类，将石化产业上市公司分为石油石化（46 家）与基础化工（410 家）两个板块，共计 10 个二级行业。申万宏源行业分类标准主要从投资管理角度出发，兼顾政府及行业管理部门的行业分类，主要考虑公司收入与利润的行业来源结构。

研究方法

报告从宏观经济、中观行业和微观上市公司多层面构建分析体系，采用产业研究 SMART 模型、企业研究 ECIRM 模型和上市公司研究 HJ-18 模型等方法，对中国石化产业上市公司进行系统分析，探究其高质量发展现状及问题。

产业研究SMART模型	企业研究ECIRM模型
S：产业规模（scale）、竞争结构（structure）	E：企业家（entrepreneur）
M：商业模式/盈利模式（model of business）	C：资本（capital）
A：资产（assets）	I：产业（industry）
R：监管、政策（regulation）	R：资源（resource）
T：技术（technology）	M：管理（management）

上市公司研究HJ-18模型		
1.上市公司的数量	7.上市公司股东财富和高管薪酬	13.就业贡献
2.企业上市的进程与速度	8.资产负债情况	14.纳税贡献
3.区域分布与交易所板块分布	9.创收和盈利情况	15.合规性
4.行业特征	10.研发投入	16.资本市场关注度和参与度
5.市值特点	11.资本运作	17.ESG
6.实际控制人和所有制性质	12.国际化程度	18.碳排放

研究框架

报告以中国A股上市的石化产业上市公司为切入点，探究中国石油与石化产业高质量发展现状，分析中国石化产业上市公司高质量发展面临的问题，并提出相应建议。

	分析维度	产业发展	资本运作	科技创新	ESG表现	
中国石化产业上市公司高质量发展研究报告	上市公司发展现状	上市公司业绩情况	上市公司资本运作	上市公司科技创新	上市公司ESG表现	问题提出：■国内石化上市公司发展现状 ■国内石化上市公司与全A股的对比 ■不同板块差异
	上市公司发展质量分析	财务表现维度评分	资本市场维度评分	科技创新维度评分	ESG表现维度评分	
	石化产业整体发展情况	中国石油与石化产业主要产品供需、竞争格局、空间布局等现状				原因探究：■国内石化产业发展对上市公司的影响
	上市公司高质量发展典型案例	荣盛石化 巴斯夫	恒力石化 韩国SK集团	万华化学	中国石化	解决思路：■国内外典型案例如何实现高质量发展
	上市公司高质量发展设想	中国石油与石化产业上市公司面临的问题及措施建议				发展设想：■中国石油石化产业上市公司发展设想

从产业发展、资本运作、科技创新和 ESG 表现四个维度展开对石化产业上市公司的研究，四个维度的分类来源于《关于"十四五"推动石化化工行业高质量发展的指导意见》之石化产业高质量发展要求：创新发展、产业结构、产业布局、数字化转型、绿色安全，以及《关于进一步提高上市公司质量的意见》《关于加强监管防范风险推动资本市场高质量发展的若干意见》等资本市场高质量发展意见。

首先，对中国石化产业上市公司发展质量的分析从绝对量和相对量两个角度展开。第一章借助上市公司研究 HJ-18 模型，对石化产业上市公司总体分布、业绩表现、资本运作、科技创新和 ESG 表现进行详细分析，研究中国石化产业上市公司当前表现。第二章构建了一套中国石化产业上市公司高质量发展评分体系，在除去上市公司体量对其指标数据的影响后，从产业发展、资本运作、科技创新和 ESG 表现四个维度对石化产业上市公司进行质量评分，评价当前上市公司发展水平。

第二，借助产业研究 SMART 模型对中国石化产业整体发展状况进行分析，主要包括中国石化产业主要产品供需、竞争格局、空间分布和发展趋势等内容，旨在探究中国石化产业上市公司现状背后的产业原因。

第三，借助企业研究 ECIRM 模型对中国石化产业高质量发展典型案例进行分析，报告选取了荣盛石化、万华化学、恒力石化、中国石化、巴斯夫和韩国 SK 集团作为典型案例，旨在从国内外高质量发展典型案例中寻找上市公司高质量发展途径。

最后，在对上市公司发展现状进行分析后，探究中国石化产业上市公司高质量发展面临的问题，并提出相应解决建议。

第一章
中国石化产业上市公司基本情况

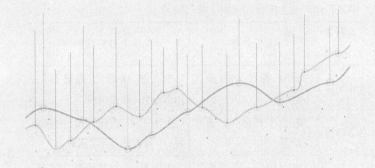

第一节 上市公司总体分布

一、上市公司的数量

截至 2023 年 11 月 30 日,石化行业❶共有 A 股上市公司 456 家(表 1-1),其中石油石化行业 46 家、基础化工行业 410 家❷。同期,全国共有 A 股上市公司 5 314 家,石化行业上市公司数量占全 A 股的 8.58%(图 1-1)。

表 1-1 中国石化产业上市公司分类(申万宏源)

一级行业	二级行业	数量	占行业比例	主营业务	板块上市公司举例
石油石化	炼化及贸易	29	6.36%	原油、芳烃、烯烃及其下游产品	中石油、中石化、荣盛石化、恒力石化、东方盛虹
石油石化	油服工程	13	2.85%	石油工程服务、钻井设备等	中油工程、石化油服、海油发展、中曼石油、贝肯能源
石油石化	油气开采Ⅱ	4	0.88%	油田服务、原油勘探与生产	中国海油、新潮能源、蓝焰控股、ST 洲际
基础化工	化学制品	167	36.62%	高分子聚合物、化学中间体、染料、催化剂等	万华化学、合盛硅业、巨化股份、中化国际、多氟多
基础化工	塑料	72	15.79%	高分子聚合物、塑料制品	华润材料、普利特、圣泉集团、神剑股份、金发科技
基础化工	农化制品	59	12.94%	钾/氮/磷肥、催化剂、农药	兴发集团、盐湖股份、云天化、华鲁恒升、史丹利
基础化工	化学原料	58	12.72%	无机/有机化工原料、聚合物、化学试剂	宝丰能源、鲁西化工、苏盐井神、卫星化学、中核钛白
基础化工	化学纤维	23	5.04%	合成纤维、人造纤维、特种纤维	新凤鸣、华峰化学、神马股份、泰和新材
基础化工	橡胶	19	4.17%	高分子聚合物、塑胶机械、橡胶配件	天铁股份、三维股份、黑猫股份、三力士、科创新源
基础化工	非金属材料Ⅱ	12	2.63%	矿物类非金属矿产、矿制品等	石英股份、力量钻石、齐鲁华信

---

❶ 除非特殊说明,本报告中行业分类均采用《申万宏源行业分类标准(2021 版)》。
❷ 除非特殊说明,本报告中上市公司均指 A 股上市公司;本报告中关于上市公司数量的统计,均指存续上市公司,不考虑上市公司退市情况,统计时间截至 2023 年 11 月 30 日。

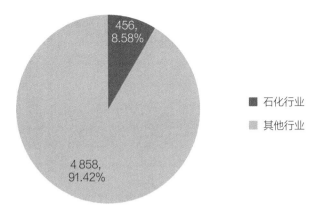

图1-1 石化行业上市公司占全A股比例（数量）

数据来源：Wind。

以二级行业划分（图1-2），46家石油石化A股上市公司被划分为3类，其中炼化及贸易29家、油服工程13家、油气开采Ⅱ4家；410家基础化工A股上市公司被划分为7类，其中化学制品167家、塑料72家、农化制品59家、化学原料58家、化学纤维23家、橡胶19家，非金属材料Ⅱ12家。

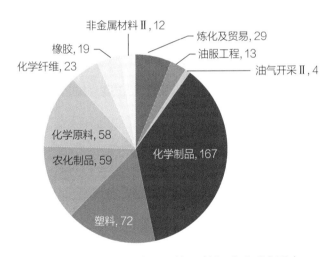

图1-2 石化行业上市公司数量（按二级行业划分）

数据来源：Wind。

二、石化行业公司上市的进程与速度

1992年8月5日，基础化工行业第一家上市公司（中毅达600610.SH）在上交所挂牌，开启石化行业公司上市的历史进程。以上市公司的首次公开募股日（IPO日）

为准,我们把石化行业公司上市❶进程划分为以下几个阶段(图1-3):

第一阶段(1992~1999年)共59家公司上市。

第二阶段(2000~2009年)共71家公司上市。

第三阶段(2010~2019年)共179家公司上市。

第四阶段(2020~2023年11月30日)共147家公司上市。也就是说,在最近的三年多时间里,新上市的公司数量已接近2010~2019年近十年上市的公司数量总和(表1-2)。

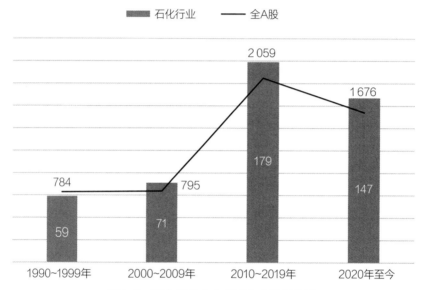

图1-3 石化行业上市公司上市进程统计

数据来源:Wind。

表1-2 各二级板块公司上市数量与占比统计

类别	第一阶段 (1992~1999年)		第二阶段 (2000~2009年)		第三阶段 (2010~2019年)		第四阶段 (2020~2023年 11月30日)	
	数量	占比	数量	占比	数量	占比	数量	占比
石化行业	59	100%	71	100%	179	100%	147	100%
石油石化行业	11	18.64%	15	21.13%	15	8.38%	5	3.40%
炼化及贸易	8	13.56%	10	14.08%	7	3.91%	4	2.72%
油服工程	1	1.69%	4	5.63%	8	4.47%	0	0.00%
油气开采Ⅱ	2	3.39%	1	1.41%	0	0.00%	1	0.68%
基础化工行业	48	81.36%	56	78.87%	164	91.62%	142	96.60%
化学制品	6	10.17%	18	25.35%	78	43.58%	65	44.22%
塑料	3	5.08%	6	8.45%	31	17.32%	32	21.77%

❶ 不考虑借壳上市、主营业务变更等情形。

续表

类别	第一阶段 （1992~1999年）		第二阶段 （2000~2009年）		第三阶段 （2010~2019年）		第四阶段 （2020~2023年 11月30日）	
	数量	占比	数量	占比	数量	占比	数量	占比
农化制品	13	22.03%	13	18.31%	25	13.97%	8	5.44%
化学原料	18	30.51%	13	18.31%	13	7.26%	14	9.52%
化学纤维	8	13.56%	4	5.63%	3	1.68%	8	5.44%
橡胶	0	0.00%	2	2.82%	10	5.59%	7	4.76%
非金属材料Ⅱ	0	0.00%	0	0.00%	4	2.23%	8	5.44%
全A股	784	—	795	—	2 059	—	1 676	—

数据来源：Wind。

可以看出，炼化及贸易、油服工程公司上市数量占比最高的阶段是2000~2009年，这两个板块在近几年已罕有公司在A股上市；油气开采Ⅱ板块的公司上市时间集中在2009年以前，2010年至今，仅有中海油一家于2022年在A股上市；化学制品、塑料、橡胶、非金属材料Ⅱ板块的公司上市数量占比持续增长；农化制品、化学原料、化学纤维板块的公司上市数量占比整体呈下降趋势，上市节奏逐渐放缓，其中化学原料、化学纤维板块在第四阶段有所回温（表1-3）。

表1-3 各二级板块上市公司数量、占比与增长率统计

类别	2020年初		2023年11月		增长率
	数量	占全国比例	数量	占全国比例	
石化行业	309	8.49%	456	8.58%	47.57%
石油石化行业	41	1.13%	46	0.87%	12.20%
炼化及贸易	25	0.69%	29	0.55%	16.00%
油服工程	13	0.36%	13	0.24%	0%
油气开采Ⅱ	3	0.08%	4	0.08%	33.33%
基础化工行业	268	7.37%	410	7.72%	52.99%
化学制品	102	2.80%	167	3.14%	63.73%
塑料	40	1.10%	72	1.35%	80.00%
农化制品	51	1.40%	59	1.11%	15.69%
化学原料	44	1.21%	58	1.09%	31.82%
化学纤维	15	0.41%	23	0.43%	53.33%
橡胶	12	0.33%	19	0.36%	58.33%
非金属材料Ⅱ	4	0.11%	12	0.23%	200.00%
全A股	3 638	—	5 314	—	46.07%

数据来源：Wind。

总体来看，石化行业公司上市进程与全 A 股的趋势基本保持一致。

从 2020 年初至今，石化行业上市公司数量增长率为 47.57%，略高于全 A 股的增长率（46.07%）；在各二级板块中，非金属材料Ⅱ、塑料、化学制品的上市公司数量增长最快，增长率分别为 200%、80%、63.73%；油服工程、农化制品、炼化及贸易的上市公司数量增长有所放缓，增长率分别为 0%、15.69%、16%；基础化工行业各板块表现明显，较石油石化行业更好，石油石化行业 2020 年初至今上市公司数量综合增长率仅为 12.20%，从上市公司数量角度来看，石油石化行业在培育上市公司方面正在面临增长瓶颈。

三、所有制性质

从实控人和所有制性质来看❶，石化行业共有五种类型的上市公司。其中，国有企业 112 家（其中中央国有 38 家、地方国有 74 家），民营企业 307 家❷，外资及港澳台资企业 13 家，集体企业 4 家，无实控人企业 20 家（图 1-4）。

石化行业上市公司中，民营企业共 307 家，占全行业上市公司总数的 67.32%，民营企业总市值占全行业的 32.94%；石油石化行业上市公司中，民营企业共 21 家，占石油石化上市公司总数的 45.65%，民营企业总市值占石油石化行业的 12.28%；基础化工行业上市公司中，民营企业共 286 家，占基础化工上市公司总数的 69.76%；民营企业总市值占基础化工行业的 56.23%（表 1-4）。

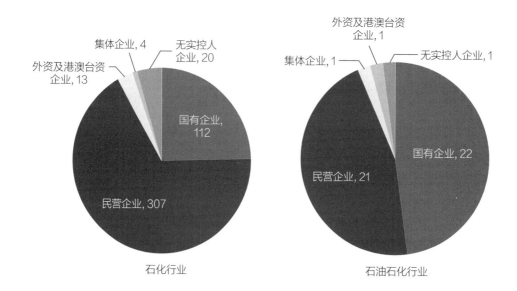

---

❶ 采用 Wind 平台的"公司属性""实际控制人属性"和"实际控制人名称"指标予以统计，取值时间为 2023 年 11 月 30 日。

❷ 在民营上市公司的分类及后续分析中，未考虑外资及港澳台资上市公司与无实控人上市公司的民营属性。

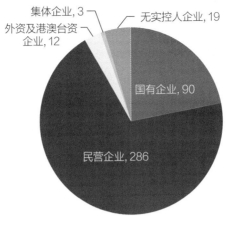

图1-4 石化行业上市公司按实控人和所有制性质分类统计

数据来源：Wind。

表1-4 各二级板块民营上市公司数量和市值统计

类别	数量	占比	总市值（亿元）	市值占比	平均市值（亿元）
石化行业	307	67.32%	22 886.95	32.94%	74.55
石油石化行业	21	45.65%	4 520.02	12.28%	215.24
炼化及贸易	15	51.72%	4 278.24	17.17%	285.22
油服工程	6	46.15%	241.77	11.35%	40.30
油气开采Ⅱ	0	—	—	—	—
基础化工行业	286	69.76%	18 366.94	56.23%	64.22
化学制品	130	77.84%	7 035.89	54.41%	54.12
塑料	57	79.17%	2 915.90	81.34%	51.16
农化制品	37	62.71%	2 402.50	40.11%	64.93
化学原料	22	37.93%	3 505.12	55.34%	159.32
化学纤维	12	52.17%	891.99	47.33%	74.33
橡胶	17	89.47%	687.72	70.38%	40.45
非金属材料Ⅱ	11	91.67%	927.82	96.36%	84.35
全A股	3 387	63.74%	325 080.87	36.61%	95.98

数据来源：Wind。

对比各板块及全A股上市公司中的民营企业情况可知：

从数量上来看，石化行业上市公司中民营企业占比（67.32%）略高于全A股（63.74%）；其中，石油石化行业上市公司以国有企业（47.83%）为主，民营企业占比为 45.65%；基础化工行业的民营企业占比较高，为 69.76%。各二级板块中，有 4 个板块的民营企业占比超过全 A 股水平，分别为非金属材料Ⅱ（91.67%）、橡胶（89.47%）、塑料（79.17%）以及化学制品（77.84%）；民营企业占比最低的 3 个板块分别为油气开采Ⅱ（0%）、化学原料（37.93%）、油服工程（46.15%）。

从市值上来看，石化行业上市公司中民营企业占比（32.94%）略低于全 A 股（36.61%）；其中，石油石化行业的民营企业市值占比（12.28%）远低于全 A 股水平；基础化工行业的民营企业市值占比较高，为 56.23%。各二级板块中，基础化工行业 7 个板块的民营企业市值占比均超过全 A 股水平，分别为非金属材料Ⅱ（96.36%）、塑料（81.34%）、橡胶（70.38%）、化学原料（55.34%）、化学制品（54.41%）、化学纤维（47.33%）以及农化制品（40.11%）；石油石化行业各板块民营企业市值占比显著较低，其中炼化及贸易板块民营企业市值占比（17.17%）不及全 A 股水平的一半，油服开采板块占比（11.35%）不及全 A 股水平的三分之一，油气开采Ⅱ板块没有民营企业。

从平均市值来看，石化行业民营上市公司平均市值为 74.55 亿元，与全 A 股民营上市公司平均市值（95.98 亿元）相比，尚有明显差距。

民营企业是行业的重要组成部分，在发展民营经济、加快推动优质民营企业上市方面，石化行业仍然大有可为。

四、市值分布

（一）与全国对比

1. 上市公司总览

截至 2023 年 11 月 30 日，石化行业 456 家上市公司总市值为 69 474.36 亿元，占全 A 股上市公司总市值的 7.82%（图 1-5）；市值占比低于公司数量 8.58% 的占比；平均市值为 152.36 亿元，略低于全 A 股的平均市值（167.11 亿元）。

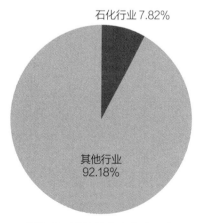

图1-5　石化行业上市公司占全A股比例（总市值）

数据来源：Wind。

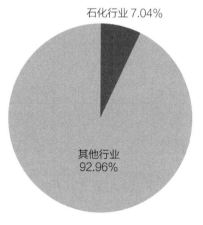

图1-6　石化行业民营上市公司占全A股比例（总市值）

数据来源：Wind。

2. 民营上市公司

截至 2023 年 11 月 30 日，石化行业 307 家民营上市公司总市值为 22 886.95 亿元，占全行业上市公司总市值的 32.94%（对比而言，全 A 股民营上市公司占全 A 股的比例为 36.61%），占全 A 股民营上市公司总市值的 7.04%（图 1-6）；平均市值为 74.55 亿元，低于全 A 股民营上市公司的平均市值（95.98 亿元）。

（二）各二级板块对比

1. 上市公司总览

石化行业上市公司市值情况统计（按二级行业划分）见表 1-5。

表1-5　石化行业上市公司市值情况统计（按二级行业划分）

类别	公司数量	总市值（亿元）	总市值排名	占全行业比例	平均市值（亿元）	平均市值排名	市值中位数（亿元）	中位数排名
石化行业	456	69 474.36	—	—	152.36	—	43.76	—
石油石化行业	46	36 809.96	—	52.98%	800.22	—	58.29	—
炼化及贸易	29	24 910.70	1	35.86%	858.99	2	57.95	3
油服工程	13	2 129.31	7	3.06%	163.79	3	54.85	5
油气开采Ⅱ	4	9 769.95	3	14.06%	2 442.49	1	127.98	1
基础化工行业	410	32 664.40	—	47.02%	79.67	—	42.76	—
化学制品	167	12 931.76	2	18.61%	77.44	8	40.60	7
塑料	72	3 584.89	6	5.16%	49.79	10	35.21	8
农化制品	59	5 989.56	5	8.62%	101.52	5	54.43	6
化学原料	58	6 333.39	4	9.12%	109.20	4	66.91	2
化学纤维	23	1 884.72	8	2.71%	81.94	6	56.47	4
橡胶	19	977.21	9	1.41%	51.43	9	34.72	9
非金属材料Ⅱ	12	962.86	10	1.39%	80.24	7	30.33	10
全 A 股	5 314	888 039.49	—	—	167.11	—	54.57	—

数据来源：Wind。

在各二级板块中，29 家炼化及贸易公司的总市值共 24 910.70 亿元，排第 1 名；167 家化学制品公司的总市值共 12 931.76 亿元，排第 2 名；4 家油气开采Ⅱ公司的总市值共 9 769.95 亿元，排第 3 名（图 1-7）。

结合平均市值来看，油气开采Ⅱ板块的公司平均市值规模最大，高达 2 442.49 亿元；炼化及贸易公司的平均市值为 858.99 亿元，排第 2 名；油服工程公司的平均市值为 163.79 亿元，排第 3 名。

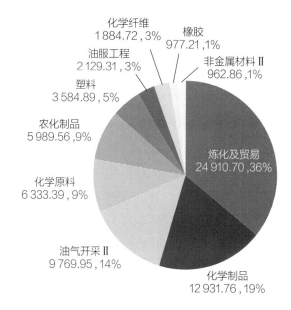

图1-7　石化行业上市公司市值（按二级行业划分）

数据来源：Wind。

结合市值中位数来看，油气开采Ⅱ板块的公司市值中位数规模最大，为127.98亿元；化学原料公司的市值中位数为66.91亿元，排第2名；炼化及贸易公司的市值中位数为57.95亿元，排第3名。

从市值统计数来看，石油石化行业公司市值普遍较基础化工行业更大；基础化工行业公司数量更多，但公司市值普遍较小。

2. 民营上市公司

石化行业民营上市公司市值情况统计（按二级行业划分）见表1-6。

表1-6　石化行业民营上市公司市值情况统计（按二级行业划分）

类别	公司数量	总市值（亿元）	总市值排名	占全行业比例	平均市值（亿元）	平均市值排名	市值中位数（亿元）	中位数排名
石化行业	307	22 886.95	—	—	74.55	—	38.19	—
石油石化行业	21	4 520.02	—	19.75%	215.24	—	54.85	—
炼化及贸易	15	4 278.24	2	18.69%	285.22	1	58.62	1
油服工程	6	241.77	9	1.06%	40.30	9	33.72	6
油气开采Ⅱ	0	—	—	—	—	—	—	—
基础化工行业	286	18 366.94	—	80.25%	64.22	—	37.61	—
化学制品	130	7 035.89	1	30.74%	54.12	6	35.69	4

续表

类别	公司数量	总市值（亿元）	总市值排名	占全行业比例	平均市值（亿元）	平均市值排名	市值中位数（亿元）	中位数排名
塑料	57	2 915.90	4	12.74%	51.16	7	34.57	5
农化制品	37	2 402.50	5	10.50%	64.93	5	49.60	3
化学原料	22	3 505.12	3	15.31%	159.32	2	49.70	2
化学纤维	12	891.99	7	3.90%	74.33	4	28.66	8
橡胶	17	687.72	8	3.00%	40.45	8	31.94	7
非金属材料Ⅱ	11	927.82	6	4.05%	84.35	3	25.61	9
全A股	3 387	325 080.87	—	—	95.98	—	45.87	—

数据来源：Wind。

对于石化行业民营上市公司，在各二级板块中，130家化学制品公司的总市值共7 035.89亿元，排第1名；15家炼化及贸易公司的总市值共4 278.24亿元，排第2名；22家化学原料公司的总市值共3 505.12亿元，排第3名（图1-8）。

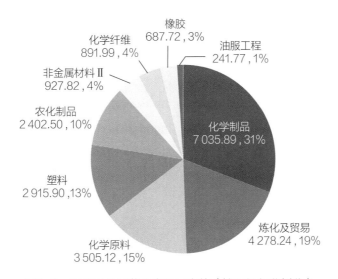

图1-8 石化行业民营上市公司市值（按二级行业划分）

数据来源：Wind。

结合平均市值来看，炼化及贸易板块的公司平均市值最大，为285.22亿元；化学原料公司的平均市值为159.32亿元，排第2名；非金属材料Ⅱ公司的平均市值为84.35亿元，排第3名。

结合市值中位数来看，炼化及贸易板块的公司市值中位数最大，为58.62亿元；化学原料公司的市值中位数为49.70亿元，排第2名；农化制品公司的市值中位数为

49.60亿元，排第3名。在全行业中，基础化工行业的市值占比为47.02%，而在民营上市公司中，基础化工行业的市值占比达到了80.25%。这主要是由于石油石化行业上市公司以国有企业为主，且该等国有企业市值规模通常较大，故将国有企业的数据剔除后，基础化工行业的市值占比明显提升。

（三）市值分布情况

1. 上市公司总览

石化行业上市公司市值在1 000亿元以上的有6家，500亿~1 000亿元之间的有7家，300亿~500亿元之间的有10家，200亿~300亿元之间的有20家，100亿~200亿元之间的有52家，50亿~100亿元之间的有107家，50亿元以下的有254家（表1-7）。

表1-7 石化行业上市公司市值区间梯队

市值区间	公司数量	占比	市值总额（亿元）	占比	石油石化公司数量	占比	基础化工公司数量	占比
1 000亿元以上	6	1.32%	33 850.23	48.72%	4	8.70%	2	0.49%
500亿~1 000亿元	7	1.54%	4 988.20	7.18%	3	6.52%	4	0.98%
300亿~500亿元	10	2.19%	3 610.70	5.20%	4	8.70%	6	1.46%
200亿~300亿元	20	4.39%	4 963.30	7.14%	3	6.52%	17	4.15%
100亿~200亿元	52	11.40%	7 188.71	10.35%	4	8.70%	48	11.71%
50亿~100亿元	107	23.46%	7 266.30	10.46%	11	23.91%	96	23.41%
50亿元以下	254	55.70%	7 606.93	10.95%	17	36.96%	237	57.80%
合计	456	—	69 474.36	—	46	—	410	—

数据来源：Wind。

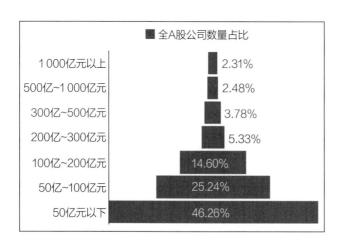
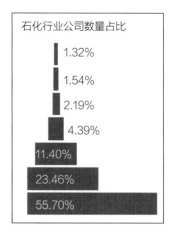

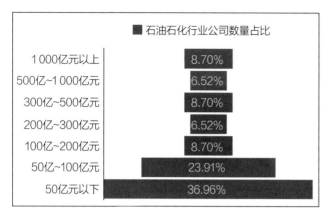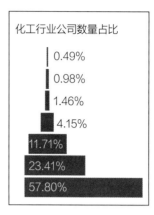

图1-9 上市公司的市值区间分布

数据来源：Wind。

由图1-9可以看出，石化行业上市公司主要分布在200亿元以下的中小市值区间，全行业市值分布呈标准的金字塔型；相比较而言，石油石化行业公司普遍市值规模更大，200亿元以上的公司占比超三成，1 000亿元以上的超大规模公司也有4家，市值分布更为均匀；基础化工行业公司主要分布在50亿元以下的市值区间，占57.80%，市值在200亿元以上的仅占7.07%。

2. 民营上市公司

石化行业民营上市公司市值在1 000亿元以上的有2家，500亿～1 000亿元之间的有4家，300亿～500亿元之间的有6家，200亿～300亿元之间的有9家，100亿～200亿元之间的有27家，50亿～100亿元之间的有63家，50亿元以下的有196家（表1-8）。

表1-8 石化行业民营上市公司市值区间梯队表

市值区间	石化公司数量	占比	市值总额（亿元）	占比	石油石化公司数量	占比	基础化工公司数量	占比	全A股公司数量	占比
1 000亿元以上	2	0.65%	2 164.30	9.46%	1	4.76%	1	0.35%	27	0.80%
500亿～1 000亿元	4	1.30%	2 781.36	12.15%	2	9.52%	2	0.70%	47	1.39%
300亿～500亿元	6	1.95%	2 194.24	9.59%	2	9.52%	4	1.40%	99	2.92%
200亿～300亿元	9	2.93%	2 175.30	9.50%	1	4.76%	8	2.80%	133	3.93%
100亿～200亿元	27	8.79%	3 706.47	16.19%	1	4.76%	26	9.09%	392	11.57%
50亿～100亿元	63	20.52%	4 171.28	18.23%	5	23.81%	58	20.28%	846	24.98%
50亿元以下	196	63.84%	5 694.00	24.88%	9	42.86%	187	65.38%	1 843	54.41%
合计	307	—	22 886.95	—	21	—	286	—	3 387	—

数据来源：Wind。

由图 1-10 可知，与全行业相比，石化行业民营上市公司市值的金字塔型分布更为明显，小市值的公司占比更大。石化行业 50 亿元以下的民营上市公司占比为 63.84%，对比而言，全行业 50 亿元以下的公司占比为 55.70%，全 A 股 50 亿元以下的民营上市公司占比为 54.41%；石化行业民营上市公司之中，50 亿元以下的占比较高。

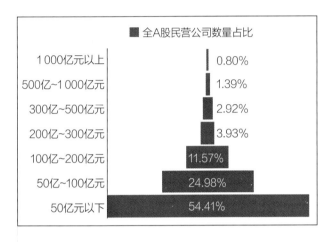
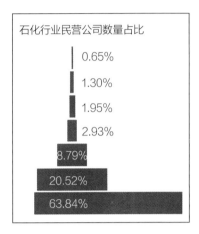
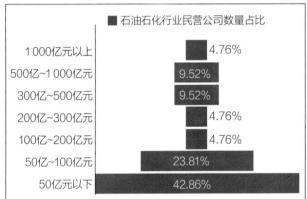
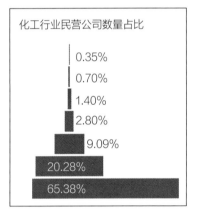

图1-10　民营上市公司的市值区间分布

数据来源：Wind。

（四）市值分布特点

1. 上市公司总览

石化行业上市公司的市值分布特点是：头部效应明显，二八现象突出。

截至 2023 年 11 月 30 日，中国石油市值 13 140.91 亿元，占全石化行业上市公司总市值的 18.91%；"三桶油"（中国石油、中国海油、中国石化）市值合计 29 153.72 亿元，占全行业总市值的 41.96%；头部十强市值合计 37 079.90 亿元，占全行业的 53.37%；剔除"三桶油"后，头部十强市值合计 9 684.71 亿元，占全行业总市值的 13.94%（表 1-9）。

表1-9 石化行业上市公司市值前十名排名统计（截至2023年11月30日）

排名	证券简称	上市日期	一级行业	二级行业	上市板	公司属性	总市值（亿元）	占全石化行业比
1	中国石油	2007-11-05	石油石化	炼化及贸易	主板	中央国有企业	13 140.91	18.91%
2	中国海油	2022-04-21	石油石化	油气开采Ⅱ	主板	中央国有企业	9 456.27	13.61%
3	中国石化	2001-08-08	石油石化	炼化及贸易	主板	中央国有企业	6 556.55	9.44%
4	万华化学	2001-01-05	基础化工	化学制品	主板	地方国有企业	2 532.21	3.64%
5	荣盛石化	2010-11-02	石油石化	炼化及贸易	主板	民营企业	1 088.49	1.57%
6	宝丰能源	2019-05-16	基础化工	化学原料	主板	民营企业	1 075.80	1.55%
7	恒力石化	2001-08-20	石油石化	炼化及贸易	主板	民营企业	987.59	1.42%
8	盐湖股份	1997-09-04	基础化工	农化制品	主板	地方国有企业	861.11	1.24%
9	中海油服	2007-09-28	石油石化	油服工程	主板	中央国有企业	711.92	1.02%
10	东方盛虹	2000-05-29	石油石化	炼化及贸易	主板	民营企业	669.05	0.96%
11	华鲁恒升	2002-06-20	基础化工	农化制品	主板	地方国有企业	633.81	2.77%
12	合盛硅业	2017-10-30	基础化工	化学制品	主板	民营企业	587.08	2.57%
13	卫星化学	2011-12-28	基础化工	化学原料	主板	民营企业	537.64	2.35%
前十名合计							37 079.90	53.37%
剔除"三桶油"后前十名合计							9 684.71	13.94%

数据来源：Wind。

从一级行业来看，头部十强中有7家为石油石化公司，仅3家为基础化工公司。3家基础化工公司分别为万华化学（2 532.21亿元，第4名）、宝丰能源（1 075.80亿元，第6名）、盐湖股份（861.11亿元，第8名）。其中，万华化学是全球的MDI龙头厂商，根据2022年年报数据，其MDI产能已达305万吨/年，位居世界第一，占全球市场份额的近三成，其TDI产能也位居全球第三，达到65万吨/年。

从所有制性质来看，头部十强中有6家为国有企业，4家为民营企业。4家民营企业分别为荣盛石化（1 088.49亿元，第5名）、宝丰能源（1 075.80亿元，第6名）、恒力石化（987.59亿元，第7名）以及东方盛虹（669.05亿元，第10名）。其中，荣盛石化的核心产品为烯烃和芳烃，其烯烃产能位居全球前列，根据2022年年报数据，其乙烯产能达到280万吨/年，PX产能达到900万吨/年；宝丰能源是国内高端煤基新材料行业领军企业，具备焦化、烯烃和精细化工品三大核心产品线，根据2022年年报数据，公司焦化、烯烃产品业务板块营收占比分别达到46%、41%，焦炭产能为700万吨/年，同时宁东三期烯烃项目已建成投产，烯烃产能由120万吨/年提升至220万吨/年。

市值后十名的公司均为在北交所上市的基础化工公司，其中有8家于2022年以后上市,至今上市时间未满2年;有9家为民营上市公司。

2. 民营上市公司

截至2023年11月30日,有2家石化行业民营上市公司总市值超千亿,其中荣盛石化的总市值为1 088.49亿元,在石化行业民营上市公司中排第1名;宝丰能源的总市值为1 075.80亿元,排第2名;恒力石化的总市值为987.59亿元,排第3名;头部三强市值合计3 151.88亿元,占全行业民营的13.77%;头部十强市值合计6 502.31亿元,占全行业民营上市公司总市值的28.41%(表1-10)。

表1-10 石化行业民营上市公司市值前十名(截至2023年11月30日)

排名	证券简称	上市日期	一级行业	二级行业	上市板	公司属性	总市值(亿元)	占全石化民营比
1	荣盛石化	2010-11-02	石油石化	炼化及贸易	主板	民营企业	1 088.49	4.76%
2	宝丰能源	2019-05-16	基础化工	化学原料	主板	民营企业	1 075.80	4.70%
3	恒力石化	2001-08-20	石油石化	炼化及贸易	主板	民营企业	987.59	4.32%
4	东方盛虹	2000-05-29	石油石化	炼化及贸易	主板	民营企业	669.05	2.92%
5	合盛硅业	2017-10-30	基础化工	化学制品	主板	民营企业	587.08	2.57%
6	卫星化学	2011-12-28	基础化工	化学原料	主板	民营企业	537.64	2.35%
7	广汇能源	2000-05-26	石油石化	炼化及贸易	主板	民营企业	476.67	2.08%
8	龙佰集团	2011-07-15	基础化工	化学原料	主板	民营企业	411.87	1.80%
9	华峰化学	2006-08-23	基础化工	化学纤维	主板	民营企业	340.43	1.49%
10	桐昆股份	2011-05-18	石油石化	炼化及贸易	主板	民营企业	327.67	1.43%
合计							6 502.31	28.41%

数据来源:Wind。

头部十强中有5家为石油石化公司,5家为基础化工公司;基础化工公司的占比相较其在全行业头部十强中的占比,有所提升,石化行业民营上市公司市值后十名见表1-11。

表1-11 石化行业民营上市公司市值后十名(截至2023年11月30日)

排名	证券简称	上市日期	一级行业	二级行业	上市板	公司属性	总市值(亿元)
447	秉扬科技	2020-12-28	基础化工	非金属材料Ⅱ	北证	民营企业	10.85
448	富恒新材	2023-09-18	基础化工	塑料	北证	民营企业	10.78
449	一致魔芋	2023-02-21	基础化工	化学制品	北证	民营企业	9.66
450	汉维科技	2022-12-14	基础化工	化学制品	北证	民营企业	9.34
451	迪尔化工	2023-04-18	基础化工	化学原料	北证	民营企业	9.30

续表

排名	证券简称	上市日期	一级行业	二级行业	上市板	公司属性	总市值（亿元）
452	万德股份	2023-09-15	基础化工	化学制品	北证	民营企业	7.87
453	三维股份	2022-08-22	基础化工	橡胶	北证	民营企业	7.51
454	美邦科技	2023-05-25	基础化工	化学制品	北证	民营企业	6.96
455	齐鲁华信	2021-02-23	基础化工	非金属材料Ⅱ	北证	民营企业	6.51
456	润普食品	2023-03-01	基础化工	化学制品	北证	民营企业	6.05
合计							84.83

数据来源：Wind。

3. 新增上市公司

2022年年初至2023年11月30日，石化行业新增上市公司58家（表1-12），其中市值前三位分别为中国海油（9 456.27亿元）、中复神鹰（275.22亿元）、天新药业（115.36亿元）；排名前十的公司中，包括3家国有企业（中国海油、中复神鹰、江盐集团）、6家民营企业，以及一家外资企业（麦加芯彩）。新增58家上市公司市值的平均数（剔除中国海油的单极影响）为37.70亿元，中位数为27.68亿元，以中小市值区间为主。

表1-12　2022年1月1日至2023年11月30日石化行业新增上市公司市值前十名（截至2023年11月30日）

排名	证券简称	上市日期	一级行业	二级行业	上市板	公司属性	总市值（亿元）
1	中国海油	2022-04-21	石油石化	油气开采Ⅱ	主板	中央国有企业	9 456.27
2	中复神鹰	2022-04-06	基础化工	化学纤维	科创板	中央国有企业	275.22
3	天新药业	2022-07-12	基础化工	化学制品	主板	民营企业	115.36
4	侨源股份	2022-06-14	基础化工	化学制品	创业板	民营企业	111.67
5	江瀚新材	2023-01-31	基础化工	化学制品	主板	民营企业	103.15
6	江盐集团	2023-04-10	基础化工	化学原料	主板	地方国有企业	77.58
7	万凯新材	2022-03-29	基础化工	塑料	创业板	民营企业	71.60
8	麦加芯彩	2023-11-07	基础化工	化学制品	主板	外资企业	69.92
9	三元生物	2022-02-10	基础化工	化学制品	创业板	民营企业	59.54
10	宿迁联盛	2023-03-21	基础化工	化学制品	主板	民营企业	58.95
合计							10 399.26

数据来源：Wind。

（五）估值指标

1. 市净率 ❶

（1）上市公司总览

市净率（price-to-book ratio，简称 P/B）指的是每股股价与每股净资产的比率，即股票市价与每股净资产之间的比值。市净率可用于股票投资分析，一般来说市净率较低的股票，投资价值较高，相反，则投资价值较低。

截至 2023 年 11 月 30 日，石化行业上市公司平均市净率为 3.28 倍，市净率中位数为 2.22 倍；而全 A 股平均市净率为 4.26 倍，市净率中位数为 2.67 倍。不论是平均市净率还是市净率中位数，石化行业上市公司都低于全 A 股，估值水平相对较低。石化行业上市公司市净率分布统计见图 1-11。

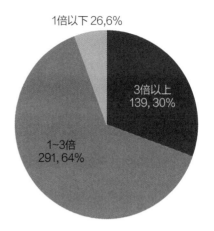

图 1-11 石化行业上市公司市净率分布统计

数据来源：Wind。

表 1-13 石化行业上市公司市净率情况统计（按二级行业划分）

类别	公司数量	平均市净率（倍）	平均市净率排名	市净率中位数	市净率中位数排名
石化行业	456	3.28	—	2.22	—
石油石化行业	46	3.69	—	1.88	—
炼化及贸易	29	2.35	9	1.92	7
油服工程	13	7.37	1	2.76	1
油气开采Ⅱ	4	1.41	10	1.50	10
基础化工行业	410	3.23	—	2.24	—
化学制品	167	3.45	4	2.38	4
塑料	72	3.50	3	2.57	2
农化制品	59	2.57	8	1.78	9
化学原料	58	3.08	5	1.80	8
化学纤维	23	2.70	7	1.98	6
橡胶	19	2.88	6	2.49	3
非金属材料Ⅱ	12	4.24	2	2.33	5
全 A 股	5 314	4.26	—	2.67	—

数据来源：Wind。

---

❶ 由于平均市净率统计方法所致，相关数据容易偏离常识。此组数据：①采用市净率(LYR)予以统计，市值取值时点为 2023 年 11 月 30 日，净资产采用 2022 年年报数据；②使用剔除负值后剩余数据的算术平均数（即将各数据简单相加后除以数据项数得出的均值）计算，统计结果仅为简要参考，实际应用意义有限。平均市净率与市净率中位数相差较大，也是由于计算平均市净率时剔除了负值所致。

由表 1-13 可知，在各二级板块中，13 家油服工程公司的平均市净率为 7.37 倍，排第 1 名；12 家非金属材料Ⅱ公司的平均市净率为 4.24 倍，排第 2 名；72 家塑料公司的平均市净率为 3.50 倍，排第 3 名。仅油服工程与非金属材料Ⅱ两个板块平均市净率超过了全 A 股平均水平（4.26 倍）。

从市净率中位数来看，13 家油服工程公司的市净率中位数为 2.76 倍，排第 1 名；72 家塑料公司的市净率中位数为 2.57 倍，排第 2 名；19 家橡胶公司的市净率中位数为 2.49 倍，排第 3 名。仅油服工程板块的市净率中位数超过了全 A 股水平（2.67 倍）。

（2）民营上市公司

截至 2023 年 11 月 30 日，石化行业民营上市公司平均市净率为 3.34 倍，市净率中位数为 2.29 倍；而全 A 股民营平均市净率为 4.44 倍，市净率中位数为 2.90 倍。不论是平均市净率还是市净率中位数，石化行业民营上市公司都低于全 A 股民营，估值水平相对较低。石化行业民营上市公司市净率分布统计见图 1-12。

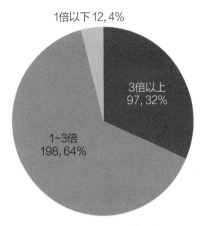

图 1-12 石化行业民营上市公司市净率分布统计

数据来源：Wind。

表 1-14 石化行业民营上市公司市净率情况统计（按二级行业划分）

类别	公司数量	平均市净率（倍）	平均市净率排名	市净率中位数	市净率中位数排名
石化行业	307	3.34	—	2.29	—
石油石化行业	21	3.69	—	2.31	—
炼化及贸易	15	2.45	9	2.30	5
油服工程	6	11.00	1	3.67	1
油气开采Ⅱ	0	—	—	—	—
基础化工行业	286	3.23	—	2.27	—
化学制品	130	3.33	4	2.35	3
塑料	57	3.60	3	2.60	2
农化制品	37	2.84	5	1.79	9
化学原料	22	2.65	7	2.02	6
化学纤维	12	2.48	8	1.90	8
橡胶	17	2.66	6	2.32	4
非金属材料Ⅱ	11	4.34	2	2.01	7
全 A 股	3 387	4.44	—	2.90	—

数据来源：Wind。

由表1-14可知，对于石化行业民营上市公司，在各二级板块中，6家油服工程公司的平均市净率为11.00倍，排第1名；11家非金属材料Ⅱ公司的平均市净率为4.34倍，排第2名；57家塑料公司的平均市净率为3.60倍，排第3名。仅油服工程板块的平均市净率超过了全A股民营平均水平（4.44倍）。

剔除国有企业后，前三个板块的相对排名没有变动，且平均市净率均有不同程度的增加，说明这三个板块民营企业的市净率相对较高。细化来看，油服工程板块的仁智股份市净率达到50.44倍、非金属材料Ⅱ板块的坤彩科技市净率达到14.54倍、塑料板块的杭州高新市净率达到22.85倍，这三家民营企业造成的单极效应极大地拉高了板块平均值。

从市净率中位数来看，6家油服工程公司的市净率中位数为3.67倍，排第1名；57家塑料公司的市净率中位数为2.60倍，排第2名；130家化学制品的平均市净率为2.35倍，排第3名。仅油服工程板块的市净率中位数超过了全A股民营水平（2.90倍）。

2. 市盈率

市盈率（price earnings ratio，简称P/E），是指股票价格除以每股收益（EPS）的比率，或者公司市值除以年度股东应占溢利。其计算公式通常为：市盈率=股票每股市价/每股盈利。市盈率是最常用来评估股价水平是否合理的指标之一，本质上它是判断公司估值高低的一个指标。一般来说，如果一家公司股票的市盈率过高，那么该股票的价格可能具有泡沫，价值被高估。然而，当一家公司增长迅速以及未来的业绩增长非常被看好时，市盈率可能会相应提高。

（1）上市公司总览

截至2023年11月30日，石化行业上市公司平均市盈率❶为14.26倍，市盈率中位数为24.63倍；而全A股平均市盈率为16.91倍，市盈率中位数为25.00倍。石化行业平均市盈率和市盈率中位数均略低于全A股。石化行业上市公司市盈率分布统计见图1-13。

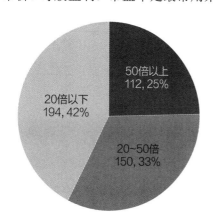

图1-13 石化行业上市公司市盈率统计

数据来源：Wind。

由表1-15可知，在各二级板块中，72家塑料公司的市盈率中位数为34.19倍，排第1名；167家化学制品公司的市盈率中位数为26.86倍，排第2名；19家橡胶公司的市盈率中位数为24.09倍，排第3名。

---

❶ 此组数据：采用市盈率(TTM)予以统计，市值取值时点为2023年11月30日，净利润采用2022年年报数据；使用加权平均数计算，平均市盈率(TTM)=Σ总市值/Σ归属母公司股东的净利润(TTM)。

表1-15 石化行业上市公司市盈率情况统计（按二级行业划分）

类别	公司数量	平均市盈率（TTM）（倍）	平均市盈率（TTM）排名	市盈率中位数（TTM）（倍）	市盈率中位数（TTM）排名
石化行业	456	14.26	—	24.63	—
石油石化行业	46	10.00	—	8.86	—
炼化及贸易	29	11.02	9	8.17	9
油服工程	13	22.64	6	10.84	8
油气开采Ⅱ	4	7.36	10	7.40	10
基础化工行业	410	27.45	—	25.38	—
化学制品	167	29.58	3	26.86	2
塑料	72	54.39	1	34.19	1
农化制品	59	18.12	7	17.21	7
化学原料	58	29.50	4	17.37	6
化学纤维	23	29.01	5	20.29	5
橡胶	19	43.68	2	24.09	3
非金属材料Ⅱ	12	17.76	8	22.91	4
全A股	5 314	16.91	—	25.00	—

数据来源：Wind。

② 民营上市公司

截至2023年11月30日，石化行业民营上市公司平均市盈率为31.58倍，市盈率中位数为26.26倍；而全A股民营平均市盈率为38.16倍，市盈率中位数为27.43倍。石化行业平均市盈率和市盈率中位数均低于全A股。石化行业民营上市公司市盈率分布统计见图1-14。

由表1-16可知，对于石化行业民营上市公司，在各二级板块中，57家塑料公司的市盈率中位数为34.14倍，排第1名；130家化学制品公司的市盈率中位数为28.08倍，排第2名；17家橡胶公司的平均市盈率为24.09倍，排第3名。

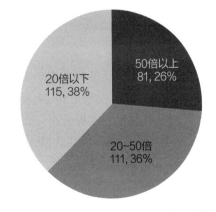

图1-14 石化行业民营上市公司市盈率统计

数据来源：Wind。

表1-16 石化行业民营上市公司市盈率情况统计（按二级行业划分）

类别	公司数量	平均市盈率（TTM）（倍）	平均市盈率（TTM）排名	市盈率中位数（TTM）（倍）	市盈率中位数（TTM）排名
石化行业	307	31.58	—	26.26	—
石油石化行业	21	62.54	—	6.12	—
炼化及贸易	15	64.83	1	11.83	8
油服工程	6	38.47	3	−35.67	9
油气开采Ⅱ	0	—	—	—	—
基础化工行业	286	28.15	—	26.80	—
化学制品	130	32.24	5	28.08	2
塑料	57	53.34	2	34.14	1
农化制品	37	23.26	7	23.86	4
化学原料	22	21.06	8	19.56	7
化学纤维	12	25.05	6	21.19	6
橡胶	17	32.42	4	24.09	3
非金属材料Ⅱ	11	17.47	9	21.96	5
全A股	3 387	38.16	—	27.43	—

数据来源：Wind。

不论是从总市值，还是从市净率和市盈率来看，石化行业表现均不同程度低于全A股水平，且石化行业民营表现也低于全A股民营水平，说明石化行业，尤其是石化行业民营上市公司整体估值水平较低。

五、板块分布

从上市公司的交易所板块分布来看，石化行业共有295家主板公司、108家创业板公司、29家科创板公司和24家北交所公司（表1-17）。其中，石油石化行业有42家主板公司和4家创业板公司，没有科创板和北交所公司；基础化工行业有253家主板公司、104家创业板公司、29家科创板公司和24家北交所公司。

表1-17 各板块上市公司交易所板块统计

类别	主板	创业板	科创板	北交所
石化行业	295	108	29	24
	64.69%	23.68%	6.36%	5.26%
石油石化行业	42	4	0	0
	91.30%	8.70%	—	—

续表

类别	主板	创业板	科创板	北交所
炼化及贸易	27	2	0	0
	93.10%	6.90%	—	—
油服工程	11	2	0	0
	84.62%	15.38%	—	—
油气开采Ⅱ	4	0	0	0
	100.00%	—	—	—
基础化工行业	253	104	29	24
	61.71%	25.37%	7.07%	5.85%
化学制品	89	53	17	8
	53.29%	31.74%	10.18%	4.79%
塑料	32	29	9	2
	44.44%	40.28%	12.50%	2.78%
农化制品	50	7	0	2
	84.75%	11.86%	—	3.39%
化学原料	50	6	0	2
	86.21%	10.34%	—	3.45%
化学纤维	18	2	2	1
	78.26%	8.70%	8.70%	4.35%
橡胶	9	6	0	4
	47.37%	31.58%	—	21.05%
非金属材料Ⅱ	5	1	1	5
	41.67%	8.33%	8.33%	41.67%
全A股	3 190	1 326	565	233
	60.03%	24.95%	10.63%	4.38%

数据来源：Wind。

对比石油石化行业、基础化工行业及各二级板块的交易所板块分布（表1-18），可以看出：①石油石化行业公司主要在主板上市，主板公司数量占比达到91.3%；②基础化工行业在主板、创业板的分布与全A股分布较为接近，科创板占比（7.07%）略低于全A股（10.63%），北交所占比（5.85%）略高于全A股（4.38%）。

板块分布与行业属性之间存在着密切的关系。由于石化行业，尤其是石油石化行业属于传统行业，企业通常具备重资产、大体量的特点，且科创属性相对不明显，因此，这些行业的企业更倾向于在主板上市。

表 1-18 石化行业上市公司在各交易所板块上市进程统计

上市时间	主板	创业板	科创板	北交所	合计	占比	A股合计
1992～1999年	59	0	0	0	59	12.94%	784
2000～2009年	70	1	0	0	71	15.57%	795
2010～2019年	117	57	5	0	179	39.25%	2 059
2020～2023年11月	49	50	24	24	147	32.24%	1 676
合计	295	108	29	24	456	—	—

数据来源：Wind。

随着北交所的设立，上市门槛有所降低，这也为基础化工行业带来了新的机遇。北交所的定位和特点为民营中小企业提供了更为灵活和包容的上市环境，成为民营中小企业的理想上市平台，使这些企业得以与资本市场进行对接，获得更多的融资机会和资源支持，这有助于推动行业的科技创新和转型升级，激发更多民营中小企业的活力和创造力。

六、区域分布

基础化工行业上市公司在各省份的数量分布和全A股的分布相似（表1-19），主要分布在经济发达地区如江浙、广东、山东等，这些地区具有较为完善的产业链和较高的市场需求，为企业的发展提供了良好的环境。

表 1-19 石化行业上市公司区域分布（按省份[①]划分）

省份	石油石化				基础化工			
	公司数量	占比	市值（亿元）	占比	公司数量	占比	市值（亿元）	占比
北京	6	13.04%	29 858.37	81.11%	7	1.71%	520.00	1.59%
山东	6	13.04%	498.61	1.35%	42	10.24%	5 684.81	17.40%
浙江	5	10.87%	1 487.22	4.04%	62	15.12%	5 272.89	16.14%
新疆	5	10.87%	722.16	1.96%	3	0.73%	320.28	0.98%
天津	4	8.70%	1 078.10	2.93%	2	0.49%	102.05	0.31%
湖南	4	8.70%	217.87	0.59%	9	2.20%	491.13	1.50%
辽宁	3	6.52%	1 115.49	3.03%	9	2.20%	576.75	1.77%
江苏	3	6.52%	893.74	2.43%	69	16.83%	3 635.73	11.13%
广东	3	6.52%	106.10	0.29%	43	10.49%	2 017.41	6.18%
上海	2	4.35%	393.70	1.07%	29	7.07%	1 918.76	5.87%

续表

省份	石油石化				基础化工			
	公司数量	占比	市值（亿元）	占比	公司数量	占比	市值（亿元）	占比
广西	1	2.17%	251.51	0.68%	2	0.49%	87.85	0.27%
山西	1	2.17%	77.79	0.21%	4	0.98%	166.63	0.51%
海南	1	2.17%	57.72	0.16%	0	0.00%	0.00	0.00%
陕西	1	2.17%	30.14	0.08%	7	1.71%	610.40	1.87%
黑龙江	1	2.17%	21.44	0.06%	0	0.00%	0.00	0.00%
安徽	0	0.00%	0.00	0.00%	18	4.39%	1 209.14	3.70%
四川	0	0.00%	0.00	0.00%	18	4.39%	1 594.25	4.88%
湖北	0	0.00%	0.00	0.00%	14	3.41%	1 059.51	3.24%
河南	0	0.00%	0.00	0.00%	12	2.93%	1 142.85	3.50%
江西	0	0.00%	0.00	0.00%	11	2.68%	623.48	1.91%
河北	0	0.00%	0.00	0.00%	10	2.44%	493.27	1.51%
福建	0	0.00%	0.00	0.00%	8	1.95%	549.87	1.68%
贵州	0	0.00%	0.00	0.00%	6	1.46%	347.91	1.07%
吉林	0	0.00%	0.00	0.00%	4	0.98%	241.66	0.74%
内蒙古	0	0.00%	0.00	0.00%	4	0.98%	767.16	2.35%
云南	0	0.00%	0.00	0.00%	4	0.98%	463.15	1.42%
宁夏	0	0.00%	0.00	0.00%	3	0.73%	1 127.15	3.45%
西藏	0	0.00%	0.00	0.00%	3	0.73%	473.59	1.45%
重庆	0	0.00%	0.00	0.00%	3	0.73%	84.23	0.26%
甘肃	0	0.00%	0.00	0.00%	2	0.49%	194.97	0.60%
青海	0	0.00%	0.00	0.00%	2	0.49%	887.54	2.72%

① 采用上市公司注册地址予以统计，包括省份、自治区、直辖市。
数据来源：Wind。

相比之下，石油石化行业上市公司的区域分布则表现出较为明显的行业特征：由于产品运输成本较高，企业通常紧邻下游应用或资源出产地，并且需要发达的海运网络来支持其运输需求。因此，该行业的上市公司主要围绕资源出产地、沿海、沿江地区分布，如山东、新疆、浙江等。此外，北京作为政治与经济中心，多家大型央企的总部汇聚在此。

第二节 上市公司发展情况

一、业绩表现

（一）资产负债情况❶

1. 总资产❷

（1）上市公司总览

2022年石化行业456家上市公司总资产的总额为103 025.05亿元（同比增长10.20%），占全A股上市公司总资产总额的10.68%（图1-15）；总资产占比高于总市值7.82%的占比。

图1-15　2022年石化行业上市公司总资产总额占全A股比例

数据来源：Wind。

表1-20　2022年石化行业上市公司总资产排名

排名	证券简称	一级行业	二级行业	所有制性质	总资产（亿元）	净资产（亿元）	资产负债率
1	中国石油	石油石化	炼化及贸易	中央国有企业	26 737.51	15 381.03	42.47%
2	中国石化	石油石化	炼化及贸易	中央国有企业	19 486.40	9 371.53	51.91%
3	中国海油	石油石化	油气开采Ⅱ	中央国有企业	9 290.31	5 983.83	35.59%
4	荣盛石化	石油石化	炼化及贸易	民营企业	3 625.87	971.66	73.20%
5	恒力石化	石油石化	炼化及贸易	民营企业	2 414.30	529.20	78.08%
6	万华化学	基础化工	化学制品	地方国有企业	2 008.43	813.37	59.50%
7	东方盛虹	石油石化	炼化及贸易	民营企业	1 665.12	356.98	78.56%
8	恒逸石化	石油石化	炼化及贸易	民营企业	1 119.65	326.58	70.83%
9	中油工程	石油石化	油服工程	中央国有企业	1 070.59	255.25	76.16%
10	桐昆股份	石油石化	炼化及贸易	民营企业	901.40	350.06	61.16%
11	中泰化学	基础化工	化学原料	地方国有企业	803.82	329.43	59.02%
12	中海油服	石油石化	油服工程	中央国有企业	771.84	398.98	48.31%
13	石化油服	石油石化	油服工程	中央国有企业	712.01	74.27	89.57%

---

❶ 由于银行、证券等公司的负债经营特征，对全A股数据影响较大，故本章中将其剔除，具体如下：①剔除申万行业分类（2021）中一级行业为"银行"以及"非银金融"的公司；②剔除后全A股公司数量为5186家；③本章中"全A股"均指剔除后的范围。

❷ 采用财务报表中"资产总计"项目予以统计。

续表

排名	证券简称	一级行业	二级行业	所有制性质	总资产（亿元）	净资产（亿元）	资产负债率
14	中化国际	基础化工	化学制品	中央国有企业	702.57	265.43	62.22%
15	浙江龙盛	基础化工	化学制品	民营企业	651.62	347.58	46.66%
16	广汇能源	石油石化	炼化及贸易	民营企业	615.75	286.11	53.54%
17	华谊集团	基础化工	化学原料	地方国有企业	592.01	260.50	56.00%
18	龙佰集团	基础化工	化学原料	民营企业	591.86	232.67	60.69%
19	安道麦A	基础化工	农化制品	中央国有企业	579.80	231.25	60.12%
20	宝丰能源	基础化工	化学原料	民营企业	575.78	338.75	41.17%
21	卫星化学	基础化工	化学原料	民营企业	563.85	211.50	62.49%
22	金发科技	基础化工	塑料	民营企业	554.29	182.87	67.01%
23	合盛硅业	基础化工	化学制品	民营企业	537.33	239.78	55.38%
前二十名合计					74 916.65	37 104.46	—
剔除"三桶油"后前二十名合计					21 057.90	7 002.23	

数据来源：Wind。

由表1-20可知，石化行业上市公司中，"三桶油"总资产规模与其他公司拉开了明显差距，稳居前三。其中，中国石油（石油石化-炼化及贸易，中央国有企业）总资产达到26 737.51亿元，位列第一；中国石化（石油石化-炼化及贸易，中央国有企业）总资产19 486.40亿元，位列第二；中国海油（石油石化-油气开采Ⅱ，中央国有企业）总资产9 290.31亿元，位列第三。前二十名的上市公司总资产合计为74 916.65亿元，占全行业的72.72%；剔除"三桶油"后，前二十名的上市公司总资产合计为21 057.90亿元，占全行业的20.44%。

石化行业上市公司2022年度总资产平均值为225.93亿元，对比而言，全A股上市公司2022年度总资产平均值为186.03亿元（表1-21）。其中，石油石化行业上市公司总资产平均值（1 564.17亿元）显著高于全A股水平；基础化工行业上市公司总资产平均值较小，仅为75.79亿元，大大拉低了石化行业整体的平均水平。

在各二级板块中，29家炼化及贸易公司的总资产共58 480.25亿元，排第1名；167家化学制品公司的总资产共10 571.82亿元，排第2名；4家油气开采Ⅱ公司的总资产共9 847.98亿元，排第3名。

结合总资产平均值来看，油气开采Ⅱ板块的公司总资产平均值最大，高达2 461.99亿元；炼化及贸易公司的总资产平均值为2 016.56亿元，排第2名；油服工程公司的总资产平均值为278.75亿元，排第3名。排名前三的板块总资产平均值超过了全A股平均水平（186.03亿元）。

表 1-21 2022 年石化行业上市公司总资产情况统计（按二级行业划分）

类别	公司数量	总资产总额（亿元）	总资产排名	占全行业比例	总资产平均值[①]（亿元/家）	总资产平均值排名
石化行业	456	103 025.05	—	—	225.93	—
石油石化行业	46	71 951.92	—	69.84%	1 564.17	—
炼化及贸易	29	58 480.25	1	56.76%	2 016.56	2
油服工程	13	3 623.69	6	3.52%	278.75	3
油气开采Ⅱ	4	9 847.98	3	9.56%	2 461.99	1
基础化工行业	410	31 073.13	—	30.16%	75.79	—
化学制品	167	10 571.82	2	10.26%	63.30	7
塑料	72	2 904.57	7	2.82%	40.34	8
农化制品	59	6 648.59	5	6.45%	112.69	5
化学原料	58	7 882.37	4	7.65%	135.90	4
化学纤维	23	2 067.77	8	2.01%	89.90	6
橡胶	19	597.77	9	0.58%	31.46	10
非金属材料Ⅱ	12	400.23	10	0.39%	33.35	9
全 A 股	5 186	964 758.83	—	—	186.03	—

① 总资产平均值=总资产总额/公司数量。
数据来源：Wind。

总资产统计数与总市值统计数得出了同一个结论：石油石化行业公司资产规模普遍较基础化工行业更大；基础化工行业公司数量更多，但公司资产规模普遍较小。

（2）民营上市公司

2022 年，石化行业 307 家民营上市公司总资产的总额为 26 974.00 亿元（同比增长 16.29%），占全行业上市公司总资产总额的 26.18%（对比而言，全 A 股民营上市公司占全 A 股的比例为 26.58%），占全 A 股民营上市公司的 10.52%。

表 1-22 2022 年石化行业民营上市公司总资产前二十名

排名	证券简称	一级行业	二级行业	所有制性质	总资产（亿元）	净资产（亿元）	资产负债率
1	荣盛石化	石油石化	炼化及贸易	民营企业	3 625.87	971.66	73.20%
2	恒力石化	石油石化	炼化及贸易	民营企业	2 414.30	529.20	78.08%
3	东方盛虹	石油石化	炼化及贸易	民营企业	1 665.12	356.98	78.56%
4	恒逸石化	石油石化	炼化及贸易	民营企业	1 119.65	326.58	70.83%
5	桐昆股份	石油石化	炼化及贸易	民营企业	901.40	350.06	61.16%
6	浙江龙盛	基础化工	化学制品	民营企业	651.62	347.58	46.66%

续表

排名	证券简称	一级行业	二级行业	所有制性质	总资产（亿元）	净资产（亿元）	资产负债率
7	广汇能源	石油石化	炼化及贸易	民营企业	615.75	286.11	53.54%
8	龙佰集团	基础化工	化学原料	民营企业	591.86	232.67	60.69%
9	宝丰能源	基础化工	化学原料	民营企业	575.78	338.75	41.17%
10	卫星化学	基础化工	化学原料	民营企业	563.85	211.50	62.49%
11	金发科技	基础化工	塑料	民营企业	554.29	182.87	67.01%
12	合盛硅业	基础化工	化学制品	民营企业	537.33	239.78	55.38%
13	东华能源	石油石化	炼化及贸易	民营企业	413.61	120.63	70.84%
14	新凤鸣	基础化工	化学纤维	民营企业	413.04	157.00	61.99%
15	君正集团	基础化工	化学原料	民营企业	388.45	262.93	32.31%
16	亿利洁能	基础化工	化学原料	民营企业	350.73	199.41	43.15%
17	华峰化学	基础化工	化学纤维	民营企业	327.55	231.47	29.33%
18	远兴能源	基础化工	化学原料	民营企业	298.62	167.19	44.01%
19	梅花生物	基础化工	化学制品	民营企业	244.90	135.16	44.81%
20	和邦生物	基础化工	农化制品	民营企业	241.03	197.63	18.00%
合计					16 494.75	5 845.16	—

数据来源：Wind。

由表 1-22 可知，石化行业民营上市公司中，荣盛石化（石油石化 - 炼化及贸易）总资产达到 3 625.87 亿元，位列第一；恒力石化（石油石化 - 炼化及贸易）总资产 2 414.30 亿元，位列第二；东方盛虹（石油石化 - 炼化及贸易）总资产 1 665.12 亿元，位列第三。前二十名的民营上市公司总资产合计为 16 494.75 亿元，占全行业 307 家民营上市公司总资产总额的 61.15%，占全行业的 16.01%。

表 1-23　2022 年石化行业民营上市公司总资产情况统计（按二级行业划分）

类别	公司数量	总资产总额（亿元）	总资产排名	占全行业比例	总资产平均值（亿元/家）	总资产平均值排名
石化行业	307	26 974.00	—	—	87.86	—
石油石化行业	21	11 110.44	—	41.19%	529.07	—
炼化及贸易	15	10 927.44	1	40.51%	728.50	1
油服工程	6	183.00	9	0.68%	30.50	8
油气开采Ⅱ	0	—	—	—	—	—
基础化工行业	286	15 863.56	—	58.81%	55.47	—
化学制品	130	5 289.37	2	19.61%	40.69	6

续表

类别	公司数量	总资产总额（亿元）	总资产排名	占全行业比例	总资产平均值（亿元/家）	总资产平均值排名
塑料	57	2 462.17	5	9.13%	43.20	5
农化制品	37	2 667.56	4	9.89%	72.10	4
化学原料	22	3 497.38	3	12.97%	158.97	2
化学纤维	12	1 113.72	6	4.13%	92.81	3
橡胶	17	445.06	7	1.65%	26.18	9
非金属材料Ⅱ	11	388.30	8	1.44%	35.30	7
全A股	3 371	256 435.42	—	—	76.07	—

数据来源：Wind。

由表 1-23 可知，石化行业民营上市公司 2022 年度总资产平均值为 87.86 亿元，对比而言，全 A 股民营上市公司 2022 年度总资产平均值为 77.97 亿元。其中，石油石化行业上市公司总资产平均值（529.07 亿元）显著高于全 A 股民营水平；基础化工行业上市公司总资产平均值（55.47 亿元）略低于全 A 股民营水平。

在各二级板块中，15 家炼化及贸易公司的总资产共 10 927.44 亿元，排第 1 名；130 家化学制品公司的总资产共 5 289.37 亿元，排第 2 名；22 家化学原料公司的总资产共 3 497.38 亿元，排第 3 名。

结合总资产平均值来看，炼化及贸易公司的总资产平均值最大，为 728.50 亿元；化学原料公司的总资产平均值为 158.97 亿元，排第 2 名；化学纤维公司的总资产平均值为 92.81 亿元，排第 3 名。民营上市公司的总资产平均值表现比全行业更好，排名前三的板块均超过了全 A 股民营平均水平（76.07 亿元）。

2. 净资产❶

（1）上市公司总览

2022 年，石化行业 456 家上市公司净资产的总额为 52 944.81 亿元（同比增长 10.96%），占全 A 股上市公司净资产总额的 13.13%（图 1-16），高于总资产总额 10.68% 的占比，也远高于总市值 7.82% 的占比。

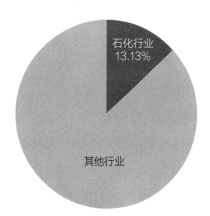

图 1-16　2022 年石化行业上市公司净资产总额占全A股比例

数据来源：Wind。

---

❶ 采用财务报表中"所有者权益合计"项目予以统计。

表1-24 2022年石化行业上市公司净资产排名

排名	证券简称	一级行业	二级行业	所有制性质	总资产（亿元）	净资产（亿元）	资产负债率
1	中国石油	石油石化	炼化及贸易	中央国有企业	26 737.51	15 381.03	42.47%
2	中国石化	石油石化	炼化及贸易	中央国有企业	19 486.40	9 371.53	51.91%
3	中国海油	石油石化	油气开采Ⅱ	中央国有企业	9 290.31	5 983.83	35.59%
4	荣盛石化	石油石化	炼化及贸易	民营企业	3 625.87	971.66	73.20%
5	万华化学	基础化工	化学制品	地方国有企业	2 008.43	813.37	59.50%
6	恒力石化	石油石化	炼化及贸易	民营企业	2 414.30	529.20	78.08%
7	中海油服	石油石化	油服工程	中央国有企业	771.84	398.98	48.31%
8	东方盛虹	石油石化	炼化及贸易	民营企业	1 665.12	356.98	78.56%
9	桐昆股份	石油石化	炼化及贸易	民营企业	901.40	350.06	61.16%
10	浙江龙盛	基础化工	化学制品	民营企业	651.62	347.58	46.66%
11	宝丰能源	基础化工	化学原料	民营企业	575.78	338.75	41.17%
12	中泰化学	基础化工	化学原料	地方国有企业	803.82	329.43	59.02%
13	恒逸石化	石油石化	炼化及贸易	民营企业	1 119.65	326.58	70.83%
14	广汇能源	石油石化	炼化及贸易	民营企业	615.75	286.11	53.54%
15	盐湖股份	基础化工	农化制品	地方国有企业	419.83	284.75	32.17%
16	华鲁恒升	基础化工	农化制品	地方国有企业	350.05	279.21	20.24%
17	中化国际	基础化工	化学制品	中央国有企业	702.57	265.43	62.22%
18	上海石化	石油石化	炼化及贸易	中央国有企业	412.43	263.71	36.06%
19	君正集团	基础化工	化学原料	民营企业	388.45	262.93	32.31%
20	华谊集团	基础化工	化学原料	地方国有企业	592.01	260.50	56.00%
21	海油工程	石油石化	油服工程	中央国有企业	426.39	256.83	39.77%
22	中油工程	石油石化	油服工程	中央国有企业	1 070.59	255.25	76.16%
23	合盛硅业	基础化工	化学制品	民营企业	537.33	239.78	55.38%
前二十名合计					73 533.15	37 401.63	—
剔除"三桶油"后前二十名合计					20 053.24	7 417.09	

数据来源：Wind。

由表1-24可知，石化行业上市公司中，"三桶油"净资产规模与其他公司拉开了明显差距，稳居前三。其中，中国石油（石油石化 - 炼化及贸易，中央国有企业）净资产达到15 381.03亿元，位列第一；中国石化（石油石化 - 炼化及贸易，中央国有企业）净资产9 371.53亿元，位列第二；中国海油（石油石化 - 油气开采Ⅱ，中央国有企业）净资产5 983.83亿元，位列第三。前二十名的上市公司净资产合计为

37 401.63 亿元，占全行业的 70.64%，略低于总资产 72.72% 的占比；剔除"三桶油"后，前二十名的上市公司净资产合计为 20 053.24 亿元，占全行业的 14.01%，低于总资产 20.44% 的占比。

石化行业上市公司 2022 年度净资产平均值为 116.11 亿元（表 1-25），对比而言，全 A 股上市公司 2022 年度净资产平均值为 77.73 亿元。其中，石油石化行业上市公司净资产平均值（784.84 亿元）显著高于全 A 股水平；基础化工行业上市公司净资产平均值较小，仅为 41.08 亿元，大大拉低了石化行业整体的平均水平。

表 1-25　2022 年石化行业上市公司净资产情况统计（按二级行业划分）

类别	公司数量	净资产总额（亿元）	净资产排名	占全行业比例	净资产平均值①（亿元/家）	净资产平均值排名	净资产平均值排名与市净率中位数排名的差值②
石化行业	456	52 944.81	—	—	116.11	—	—
石油石化行业	46	36 102.67	—	68.19%	784.84	—	—
炼化及贸易	29	28 528.84	1	53.88%	983.75	2	−5
油服工程	13	1 328.88	7	2.51%	102.22	3	2
油气开采Ⅱ	4	6 244.96	2	11.80%	1 561.24	1	−9
基础化工行业	410	16 842.13	—	31.81%	41.08	—	—
化学制品	167	5 785.17	3	10.93%	34.64	7	3
塑料	72	1 585.03	6	2.99%	22.01	8	6
农化制品	59	3 504.06	5	6.62%	59.39	5	−4
化学原料	58	4 320.22	4	8.16%	74.49	4	−4
化学纤维	23	1 055.83	8	1.99%	45.91	6	0
橡胶	19	348.54	9	0.66%	18.34	10	7
非金属材料Ⅱ	12	243.28	10	0.46%	20.27	9	4
全 A 股	5 186	403 093.67	—	—	77.73	—	—

① 净资产平均值=净资产总额/公司数量。
② 差值越大，说明其净资产平均值排名相对于其市净率中位数排名越靠后，即其市净率中位数排名相对较高，估值水平也相对较高。
数据来源：Wind。

在各二级板块中，29 家炼化及贸易公司的净资产共 28 528.84 亿元，排第 1 名；4 家油气开采Ⅱ公司的净资产共 6 244.96 亿元，排第 2 名；167 家化学制品公司的净资产共 5 785.17 亿元，排第 3 名。

结合净资产平均值来看，油气开采Ⅱ板块的公司净资产平均值最大，高达 1 561.24 亿元；炼化及贸易公司的净资产平均值为 983.75 亿元，排第 2 名；油服工程公司的净资产平均值为 102.22 亿元，排第 3 名。排名前三的板块净资产平均值超过了全 A 股平均水平（77.73 亿元）。

将净资产平均值排名与市净率中位数排名进行对比，我们发现：橡胶、塑料以及非金属材料Ⅱ板块公司的净资产平均值虽然相对较小，但整体市净率较高，也就是说，这几个板块的公司虽然净资产规模相对较小，但估值水平较高；油气开采Ⅱ板块公司的净资产平均值排名第一，但其整体市净率低，估值低。

（2）民营上市公司

2022 年，石化行业 307 家民营上市公司净资产的总额为 12 095.22 亿元（同比增长 12.15%），占全行业上市公司净资产总额的 22.84%（对比而言，全 A 股民营上市公司占全 A 股的比例为 29.59%），占全 A 股民营上市公司的 10.14%。2022 年石化行业民营上市公司净资产前二十名见表 1-26。

表 1-26　2022 年石化行业民营上市公司净资产前二十名

排名	证券简称	一级行业	二级行业	所有制性质	总资产（亿元）	净资产（亿元）	资产负债率
1	荣盛石化	石油石化	炼化及贸易	民营企业	3 625.87	971.66	73.20%
2	恒力石化	石油石化	炼化及贸易	民营企业	2 414.30	529.20	78.08%
3	东方盛虹	石油石化	炼化及贸易	民营企业	1 665.12	356.98	78.56%
4	桐昆股份	石油石化	炼化及贸易	民营企业	901.40	350.06	61.16%
5	浙江龙盛	基础化工	化学制品	民营企业	651.62	347.58	46.66%
6	宝丰能源	基础化工	化学原料	民营企业	575.78	338.75	41.17%
7	恒逸石化	石油石化	炼化及贸易	民营企业	1 119.65	326.58	70.83%
8	广汇能源	石油石化	炼化及贸易	民营企业	615.75	286.11	53.54%
9	君正集团	基础化工	化学原料	民营企业	388.45	262.93	32.31%
10	合盛硅业	基础化工	化学制品	民营企业	537.33	239.78	55.38%
11	龙佰集团	基础化工	化学原料	民营企业	591.86	232.67	60.69%
12	华峰化学	基础化工	化学纤维	民营企业	327.55	231.47	29.33%
13	卫星化学	基础化工	化学原料	民营企业	563.85	211.50	62.49%
14	亿利洁能	基础化工	化学原料	民营企业	350.73	199.41	43.15%
15	和邦生物	基础化工	农化制品	民营企业	241.03	197.63	18.00%
16	金发科技	基础化工	塑料	民营企业	554.29	182.87	67.01%
17	远兴能源	基础化工	化学原料	民营企业	298.62	167.19	44.01%
18	新凤鸣	基础化工	化学纤维	民营企业	413.04	157.00	61.99%
19	梅花生物	基础化工	化学制品	民营企业	244.90	135.16	44.81%
20	新安股份	基础化工	农化制品	民营企业	192.45	125.33	34.88%
合计					16 273.60	5 849.87	—

数据来源：Wind。

石化行业民营上市公司中，荣盛石化（石油石化-炼化及贸易）净资产达到971.66亿元，位列第一；恒力石化（石油石化-炼化及贸易）净资产529.20亿元，位列第二；东方盛虹（石油石化-炼化及贸易）净资产356.98亿元，位列第三。前二十名的民营上市公司净资产合计为5 849.87亿元，占全行业307家民营上市公司净资产总额的48.37%，占全行业的11.05%。

表1-27 2022年石化行业民营上市公司净资产情况统计（按二级行业划分）

类别	公司数量	净资产总额（亿元）	净资产排名	占全行业比例	净资产平均值（亿元/家）	净资产平均值排名	净资产平均值排名与市净率中位数排名的差值
石化行业	307	12 095.22	—	—	39.40	—	—
石油石化行业	21	3 130.72	—	25.88%	149.08	—	—
炼化及贸易	15	3 044.14	2	11.29%	202.94	1	−4
油服工程	6	86.58	9	0.32%	14.43	9	8
油气开采Ⅱ	0	—	—	—	—	—	—
基础化工行业	286	8 964.50	—	74.12%	31.34	—	—
化学制品	130	3 192.88	1	11.84%	24.56	5	2
塑料	57	1 288.41	5	4.78%	22.60	6	4
农化制品	37	1 500.57	4	5.56%	40.56	4	−5
化学原料	22	1 883.69	3	6.98%	85.62	2	−4
化学纤维	12	583.99	6	2.17%	48.67	3	−5
橡胶	17	282.78	7	1.05%	16.63	8	4
非金属材料Ⅱ	11	232.19	8	0.86%	21.11	7	0
全A股	3 371	119 283.94	—	—	35.39	—	—

数据来源：Wind。

由表1-27可知，石化行业民营上市公司2022年度净资产平均值为39.40亿元，全A股民营上市公司2022年度净资产平均值为35.39亿元。其中，石油石化行业上市公司净资产平均值（149.08亿元）显著高于全A股民营上市公司；基础化工行业上市公司净资产平均值（31.34亿元）略低于全A股民营上市公司。

在各二级板块中，130家化学制品公司的净资产共3 192.88亿元，排第1名；15家炼化及贸易公司的净资产共3 044.14亿元，排第2名；22家化学原料公司的净资产共1 883.69亿元，排第3名。

结合净资产平均值来看，炼化及贸易公司的净资产平均值最大，为202.94亿元；化学原料公司的净资产平均值为85.62亿元，排第2名；化学纤维公司的净资产平均值为48.67亿元，排第3名。民营上市公司的净资产平均值表现比全行业更好，有4

个板块超过了全A股民营平均水平（35.39亿元）。

将净资产平均值排名与市净率中位数排名进行对比后发现，民营上市公司的情况与全行业有所不同：油服工程公司的排名差值达到8，排第1名，农化制品、化学纤维公司的排名差值均为−5，排最后一名。这说明在民营上市公司中，油服工程板块的估值水平相对较高，更受资本市场认可，农化制品、化学纤维板块的估值水平相对较低。

3. 负债[1]

（1）上市公司总览

2022年，石化行业456家上市公司总负债为50 080.24亿元（同比增长9.42%），占全A股上市公司总负债的8.92%，低于总资产总额10.68%的占比，也低于净资产总额13.13%的占比（图1-17）。

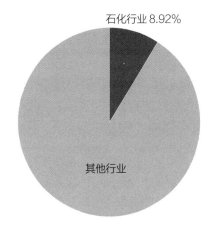

图1-17　2022年石化行业上市公司总负债占全A股比例

数据来源：Wind。

表1-28　2022年石化行业上市公司总负债排名

排名	证券简称	一级行业	二级行业	所有制性质	总负债（亿元）	流动负债（亿元）	非流动负债（亿元）	资产负债率
1	中国石油	石油石化	炼化及贸易	中央国有企业	11 356.48	6 242.63	5 113.85	42.47%
2	中国石化	石油石化	炼化及贸易	中央国有企业	10 114.87	6 673.85	3 441.02	51.91%
3	中国海油	石油石化	油气开采Ⅱ	中央国有企业	3 306.48	1 133.91	2 172.57	35.59%
4	荣盛石化	石油石化	炼化及贸易	民营企业	2 654.22	1 300.59	1 353.62	73.20%
5	万华化学	基础化工	化学制品	地方国有企业	1 195.06	950.17	244.89	59.50%
6	恒力石化	石油石化	炼化及贸易	民营企业	1 885.10	1 258.53	626.57	78.08%
7	中海油服	石油石化	油服工程	中央国有企业	372.86	212.92	159.94	48.31%
8	东方盛虹	石油石化	炼化及贸易	民营企业	1 308.14	544.09	764.05	78.56%

---

[1] 采用财务报表中"负债合计"项目予以统计。

续表

排名	证券简称	一级行业	二级行业	所有制性质	总负债（亿元）	流动负债（亿元）	非流动负债（亿元）	资产负债率
9	恒逸石化	石油石化	炼化及贸易	民营企业	793.07	569.52	223.54	70.83%
10	桐昆股份	石油石化	炼化及贸易	民营企业	551.34	390.77	160.56	61.16%
11	金发科技	基础化工	塑料	民营企业	371.42	210.41	161.00	67.01%
12	中泰化学	基础化工	化学原料	地方国有企业	474.39	336.66	137.73	59.02%
13	龙佰集团	基础化工	化学原料	民营企业	359.19	261.78	97.41	60.69%
14	卫星化学	基础化工	化学原料	民营企业	352.35	100.67	251.68	62.49%
15	盐湖股份	基础化工	农化制品	地方国有企业	135.08	85.20	49.88	32.17%
16	华鲁恒升	基础化工	农化制品	地方国有企业	70.85	35.71	35.14	20.24%
17	中化国际	基础化工	化学制品	中央国有企业	437.14	281.53	155.61	62.22%
18	上海石化	石油石化	炼化及贸易	中央国有企业	148.71	139.98	8.73	36.06%
19	广汇能源	石油石化	炼化及贸易	民营企业	329.65	236.27	93.37	53.54%
20	华谊集团	基础化工	化学原料	地方国有企业	331.51	239.70	91.81	56.00%
21	广汇能源	石油石化	炼化及贸易	民营企业	329.65	236.27	93.37	53.54%
22	浙江龙盛	基础化工	化学制品	民营企业	304.04	242.01	62.03	46.66%
23	合盛硅业	基础化工	化学制品	民营企业	297.56	182.93	114.63	55.38%
	前二十名合计				36 547.89	21 204.91	15 342.98	—
	剔除"三桶油"后前二十名合计				12 701.29	7 815.73	4 885.56	

数据来源：Wind。

由表 1-28 可知，石化行业上市公司中，"三桶油"总负债规模仍然位居前三，但相较于总资产和净资产的遥遥领先，第 3 名的中国海油（3 306.48 亿元，石油石化 - 油气开采Ⅱ，中央国有企业）的总负债规模与第 4 名的荣盛石化（2 654.22 亿元，石油石化 - 炼化及贸易，民营企业）相差不算太大。中国石油（石油石化 - 炼化及贸易，中央国有企业）总负债 11 356.48 亿元，位列第一；中国石化（石油石化 - 炼化及贸易，中央国有企业）总负债 10 114.87 亿元，位列第二。前二十名的上市公司总负债合计为 36 547.89 亿元，占全行业的 72.98%，与总资产 72.72% 的占比相近；剔除"三桶油"后，前二十名的上市公司总负债合计为 12 701.29 亿元，占全行业的 25.36%，高于总资产 20.44% 的占比。

石化行业上市公司 2022 年度总负债平均值为 109.83 亿元（表 1-29），对比而言，全 A 股上市公司 2022 年度总负债平均值为 108.30 亿元。其中，石油石化行业上市公司总负债平均值（779.33 亿元）远高于全 A 股水平；基础化工行业上市公司总负债平均值较小，仅为 34.71 亿元，拉低了石化行业整体的负债水平。

表 1-29 2022 年石化行业上市公司总负债情况统计（按二级行业划分）

类别	公司数量	总负债总额（亿元）	总负债排名	占全行业比例	总负债平均值①（亿元/家）	总负债平均值排名
石化行业	456	50 080.24	—	—	109.83	—
石油石化行业	46	35 849.25	—	71.58%	779.33	—
炼化及贸易	29	29 951.41	1	59.81%	1 032.81	1
油服工程	13	2 294.82	6	4.58%	176.52	3
油气开采Ⅱ	4	3 603.02	3	7.19%	900.75	2
基础化工行业	410	14 230.99	—	28.42%	34.71	—
化学制品	167	4 786.65	2	9.56%	28.66	7
塑料	72	1 319.55	7	2.63%	18.33	8
农化制品	59	3 144.53	5	6.28%	53.30	5
化学原料	58	3 562.15	4	7.11%	61.42	4
化学纤维	23	1 011.94	8	2.02%	44.00	6
橡胶	19	249.22	9	0.50%	13.12	9
非金属材料Ⅱ	12	156.96	10	0.31%	13.08	10
全 A 股	5 186	561 665.17	—	—	108.30	—

① 总负债平均值=总负债总额/公司数量。
数据来源：Wind。

在各二级板块中，29 家炼化及贸易公司的总负债共 29 951.41 亿元，排第 1 名；167 家化学制品公司的总负债共 4 786.65 亿元，排第 2 名；4 家油气开采Ⅱ公司的总负债共 3 603.02 亿元，排第 3 名。

结合总负债平均值来看，炼化及贸易板块的公司总负债平均值最大，为 1 032.81 亿元；油气开采Ⅱ公司的总负债平均值为 900.75 亿元，排第 2 名；油服工程公司的总负债平均值为 176.52 亿元，排第 3 名。排名前三的板块总负债平均值超过了全 A 股平均水平（108.30 亿元）。

2022 年石化行业上市公司流动负债情况统计（按二级行业划分）见表 1-30。

表 1-30　2022 年石化行业上市公司流动负债情况统计（按二级行业划分）

类别	公司数量	流动负债总额（亿元）	流动负债排名	占全行业比例	流动负债平均值[①]（亿元/家）	流动负债平均值排名
石化行业	456	31 346.10	—	—	68.74	—
石油石化行业	46	21 188.86	—	67.60%	460.63	—
炼化及贸易	29	17 905.80	1	57.12%	617.44	1
油服工程	13	2 035.42	5	6.49%	156.57	3
油气开采Ⅱ	4	1 247.64	6	3.98%	311.91	2
基础化工行业	410	10 157.24	—	32.40%	24.77	—
化学制品	167	3 542.15	2	11.30%	21.21	7
塑料	72	930.19	7	2.97%	12.92	8
农化制品	59	2 307.12	4	7.36%	39.10	5
化学原料	58	2 387.52	3	7.62%	41.16	4
化学纤维	23	688.12	8	2.20%	29.92	6
橡胶	19	183.58	9	0.59%	9.66	10
非金属材料Ⅱ	12	118.55	10	0.38%	9.88	9
全A股	5 186	393 394.10	—	—	75.86	—

① 流动负债平均值=流动负债总额/公司数量。
数据来源：Wind。

（2）民营上市公司

2022 年，石化行业 307 家民营上市公司总负债的总额为 14 878.77 亿元（同比增长 19.89%），占全行业上市公司总负债总额的 29.71%（对比而言，全 A 股民营上市公司占全 A 股的比例为 24.42%），占全 A 股民营上市公司的 10.85%。

石化行业民营上市公司中，荣盛石化（石油石化 - 炼化及贸易）总负债达到 2 654.22 亿元，位列第一；恒力石化（石油石化 - 炼化及贸易）总负债 1 885.10 亿元，位列第二；东方盛虹（石油石化 - 炼化及贸易）总负债 1 308.14 亿元，位列第三。前二十名的民营上市公司总负债合计为 10 722.02 亿元，占全行业 307 家民营上市公司负债总额的 72.06%，占全行业的 21.41%（表 1-31）。

石化行业民营上市公司 2022 年度总负债平均值为 48.47 亿元（表 1-32），对比而言，全 A 股民营上市公司 2022 年度总负债平均值为 40.69 亿元。其中，石油石化行业上市公司总负债平均值（379.99 亿元）显著高于全 A 股民营上市公司；基础化工行业上市公司总负债平均值（24.12 亿元）低于全 A 股民营上市公司。

在各二级板块中，15 家炼化及贸易公司的总负债共 7 883.30 亿元，排第 1 名；130 家化学制品公司的总负债共 2 096.49 亿元，排第 2 名；22 家化学原料公司的总负债共 1 613.69 亿元，排第 3 名。

表 1-31 2022 年石化行业民营上市公司总负债前二十名

排名	证券简称	一级行业	二级行业	所有制性质	总负债（亿元）	流动负债（亿元）	非流动负债（亿元）	资产负债率
1	荣盛石化	石油石化	炼化及贸易	民营企业	2 654.22	1 300.59	1 353.62	73.20%
2	恒力石化	石油石化	炼化及贸易	民营企业	1 885.10	1 258.53	626.57	78.08%
3	东方盛虹	石油石化	炼化及贸易	民营企业	1 308.14	544.09	764.05	78.56%
4	恒逸石化	石油石化	炼化及贸易	民营企业	793.07	569.52	223.54	70.83%
5	桐昆股份	石油石化	炼化及贸易	民营企业	551.34	390.77	160.56	61.16%
6	金发科技	基础化工	塑料	民营企业	371.42	210.41	161.00	67.01%
7	龙佰集团	基础化工	化学原料	民营企业	359.19	261.78	97.41	60.69%
8	卫星化学	基础化工	化学原料	民营企业	352.35	100.67	251.68	62.49%
9	广汇能源	石油石化	炼化及贸易	民营企业	329.65	236.27	93.37	53.54%
10	浙江龙盛	基础化工	化学制品	民营企业	304.04	242.01	62.03	46.66%
11	合盛硅业	基础化工	化学制品	民营企业	297.56	182.93	114.63	55.38%
12	东华能源	石油石化	炼化及贸易	民营企业	292.98	188.65	104.33	70.84%
13	新凤鸣	基础化工	化学纤维	民营企业	256.04	151.96	104.08	61.99%
14	宝丰能源	基础化工	化学原料	民营企业	237.04	115.18	121.86	41.17%
15	亿利洁能	基础化工	化学原料	民营企业	151.32	96.31	55.01	43.15%
16	远兴能源	基础化工	化学原料	民营企业	131.43	94.92	36.51	44.01%
17	君正集团	基础化工	化学原料	民营企业	125.52	90.75	34.77	32.31%

续表

排名	证券简称	一级行业	二级行业	所有制性质	总负债（亿元）	流动负债（亿元）	非流动负债（亿元）	资产负债率
18	梅花生物	基础化工	化学制品	民营企业	109.74	66.72	43.02	44.81%
19	云图控股	基础化工	农化制品	民营企业	109.45	90.35	19.10	58.52%
20	多氟多	基础化工	化学制品	民营企业	102.44	71.91	30.53	56.17%
合计					10 722.02	6 264.35	4 457.67	—

数据来源：Wind。

表1-32　2022年石化行业民营上市公司总负债情况统计（按二级行业划分）

类别	公司数量	总负债总额（亿元）	总负债排名	占全行业比例	总负债平均值[①]（亿元/家）	总负债平均值排名
石化行业	307	14 878.77	—	—	48.47	—
石油石化行业	21	7 979.71	—	53.63%	379.99	
炼化及贸易	15	7 883.30	1	52.98%	525.55	1
油服工程	6	96.42	9	0.65%	16.07	7
油气开采Ⅱ	0	—	—	—	—	—
基础化工行业	286	6 899.06	—	46.37%	24.12	—
化学制品	130	2 096.49	2	14.09%	16.13	6
塑料	57	1 173.76	4	7.89%	20.59	5
农化制品	37	1 167.00	5	7.84%	31.54	4
化学原料	22	1 613.69	3	10.85%	73.35	2
化学纤维	12	529.73	6	3.56%	44.14	3
橡胶	17	162.28	7	1.09%	9.55	9
非金属材料Ⅱ	11	156.11	8	1.05%	14.19	8
全A股	3 371	137 151.49	—	—	40.69	—

① 总负债平均值=总负债总额/公司数量。

数据来源：Wind。

结合总负债平均值来看，炼化及贸易公司的总负债平均值最大，为525.55亿元；化学原料公司的总负债平均值为73.35亿元，排第2名；化学纤维公司的总负债平均值为44.14亿元，排第3名。排名前三的板块总负债平均值均超过了全A股民营平均水平（40.69 亿元）。

2022 年石化行业民营上市公司流动负债情况统计（按二级行业划分）见表 1-33。

表 1-33　2022 年石化行业民营上市公司流动负债情况统计（按二级行业划分）

类别	公司数量	流动负债总额（亿元）	流动负债排名	占全行业比例	流动负债平均值①（亿元/家）	流动负债平均值排名
石化行业	307	9 482.00	—	—	30.89	—
石油石化行业	21	4 610.58	—	48.62%	219.55	—
炼化及贸易	15	4 539.33	1	47.87%	302.62	1
油服工程	6	71.25	9	0.75%	11.88	6
油气开采Ⅱ	0	0.00	10	0.00%	0.00	10
基础化工行业	286	4 871.42	—	51.38%	17.03	—
化学制品	130	1 537.21	2	16.21%	11.82	7
塑料	57	815.31	5	8.60%	14.30	5
农化制品	37	921.04	4	9.71%	24.89	4
化学原料	22	988.06	3	10.42%	44.91	2
化学纤维	12	372.03	6	3.92%	31.00	3
橡胶	17	120.05	7	1.27%	7.06	9
非金属材料Ⅱ	11	117.73	8	1.24%	10.70	8
全 A 股	3 371	102 278.89	—	—	30.34	—

① 总负债平均值=总负债总额/公司数量。

数据来源：Wind。

4．资产负债率

（1）上市公司总览

2022 年，石化行业 456 家上市公司的平均资产负债率❶为 38.24%（同比增长 0.07 个百分点），资产负债率中位数为 36.44%。对比而言，全 A 股上市公司的平均资产负债率为 40.71%（同比下降 0.37 个百分点），资产负债率中位数为 39.20%，石化行业上市公司平均资产负债率和资产负债率中位数均低于全 A 股水平（图 1-18）。

近十年来，石化行业上市公司的平均资产负债率整体呈波动下降趋势，且持续低于全 A 股平均水平；将石油石化行业和基础化工行业分开来看，石油石化行业的平均资产负债率整体呈波动增长趋势，且大部分时间高于全 A 股平均水平，尤其在 2020 年至 2022 年，在全 A 股平均资产负债率持续下降的背景下，石油石化行业连续两年产生了增长；基础化工行业的平均资产负债率整体呈波动下降趋势，且持续低于全 A 股平均水平（表 1-34）。

❶ 平均资产负债率 = Σ 资产负债率 / 公司数量。

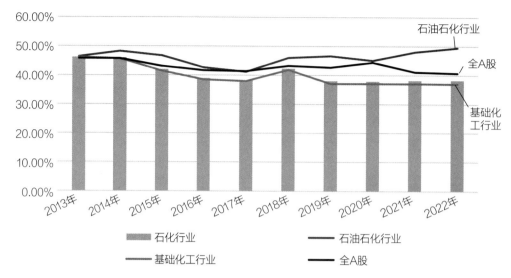

图1-18　2013~2022年石化行业上市公司平均资产负债率变化趋势

数据来源：Wind。

表1-34　2022年石化行业上市公司资产负债率前二十名和后二十名

排名	证券简称	一级行业	二级行业	所有制性质	资产负债率	总资产（亿元）	净资产（亿元）
1	*ST榕泰	基础化工	塑料	民营企业	160.36%	11.10	-6.70
2	领湃科技	基础化工	化学制品	地方国有企业	90.37%	15.78	1.52
3	石化油服	石油石化	油服工程	中央国有企业	89.57%	712.01	74.27
4	中毅达	基础化工	化学原料	其他企业	88.89%	12.87	1.43
5	乐通股份	基础化工	化学制品	民营企业	88.39%	6.34	0.74
6	ST红太阳	基础化工	农化制品	民营企业	86.40%	102.81	13.98
7	仁智股份	石油石化	油服工程	民营企业	84.57%	2.38	0.37
8	宏达股份	基础化工	农化制品	民营企业	82.40%	23.50	4.14
9	统一股份	石油石化	炼化及贸易	中央国有企业	82.06%	25.11	4.51
10	天晟新材	基础化工	化学制品	公众企业	80.24%	13.64	2.69
11	杭州高新	基础化工	塑料	民营企业	79.45%	3.34	0.69
12	东方盛虹	石油石化	炼化及贸易	民营企业	78.56%	1 665.12	356.98
13	天安新材	基础化工	化学制品	民营企业	78.40%	28.64	6.19
14	天禾股份	基础化工	农化制品	集体企业	78.32%	66.43	14.40
15	恒力石化	石油石化	炼化及贸易	民营企业	78.08%	2 414.30	529.20
16	金正大	基础化工	农化制品	地方国有企业	77.43%	134.82	30.43

续表

排名	证券简称	一级行业	二级行业	所有制性质	资产负债率	总资产（亿元）	净资产（亿元）
17	保利联合	基础化工	化学制品	中央国有企业	76.82%	162.76	37.72
18	中农立华	基础化工	农化制品	集体企业	76.22%	62.44	14.85
19	中油工程	石油石化	油服工程	中央国有企业	76.16%	1 070.59	255.25
20	新纶新材	基础化工	塑料	民营企业	75.92%	48.02	11.56
……							
228	新金路	基础化工	化学原料	民营企业	36.47%	22.97	14.60
229	美邦科技	基础化工	化学制品	民营企业	36.42%	8.43	5.36
……							
437	宝丽迪	基础化工	化学制品	民营企业	9.38%	14.30	12.96
438	善水科技	基础化工	化学制品	民营企业	9.06%	22.47	20.44
439	百龙创园	基础化工	化学制品	民营企业	8.63%	14.72	13.45
440	同大股份	基础化工	化学制品	地方国有企业	8.56%	6.88	6.29
441	绿亨科技	基础化工	农化制品	民营企业	8.52%	8.18	7.48
442	大东南	基础化工	塑料	地方国有企业	8.22%	29.59	27.16
443	先锋新材	基础化工	化学制品	民营企业	7.89%	6.44	5.93
444	永悦科技	基础化工	塑料	民营企业	7.72%	5.52	5.09
445	洪汇新材	基础化工	化学制品	民营企业	7.68%	7.48	6.90
446	争光股份	基础化工	塑料	民营企业	7.31%	18.47	17.12
447	润贝航科	石油石化	炼化及贸易	民营企业	7.11%	11.29	10.48
448	龙高股份	基础化工	非金属材料Ⅱ	地方国有企业	7.08%	11.93	11.09
449	和顺科技	基础化工	塑料	民营企业	6.92%	16.11	15.00
450	卓越新能	基础化工	化学制品	民营企业	6.76%	29.85	27.84
451	兴化股份	基础化工	化学原料	地方国有企业	6.49%	50.19	46.93
452	广聚能源	石油石化	炼化及贸易	地方国有企业	5.48%	27.52	26.01
453	宁波色母	基础化工	塑料	民营企业	5.30%	11.02	10.44
454	科拓生物	基础化工	化学制品	民营企业	5.25%	17.91	16.97
455	三元生物	基础化工	化学制品	民营企业	5.12%	48.70	46.21
456	江苏博云	基础化工	塑料	民营企业	4.05%	11.49	11.03

数据来源：Wind。

表1-35　2022年石化行业上市公司资产负债率情况统计（按二级行业划分）

类别	公司数量	平均资产负债率	平均资产负债率排名
石化行业	456	38.24%	—
石油石化行业	46	49.50%	
炼化及贸易	29	45.87%	3
油服工程	13	57.03%	1
油气开采Ⅱ	4	51.32%	2
基础化工行业	410	36.98%	—
化学制品	167	34.10%	9
塑料	72	38.13%	6
农化制品	59	44.10%	4
化学原料	58	37.33%	7
化学纤维	23	41.46%	5
橡胶	19	34.50%	8
非金属材料Ⅱ	12	28.83%	10
全A股	5 186	40.71%	—

数据来源：Wind。

由表1-35可知，在各二级板块中，13家油服工程公司的平均资产负债率为57.03%，排第1名；4家油气开采Ⅱ公司的平均资产负债率为51.32%，排第2名；29家炼化及贸易公司的平均资产负债率为45.87%，排第3名。平均资产负债率最低的三个板块分别为非金属材料Ⅱ（28.83%，第10名）、化学制品（34.10%，第9名）以及橡胶（34.50%，第8名）。10个板块中有5个板块的平均资产负债率超过了全A股平均水平（40.71%），石油石化行业整体资产负债率较高，基础化工行业整体资产负债率较低。

（2）民营上市公司

2022年，石化行业307家民营上市公司的平均资产负债率❶为36.60%（同比增长0.41个百分点），资产负债率中位数为34.30%。对比而言，全A股民营上市公司的平均资产负债率为37.22%（同比下降0.50个百分点），资产负债率中位数为35.32%，石化行业民营上市公司平均资产负债率和资产负债率中位数均低于全A股民营上市公司（图1-19）。

近十年来，石化行业民营上市公司的平均资产负债率整体呈波动下降趋势，且持续低于全A股平均水平；将石油石化行业和基础化工行业分开来看，石油石化行业的平均资产负债率整体呈波动增长趋势，且大部分时间高于全A股平均水平；基础化工

---

❶ 平均资产负债率 = Σ 资产负债率 / 公司数量。

行业的平均资产负债率整体呈波动下降趋势，且持续低于全 A 股平均水平。2022 年石化行业民营上市公司资产负债率前二十名和后二十名见表 1-36。

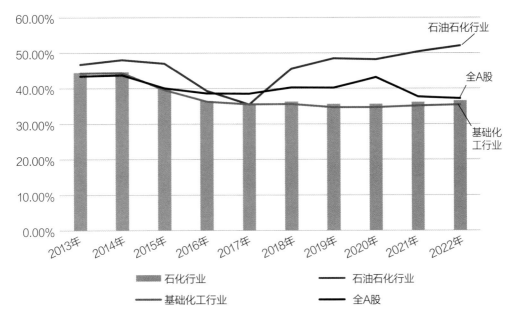

图 1-19　2013～2022 年石化行业民营上市公司平均资产负债率变化趋势

数据来源：Wind。

表 1-36　2022 年石化行业民营上市公司资产负债率前二十名和后二十名

排名	证券简称	一级行业	二级行业	所有制性质	资产负债率	总资产（亿元）	净资产（亿元）
1	*ST榕泰	基础化工	塑料	民营企业	160.36%	11.10	(6.70)
2	乐通股份	基础化工	化学制品	民营企业	88.39%	6.34	0.74
3	ST红太阳	基础化工	农化制品	民营企业	86.40%	102.81	13.98
4	仁智股份	石油石化	油服工程	民营企业	84.57%	2.38	0.37
5	宏达股份	基础化工	农化制品	民营企业	82.40%	23.50	4.14
6	杭州高新	基础化工	塑料	民营企业	79.45%	3.34	0.69
7	东方盛虹	石油石化	炼化及贸易	民营企业	78.56%	1 665.12	356.98
8	天安新材	基础化工	化学制品	民营企业	78.40%	28.64	6.19
9	恒力石化	石油石化	炼化及贸易	民营企业	78.08%	2 414.30	529.20
10	新纶新材	基础化工	塑料	民营企业	75.92%	48.02	11.56
11	蓝丰生化	基础化工	农化制品	民营企业	75.77%	14.76	3.58
12	荣盛石化	石油石化	炼化及贸易	民营企业	73.20%	3 625.87	971.66
13	宏达新材	基础化工	化学制品	民营企业	73.16%	3.45	0.93

续表

排名	证券简称	一级行业	二级行业	所有制性质	资产负债率	总资产（亿元）	净资产（亿元）
14	宁科生物	基础化工	化学制品	民营企业	72.73%	32.79	8.94
15	会通股份	基础化工	塑料	民营企业	72.31%	64.43	17.84
16	东华能源	石油石化	炼化及贸易	民营企业	70.84%	413.61	120.63
17	恒逸石化	石油石化	炼化及贸易	民营企业	70.83%	1 119.65	326.58
18	百川股份	基础化工	化学制品	民营企业	70.34%	100.70	29.87
19	飞鹿股份	基础化工	化学制品	民营企业	69.97%	18.14	5.45
20	贝肯能源	石油石化	油服工程	民营企业	69.47%	20.23	6.18
……							
154	永东股份	基础化工	橡胶	民营企业	34.30%	33.54	22.03
……							
288	石英股份	基础化工	非金属材料Ⅱ	民营企业	10.88%	36.86	32.85
289	亚香股份	基础化工	化学制品	民营企业	10.56%	17.27	15.45
290	松井股份	基础化工	化学制品	民营企业	10.40%	14.11	12.64
291	晨光新材	基础化工	化学制品	民营企业	10.36%	24.49	21.95
292	天马新材	基础化工	非金属材料Ⅱ	民营企业	10.35%	4.88	4.37
293	宝丽迪	基础化工	化学制品	民营企业	9.38%	14.30	12.96
294	善水科技	基础化工	化学制品	民营企业	9.06%	22.47	20.44
295	百龙创园	基础化工	化学制品	民营企业	8.63%	14.72	13.45
296	绿亨科技	基础化工	农化制品	民营企业	8.52%	8.18	7.48
297	先锋新材	基础化工	化学制品	民营企业	7.89%	6.44	5.93
298	永悦科技	基础化工	塑料	民营企业	7.72%	5.52	5.09
299	洪汇新材	基础化工	化学制品	民营企业	7.68%	7.48	6.90
300	争光股份	基础化工	塑料	民营企业	7.31%	18.47	17.12
301	润贝航科	石油石化	炼化及贸易	民营企业	7.11%	11.29	10.48
302	和顺科技	基础化工	塑料	民营企业	6.92%	16.11	15.00
303	卓越新能	基础化工	化学制品	民营企业	6.76%	29.85	27.84
304	宁波色母	基础化工	塑料	民营企业	5.30%	11.02	10.44
305	科拓生物	基础化工	化学制品	民营企业	5.25%	17.91	16.97
306	三元生物	基础化工	化学制品	民营企业	5.12%	48.70	46.21
307	江苏博云	基础化工	塑料	民营企业	4.05%	11.49	11.03

数据来源：Wind。

表 1-37　2022 年石化行业民营上市公司资产负债率情况统计（按二级行业划分）

类别	公司数量	平均资产负债率	平均资产负债率排名
石化行业	307	36.60%	—
石油石化行业	21	52.09%	—
炼化及贸易	15	50.93%	2
油服工程	6	54.98%	1
油气开采Ⅱ	0	—	—
基础化工行业	286	35.46%	—
化学制品	130	32.21%	7
塑料	57	39.25%	4
农化制品	37	41.90%	3
化学原料	22	37.66%	6
化学纤维	12	37.99%	5
橡胶	17	31.90%	8
非金属材料Ⅱ	11	30.81%	9
全 A 股	3 371	37.22%	—

数据来源：Wind。

由表 1-37 可知，对于民营上市公司，在各二级板块中，6 家油服工程公司的平均资产负债率为 54.98%，排第 1 名；15 家炼化及贸易公司的平均资产负债率为 50.93%，排第 2 名；37 家农化制品公司的平均资产负债率为 41.90%，排第 3 名。平均资产负债率最低的三个板块分别为非金属材料Ⅱ（30.81%，第 9 名）、橡胶（31.90%，第 8 名）以及化学制品（32.21%，第 7 名）。除油气开采Ⅱ板块（没有民营企业）外，9 个板块中有 6 个板块的平均资产负债率超过了全 A 股平均水平（37.22%）；公司数量较多的化学制品板块的整体资产负债率较低，拉低了全行业的平均水平。

（二）营收盈利情况

1. 营业收入与净利润

（1）上市公司总览

① 营业收入 ❶

2022 年，石化行业 456 家上市公司营业收入的总额为 106 127.03 亿元（同比增长 22.03%），占全 A 股上市公司营业收入总额的 14.77%；总收入占比高于总资产 10.68% 的占比和总市值 7.82% 的占比（图 1-20）。

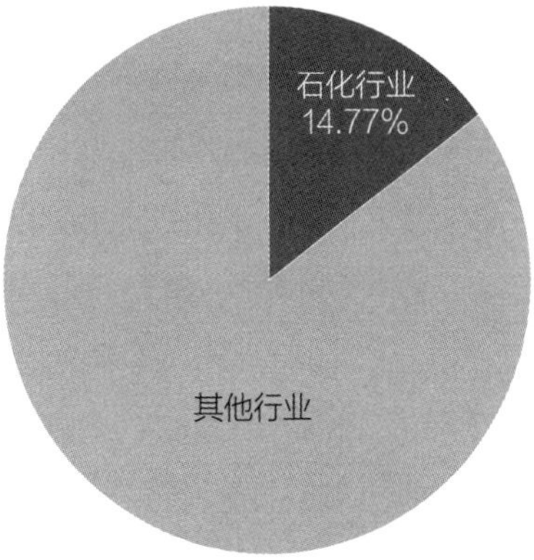

图 1-20　2022 年石化行业上市公司营业收入总额占全 A 股比例

数据来源：Wind。

---

❶ 采用财务报表中"营业收入"项目予以统计。

表1-38　2022年石化行业上市公司营业收入排名

排名	证券简称	一级行业	二级行业	所有制性质	营业收入（亿元）	归母净利润（亿元）	净利率
1	中国石化	石油石化	炼化及贸易	中央国有企业	33 181.68	663.02	2.28%
2	中国石油	石油石化	炼化及贸易	中央国有企业	32 391.67	1 493.75	5.06%
3	中国海油	石油石化	油气开采Ⅱ	中央国有企业	4 222.30	1 417.00	33.55%
4	荣盛石化	石油石化	炼化及贸易	民营企业	2 890.95	33.40	2.20%
5	恒力石化	石油石化	炼化及贸易	民营企业	2 223.24	23.18	1.04%
6	万华化学	基础化工	化学制品	地方国有企业	1 655.65	162.34	10.29%
7	恒逸石化	石油石化	炼化及贸易	民营企业	1 520.50	−10.80	−0.61%
8	中化国际	基础化工	化学制品	中央国有企业	874.49	13.11	2.49%
9	中油工程	石油石化	油服工程	中央国有企业	835.90	7.21	0.86%
10	上海石化	石油石化	炼化及贸易	中央国有企业	825.18	−28.72	−3.48%
11	云天化	基础化工	农化制品	地方国有企业	753.13	60.21	9.36%
12	石化油服	石油石化	油服工程	中央国有企业	737.73	4.64	0.63%
13	东方盛虹	石油石化	炼化及贸易	民营企业	638.22	5.48	0.85%
14	桐昆股份	石油石化	炼化及贸易	民营企业	619.93	1.30	0.22%
15	广汇能源	石油石化	炼化及贸易	民营企业	594.09	113.38	18.78%
16	中泰化学	基础化工	化学原料	地方国有企业	559.11	7.14	1.96%
17	新凤鸣	基础化工	化学纤维	民营企业	507.87	−2.05	−0.40%
18	华锦股份	石油石化	炼化及贸易	中央国有企业	490.62	5.29	1.22%
19	海油发展	石油石化	油服工程	中央国有企业	477.84	24.16	5.23%
20	金发科技	基础化工	塑料	民营企业	404.12	19.92	4.95%
21	华谊集团	基础化工	化学原料	地方国有企业	385.11	12.81	4.40%
22	安道麦A	基础化工	农化制品	中央国有企业	373.82	6.09	1.63%
23	卫星化学	基础化工	化学原料	民营企业	370.44	30.62	8.31%
前二十名合计					86 404.23	4 012.96	—
剔除"三桶油"后前二十名合计					17 737.95	488.71	

数据来源：Wind。

由表1-38可知，石化行业上市公司中，中国石化、中国石油营收规模与其他公司拉开了明显差距，稳居前二。其中，中国石化（石油石化-炼化及贸易，中央国有企业）营业收入达到33 181.68亿元，位列第一；中国石油（石油石化-炼化及贸易，中央国有企业）营业收入32 391.67亿元，位列第二。此外，中国海油（石油石化-

油气开采Ⅱ，中央国有企业）营业收入4 222.30亿元，位列第三。前二十名的上市公司营业收入合计为86 404.23亿元，占全行业的81.42%；剔除"三桶油"后，前二十名的上市公司营业收入合计为17 737.95亿元，占全行业的16.71%。

表1-39　2022年石化行业上市公司营业收入情况统计（按二级行业划分）

类别	公司数量	营业收入总额（亿元）	营业收入排名	占全行业比例	营业收入平均值①（亿元/家）	营业收入平均值排名
石化行业	456	106 127.03	—	—	232.73	—
石油石化行业	46	83 748.16	—	78.91%	1 820.61	—
炼化及贸易	29	76 571.73	1	72.15%	2 640.40	1
油服工程	13	2 807.17	6	2.65%	215.94	3
油气开采Ⅱ	4	4 369.25	5	4.12%	1 092.31	2
基础化工行业	410	22 378.87	—	21.09%	54.58	—
化学制品	167	7 367.25	2	6.94%	44.12	7
塑料	72	2 136.48	7	2.01%	29.67	8
农化制品	59	5 456.40	3	5.14%	92.48	4
化学原料	58	5 026.17	4	4.74%	86.66	5
化学纤维	23	1 688.12	8	1.59%	73.40	6
橡胶	19	432.86	9	0.41%	22.78	9
非金属材料Ⅱ	12	271.58	10	0.26%	22.63	10
全A股	5 314	718 498.11	—	—	135.21	—

① 营业收入平均值=营业收入总额/公司数量。
数据来源：Wind。

由表1-39可知，石化行业上市公司2022年度营业收入平均值为232.73亿元，对比而言，全A股上市公司2022年度营业收入平均值为135.21亿元。其中，石油石化行业上市公司营业收入平均值（1 820.61亿元）显著高于全A股水平；基础化工行业上市公司营业收入平均值较小，仅为54.58亿元，大大拉低了石化行业整体的平均水平。

在各二级板块中，29家炼化及贸易公司的营业收入共76 571.73亿元，排第1名；167家化学制品公司的营业收入共7 367.25亿元，排第2名；59家农化制品公司的营业收入共5 456.40亿元，排第3名。

结合营业收入平均值来看，炼化及贸易板块的公司营业收入平均值最大，高达2 640.40亿元；油气开采Ⅱ公司的营业收入平均值为1 092.31亿元，排第2名；油服工程公司的营业收入平均值为215.94亿元，排第3名。石化行业的3个二级板块营业收入平均值超过了全A股平均水平（135.21亿元），基础化工行业的7个二级板块营业收入平均值均未超过全A股平均水平。

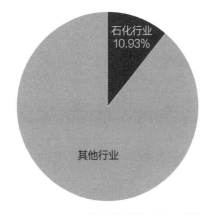

图1-21 2022年石化行业上市公司净利润总额
占全A股比例

数据来源：Wind。

营业收入统计数与总资产统计数、总市值统计数得出的结论较为一致：石油石化行业公司规模普遍较基础化工行业更大；基础化工行业公司数量更多，但公司规模普遍较小。

② 净利润[1]

2022年，石化行业456家上市公司净利润的总额为5 824.44亿元（同比增长14.19%），占全A股上市公司净利润总额的10.93%（图1-21）；对比而言，全A股上市公司净利润的总额为53 273.08亿元（同比增长2.15%）。

表1-40 2022年石化行业上市公司净利润前二十名

排名	证券简称	一级行业	二级行业	所有制性质	营业收入（亿元）	净利润（亿元）	净利率
1	中国石油	石油石化	炼化及贸易	中央国有企业	32 391.67	1 493.75	5.06%
2	中国海油	石油石化	油气开采Ⅱ	中央国有企业	4 222.30	1 417.00	33.55%
3	中国石化	石油石化	炼化及贸易	中央国有企业	33 181.68	663.02	2.28%
4	万华化学	基础化工	化学制品	地方国有企业	1 655.65	162.34	10.29%
5	盐湖股份	基础化工	农化制品	地方国有企业	307.48	155.65	64.00%
6	广汇能源	石油石化	炼化及贸易	民营企业	594.09	113.38	18.78%
7	宝丰能源	基础化工	化学原料	民营企业	284.30	63.03	22.17%
8	华鲁恒升	基础化工	农化制品	地方国有企业	302.45	62.89	20.79%
9	云天化	基础化工	农化制品	地方国有企业	753.13	60.21	9.36%
10	兴发集团	基础化工	农化制品	地方国有企业	303.11	58.52	22.42%
11	合盛硅业	基础化工	化学制品	民营企业	236.57	51.48	21.73%
12	梅花生物	基础化工	化学制品	民营企业	279.37	44.06	15.77%
13	君正集团	基础化工	化学原料	民营企业	214.60	41.57	19.82%
14	和邦生物	基础化工	农化制品	民营企业	130.39	38.07	29.22%
15	龙佰集团	基础化工	化学原料	民营企业	241.13	34.19	14.67%
16	荣盛石化	石油石化	炼化及贸易	民营企业	2 890.95	33.40	2.20%
17	鲁西化工	基础化工	化学原料	中央国有企业	303.57	31.55	10.40%
18	新潮能源	石油石化	油气开采Ⅱ	公众企业	93.57	31.28	33.43%
19	卫星化学	基础化工	化学原料	民营企业	370.44	30.62	8.31%

[1] 采用财务报表中"归属母公司股东的净利润"项目予以统计。

续表

排名	证券简称	一级行业	二级行业	所有制性质	营业收入（亿元）	净利润（亿元）	净利率
20	浙江龙盛	基础化工	化学制品	民营企业	212.26	30.03	15.67%
21	新安股份	基础化工	农化制品	民营企业	218.03	29.55	13.87%
22	华峰化学	基础化工	化学纤维	民营企业	258.84	28.44	10.98%
23	远兴能源	基础化工	化学原料	民营企业	109.87	26.60	29.04%
前二十名合计					78 968.70	4 616.05	—
剔除"三桶油"后前二十名合计					9 759.78	1 126.86	—

数据来源：Wind。

由表1-40可知，石化行业上市公司中，中国石油（石油石化-炼化及贸易，中央国有企业）净利润1 493.75亿元，位列第一；中国海油（石油石化-油气开采Ⅱ，中央国有企业）净利润1 417.00亿元，位列第二；中国石化（石油石化-炼化及贸易，中央国有企业）净利润663.02亿元，位列第三。此外，前二十名的上市公司净利润合计为4 616.05亿元，占全行业的79.25%，略低于营业收入81.42%的占比；剔除"三桶油"后，前二十名的上市公司净利润合计为1 126.86亿元，占全行业的19.35%，高于营业收入16.71%的占比。

表1-41 2022年石化行业上市公司净利润情况统计（按二级行业划分）

类别	公司数量	净利润总额（亿元）	净利润排名	占全行业比例	净利润平均值[①]（亿元/家）	净利润平均值排名
石化行业	456	5 824.44	—	—	12.77	—
石油石化行业	46	3 821.00	—	65.60%	83.07	
炼化及贸易	29	2 295.60	1	39.41%	79.16	2
油服工程	13	78.87	8	1.35%	6.07	5
油气开采Ⅱ	4	1 446.53	2	24.84%	361.63	1
基础化工行业	410	2 003.44	—	34.40%	4.89	—
化学制品	167	631.50	4	10.84%	3.78	6
塑料	72	103.10	6	1.77%	1.43	10
农化制品	59	682.07	3	11.71%	11.56	3
化学原料	58	447.82	5	7.69%	7.72	4
化学纤维	23	79.14	7	1.36%	3.44	7
橡胶	19	27.75	10	0.48%	1.46	9
非金属材料Ⅱ	12	32.05	9	0.55%	2.67	8
全A股	5 314	53 273.08	—	—	10.03	—

① 营业收入平均值=营业收入总额/公司数量。
数据来源：Wind。

由表1-41可知，石化行业上市公司2022年度净利润平均值为12.77亿元，对比而言，全A股上市公司2022年度净利润平均值为10.03亿元。其中，石油石化行业上市公司净利润平均值（83.07亿元）显著高于全A股水平；基础化工行业上市公司净利润平均值较小，仅为4.89亿元，大大拉低了石化行业整体的平均水平。

在各二级板块中，29家炼化及贸易公司的净利润共2 295.60亿元，排第1名；4家油气开采Ⅱ公司的净利润共1 446.53亿元，排第2名；59家农化制品公司的净利润共682.07亿元，排第3名。

结合净利润平均值来看，油气开采Ⅱ板块的公司净利润平均值最大，高达361.63亿元；炼化及贸易公司的净利润平均值为79.16亿元，排第2名；农化制品公司的净利润平均值为11.56亿元，排第3名。排名前三的二级板块净利润平均值超过了全A股平均水平（10.03亿元）。

（2）民营上市公司

① 营业收入

2022年，石化行业307家民营上市公司营业收入的总额为19 588.09亿元（同比增长21.87%），占全行业上市公司营业收入总额的18.46%（对比而言，全A股民营上市公司占全A股的比例为22.88%），占全A股民营上市公司营业收入总额的11.92%；总收入在全A股民营的占比略高于总资产10.21%的占比、高于总市值7.04%的占比。

表1-42 2022年石化行业民营上市公司营业收入前二十名

排名	证券简称	一级行业	二级行业	所有制性质	营业收入（亿元）	净利润（亿元）	净利率
1	荣盛石化	石油石化	炼化及贸易	民营企业	2 890.95	33.40	2.20%
2	恒力石化	石油石化	炼化及贸易	民营企业	2 223.24	23.18	1.04%
3	恒逸石化	石油石化	炼化及贸易	民营企业	1 520.50	−10.80	−0.61%
4	东方盛虹	石油石化	炼化及贸易	民营企业	638.22	5.48	0.85%
5	桐昆股份	石油石化	炼化及贸易	民营企业	619.93	1.30	0.22%
6	广汇能源	石油石化	炼化及贸易	民营企业	594.09	113.38	18.78%
7	新凤鸣	基础化工	化学纤维	民营企业	507.87	−2.05	−0.40%
8	金发科技	基础化工	塑料	民营企业	404.12	19.92	4.95%
9	卫星化学	基础化工	化学原料	民营企业	370.44	30.62	8.31%
10	东华能源	石油石化	炼化及贸易	民营企业	291.99	0.43	0.17%
11	宝丰能源	基础化工	化学原料	民营企业	284.30	63.03	22.17%
12	梅花生物	基础化工	化学制品	民营企业	279.37	44.06	15.77%
13	华峰化学	基础化工	化学纤维	民营企业	258.84	28.44	10.98%
14	龙佰集团	基础化工	化学原料	民营企业	241.13	34.19	14.67%

续表

排名	证券简称	一级行业	二级行业	所有制性质	营业收入（亿元）	净利润（亿元）	净利率
15	合盛硅业	基础化工	化学制品	民营企业	236.57	51.48	21.73%
16	三房巷	基础化工	化学纤维	民营企业	228.37	8.18	3.58%
17	新安股份	基础化工	农化制品	民营企业	218.03	29.55	13.87%
18	君正集团	基础化工	化学原料	民营企业	214.60	41.57	19.82%
19	浙江龙盛	基础化工	化学制品	民营企业	212.26	30.03	15.67%
20	云图控股	基础化工	农化制品	民营企业	205.02	14.92	7.28%
合计					12 439.84	560.32	—

数据来源：Wind。

由表1-42可知，石化行业民营上市公司中，荣盛石化（石油石化-炼化及贸易）营业收入达到2 890.95亿元，位列第一；恒力石化（石油石化-炼化及贸易）营业收入2 223.24亿元，位列第二；恒逸石化（石油石化-炼化及贸易）营业收入1 520.50亿元，位列第三。前二十名的民营上市公司营业收入合计为12 439.84亿元，占全行业307家民营上市公司营业收入总额的63.51%，占全行业的11.72%。

表1-43　2022年石化行业民营上市公司营业收入情况统计（按二级行业划分）

类别	公司数量	营业收入总额（亿元）	营业收入排名	占全行业比例	营业收入平均值[①]（亿元/家）	营业收入平均值排名
石化行业	307	19 588.09	—	—	63.80	—
石油石化行业	21	9 099.58	—	46.45%	433.31	—
炼化及贸易	15	9 015.89	1	46.03%	601.06	1
油服工程	6	83.70	9	0.43%	13.95	9
油气开采Ⅱ	0					
基础化工行业	286	10 488.50	—	53.55%	36.67	—
化学制品	130	3 253.37	2	16.61%	25.03	6
塑料	57	1 760.78	5	8.99%	30.89	5
农化制品	37	1 922.14	3	9.81%	51.95	4
化学原料	22	1 774.20	4	9.06%	80.65	3
化学纤维	12	1 200.28	6	6.13%	100.02	2
橡胶	17	308.93	7	1.58%	18.17	8
非金属材料Ⅱ	11	268.80	8	1.37%	24.44	7
全A股	3 387	164 398.15	—	—	48.54	—

① 净利润平均值=净利润总额/公司数量。

数据来源：Wind。

由表 1-43 可知，石化行业民营上市公司 2022 年度营业收入平均值为 63.80 亿元，对比而言，全 A 股民营上市公司 2022 年度营业收入平均值为 48.54 亿元。其中，石油石化行业上市公司营业收入平均值（433.31 亿元）显著高于全 A 股民营上市公司平均水平；基础化工行业上市公司营业收入平均值（36.67 亿元）略低于全 A 股民营上市公司平均水平。

在各二级板块中，15 家炼化及贸易公司的营业收入共 9 015.89 亿元，排第 1 名；130 家化学制品公司的营业收入共 3 253.37 亿元，排第 2 名；37 家农化制品公司的营业收入共 1 922.14 亿元，排第 3 名。

结合营业收入平均值来看，炼化及贸易公司的营业收入平均值最大，为 601.06 亿元；化学纤维公司的营业收入平均值为 100.02 亿元，排第 2 名；化学原料公司的营业收入平均值为 80.65 亿元，排第 3 名。民营上市公司的营业收入平均值表现比全行业稍好，排名前四的板块均超过了全 A 股民营上市公司平均水平（48.54 亿元）。

② 净利润

2022 年，石化行业 307 家民营上市公司净利润的总额为 1 179.58 亿元（同比下降 27.91%），占全行业上市公司净利润总额的 20.25%（对比而言，全 A 股民营上市公司占全 A 股的比例为 17.60%），占全 A 股民营上市公司净利润总额的 12.58%；净利润在全 A 股民营的占比略高于营业收入 11.92% 的占比。

表 1-44　2022 年石化行业民营上市公司净利润前二十名

排名	证券简称	一级行业	二级行业	所有制性质	营业收入（亿元）	净利润（亿元）	净利率
1	广汇能源	石油石化	炼化及贸易	民营企业	594.09	113.38	18.78%
2	宝丰能源	基础化工	化学原料	民营企业	284.30	63.03	22.17%
3	合盛硅业	基础化工	化学制品	民营企业	236.57	51.48	21.73%
4	梅花生物	基础化工	化学制品	民营企业	279.37	44.06	15.77%
5	君正集团	基础化工	化学原料	民营企业	214.60	41.57	19.82%
6	和邦生物	基础化工	农化制品	民营企业	130.39	38.07	29.22%
7	龙佰集团	基础化工	化学原料	民营企业	241.13	34.19	14.67%
8	荣盛石化	石油石化	炼化及贸易	民营企业	2 890.95	33.40	2.20%
9	卫星化学	基础化工	化学原料	民营企业	370.44	30.62	8.31%
10	浙江龙盛	基础化工	化学制品	民营企业	212.26	30.03	15.67%
11	新安股份	基础化工	农化制品	民营企业	218.03	29.55	13.87%
12	华峰化学	基础化工	化学纤维	民营企业	258.84	28.44	10.98%
13	远兴能源	基础化工	化学原料	民营企业	109.87	26.60	29.04%
14	恒力石化	石油石化	炼化及贸易	民营企业	2 223.24	23.18	1.04%
15	广信股份	基础化工	农化制品	民营企业	90.62	23.16	26.24%

续表

排名	证券简称	一级行业	二级行业	所有制性质	营业收入（亿元）	净利润（亿元）	净利率
16	金发科技	基础化工	塑料	民营企业	404.12	19.92	4.95%
17	多氟多	基础化工	化学制品	民营企业	123.58	19.48	16.37%
18	金禾实业	基础化工	化学制品	民营企业	72.50	16.95	23.37%
19	嘉化能源	基础化工	化学制品	民营企业	115.03	15.98	13.89%
20	云图控股	基础化工	农化制品	民营企业	205.02	14.92	7.28%
合计					9 274.93	698.01	—

数据来源：Wind。

由表1-44可知，石化行业民营上市公司中，广汇能源（石油石化-炼化及贸易）净利润113.38亿元，位列第一；宝丰能源（基础化工-化学原料）净利润63.03亿元，位列第二；合盛硅业（基础化工-化学制品）净利润51.48亿元，位列第三。前二十名的民营上市公司净利润合计为698.01亿元，占全行业307家民营上市公司净利润总额的59.17%，占全行业的11.98%。

表1-45 2022年石化行业民营上市公司净利润情况统计（按二级行业划分）

类别	公司数量	净利润总额（亿元）	净利润排名	占全行业比例	净利润平均值[①]（亿元/家）	净利润平均值排名
石化行业	307	1 179.58	—	—	3.84	—
石油石化行业	21	174.95	—	14.83%	8.33	—
炼化及贸易	15	171.69	4	0.88%	11.45	1
油服工程	6	3.27	9	0.02%	0.54	9
油气开采Ⅱ	0	0.00	—	—	—	—
基础化工行业	286	1 004.63	—	85.17%	3.51	—
化学制品	130	356.85	1	1.82%	2.75	6
塑料	57	84.51	5	0.43%	1.48	7
农化制品	37	225.01	3	1.15%	6.08	3
化学原料	22	240.02	2	1.23%	10.91	2
化学纤维	12	42.53	6	0.22%	3.54	4
橡胶	17	24.68	8	0.13%	1.45	8
非金属材料Ⅱ	11	31.03	7	0.16%	2.82	5
全A股	3 387	9 375.10	—	—	2.77	—

① 营业收入平均值=营业收入总额/公司数量。

数据来源：Wind。

由表 1-45 可知，石化行业民营上市公司 2022 年度净利润平均值为 3.84 亿元，对比而言，全 A 股民营上市公司 2022 年度净利润平均值为 2.77 亿元。其中，石油石化行业上市公司净利润平均值（8.33 亿元）和基础化工行业上市公司净利润平均值（3.51 亿元）均高于全 A 股民营上市公司平均水平。

在各二级板块中，130 家化学制品公司的净利润共 356.85 亿元，排第 1 名；22 家化学原料公司的净利润共 240.02 亿元，排第 2 名；37 家农化制品公司的净利润共 225.01 亿元，排第 3 名。

结合净利润平均值来看，炼化及贸易公司的净利润平均值最大，为 11.45 亿元；化学原料公司的净利润平均值为 10.91 亿元，排第 2 名；农化制品公司的净利润平均值为 6.08 亿元，排第 3 名。民营上市公司的净利润平均值表现比全行业更好，排名前五的板块均超过了全 A 股民营上市公司平均水平（2.77 亿元）。

2. 毛利率与净利率

（1）上市公司总览

① 毛利率 ❶

2022 年石化行业上市公司毛利率前二十名和后二十名见表 1-46。由表 1-47 可知，2022 年，石化行业 456 家上市公司的平均毛利率 ❷ 为 22.11%（同比下降 2.47 个百分点），毛利率中位数为 20.62%。对比而言，全 A 股上市公司的平均毛利率为 28.94%（同比下降 1.83 个百分点），毛利率中位数为 25.66%，石化行业上市公司平均毛利率和毛利率中位数均低于全 A 股水平。

表 1-46　2022 年石化行业上市公司毛利率前二十名和后二十名

排名	证券简称	一级行业	二级行业	所有制性质	毛利率	营业收入（亿元）	净利润（亿元）
1	盐湖股份	基础化工	农化制品	地方国有企业	79.10%	307.48	155.65
2	亚钾国际	基础化工	农化制品	公众企业	72.73%	34.66	20.29
3	石英股份	基础化工	非金属材料Ⅱ	民营企业	68.37%	20.04	10.52
4	*ST洲际	石油石化	油气开采Ⅱ	外资企业	67.48%	28.36	-7.39
5	新潮能源	石油石化	油气开采Ⅱ	公众企业	65.53%	93.57	31.28
6	龙高股份	基础化工	非金属材料Ⅱ	地方国有企业	64.58%	2.78	1.03
7	力量钻石	基础化工	非金属材料Ⅱ	民营企业	63.29%	9.06	4.60
8	华宝股份	基础化工	化学制品	外资企业	63.06%	18.94	7.25
9	联创股份	基础化工	化学制品	民营企业	59.44%	20.63	7.74

❶ 采用"销售毛利率"指标予以统计。
❷ 平均毛利率 = Σ 毛利率 / 公司数量。

续表

排名	证券简称	一级行业	二级行业	所有制性质	毛利率	营业收入（亿元）	净利润（亿元）
10	阿拉丁	基础化工	化学制品	民营企业	58.65%	3.78	0.92
11	天铁股份	基础化工	橡胶	民营企业	57.64%	17.20	4.10
12	百傲化学	基础化工	农化制品	民营企业	53.16%	12.57	4.03
13	中国海油	石油石化	油气开采Ⅱ	中央国有企业	53.05%	4 222.30	1 417.00
14	潜能恒信	石油石化	油服工程	民营企业	52.22%	4.81	0.41
15	科拓生物	基础化工	化学制品	民营企业	51.98%	3.69	1.10
16	松井股份	基础化工	化学制品	民营企业	50.11%	4.99	0.82
17	中复神鹰	基础化工	化学纤维	中央国有企业	48.13%	19.95	6.05
18	新开源	基础化工	化学制品	民营企业	46.49%	14.86	2.91
19	中曼石油	石油石化	油服工程	民营企业	45.76%	30.65	5.03
20	泛亚微透	基础化工	塑料	民营企业	45.45%	3.64	0.31
……							
228	闰土股份	基础化工	化学制品	民营企业	20.62%	62.68	6.07
229	横河精密	基础化工	塑料	民营企业	20.61%	6.68	0.28
……							
437	新凤鸣	基础化工	化学纤维	民营企业	3.71%	507.87	−2.05
438	双象股份	基础化工	塑料	民营企业	3.54%	13.93	−0.45
439	ST实华	石油石化	炼化及贸易	民营企业	3.52%	60.59	−1.31
440	ST海越	石油石化	炼化及贸易	地方国有企业	3.51%	65.88	0.56
441	亚邦股份	基础化工	化学制品	民营企业	3.48%	9.66	−6.99
442	宏达新材	基础化工	化学制品	民营企业	3.38%	3.65	0.40
443	桐昆股份	石油石化	炼化及贸易	民营企业	3.23%	619.93	1.30
444	沈阳化工	石油石化	炼化及贸易	中央国有企业	3.04%	59.41	−17.73
445	恒通股份	石油石化	炼化及贸易	集体企业	3.00%	52.69	1.04
446	恒逸石化	石油石化	炼化及贸易	民营企业	2.32%	1 520.50	−10.80
447	吉华集团	基础化工	化学制品	民营企业	1.73%	19.32	−2.10
448	苏州龙杰	基础化工	化学纤维	民营企业	1.58%	10.66	−0.50
449	蓝丰生化	基础化工	农化制品	民营企业	0.65%	14.45	−3.21
450	尤夫股份	基础化工	化学纤维	地方国有企业	−1.35%	24.47	5.17
451	贝肯能源	石油石化	油服工程	民营企业	−2.53%	6.69	−3.19

续表

排名	证券简称	一级行业	二级行业	所有制性质	毛利率	营业收入（亿元）	净利润（亿元）
452	南京化纤	基础化工	化学纤维	地方国有企业	−3.01%	5.20	−1.77
453	领湃科技	基础化工	化学制品	地方国有企业	−5.29%	4.79	−2.37
454	英力特	基础化工	化学原料	中央国有企业	−7.46%	18.75	−3.89
455	*ST榕泰	基础化工	塑料	民营企业	−9.95%	4.21	−7.45
456	准油股份	石油石化	油服工程	地方国有企业	−12.83%	1.97	−0.10

数据来源：Wind。

表1-47 2022年石化行业上市公司毛利率情况统计（按二级行业划分）

类别	公司数量	平均毛利率	平均毛利率排名	毛利率中位数	毛利率中位数排名
石化行业	456	22.11%	—	20.62%	—
石油石化行业	46	16.22%	—	10.36%	—
炼化及贸易	29	11.06%	10	9.69%	10
油服工程	13	15.51%	9	11.74%	9
油气开采Ⅱ	4	56.00%	1	59.29%	1
基础化工行业	410	22.77%	—	21.22%	—
化学制品	167	23.69%	5	23.21%	5
塑料	72	19.12%	7	16.32%	7
农化制品	59	26.22%	3	25.14%	3
化学原料	58	20.28%	6	18.58%	6
化学纤维	23	15.58%	8	14.84%	8
橡胶	19	24.99%	4	23.99%	4
非金属材料Ⅱ	12	37.05%	2	32.53%	2
全A股	5 314	28.94%	—	25.66%	—

数据来源：Wind。

在各二级板块中，4家油气开采Ⅱ公司的平均毛利率为56.00%，排第1名；12家非金属材料Ⅱ公司的平均毛利率为37.05%，排第2名；59家农化制品公司的平均毛利率为26.22%，排第3名。平均毛利率最低的三个板块分别为炼化及贸易（11.06%，第10名）、油服工程（15.51%，第9名）以及化学纤维（15.58%，第8名）。仅排名前两个板块的平均毛利率超过了全A股平均水平（41.59%），基础化工行业整体毛利率稍高，石油化工行业整体毛利率较低。

② 净利率[1]

2022年，石化行业456家上市公司的平均净利率[2]为7.75%（同比下降2.35个百分点），净利率中位数为8.35%。对比而言，全A股上市公司的平均净利率为−216.35%［同比增长768.99个百分点，受到亚虹医药-U（−944 972.54%）和智翔金泰-U（−121 278.62%）的单极影响］，净利率中位数为7.12%，石化行业上市公司净利率中位数高于全A股水平[3]。2022年石化行业上市公司净利率前二十名见表1-48。

表1-48　2022年石化行业上市公司净利率前二十名

排名	证券简称	一级行业	二级行业	所有制性质	净利率	营业收入（亿元）	净利润（亿元）
1	盐湖股份	基础化工	农化制品	地方国有企业	64.00%	307.48	155.65
2	亚钾国际	基础化工	农化制品	公众企业	58.51%	34.66	20.29
3	石英股份	基础化工	非金属材料Ⅱ	民营企业	52.81%	20.04	10.52
4	力量钻石	基础化工	非金属材料Ⅱ	民营企业	50.78%	9.06	4.60
5	联创股份	基础化工	化学制品	民营企业	41.29%	20.63	7.74
6	华宝股份	基础化工	化学制品	外资企业	38.71%	18.94	7.25
7	龙高股份	基础化工	非金属材料Ⅱ	地方国有企业	36.99%	2.78	1.03
8	中国海油	石油石化	油气开采Ⅱ	中央国有企业	33.55%	4 222.30	1 417.00
9	新潮能源	石油石化	油气开采Ⅱ	公众企业	33.43%	93.57	31.28
10	晨光新材	基础化工	化学制品	民营企业	32.81%	19.47	6.39
11	百傲化学	基础化工	农化制品	民营企业	32.03%	12.57	4.03
12	江瀚新材	基础化工	化学制品	民营企业	31.40%	33.12	10.40
13	中复神鹰	基础化工	化学纤维	中央国有企业	30.33%	19.95	6.05
14	吉林碳谷	基础化工	化学纤维	地方国有企业	30.21%	20.84	6.30
15	科拓生物	基础化工	化学制品	民营企业	29.77%	3.69	1.10
16	康普化学	基础化工	化学制品	民营企业	29.72%	3.50	1.04
17	和邦生物	基础化工	农化制品	民营企业	29.22%	130.39	38.07
18	远兴能源	基础化工	化学原料	民营企业	29.04%	109.87	26.60
19	联瑞新材	基础化工	非金属材料Ⅱ	民营企业	28.44%	6.62	1.88
20	东方碳素	基础化工	非金属材料Ⅱ	民营企业	28.27%	3.56	1.01

数据来源：Wind。

[1] 采用"销售净利率"指标予以统计。
[2] 平均净利率 = Σ 净利率 / 公司数量。
[3] 由于全A股平均净利率不具有可比性，故仅对净利率中位数作比较。

表 1-49　2022 年石化行业上市公司净利率情况统计（按二级行业划分）

类别	公司数量	平均净利率	平均净利率排名	净利率中位数	中位数排名
石化行业	456	7.75%	—	8.35%	—
石油石化行业	46	2.34%	—	2.11%	—
炼化及贸易	29	1.16%	9	1.22%	10
油服工程	13	0.82%	10	4.94%	9
油气开采Ⅱ	4	15.83%	2	27.69%	1
基础化工行业	410	8.35%	—	9.35%	—
化学制品	167	8.78%	6	9.59%	6
塑料	72	3.16%	8	7.13%	7
农化制品	59	9.58%	4	10.97%	4
化学原料	58	9.06%	5	10.43%	5
化学纤维	23	7.30%	7	6.60%	8
橡胶	19	10.11%	3	11.23%	3
非金属材料Ⅱ	12	23.38%	1	18.40%	2
全A股	5 314	−216.35%	—	7.12%	—

数据来源：Wind。

由表 1-49 可知，在各二级板块中，12 家非金属材料Ⅱ公司的平均净利率为 23.38%，排第 1 名；油气开采Ⅱ公司的平均净利率为 15.83%，排第 2 名；19 家橡胶公司的平均净利率为 10.11%，排第 3 名。平均净利率最低的三个板块分别为油服工程（0.82%，第 10 名）、炼化及贸易（1.16%，第 9 名）以及塑料（3.16%，第 8 名）。

从净利率中位数来看，4 家油气开采Ⅱ公司的净利率中位数为 27.69%，排第 1 名；12 家非金属材料Ⅱ公司的净利率中位数为 18.40%，排第 2 名；19 家橡胶公司的净利率中位数为 11.23%，排第 3 名。10 个板块中有 7 个板块的净利率中位数超过了全 A 股水平（7.12%），说明石化行业整体净利率表现较好。

（2）民营上市公司

① 毛利率

2022 年，石化行业 307 家民营上市公司的平均毛利率为 22.99%（同比下降 2.23 个百分点），毛利率中位数为 22.11%。对比而言，全 A 股民营上市公司的平均毛利率为 31.14%（同比下降 1.19 个百分点），毛利率中位数为 27.64%，石化行业民营上市公司平均毛利率和毛利率中位数均低于全 A 股民营水平。2022 年石化行业民营上市公司毛利率前二十名见表 1-50。

表1-50 2022年石化行业民营上市公司毛利率前二十名

排名	证券简称	一级行业	二级行业	所有制性质	毛利率	营业收入（亿元）	净利润（亿元）
1	石英股份	基础化工	非金属材料Ⅱ	民营企业	68.37%	20.04	10.52
2	力量钻石	基础化工	非金属材料Ⅱ	民营企业	63.29%	9.06	4.60
3	联创股份	基础化工	化学制品	民营企业	59.44%	20.63	7.74
4	阿拉丁	基础化工	化学制品	民营企业	58.65%	3.78	0.92
5	天铁股份	基础化工	橡胶	民营企业	57.64%	17.20	4.10
6	百傲化学	基础化工	农化制品	民营企业	53.16%	12.57	4.03
7	潜能恒信	石油石化	油服工程	民营企业	52.22%	4.81	0.41
8	科拓生物	基础化工	化学制品	民营企业	51.98%	3.69	1.10
9	松井股份	基础化工	化学制品	民营企业	50.11%	4.99	0.82
10	新开源	基础化工	化学制品	民营企业	46.49%	14.86	2.91
11	中曼石油	石油石化	油服工程	民营企业	45.76%	30.65	5.03
12	泛亚微透	基础化工	塑料	民营企业	45.45%	3.64	0.31
13	川恒股份	基础化工	农化制品	民营企业	44.93%	34.47	7.58
14	中研股份	基础化工	塑料	民营企业	44.63%	2.48	0.56
15	金石资源	基础化工	化学制品	民营企业	44.43%	10.50	2.22
16	蓝晓科技	基础化工	塑料	民营企业	43.99%	19.20	5.38
17	蔚蓝生物	基础化工	化学制品	民营企业	43.23%	11.63	0.70
18	中裕科技	基础化工	橡胶	民营企业	43.09%	6.07	0.92
19	和邦生物	基础化工	农化制品	民营企业	42.85%	130.39	38.07
20	绿亨科技	基础化工	农化制品	民营企业	42.79%	3.88	0.48

数据来源：Wind。

表1-51 2022年石化行业民营上市公司毛利率情况统计（按二级行业划分）

类别	公司数量	平均毛利率	平均毛利率排名	毛利率中位数	毛利率中位数排名
石化行业	307	22.99%	—	22.11%	—
石油石化行业	21	15.74%	—	10.81%	—
炼化及贸易	15	12.36%	9	9.91%	9
油服工程	6	24.17%	5	22.66%	5
油气开采Ⅱ	0	—	—	—	—
基础化工行业	286	23.52%	—	22.74%	—
化学制品	130	24.31%	4	23.61%	4

续表

类别	公司数量	平均毛利率	平均毛利率排名	毛利率中位数	毛利率中位数排名
塑料	57	19.07%	7	16.53%	7
农化制品	37	27.21%	2	26.04%	2
化学原料	22	22.42%	6	18.74%	6
化学纤维	12	12.70%	8	12.05%	8
橡胶	17	26.27%	3	25.18%	3
非金属材料Ⅱ	11	34.55%	1	32.33%	1
全A股	3 387	31.14%	—	27.64%	—

数据来源：Wind。

由表1-51可知，对于民营上市公司，在各二级板块中，11家非金属材料Ⅱ公司的平均毛利率为34.55%，排第1名；37家农化制品公司的平均毛利率为27.21%，排第2名；17家橡胶公司的平均毛利率为26.27%，排第3名。平均毛利率最低的三个板块分别为炼化及贸易（12.36%，第9名）、化学纤维（12.70%，第8名）以及塑料（19.07%，第7名）。仅排名最高的板块的平均毛利率超过了全A股民营上市公司平均水平（31.14%），石化行业民营上市公司毛利率整体较低。

② 净利率

2022年石化行业民营上市公司净利率前二十名建表1-52。2022年，石化行业307家民营上市公司的平均净利率为8.07%（同比下降2.50个百分点），净利率中位数为8.90%（表1-53）。对比而言，全A股民营上市公司的平均净利率为–45.86%［同比下降11.33个百分点，受到智翔金泰-U（–121 278.62%）和海创药业-U（–18 264.52%）的单极影响］，净利率中位数为7.82%，石化行业民营上市公司净利率中位数高于全A股水平❶。

表1-52　2022年石化行业民营上市公司净利率前二十名

排名	证券简称	一级行业	二级行业	所有制性质	净利率2022年	营业收入（亿元）2022年	净利润（亿元）2022年
1	石英股份	基础化工	非金属材料Ⅱ	民营企业	52.81%	20.04	10.52
2	力量钻石	基础化工	非金属材料Ⅱ	民营企业	50.78%	9.06	4.60
3	联创股份	基础化工	化学制品	民营企业	41.29%	20.63	7.74
4	晨光新材	基础化工	化学制品	民营企业	32.81%	19.47	6.39
5	百傲化学	基础化工	农化制品	民营企业	32.03%	12.57	4.03
6	江瀚新材	基础化工	化学制品	民营企业	31.40%	33.12	10.40

❶ 由于全A股平均净利率不具有可比性，故仅对净利率中位数作比较。

续表

排名	证券简称	一级行业	二级行业	所有制性质	净利率2022年	营业收入（亿元）2022年	净利润（亿元）2022年
7	科拓生物	基础化工	化学制品	民营企业	29.77%	3.69	1.10
8	康普化学	基础化工	化学制品	民营企业	29.72%	3.50	1.04
9	和邦生物	基础化工	农化制品	民营企业	29.22%	130.39	38.07
10	远兴能源	基础化工	化学原料	民营企业	29.04%	109.87	26.60
11	联瑞新材	基础化工	非金属材料Ⅱ	民营企业	28.44%	6.62	1.88
12	东方碳素	基础化工	非金属材料Ⅱ	民营企业	28.27%	3.56	1.01
13	呈和科技	基础化工	化学制品	民营企业	28.09%	6.95	1.95
14	三孚股份	基础化工	化学原料	民营企业	28.06%	26.48	7.48
15	蓝晓科技	基础化工	塑料	民营企业	27.84%	19.20	5.38
16	天新药业	基础化工	化学制品	民营企业	26.99%	23.05	6.22
17	新瀚新材	基础化工	化学制品	民营企业	26.87%	3.98	1.07
18	新亚强	基础化工	化学制品	民营企业	26.61%	11.34	3.02
19	争光股份	基础化工	塑料	民营企业	26.30%	6.76	1.78
20	广信股份	基础化工	农化制品	民营企业	26.24%	90.62	23.16

数据来源：Wind。

表1-53 2022年石化行业民营上市公司净利率情况统计（按二级行业划分）

类别	公司数量	平均净利率	平均净利率排名	净利率中位数	中位数排名
石化行业	307	8.07%	—	8.90%	—
石油石化行业	21	1.93%	—	2.60%	—
炼化及贸易	15	3.46%	7	2.20%	9
油服工程	6	-1.88%	9	5.59%	7
油气开采Ⅱ	0	—	—	—	—
基础化工行业	286	8.52%	—	9.85%	—
化学制品	130	9.67%	4	10.29%	5
塑料	57	2.55%	8	7.49%	6
农化制品	37	7.62%	5	10.97%	3
化学原料	22	11.92%	2	10.61%	4
化学纤维	12	5.46%	6	5.02%	8
橡胶	17	10.63%	3	11.27%	2
非金属材料Ⅱ	11	22.14%	1	17.63%	1
全A股	3 387	-45.86%	—	7.82%	—

数据来源：Wind。

由表 1-53 可知，对于民营上市公司，在各二级板块中，11 家非金属材料 Ⅱ 公司的平均净利率为 22.14%，排第 1 名；22 家化学原料公司的平均净利率为 11.92%，排第 2 名；17 家橡胶公司的平均净利率为 10.63%，排第 3 名。平均净利率最低的三个板块分别为油服工程（−1.88%，第 9 名）、塑料（2.55%，第 8 名）以及炼化及贸易（3.46%，第 7 名）。

从净利率中位数来看，11 家非金属材料 Ⅱ 公司的净利率中位数为 17.63%，排第 1 名；19 家橡胶公司的净利率中位数为 11.27%，排第 2 名；37 家农化制品公司的净利率中位数为 10.97%，排第 3 名。10 个板块中有 5 个板块的净利率中位数超过了全 A 股民营水平（7.12%），说明石化行业民营上市公司整体净利率表现较好。

（三）投资回报情况

1. 净资产收益率

净资产收益率❶（Return on Equity，简称 ROE），是净利润与平均股东权益的百分比，是用公司税后利润除以净资产得到的百分比率。该指标反映股东权益的收益水平及自有资本获得净收益的能力，也是评价上市公司经营质量高低的重要指标。

（1）上市公司总览

2022 年，石化行业 454 家❷上市公司的平均 ROE❸为 9.31%（同比下降 4.8 个百分点），ROE 中位数为 8.88%。对比而言，全 A 股上市公司的平均 ROE 仅为 0.52%（同比下降 4.94 个百分点），截尾❹平均 ROE 为 2.69%，ROE 中位数为 7.01%，石化行业上市公司平均 ROE 和 ROE 中位数均高于全 A 股水平。2022 年石化行业上市公司 ROE 前二十名见表 1-54。

表 1-54　2022 年石化行业上市公司 ROE 前二十名

排名	证券简称	一级行业	二级行业	所有制性质	ROE
1	盐湖股份	基础化工	农化制品	地方国有企业	90.17%
2	双环科技	基础化工	化学原料	地方国有企业	84.95%
3	ST红太阳	基础化工	农化制品	民营企业	80.24%
4	江山股份	基础化工	农化制品	公众企业	65.20%
5	仁智股份	石油石化	油服工程	民营企业	63.78%
6	湖北宜化	基础化工	农化制品	地方国有企业	61.11%
7	江瀚新材	基础化工	化学制品	民营企业	55.83%

---

❶ 采用 ROE（平均）指标予以统计，计算公式为 ROE=归属母公司股东净利润 / [（期初归属母公司股东的权益 + 期末归属母公司股东的权益）/ 2]×100%。

❷ 尤夫股份和 *ST 榕泰没有 2022 年的 ROE 数据，故共 454 家。

❸ 平均 ROE=ΣROE/ 公司数量。

❹ 根据截除了前 0.1% 和后 0.1% 数据后的数列计算得出算术平均数。

续表

排名	证券简称	一级行业	二级行业	所有制性质	ROE
8	联创股份	基础化工	化学制品	民营企业	55.81%
9	宏达新材	基础化工	化学制品	民营企业	54.37%
10	吉林碳谷	基础化工	化学纤维	地方国有企业	53.80%
11	广汇能源	石油石化	炼化及贸易	民营企业	45.53%
12	云天化	基础化工	农化制品	地方国有企业	45.31%
13	麦加芯彩	基础化工	化学制品	外资企业	45.22%
14	三孚股份	基础化工	化学原料	民营企业	39.05%
15	石英股份	基础化工	非金属材料Ⅱ	民营企业	38.65%
16	梅花生物	基础化工	化学制品	民营企业	36.51%
17	兴发集团	基础化工	农化制品	地方国有企业	34.09%
18	多氟多	基础化工	化学制品	民营企业	33.68%
19	晨光新材	基础化工	化学制品	民营企业	33.36%
20	百傲化学	基础化工	农化制品	民营企业	32.07%

数据来源：Wind。

石化行业上市公司中，盐湖股份（基础化工-农化制品，地方国有企业）ROE达到90.17%，位列第一；双环科技（基础化工-化学原料，地方国有企业）ROE为84.95%，位列第二；ST红太阳（基础化工-农化制品，民营企业）ROE为80.24%，位列第三。

表1-55　2022年石化行业上市公司ROE情况统计（按二级行业划分）

类别	公司数量	平均ROE	平均ROE排名	ROE中位数	ROE中位数排名	ROE≥20%的公司数量占比	5%≤ROE<20%的公司数量占比	ROE<5%的公司数量占比
石化行业	454	9.31%	—	8.88%	—	14.54%	55.51%	29.96%
石油石化行业	46	3.54%	—	3.65%	—	10.87%	30.43%	58.70%
炼化及贸易	29	1.23%	10	3.47%	10	3.45%	27.59%	68.97%
油服工程	13	6.61%	8	6.08%	9	15.38%	38.46%	46.15%
油气开采Ⅱ	4	10.26%	4	16.47%	1	50.00%	25.00%	25.00%
基础化工行业	408	9.96%	—	9.50%	—	14.95%	58.33%	26.72%
化学制品	167	8.15%	7	9.20%	5	13.77%	55.09%	31.14%
塑料	71	6.35%	9	7.31%	7	7.04%	61.97%	30.99%
农化制品	59	16.73%	1	14.13%	2	32.20%	52.54%	15.25%

续表

类别	公司数量	平均ROE	平均ROE排名	ROE中位数	ROE中位数排名	ROE≥20%的公司数量占比	5%≤ROE<20%的公司数量占比	ROE<5%的公司数量占比
化学原料	58	12.08%	3	10.63%	4	13.79%	63.79%	22.41%
化学纤维	22	8.85%	6	6.63%	8	9.09%	54.55%	36.36%
橡胶	19	9.94%	5	8.38%	6	10.53%	68.42%	21.05%
非金属材料Ⅱ	12	15.12%	2	13.80%	3	16.67%	75.00%	8.33%
全A股	5 293	0.52%	—	7.01%	—	9.03%	50.88%	40.09%

数据来源：Wind。

由表1-55可知，在各二级板块中，59家农化制品公司的平均ROE为16.73%，排第1名；12家非金属材料Ⅱ公司的平均ROE为15.12%，排第2名；58家化学原料公司的平均ROE为12.08%，排第3名。平均ROE最低的三个板块分别为炼化及贸易（1.23%，第10名）、塑料（6.35%，第9名）以及油服工程（6.61%，第8名）。二级板块平均ROE的排名与毛利率的排名非常相似。

从ROE中位数来看，4家油气开采Ⅱ公司的ROE中位数为16.47%，排第1名；59家农化制品公司的ROE中位数为14.13%，排第2名；12家非金属材料Ⅱ公司的ROE中位数为13.80%，排第3名。10个板块中有7个板块的ROE中位数超过了全A股水平（7.12%）。

从分布来看，石化行业"优等生"（ROE≥20%）的比例显著高于全A股水平，"差等生"（ROE<5%）的比例显著低于全A股水平；石油石化行业ROE表现较差，呈金字塔形，主要是由于炼化及贸易公司ROE较低，股东回报率偏低；基础化工行业ROE表现较好，股东回报率高，从而拉高了全行业的分布水平。

（2）民营上市公司

2022年，石化行业306家❶民营上市公司的平均ROE为9.82%（同比下降3.96个百分点），ROE中位数为9.49%。对比而言，全A股民营上市公司的平均ROE为–0.41%（同比下降9.24个百分点），截尾❷平均ROE为1.53%，ROE中位数为7.33%，石化行业民营上市公司平均ROE和ROE中位数均高于全A股民营水平。2022年石化行业民营上市公司ROE前二十名见表1-56。

石化行业民营上市公司中，ST红太阳（基础化工 - 农化制品）ROE为80.24%，位列第一；仁智股份（石油石化 - 油服工程）ROE为63.78%，位列第二；江瀚新材（基础化工 - 化学制品）ROE为55.83%，位列第三。

---

❶ *ST榕泰（民营企业）没有2022年的ROE数据，故共306家。
❷ 根据截除了前0.1%和后0.1%数据后的数列计算得出算术平均数。

表1-56　2022年石化行业民营上市公司ROE前二十名

排名	证券简称	一级行业	二级行业	所有制性质	ROE
1	ST红太阳	基础化工	农化制品	民营企业	80.24%
2	仁智股份	石油石化	油服工程	民营企业	63.78%
3	江瀚新材	基础化工	化学制品	民营企业	55.83%
4	联创股份	基础化工	化学制品	民营企业	55.81%
5	宏达新材	基础化工	化学制品	民营企业	54.37%
6	广汇能源	石油石化	炼化及贸易	民营企业	45.53%
7	三孚股份	基础化工	化学原料	民营企业	39.05%
8	石英股份	基础化工	非金属材料Ⅱ	民营企业	38.65%
9	梅花生物	基础化工	化学制品	民营企业	36.51%
10	多氟多	基础化工	化学制品	民营企业	33.68%
11	晨光新材	基础化工	化学制品	民营企业	33.36%
12	百傲化学	基础化工	农化制品	民营企业	32.07%
13	迪尔化工	基础化工	化学原料	民营企业	30.69%
14	中裕科技	基础化工	橡胶	民营企业	30.67%
15	ST澄星	基础化工	农化制品	民营企业	30.38%
16	广信股份	基础化工	农化制品	民营企业	29.62%
17	润普食品	基础化工	化学制品	民营企业	29.18%
18	纳尔股份	基础化工	塑料	民营企业	28.94%
19	新安股份	基础化工	农化制品	民营企业	28.84%
20	康普化学	基础化工	化学制品	民营企业	28.64%

数据来源：Wind。

表1-57　2022年石化行业民营上市公司ROE情况统计（按二级行业划分）

类别	公司数量	平均ROE	平均ROE排名	ROE中位数	ROE中位数排名	ROE≥20%的公司数量占比	5%≤ROE<20%的公司数量占比	ROE<5%的公司数量占比
石化行业	306	9.82%	—	9.49%	—	14.05%	58.50%	27.45%
石油石化行业	21	6.58%	—	3.00%	—	14.29%	23.81%	61.90%
炼化及贸易	15	5.64%	9	3.62%	8	6.67%	33.33%	60.00%
油服工程	6	8.94%	6	2.74%	9	33.33%	0.00%	66.67%
油气开采Ⅱ	0	—	—	—	—	—	—	—

续表

类别	公司数量	平均ROE	平均ROE排名	ROE中位数	ROE中位数排名	ROE≥20%的公司数量占比	5%≤ROE<20%的公司数量占比	ROE<5%的公司数量占比
基础化工行业	285	10.06%	—	7.92%	—	14.04%	61.05%	24.91%
化学制品	130	9.74%	5	9.54%	4	14.62%	54.62%	30.77%
塑料	56	6.60%	8	7.43%	7	8.93%	66.07%	25.00%
农化制品	37	14.10%	2	13.92%	2	27.03%	64.86%	8.11%
化学原料	22	12.20%	3	12.08%	3	9.09%	63.64%	27.27%
化学纤维	12	7.48%	7	8.22%	6	0.00%	66.67%	33.33%
橡胶	17	10.49%	4	8.38%	5	11.76%	70.59%	17.65%
非金属材料Ⅱ	11	15.63%	1	14.81%	1	18.18%	72.73%	9.09%
全A股	3 377	−0.41%	—	7.33%	—	9.77%	52.35%	37.87%

数据来源：Wind。

由表1-57可知，对于民营上市公司，在各二级板块中，11家非金属材料Ⅱ公司的平均ROE为15.63%，排第1名；37家农化制品公司的平均ROE为14.10%，排第2名；22家化学原料公司的平均ROE为12.20%，排第3名。平均ROE最低的三个板块分别为炼化及贸易（5.64%，第9名）、塑料（6.60%，第8名）以及化学纤维（7.48%，第7名）。

从ROE中位数来看，11家非金属材料Ⅱ公司的ROE中位数为14.81%，排第1名；59家农化制品公司的ROE中位数为13.92%，排第2名；22家化学原料公司的ROE中位数为12.08%，排第3名。10个板块中有7个板块的ROE中位数超过了全A股民营水平（7.12%），说明石化行业民营上市公司整体ROE表现较好。

从分布来看，石化行业民营上市公司"优等生"（ROE≥20%）的比例显著高于全A股民营水平，"差等生"（ROE<5%）的比例显著低于全A股民营水平；石油石化行业ROE表现较差，呈金字塔形；基础化工行业ROE表现较好，拉高了全行业的分布水平。

（3）杜邦分析

杜邦分析法（DuPont analysis）是一种用来评价公司盈利能力和股东权益回报水平、从财务角度评价企业绩效的经典方法。其基本思想是将企业净资产收益率逐级分解为多项财务比率乘积，这样有助于深入分析比较企业经营业绩。由于这种分析方法最早由美国杜邦公司使用，故名杜邦分析法。

根据杜邦分析法，我们将ROE分解为净利润率❶（是否高利润）、总资产周转率❷（是否高周转）、权益乘数❸（是否高杠杆）三个指标，石化行业ROE排名前二十的上市公司（按2022年ROE降序排列）见表1-58。

表1-58 石化行业上市公司的杜邦分析（按ROE降序排列）

排名	证券简称	一级行业	二级行业	所有制性质	ROE	净利润率	总资产周转率（次）	权益乘数
1	盐湖股份	基础化工	农化制品	地方国有企业	90.17%	64.00%	0.87	1.95
2	双环科技	基础化工	化学原料	地方国有企业	84.95%	20.00%	1.76	2.39
3	ST红太阳	基础化工	农化制品	民营企业	80.24%	11.29%	0.64	10.95
4	江山股份	基础化工	农化制品	公众企业	65.20%	22.32%	1.37	2.16
5	仁智股份	石油石化	油服工程	民营企业	63.78%	8.34%	0.56	13.61
6	湖北宜化	基础化工	农化制品	地方国有企业	61.11%	13.18%	1.02	5.72
7	江瀚新材	基础化工	化学制品	民营企业	55.83%	31.40%	1.34	1.32
8	联创股份	基础化工	化学制品	民营企业	55.81%	41.29%	0.85	1.74
9	宏达新材	基础化工	化学制品	民营企业	54.37%	10.86%	0.84	5.92
10	吉林碳谷	基础化工	化学纤维	地方国有企业	53.80%	30.21%	0.71	2.50
11	广汇能源	石油石化	炼化及贸易	民营企业	45.53%	18.78%	0.97	2.44
12	云天化	基础化工	农化制品	地方国有企业	45.31%	9.36%	1.40	4.00
13	麦加芯彩	基础化工	化学制品	外资企业	45.22%	18.75%	0.93	2.59
14	三孚股份	基础化工	化学原料	民营企业	39.05%	28.06%	0.93	1.48
15	石英股份	基础化工	非金属材料Ⅱ	民营企业	38.65%	52.81%	0.65	1.13
16	梅花生物	基础化工	化学制品	民营企业	36.51%	15.77%	1.22	1.88
17	兴发集团	基础化工	农化制品	地方国有企业	34.09%	22.42%	0.79	2.22
18	多氟多	基础化工	化学制品	民营企业	33.68%	16.37%	0.82	2.60
19	晨光新材	基础化工	化学制品	民营企业	33.36%	32.81%	0.90	1.13
20	百傲化学	基础化工	农化制品	民营企业	32.07%	32.03%	0.73	1.36

数据来源：Wind。

可以看出，石化行业ROE排名前二十的上市公司中，有14家公司总资产周转率超过0.8，12家公司权益乘数超过2，绝大部分高ROE上市公司的净利润率都超过或接近10%。

---

❶ 采用"净利率"指标予以统计。
❷ 采用"杜邦分析"-"总资产周转率"指标予以统计。
❸ 采用"杜邦分析"-"权益乘数（杜邦分析）"指标予以统计。

排名第一的盐湖股份，其高 ROE 主要来自其高利润率（64%），盐湖股份是青海省国有资产监督管理委员会管理的省属大型上市国有企业，也是国内老牌钾肥龙头，全球排名第四。盐湖股份的产品主要包括钾肥和锂盐。2022 年氯化钾产量约 580 万吨，销量约 493 万吨。锂盐是公司近年来重点发展的产品，目前拥有 3 万吨碳酸锂产能装置，2021 年实现碳酸锂产量约 2.27 万吨，销量约 1.92 万吨。

排名第二的双环科技，其净利润率处于较高水平（20%），同时拥有很高的总资产周转率（1.76）以及较高的权益乘数（2.39）。双环科技是一家主要从事盐化工产品生产和销售的公司。公司的主要产品包括纯碱、氯化铵、小苏打、原盐等，同时公司还兼营化工机械设备、电器设备、仪器仪表、金属材料、非金属矿产品等业务。双环科技在 2022 年实现了纯碱 108.15 万吨、氯化铵 111.23 万吨的产量，较 2021 年分别上涨了 0.66% 和 2.2%。此外，公司还拥有重油销售业务，是世界上最大的联碱生产企业之一，产品畅销国内外。

排名第三的 ST 红太阳，其高 ROE 主要是由于其权益乘数极高，达 10.95。ST 红太阳是一家上下游一体化、以农药、三药及三药中间体业务为主体的企业，主营环保农药、三药及三药中间体、精细化工产品、生物医药的生产销售和农药产品包装物制造经营，公司主要产品吡啶碱、百草枯、敌草快等占据全球 50% 以上市场份额。

石化行业上市公司的杜邦分析（按 2022 年总资产周转率降序排列）见表 1-59。

表 1-59　石化行业上市公司的杜邦分析（按 2022 年总资产周转率降序排列）

排名	证券简称	一级行业	二级行业	所有制性质	ROE	净利润率	总资产周转率（次）	权益乘数
1	大庆华科	石油石化	炼化及贸易	中央国有企业	2.58%	0.59%	3.69	1.18
2	长华化学	基础化工	化学制品	民营企业	19.49%	3.87%	3.11	1.62
3	一诺威	基础化工	化学制品	民营企业	16.36%	3.03%	2.72	1.97
4	仁信新材	基础化工	塑料	民营企业	14.09%	3.85%	2.68	1.36
5	凯大催化	基础化工	化学制品	民营企业	12.36%	3.43%	2.63	1.37
6	岳阳兴长	石油石化	炼化及贸易	中央国有企业	8.46%	2.83%	2.49	1.36
7	天禾股份	基础化工	农化制品	集体企业	9.41%	1.01%	2.34	5.49
8	中农立华	基础化工	农化制品	集体企业	16.90%	2.12%	2.13	4.41
9	迪尔化工	基础化工	化学原料	民营企业	30.69%	8.46%	2.12	1.67
10	ST实华	石油石化	炼化及贸易	民营企业	-13.66%	-2.08%	2.09	3.02
11	万凯新材	基础化工	塑料	民营企业	25.92%	4.94%	2.09	2.51
12	宇新股份	石油石化	炼化及贸易	民营企业	19.19%	6.78%	1.90	1.46
13	星湖科技	基础化工	化学制品	地方国有企业	14.05%	6.77%	1.88	2.13
14	上海石化	石油石化	炼化及贸易	中央国有企业	-10.17%	-3.48%	1.87	1.56

续表

排名	证券简称	一级行业	二级行业	所有制性质	ROE	净利润率	总资产周转率（次）	权益乘数
15	华润材料	基础化工	塑料	中央国有企业	12.56%	4.75%	1.78	1.48
16	泰山石油	石油石化	炼化及贸易	中央国有企业	1.01%	0.30%	1.76	1.87
17	双环科技	基础化工	化学原料	地方国有企业	84.95%	20.00%	1.76	2.39
18	三房巷	基础化工	化学纤维	民营企业	12.34%	3.58%	1.75	1.96
19	隆华新材	基础化工	化学制品	民营企业	8.01%	4.01%	1.74	1.15
20	中国石化	石油石化	炼化及贸易	中央国有企业	8.50%	2.28%	1.73	2.46

数据来源：Wind。

大庆华科（石油石化-炼化及贸易，中央国有企业）总资产周转率为3.69，排第1名。公司主要从事石化新材料、精细化工产品的开发、生产和销售，主要产品包括C_9系列石油树脂、C_5系列石油树脂、精制乙腈、聚丙烯粉料、改性聚烯烃塑料等。年销售产品总量超过50万吨，其中聚丙烯、石油树脂、溶剂油年产量分别为3万吨、4.5万吨、15万吨。

长华化学（基础化工-化学制品，民营企业）总资产周转率为3.11，排第2名。公司主要从事聚醚系列产品的研发、生产与销售，主要产品包括聚合物多元醇（POP）和特种聚醚等，广泛应用于软泡、CASE等领域。公司拥有32万吨/年的聚合物多元醇（POP）产能和12万吨/年的特种聚醚及CASE用聚醚产能，合计总产能为44万吨/年，是国内第二、国际第五大聚醚生产商。

一诺威（基础化工-化学制品，民营企业）总资产周转率为2.72，排第3名。公司是一家聚氨酯材料制造商，主要产品包括聚氨酯弹性体类系列产品、聚酯多元醇、聚醚多元醇等。公司拥有三大类别的产品，分别是聚氨酯弹性体类系列产品、聚酯多元醇、聚醚多元醇以及环氧乙烷（EO）、环氧丙烷（PO）等下游衍生物。其中，聚氨酯弹性体类系列产品包括浇注型聚氨酯弹性体（又称预聚体，简称CPU）、热塑性聚氨酯弹性体（简称TPU）、微孔弹性体、铺装材料及防水材料等。

454家上市公司中，有163家公司总资产周转率超过0.8，占比为35.90%，对比而言，全A股5 293家2022年存在ROE数据的上市公司中，有1 155家公司总资产周转率超过0.8，占比为21.82%；石化行业占比大于全A股占比，说明石化行业上市公司整体资产利用效率较高。

石化行业总资产周转率排名前二十的上市公司中，16家的净利润率低于5%，只有双环科技（基础化工-化学原料）兼具高周转与不错的利润率。

石化行业上市公司按2022年净利润率降序排列和权益乘数降序排列分别见表1-60和表1-61。

表1-60　石化行业上市公司的杜邦分析（按2022年净利润率降序排列）

排名	证券简称	一级行业	二级行业	所有制性质	ROE	净利润率	总资产周转率（次）	权益乘数
1	盐湖股份	基础化工	农化制品	地方国有企业	90.17%	64.00%	0.87	1.95
2	亚钾国际	基础化工	农化制品	公众企业	27.56%	58.51%	0.37	1.25
3	石英股份	基础化工	非金属材料Ⅱ	民营企业	38.65%	52.81%	0.65	1.13
4	力量钻石	基础化工	非金属材料Ⅱ	民营企业	14.81%	50.78%	0.24	1.23
5	联创股份	基础化工	化学制品	民营企业	55.81%	41.29%	0.85	1.74
6	华宝股份	基础化工	化学制品	外资企业	9.51%	38.71%	0.21	1.14
7	龙高股份	基础化工	非金属材料Ⅱ	地方国有企业	9.54%	36.99%	0.23	1.08
8	中国海油	石油石化	油气开采Ⅱ	中央国有企业	26.29%	33.55%	0.46	1.59
9	新潮能源	石油石化	油气开采Ⅱ	公众企业	21.50%	33.43%	0.30	1.98
10	晨光新材	基础化工	化学制品	民营企业	33.36%	32.81%	0.90	1.13
11	百傲化学	基础化工	农化制品	民营企业	32.07%	32.03%	0.73	1.36
12	江瀚新材	基础化工	化学制品	民营企业	55.83%	31.40%	1.34	1.32
13	中复神鹰	基础化工	化学纤维	中央国有企业	20.68%	30.33%	0.36	1.87
14	吉林碳谷	基础化工	化学纤维	地方国有企业	53.80%	30.21%	0.71	2.50
15	科拓生物	基础化工	化学制品	民营企业	8.25%	29.77%	0.26	1.06
16	康普化学	基础化工	化学制品	民营企业	28.64%	29.72%	0.67	1.43
17	和邦生物	基础化工	农化制品	民营企业	22.82%	29.22%	0.62	1.26
18	远兴能源	基础化工	化学原料	民营企业	19.10%	29.04%	0.38	2.01
19	联瑞新材	基础化工	非金属材料Ⅱ	民营企业	16.20%	28.44%	0.46	1.22
20	东方碳素	基础化工	非金属材料Ⅱ	民营企业	26.70%	28.27%	0.65	1.44

数据来源：Wind。

表1-61　石化行业上市公司的杜邦分析（按2022年权益乘数降序排列）

排名	证券简称	一级行业	二级行业	所有制性质	ROE	净利润率	总资产周转率（次）	权益乘数
1	仁智股份	石油石化	油服工程	民营企业	63.78%	8.34%	0.56	13.61
2	领湃科技	基础化工	化学制品	地方国有企业	−160.69%	−50.37%	0.28	11.59
3	ST红太阳	基础化工	农化制品	民营企业	80.24%	11.29%	0.64	10.95
4	中毅达	基础化工	化学原料	其他企业	8.09%	0.81%	1.02	9.64
5	石化油服	石油石化	油服工程	中央国有企业	6.49%	0.63%	1.09	9.47

续表

排名	证券简称	一级行业	二级行业	所有制性质	ROE	净利润率	总资产周转率（次）	权益乘数
6	统一股份	石油石化	炼化及贸易	中央国有企业	−24.30%	−4.19%	0.65	8.88
7	荣盛石化	石油石化	炼化及贸易	民营企业	6.95%	2.20%	0.78	7.28
8	乐通股份	基础化工	化学制品	民营企业	−34.97%	−7.79%	0.62	7.18
9	宏达股份	基础化工	农化制品	民营企业	15.79%	2.05%	1.27	6.05
10	宏达新材	基础化工	化学制品	民营企业	54.37%	10.86%	0.84	5.92
11	湖北宜化	基础化工	农化制品	地方国有企业	61.11%	13.18%	1.02	5.72
12	天禾股份	基础化工	农化制品	集体企业	9.41%	1.01%	2.34	5.49
13	保利联合	基础化工	化学制品	中央国有企业	−26.37%	−14.25%	0.39	5.40
14	泉为科技	基础化工	塑料	外资企业	2.58%	0.94%	0.83	5.39
15	凯龙股份	基础化工	化学制品	地方国有企业	9.80%	4.57%	0.47	5.24
16	亚太实业	基础化工	化学原料	民营企业	1.00%	3.03%	0.76	5.16
17	天安新材	基础化工	化学制品	民营企业	−27.86%	−7.51%	0.91	4.98
18	杭州高新	基础化工	塑料	民营企业	−28.55%	−5.89%	0.98	4.91
19	东方盛虹	石油石化	炼化及贸易	民营企业	1.73%	0.85%	0.42	4.71
20	中农立华	基础化工	农化制品	集体企业	16.90%	2.12%	2.13	4.41

数据来源：Wind。

454家上市公司中，有128家公司的权益乘数达到2，占比为28.19%，对比而言，全A股5 293家2022年存在ROE数据的上市公司中，有1 961家公司权益乘数达到2，占比为37.05%；石化行业占比小于全A股占比，说明石化行业上市公司整体权益乘数较低，整体风格偏谨慎。同时，我们也观察到，权益乘数排名前二十的上市公司，其ROE都远不如净利润率前二十与周转率前二十的公司。

2. 投入资本回报率

投入资本回报率❶（return on invested capital，简称ROIC）是指投出和/或使用资金与相关回报（回报通常表现为获取的利息和/或分得利润）之比例，反映的是一家公司利用资本产生利润的能力，也是评估上市公司总体资金使用效率的重要指标。

（1）上市公司总览

2022年，石化行业456家上市公司的平均ROIC❷为8.26%（同比下降2.29个百

---

❶ 采用"投入资本回报率ROIC"指标予以统计，ROIC=EBIT反推法*(1−有效税率)*2 /（期初全部投入资本+期末全部投入资本）；有效税率：当所得税>0时，为所得税/利润总额，否则为0。

❷ 平均ROIC=ΣROIC/公司数量。

分点），ROIC 中位数为 7.48%（表 1-62）。对比而言，全 A 股上市公司的平均 ROIC 为 4.05%（同比下降 3.63 个百分点），ROIC 中位数为 5.80%，石化行业上市公司平均 ROIC 和 ROIC 中位数均高于全 A 股水平。2022 年石化行业上市公司 ROIC 前二十名见表 1-63。

表 1-62　2022 年石化行业上市公司 ROIC 情况统计（按二级行业划分）

类别	公司数量	平均ROIC	平均ROIC排名	ROIC中位数	ROIC中位数排名
石化行业	456	8.26%	—	7.48%	—
石油石化行业	46	3.64%	—	3.11%	—
炼化及贸易	29	2.28%	10	2.75%	10
油服工程	13	4.53%	9	3.31%	9
油气开采Ⅱ	4	10.62%	3	11.05%	3
基础化工行业	410	8.78%	—	7.80%	—
化学制品	167	8.44%	7	7.79%	5
塑料	72	5.24%	8	5.73%	8
农化制品	59	12.14%	2	11.53%	1
化学原料	58	9.93%	4	8.85%	4
化学纤维	23	8.52%	6	6.43%	7
橡胶	19	8.75%	5	6.46%	6
非金属材料Ⅱ	12	13.32%	1	11.33%	2
全 A 股	5 314	4.05%	—	5.80%	—

数据来源：Wind。

表 1-63　2022 年石化行业上市公司 ROIC 前二十名

排名	证券简称	一级行业	二级行业	所有制性质	ROIC
1	盐湖股份	基础化工	农化制品	地方国有企业	71.47%
2	江瀚新材	基础化工	化学制品	民营企业	54.50%
3	尤夫股份	基础化工	化学纤维	地方国有企业	53.95%
4	江山股份	基础化工	农化制品	公众企业	53.55%
5	联创股份	基础化工	化学制品	民营企业	47.85%
6	双环科技	基础化工	化学原料	地方国有企业	46.66%
7	宏达新材	基础化工	化学制品	民营企业	45.70%
8	石英股份	基础化工	非金属材料Ⅱ	民营企业	37.86%
9	仁智股份	石油石化	油服工程	民营企业	33.34%
10	三孚股份	基础化工	化学原料	民营企业	33.01%
11	雪峰科技	基础化工	化学制品	地方国有企业	31.87%

续表

排名	证券简称	一级行业	二级行业	所有制性质	ROIC
12	晨光新材	基础化工	化学制品	民营企业	31.82%
13	麦加芯彩	基础化工	化学制品	外资企业	31.04%
14	安纳达	基础化工	化学原料	公众企业	30.53%
15	迪尔化工	基础化工	化学原料	民营企业	30.53%
16	吉林碳谷	基础化工	化学纤维	地方国有企业	28.97%
17	山东海化	基础化工	化学原料	地方国有企业	28.47%
18	康普化学	基础化工	化学制品	民营企业	27.64%
19	百傲化学	基础化工	农化制品	民营企业	26.97%
20	广信股份	基础化工	农化制品	民营企业	26.56%

数据来源：Wind。

由表1-62可知，在各二级板块中，12家非金属材料Ⅱ公司的平均ROIC为13.32%，排第1名；59家农化制品公司的平均ROIC为12.14%，排第2名；4家油气开采Ⅱ公司的平均ROIC为10.62%，排第3名。平均ROIC最低的三个板块分别为炼化及贸易（2.28%，第10名）、油服工程（4.53%，第9名）以及塑料（5.24%，第8名）。我们注意到，二级板块平均ROIC的排名与ROE的排名非常相似。

（2）民营上市公司

由表1-64可知，2022年，石化行业307家民营上市公司的平均ROIC为8.37%（同比下降2.79个百分点），ROIC中位数为7.76%。对比而言，全A股民营上市公司的平均ROIC为5.46%（同比下降3.28个百分点），ROIC中位数为6.26%，石化行业民营上市公司平均ROIC和ROIC中位数均高于全A股民营水平。2022年石化行业民营上市公司ROIC前二十名见表1-65。

表1-64　2022年石化行业民营上市公司ROIC情况统计（按二级行业划分）

类别	公司数量	平均ROIC	平均ROIC排名	ROIC中位数	ROIC中位数排名
石化行业	307	8.37%	—	7.76%	—
石油石化行业	21	4.89%	—	3.00%	—
炼化及贸易	15	4.87%	9	3.23%	8
油服工程	6	4.94%	8	2.49%	9
油气开采Ⅱ	0	—	—	—	—
基础化工行业	286	8.62%	—	7.92%	—
化学制品	130	9.00%	5	7.91%	4
塑料	57	5.44%	7	6.31%	6
农化制品	37	10.06%	3	11.20%	2

续表

类别	公司数量	平均ROIC	平均ROIC排名	ROIC中位数	ROIC中位数排名
化学原料	22	10.55%	2	9.93%	3
化学纤维	12	5.97%	6	6.24%	7
橡胶	17	9.37%	4	7.51%	5
非金属材料Ⅱ	11	13.73%	1	12.18%	1
全A股	3 387	5.46%	—	6.26%	—

数据来源：Wind。

表1-65　2022年石化行业民营上市公司ROIC前二十名

排名	证券简称	一级行业	二级行业	所有制性质	ROIC 2022年
1	江瀚新材	基础化工	化学制品	民营企业	54.50%
2	联创股份	基础化工	化学制品	民营企业	47.85%
3	宏达新材	基础化工	化学制品	民营企业	45.70%
4	石英股份	基础化工	非金属材料Ⅱ	民营企业	37.86%
5	仁智股份	石油石化	油服工程	民营企业	33.34%
6	三孚股份	基础化工	化学原料	民营企业	33.01%
7	晨光新材	基础化工	化学制品	民营企业	31.82%
8	迪尔化工	基础化工	化学原料	民营企业	30.53%
9	康普化学	基础化工	化学制品	民营企业	27.64%
10	百傲化学	基础化工	农化制品	民营企业	26.97%
11	广信股份	基础化工	农化制品	民营企业	26.56%
12	纳尔股份	基础化工	塑料	民营企业	25.95%
13	梅花生物	基础化工	化学制品	民营企业	25.58%
14	广汇能源	石油石化	炼化及贸易	民营企业	25.35%
15	常青科技	基础化工	化学制品	民营企业	25.07%
16	润普食品	基础化工	化学制品	民营企业	24.08%
17	中裕科技	基础化工	橡胶	民营企业	23.64%
18	润丰股份	基础化工	农化制品	民营企业	23.41%
19	东方碳素	基础化工	非金属材料Ⅱ	民营企业	23.39%
20	瑞丰新材	基础化工	化学制品	民营企业	22.99%

数据来源：Wind。

由表1-64可知，对于民营上市公司，在各二级板块中，11家非金属材料Ⅱ公司的平均ROIC为13.73%，排第1名；22家化学原料公司的平均ROIC为10.55%，排第 2 名；37 家农化制品公司的平均 ROIC 为 10.06%，排第 3 名。平均 ROIC 最低的三个板块分别为炼化及贸易（5.64%，第 9 名）、油服工程（4.94%，第 8 名）以及塑料（5.44%，第 7 名）。ROIC 和 ROE 的表现呈明显正相关。

3. 分红

（1）上市公司总览

2022 年，石化行业共有 328 家上市公司披露了合计 1 613.89 亿元现金分红总额❶（同比降低 7.25%），占全 A 股上市公司现金分红总额的 8.59%。对比而言，全 A 股共有 3 457 家上市公司披露了合计 18 792.92 亿元现金分红（同比增长 4.58%）。石化行业现金分红总额在全 A 股的占比低于净利润 10.93% 的占比。

2022 年石化行业上市公司现金分红额和现金分红比例前二十名分别见表 1-66 和表 1-67。

表 1-66　2022 年石化行业上市公司现金分红额前二十名

排名	证券简称	一级行业	二级行业	所有制性质	现金分红总额（亿元）	现金分红比例①
1	中国石油	石油石化	炼化及贸易	中央国有企业	402.65	51.78%
2	中国海油	石油石化	油气开采Ⅱ	中央国有企业	321.81	43.15%
3	中国石化	石油石化	炼化及贸易	中央国有企业	233.80	64.48%
4	广汇能源	石油石化	炼化及贸易	民营企业	51.97	45.84%
5	万华化学	基础化工	化学制品	地方国有企业	50.24	30.95%
6	云天化	基础化工	农化制品	地方国有企业	18.34	30.46%
7	华鲁恒升	基础化工	农化制品	地方国有企业	16.99	27.01%
8	君正集团	基础化工	化学原料	民营企业	15.19	36.53%
9	荣盛石化	石油石化	炼化及贸易	民营企业	14.76	44.20%
10	鲁西化工	基础化工	化学原料	中央国有企业	12.50	39.60%
11	梅花生物	基础化工	化学制品	民营企业	11.77	26.72%
12	兴发集团	基础化工	农化制品	地方国有企业	11.03	18.85%
13	合盛硅业	基础化工	化学制品	民营企业	10.40	20.21%
14	北元集团	基础化工	化学原料	地方国有企业	10.33	71.38%
15	宝丰能源	基础化工	化学原料	民营企业	10.24	32.49%
16	海油发展	石油石化	油服工程	中央国有企业	8.64	35.76%
17	新安股份	基础化工	农化制品	民营企业	8.59	29.08%
18	浙江龙盛	基础化工	化学制品	民营企业	7.89	26.27%
19	中海油服	石油石化	油服工程	中央国有企业	7.63	32.45%
20	华峰化学	基础化工	化学纤维	民营企业	7.44	26.17%

❶ 采用"现金分红总额"指标予以统计，现金分红总额为指定公司指定报告期披露的现金分红总额。

续表

排名	证券简称	一级行业	二级行业	所有制性质	现金分红总额（亿元）	现金分红比例①
21	巨化股份	基础化工	化学制品	地方国有企业	7.29	30.62%
22	嘉化能源	基础化工	化学制品	民营企业	6.96	65.41%
23	东方盛虹	石油石化	炼化及贸易	民营企业	6.61	120.61%
前二十名合计					1 232.21	—
剔除"三桶油"后前二十名合计					294.82	—

①现金分红比例=披露的现金分红总额/归属母公司股东净利润。
数据来源：Wind。

表1-67 2022年石化行业上市公司现金分红比例前二十名

排名	证券简称	一级行业	二级行业	所有制性质	现金分红总额（亿元）	现金分红比例
1	神剑股份	基础化工	塑料	民营企业	0.95	353.50%
2	晶华新材	基础化工	化学制品	民营企业	0.20	343.54%
3	诚志股份	基础化工	化学原料	地方国有企业	1.34	182.85%
4	集泰股份	基础化工	化学制品	民营企业	0.19	153.10%
5	东方材料	基础化工	化学制品	民营企业	0.30	136.38%
6	三维股份	基础化工	橡胶	民营企业	0.50	122.42%
7	和顺科技	基础化工	塑料	民营企业	0.80	120.61%
8	东方盛虹	石油石化	炼化及贸易	民营企业	6.61	111.66%
9	泛亚微透	基础化工	塑料	民营企业	0.35	99.51%
10	锦鸡股份	基础化工	化学制品	公众企业	0.08	92.24%
11	洪汇新材	基础化工	化学制品	民营企业	0.84	91.44%
12	世名科技	基础化工	化学制品	民营企业	0.27	89.75%
13	美农生物	基础化工	化学制品	民营企业	0.48	89.53%
14	汉维科技	基础化工	化学制品	民营企业	0.32	86.52%
15	道明光学	基础化工	塑料	民营企业	2.81	85.59%
16	三元生物	基础化工	化学制品	民营企业	1.42	83.62%
17	星华新材	基础化工	化学制品	民营企业	0.84	82.01%
18	华宝股份	基础化工	化学制品	外资企业	6.16	79.97%
19	龙佰集团	基础化工	化学原料	民营企业	28.59	76.67%
20	金奥博	基础化工	化学制品	民营企业	0.21	74.76%

数据来源：Wind。

石化行业上市公司中，中国石油（石油石化 - 炼化及贸易，中央国有企业）现金分红总额402.65亿元，位列第一；中国海油（石油石化 - 油气开采Ⅱ，中央国有企业）现金分红总额321.81亿元，位列第二；中国石化（石油石化 - 炼化及贸易，中央国有企业）现金分红总额233.80亿元，位列第三。前二十名的上市公司现金分红总额合计1 232.21亿元，占全行业的76.35%；剔除"三桶油"后，前二十名的上市公司现金分红总额合计294.82亿元，占全行业的18.27%。

表1-68　2022年石化行业上市公司分红统计（按二级行业划分）

类别	公司数量	分红公司数量	分红公司数量占比①	占比排名	现金分红总额（亿元）	平均每家分红额（亿元）②	平均分红额排名
石化行业	456	328	71.93%	—	1 613.89	4.92	—
石油石化行业	46	27	58.70%	—	1 066.47	39.50	—
炼化及贸易	29	17	58.62%	9	719.56	42.33	2
油服工程	13	8	61.54%	8	24.52	3.07	4
油气开采Ⅱ	4	2	50.00%	10	322.39	161.19	1
基础化工行业	410	301	73.41%	—	547.42	1.82	—
化学制品	167	127	76.05%	2	205.87	1.62	7
塑料	72	47	65.28%	6	32.43	0.69	9
农化制品	59	44	74.58%	4	122.02	2.77	5
化学原料	58	44	75.86%	3	145.92	3.32	3
化学纤维	23	15	65.22%	7	26.80	1.79	6
橡胶	19	14	73.68%	5	5.75	0.41	10
非金属材料Ⅱ	12	10	83.33%	1	8.63	0.86	8
全A股	5 314	3 457	65.05%	—	18 792.92	5.44	—

① 分红公司数量占比=分红公司数量/该板块公司数量。
② 平均每家分红额=区间现金分红总额/该板块分红公司数量。
数据来源：Wind。

由表1-68可知，2022年，石化行业456家上市公司中有328家披露了分红，分红公司数量占比为71.93%；对比而言，全A股5 314家上市公司中有3 457家披露了分红，分红公司数量占比为65.05%。其中，基础化工行业上市公司分红公司数量占比（73.41%）高于全A股水平，石油石化行业上市公司分红公司数量占比（58.70%）较低。

石化行业2022年度平均每家分红额为4.92亿元，对比而言，全A股上市公司2022年度平均每家分红额为5.44亿元。其中，石油石化行业上市公司平均每家分红额（39.50亿元）显著高于全A股水平；基础化工行业上市公司平均每家分红额较低，仅为1.82亿元，分红规模与净利润规模密切相关。

在各二级板块中，12家非金属材料Ⅱ公司中有10家披露了分红，分红公司数量占比为83.33%，排第1名；167家化学制品公司中有127家披露了分红，分红公司数量占比为76.05%，排第2名；58家化学原料公司中有44家披露了分红，分红公司数量占比为75.86%，排第3名。

结合平均每家分红额来看，分红公司数量占比排名在最末三位的板块，平均分红额反而排在前列。其中，油气开采Ⅱ公司的平均每家分红额高达161.19亿元，排第1名；炼化及贸易公司的平均每家分红额为42.33亿元，排第2名；化学原料公司的平均每家分红额为3.32亿元，排第3名；油服工程公司的平均每家分红额为3.07亿元，排第4名。

若将"三桶油"的分红数据剔除，炼化及贸易公司的平均每家分红额为5.54亿元，排第1名；化学原料公司的平均每家分红额为3.32亿元，排第2名；油服工程公司的平均每家分红额为3.07亿元，排第3名；油气开采Ⅱ公司的平均每家分红额为0.58亿元，排第9名。

（2）民营上市公司

2022年，石化行业共有226家民营上市公司披露了合计382.43亿元现金分红（同比降低3.08%），占全行业上市公司现金分红总额的23.70%（对比而言，全A股民营上市公司占全A股的比例为19.15%），占全A股民营上市公司现金分红总额的10.63%；现金分红总额在全A股民营的占比低于净利润12.58%的占比。石化行业民营上市公司现金分红额和分红比例前二十名分别见表1-69和表1-70。

表1-69 2022年石化行业民营上市公司现金分红额前二十名

排名	证券简称	一级行业	二级行业	所有制性质	现金分红总额（亿元）	现金分红比例[①]
1	广汇能源	石油石化	炼化及贸易	民营企业	51.97	45.84%
2	君正集团	基础化工	化学原料	民营企业	15.19	83.62%
3	荣盛石化	石油石化	炼化及贸易	民营企业	14.76	36.53%
4	梅花生物	基础化工	化学制品	民营企业	11.77	44.20%
5	合盛硅业	基础化工	化学制品	民营企业	10.40	26.72%
6	宝丰能源	基础化工	化学原料	民营企业	10.24	20.21%
7	新安股份	基础化工	农化制品	民营企业	8.59	32.49%
8	浙江龙盛	基础化工	化学制品	民营企业	7.89	31.44%
9	华峰化学	基础化工	化学纤维	民营企业	7.44	29.08%
10	嘉化能源	基础化工	化学制品	民营企业	6.96	26.27%
11	东方盛虹	石油石化	炼化及贸易	民营企业	6.61	26.17%
12	广信股份	基础化工	农化制品	民营企业	6.50	65.41%
13	金发科技	基础化工	塑料	民营企业	6.11	120.61%
14	三房巷	基础化工	化学纤维	民营企业	5.84	36.50%

续表

排名	证券简称	一级行业	二级行业	所有制性质	现金分红总额（亿元）	现金分红比例[①]
15	远兴能源	基础化工	化学原料	民营企业	5.43	30.68%
16	东方铁塔	基础化工	农化制品	民营企业	5.10	71.43%
17	多氟多	基础化工	化学制品	民营企业	4.58	20.43%
18	润丰股份	基础化工	农化制品	民营企业	4.52	61.86%
19	金禾实业	基础化工	化学制品	民营企业	4.41	23.50%
20	和邦生物	基础化工	农化制品	民营企业	3.93	31.96%
合计					198.25	—

① 现金分红比例=披露的现金分红总额/归属母公司股东净利润。

数据来源：Wind。

表1-70　2022年石化行业民营上市公司现金分红比例前二十名

排名	证券简称	一级行业	二级行业	所有制性质	现金分红总额（亿元）	现金分红比例
1	神剑股份	基础化工	塑料	民营企业	0.95	353.50%
2	晶华新材	基础化工	化学制品	民营企业	0.20	343.54%
3	集泰股份	基础化工	化学制品	民营企业	0.19	182.85%
4	东方材料	基础化工	化学制品	民营企业	0.30	153.10%
5	三维股份	基础化工	橡胶	民营企业	0.50	136.38%
6	和顺科技	基础化工	塑料	民营企业	0.80	122.42%
7	东方盛虹	石油石化	炼化及贸易	民营企业	6.61	120.61%
8	泛亚微透	基础化工	塑料	民营企业	0.35	111.66%
9	洪汇新材	基础化工	化学制品	民营企业	0.84	99.51%
10	世名科技	基础化工	化学制品	民营企业	0.27	92.24%
11	美农生物	基础化工	化学制品	民营企业	0.48	91.44%
12	汉维科技	基础化工	化学制品	民营企业	0.32	89.75%
13	道明光学	基础化工	塑料	民营企业	2.81	89.53%
14	三元生物	基础化工	化学制品	民营企业	1.42	86.52%
15	星华新材	基础化工	化学制品	民营企业	0.84	85.59%
16	龙佰集团	基础化工	化学原料	民营企业	28.59	83.62%
17	金奥博	基础化工	化学制品	民营企业	0.21	82.01%
18	建业股份	基础化工	化学制品	民营企业	3.12	79.97%
19	国光股份	基础化工	农化制品	民营企业	0.87	76.67%
20	新亚强	基础化工	化学制品	民营企业	2.26	74.76%

数据来源：Wind。

石化行业民营上市公司中,广汇能源(石油石化–炼化及贸易)现金分红总额51.97亿元,位列第一;君正集团(基础化工–化学原料)现金分红总额15.19亿元,位列第二;荣盛石化(石油石化–炼化及贸易)现金分红总额14.76亿元,位列第三。前二十名的民营上市公司现金分红总额合计为198.25亿元,占全行业民营上市公司现金分红总额的57.68%,占全行业的12.59%。

表1-71 2022年石化行业民营上市公司分红统计(按二级行业划分)

类别	公司数量	分红公司数量	分红公司数量占比①	占比排名	现金分红总额（亿元）	平均每家分红额（亿元）②	平均分红额排名
石化行业	307	226	73.62%	—	382.43	1.69	—
石油石化行业	21	12	57.14%	—	77.31	6.44	—
炼化及贸易	15	9	60.00%	8	75.83	8.43	1
油服工程	6	3	50.00%	9	1.49	0.50	8
油气开采Ⅱ	0	—	—	—	—	—	—
基础化工行业	286	214	74.83%	—	305.11	1.43	—
化学制品	130	99	76.15%	4	110.14	1.11	5
塑料	57	38	66.67%	6	29.36	0.77	7
农化制品	37	31	83.78%	1	58.74	1.89	4
化学原料	22	16	72.73%	5	76.82	4.80	2
化学纤维	12	8	66.67%	6	16.57	2.07	3
橡胶	17	13	76.47%	3	5.27	0.41	9
非金属材料Ⅱ	11	9	81.82%	2	8.21	0.91	6
全A股	3 387	2 210	65.25%	—	3 598.59	1.63	—

① 分红公司数量占比=分红公司数量/该板块公司数量。
② 平均每家分红额=区间现金分红总额/该板块分红公司数量。
数据来源:Wind。

由表1-71可知,2022年,石化行业307家民营上市公司中有226家披露了分红,分红公司数量占比为73.62%;对比而言,全A股3 387家上市公司中有2 210家披露了分红,分红公司数量占比为65.25%。其中,基础化工行业上市公司分红公司数量占比(74.83%)高于全A股水平,石油石化行业上市公司分红公司数量占比(57.14%)较低。

石化行业民营上市公司2022年度平均每家分红额为1.69亿元,对比而言,全A股民营上市公司2022年度平均每家分红额为1.63亿元。其中,石油石化行业上市公司平均每家分红额(6.44亿元)显著高于全A股民营水平;基础化工行业上市公司平均每家分红额较低,仅为1.43亿元。

在各二级板块中,37家农化制品公司中有31家披露了分红,分红公司数量占比达 83.78%，排第 1 名；11 家非金属材料Ⅱ中有 9 家披露了分红，分红公司数量占比为 81.82%，排第 2 名；17 家橡胶公司中有 13 家披露了分红，分红公司数量占比为 76.47%，排第 3 名。

结合平均每家分红额来看，虽然炼化及贸易公司的分红公司数量占比排第 8 名，但其平均每家分红额达 8.43 亿元，排第 1 名；化学原料的分红公司数量占比排第 5 名，但其平均每家分红额为 4.80 亿元，排第 2 名；化学纤维的分红公司数量占比排第 6 名，但其平均每家分红额为 2.07 亿元，排第 3 名。各二级板块的平均每家分红额的排名与净利润排名情况也较为一致。

4. 股息率

股息率[1]（dividend yield ratio），是上市公司在投资者持有上市公司股票期间的总派息额与当时市价的比例，计算公式为：股息率 = ∑ 每股股利（税前）/ 每股市价 × 100%。股息率也是衡量上市公司是否具有投资价值的重要参考之一。

（1）上市公司总览

2022 年，石化行业 456 家上市公司的平均股息率[2]为 1.43%（同比下降 0.17 个百分点），股息率中位数为 0.85%（表 1-72）。对比而言，全 A 股上市公司的平均股息率为 1.15%（同比下降 0.07 个百分点），股息率中位数为 0.54%，石化行业上市公司平均股息率和股息率中位数均高于全 A 股水平。2022 年石化行业上市公司股息率前二十名见表 1-73。

表 1-72　2022 年石化行业上市公司股息率情况统计（按二级行业划分）

类别	公司数量	平均股息率	平均股息率排名	股息率中位数	股息率中位数排名
石化行业	456	1.43%	—	0.85%	—
石油石化行业	46	1.25%	—	0.33%	—
炼化及贸易	29	1.39%	5	0.29%	10
油服工程	13	0.78%	10	0.36%	9
油气开采Ⅱ	4	1.80%	2	0.37%	8
基础化工行业	410	1.45%	—	0.89%	—
化学制品	167	1.34%	6	0.92%	4
塑料	72	0.82%	9	0.48%	7
农化制品	59	2.37%	1	1.38%	1
化学原料	58	1.78%	3	1.09%	3
化学纤维	23	1.28%	7	0.76%	5

[1] 采用"股息率（报告期）"指标予以统计，股息率 = ∑ 每股股利（税前）/ 每股市价 × 100%；时间参数为"交易日期"和"分红年度"；"∑"是年度内分红汇总；每股市价取选定证券人民币收盘价，不复权。

[2] 平均股息率 = ∑ 股息率 / 公司数量。

续表

类别	公司数量	平均股息率	平均股息率排名	股息率中位数	股息率中位数排名
橡胶	19	1.13%	8	0.50%	6
非金属材料Ⅱ	12	1.46%	4	1.24%	2
全A股	5 314	1.15%	—	0.54%	—

数据来源：Wind。

表1-73　2022年石化行业上市公司股息率前二十名

排名	证券简称	一级行业	二级行业	所有制性质	股息率
1	江山股份	基础化工	农化制品	公众企业	17.97%
2	广汇能源	石油石化	炼化及贸易	民营企业	11.02%
3	嘉化能源	基础化工	化学制品	民营企业	8.91%
4	建业股份	基础化工	化学制品	民营企业	8.24%
5	新安股份	基础化工	农化制品	民营企业	8.02%
6	广信股份	基础化工	农化制品	民营企业	7.93%
7	百傲化学	基础化工	农化制品	民营企业	7.05%
8	龙佰集团	基础化工	化学原料	民营企业	6.95%
9	三维股份	基础化工	橡胶	民营企业	6.71%
10	鲁西化工	基础化工	化学原料	中央国有企业	6.54%
11	中国石化	石油石化	炼化及贸易	中央国有企业	6.49%
12	中国海油	石油石化	油气开采Ⅱ	中央国有企业	6.46%
13	云天化	基础化工	农化制品	地方国有企业	6.36%
14	中盐化工	基础化工	化学原料	中央国有企业	6.30%
15	海利尔	基础化工	农化制品	民营企业	6.08%
16	三房巷	基础化工	化学纤维	民营企业	6.02%
17	道明光学	基础化工	塑料	民营企业	5.92%
18	中国石油	石油石化	炼化及贸易	中央国有企业	5.89%
19	东方铁塔	基础化工	农化制品	民营企业	5.87%
20	醋化股份	基础化工	化学制品	民营企业	5.34%

数据来源：Wind。

在各二级板块中，59家农化制品公司的平均股息率为2.37%，排第1名；4家油气开采Ⅱ公司的平均股息率为1.80%，排第2名；58家化学原料公司的平均股息率为1.78%，排第3名。平均股息率最低的三个板块分别为油服工程（0.78%，第10名）、塑料（0.82%，第9名）以及橡胶（1.13%，第8名）。

(2)民营上市公司

2022年,石化行业307家民营上市公司的平均股息率为1.43%(同比下降0.16个百分点),股息率中位数为0.89%(表1-74)。对比而言,全A股民营上市公司的平均股息率为1.06%(同比下降0.05个百分点),股息率中位数为0.52%,石化行业民营上市公司平均股息率和股息率中位数均高于全A股民营水平。2022年石化行业民营上市公司股息率前二十名见表1-75。

表1-74 2022年石化行业民营上市公司股息率情况统计(按二级行业划分)

类别	公司数量	平均股息率	平均股息率排名	股息率中位数	股息率中位数排名
石化行业	307	1.43%	—	0.89%	—
石油石化行业	21	1.16%	—	0.59%	—
炼化及贸易	15	1.42%	4	0.71%	7
油服工程	6	0.51%	9	0.06%	9
油气开采Ⅱ	0	—	—	—	—
基础化工行业	286	1.45%	—	0.92%	—
化学制品	130	1.41%	5	0.91%	5
塑料	57	0.95%	8	0.55%	8
农化制品	37	2.41%	1	1.65%	1
化学原料	22	1.48%	3	0.92%	4
化学纤维	12	1.40%	6	0.87%	6
橡胶	17	1.25%	7	0.94%	3
非金属材料Ⅱ	11	1.48%	2	1.28%	2
全A股	3 387	1.06%	—	0.52%	—

数据来源:Wind。

表1-75 2022年石化行业民营上市公司股息率前二十名

排名	证券简称	一级行业	二级行业	所有制性质	股息率2022年
1	广汇能源	石油石化	炼化及贸易	民营企业	11.02%
2	嘉化能源	基础化工	化学制品	民营企业	8.91%
3	建业股份	基础化工	化学制品	民营企业	8.24%
4	新安股份	基础化工	农化制品	民营企业	8.02%
5	广信股份	基础化工	农化制品	民营企业	7.93%
6	百傲化学	基础化工	农化制品	民营企业	7.05%
7	龙佰集团	基础化工	化学原料	民营企业	6.95%
8	三维股份	基础化工	橡胶	民营企业	6.71%

续表

排名	证券简称	一级行业	二级行业	所有制性质	股息率2022年
9	海利尔	基础化工	农化制品	民营企业	6.08%
10	三房巷	基础化工	化学纤维	民营企业	6.02%
11	道明光学	基础化工	塑料	民营企业	5.92%
12	东方铁塔	基础化工	农化制品	民营企业	5.87%
13	醋化股份	基础化工	化学制品	民营企业	5.34%
14	一诺威	基础化工	化学制品	民营企业	4.98%
15	君正集团	基础化工	化学原料	民营企业	4.64%
16	洪汇新材	基础化工	化学制品	民营企业	4.62%
17	瑞丰新材	基础化工	化学制品	民营企业	4.54%
18	颖泰生物	基础化工	农化制品	民营企业	4.50%
19	润普食品	基础化工	化学制品	民营企业	4.39%
20	江瀚新材	基础化工	化学制品	民营企业	4.34%

数据来源：Wind。

由表1-74可知，对于民营上市公司，在各二级板块中，37家农化制品公司的平均股息率为2.41%，排第1名；11家非金属材料Ⅱ公司的平均股息率为1.48%，排第2名；22家化学原料公司的平均股息率为1.48%，排第3名。平均股息率最低的三个板块分别为油服工程（0.51%，第9名）、塑料（0.95%，第8名）以及橡胶（1.25%，第7名）。

二、资本运作

（一）融资活动

1. 股权融资

股权融资（也称股本融资或股票融资），在企业融资结构中，有着关键的意义。股本金的扩大，可以增强企业的信用等级、举债能力和抗风险能力，通过金融杠杆的应用可以实现企业融资的几何级放大。反推过来，股权融资不力，也将几何级地缩小企业融资的能级和量级，出现"一步小则步步小"的融资收缩效应。

（1）引进产业投资者❶

2022年，石化行业有35家上市公司完成了增发，其中有4家通过增发引进了产业投资者（表1-76）。相对于财务投资者，产业投资者通常更注重产业协同效应，更注重长期投资，也可以带来更多的产业资源和能力，在实现融资的同时兼顾了产业资源和产业能力的链接，是好现象。

---

❶ 采用"区间增发募集资金合计"指标予以统计，按增发股份上市日归属指定区间统计已实施的增发事件；逐家查看该年度有相关记录的公司公告并统计。

表1-76　2022年石化行业上市公司增发引进产业投资者一览

证券简称	二级行业	三级行业	所有制性质	实际募资总额（亿元）	主要产业投资者
星湖科技	化学制品	食品及饲料添加剂	地方国有企业	45.85	宁夏伊品投资集团有限公司、新希望投资集团有限公司等
雪峰科技	化学制品	民爆制品	地方国有企业	13.41	阿克苏鑫发矿业有限责任公司、绍兴市三叶外贸有限公司、新疆金鼎重工股份有限公司、四川金象赛瑞化工股份有限公司等
川发龙蟒	农化制品	磷肥及磷化工	地方国有企业	9.56	四川省盐业集团有限责任公司
沃顿科技	塑料	膜材料	中央国有企业	4.07	国能龙源环保有限公司

数据来源：Wind。

星湖科技重大资产重组详情见本章节第（三）部分中"1.重大资产重组"。

雪峰科技重大资产重组❶：拟通过发行股份及支付现金的方式，购买新疆农牧投、四川金象、合肥五丰等合计持有的新疆玉象胡杨化工有限公司100.00%股权。本次交易完成后，玉象胡杨成为雪峰科技的全资子公司。玉象胡杨主要从事三聚氰胺、硝酸铵、硝基复合肥等化工原料、化肥的生产销售，系西北地区三聚氰胺、复合肥生产龙头企业。玉象胡杨主要产品之一硝酸铵，系雪峰科技重要原材料。本次交易前，雪峰科技主要从事民用爆炸物品制造与工程爆破服务业务。作为区域内民爆龙头企业，公司业务涵盖民用爆炸物品研发、生产、销售、运输等各环节，且具备爆破方案设计、爆破工程监理、矿山爆破一体化解决方案规划实施等专业化服务能力。本次交易完成后，雪峰科技通过注入天然气化工循环经济产业链模式的三聚氰胺、硝酸铵等业务，借助上市平台整合化工产业及民爆上游原料业务，将有效拓宽其业务范围，从民爆业务为主拓宽至"民爆＋化工"双主业。

川发龙蟒资产重组❷：川发龙蟒向四川先进材料集团和四川盐业发行股份购买其分别持有的四川发展天瑞矿业有限公司80%股权和20%股权%。本次交易完成后，天瑞矿业成为川发龙蟒的全资子公司。本次交易前，川发龙蟒是国内工业磷酸一铵规模最大的生产企业，公司主要产品为磷酸一铵、磷酸氢钙等磷酸盐产品以及各种复合肥产品，主要原材料为磷矿石、硫黄、硫酸、液氨、尿素、氯化钾等，而磷矿具有稀缺性、不可再生性和需求刚性。天瑞矿业拥有四川省老河坝磷矿铜厂埂（八号矿块）磷矿资源，矿区面积2.7080平方公里。截至2021年11月30日，矿区累计查明资源量9 597.00万吨，保有资源量8 741.90万吨，为马边磷矿区目前已设采矿权的最大资

---

❶ 由于交易的实施情况暨新增股份上市公告书发布时间为2023年1月4日，故本报告"并购"章节中并未将此交易统计入内。

❷ 本次交易不构成重大资产重组。

源储量。通过本次交易，川发龙蟒将向上游积极延伸，川发龙蟒拥有磷矿资源和丰富的磷矿石采选生产经验，目前襄阳基地白竹磷矿已投入正式生产，生产的磷矿主要作为生产自用，但川发龙蟒四川绵竹生产基地所需磷矿全部需要外购，目前每年有超过200万吨的磷矿外采需求，天瑞矿业已取得250万吨/年磷矿生产规模对应的采矿许可证，川发龙蟒通过本次交易可取得四川省内优质、稀缺的磷矿资源，本次收购天瑞矿业有助于完善公司磷化工产业链，符合公司"矿化一体"的发展战略。

2023年，石化行业有30家上市公司完成了增发，未见通过增发引进产业投资者的案例。

（2）股权激励及员工持股

2022年❶，石化行业有64家上市公司进行了共计72次股权激励❷，激励家数占比为14.04%（表1-77），平均激励次数为0.16次；对比而言，全A股有717家上市公司进行了共计818次股权激励，激励家数占比为13.49%，平均激励次数为0.15次；石化行业激励家数占比及平均激励次数均略高于全A股水平。石化行业上市公司72次股权激励中，第一类限制性股票❸激励44次，第二类限制性股票❹激励19次，期权激励9次。这说明有多家上市公司同时使用了多种股权激励方式，有利于发挥不同激励方式的不同作用。石化行业上市公司2022年度进行的股权激励总数为6.19亿股，占全A股的5.53%。

表1-77　2022年石化行业上市公司股权激励情况统计（按二级行业划分）

类别	公司数量	股权激励家数	激励家数占比	家数占比排名	股权激励次数	平均激励次数	激励次数排名	激励总量（亿股）
石化行业	456	64	14.04%	—	72	0.16	—	6.19
石油石化行业	46	4	8.70%	—	4	0.09	—	0.44
炼化及贸易	29	2	6.90%	9	2	0.07	9	0.16
油服工程	13	2	15.38%	4	2	0.15	4	0.28
油气开采Ⅱ	4	0	0.00%	10	0	0.00	10	0.00
基础化工行业	410	60	14.63%	—	68	0.17	—	5.75
化学制品	167	21	12.57%	6	23	0.14	5	1.29
塑料	72	16	22.22%	1	17	0.24	2	1.79
农化制品	59	10	16.95%	3	13	0.22	3	1.53
化学原料	58	5	8.62%	7	6	0.10	7	0.59

❶ 根据Wind"内地股票专题"-"公司研究"-"股权激励一览"专题，并筛选"预案公告日期"在2022年1月1日至2022年12月31日区间，且方案进度为"实施"的记录进行统计。

❷ 期权、第一类限制性股票、第二类限制性股票分开统计，每类每次公告计为一次。

❸ 第一类限制性股票：激励对象以授予价格出资获得公司股票，解锁后自由出售。

❹ 第二类限制性股票：激励对象无需提前出资，在满足获益条件后，便能够以授予价格出资获得公司股票，限售期满可自由交易。

续表

类别	公司数量	股权激励家数	激励家数占比	家数占比排名	股权激励次数	平均激励次数	激励次数排名	激励总量（亿股）
化学纤维	23	3	13.04%	5	3	0.13	6	0.23
橡胶	19	4	21.05%	2	5	0.26	1	0.31
非金属材料Ⅱ	12	1	8.33%	8	1	0.08	8	0.01
全A股	5 314	717	13.49%	—	818	0.15	—	111.97

数据来源：Wind。

在各二级板块中，72家塑料公司的激励家数占比为22.22%，排第1名；19家橡胶公司的激励家数占比为21.05%，排第2名；59家农化制品公司的激励家数占比为16.95%，排第3名。激励家数占比最低的三个板块分别为油气开采Ⅱ（0，第10名）、炼化及贸易（6.90%，第9名）以及非金属材料Ⅱ（8.33%，第8名）。

平均激励次数排名与激励家数占比排名类似，19家橡胶公司的平均激励次数为0.26次，排第1名；72家塑料公司的平均激励次数为0.24次，排第2名；59家农化制品公司的平均激励次数为0.22次，排第3名。平均激励次数最低的三个板块分别为油气开采Ⅱ（0次，第10名）、炼化及贸易（0.07次，第9名）以及非金属材料Ⅱ（0.08次，第8名）。

（3）股票回购

由表1-78可知，2022年[1]，石化行业有110家上市公司披露了共计156次股票回购。其中类型为"股权激励回购"[2]的回购共117次（占75.48%）、回购类型为"其他"[3]的回购共29次（占24.52%）。石化行业上市公司2022年度披露实施的已回购数量为22.53亿股，已回购金额为190.97亿元。

表1-78　2022年石化行业上市公司股权回购情况统计（按二级行业划分）

类别	公司数量	回购次数	平均回购次数	平均次数排名	回购用途次数占比		已回购数量（亿股）	已回购金额（亿元）
					股权激励	其他		
石化行业	456	155	0.34	—	75.48%	24.52%	22.53	190.97
石油石化行业	46	16	0.35	—	50.00%	50.00%	11.11	110.42
炼化及贸易	29	13	0.45	2	46.15%	53.85%	10.94	107.97
油服工程	13	3	0.23	7	66.67%	33.33%	0.17	2.45
油气开采Ⅱ	4	0	0	10	—	—	—	—

---

[1] 根据Wind平台的"内地股票专题统计"-"公司研究"专题中导出的"股份回购明细"统计，筛选出"最新公告日期"在2022年1月1日至2022年12月31日之间的回购事件予以统计。

[2] 包括实施股权激励、股权激励注销等。

[3] 包括维护股东利益、盈利补偿等。

续表

类别	公司数量	回购次数	平均回购次数	平均次数排名	回购用途次数占比 股权激励	回购用途次数占比 其他	已回购数量（亿股）	已回购金额（亿元）
基础化工行业	410	139	0.34	—	78.42%	21.58%	11.41	80.54
化学制品	167	62	0.37	4	72.58%	27.42%	5.59	46.98
塑料	72	20	0.28	5	85.00%	15.00%	0.54	4.03
农化制品	59	25	0.42	3	96.00%	4.00%	0.21	1.83
化学原料	58	16	0.28	6	56.25%	43.75%	3.92	21.42
化学纤维	23	5	0.22	8	60.00%	40.00%	1.13	5.67
橡胶	19	10	0.53	1	100.00%	0.00%	0.03	0.60
非金属材料Ⅱ	12	1	0.08	9	100.00%	0.00%	0.00	0.02
全A股	5 314	2 232	0.42	—	78.23%	21.77%	194.61	1 840.48

数据来源：Wind。

（4）大股东相关

① 大股东增减持 ❶

2022 年，石化行业有 6 家上市公司进行了共计 21 次大股东增持（表 1-79），增持公司数量占全行业上市公司数量的 1.32%。

表 1-79　2022 年石化行业上市公司大股东增持情况统计

证券简称	二级行业	三级行业	所有制性质	增持次数
杭州高新	塑料	改性塑料	民营企业	14
中泰化学	化学原料	氯碱	地方国有企业	2
三友化工	化学原料	纯碱	公众企业	2
*ST榕泰	塑料	其他塑料制品	民营企业	1
天马新材	非金属材料Ⅱ	非金属材料Ⅲ	民营企业	1
赞宇科技	化学制品	其他化学制品	民营企业	1

数据来源：Choice。

2022 年，石化行业有 98 家上市公司进行了共计 564 次大股东减持（表 1-80），减持公司数量占全行业上市公司数量的 21.49%。

---

❶ 增持情况采用"大股东增持"指标，统计 2022 年实际发生额。减持情况采用"大股东减持"指标，统计 2022 年实际发生额。

表1-80　2022年石化行业上市公司大股东减持次数前二十

证券简称	二级行业	三级行业	所有制性质	减持次数
安利股份	塑料	其他塑料制品	民营企业	58
泰和科技	化学制品	其他化学制品	民营企业	33
先锋新材	化学制品	其他化学制品	民营企业	29
凯美特气	化学制品	其他化学制品	外资企业	20
中旗股份	农化制品	农药	民营企业	18
江山股份	农化制品	农药	公众企业	14
中泰化学	化学原料	氯碱	地方国有企业	13
贝斯美	农化制品	农药	民营企业	12
东方铁塔	农化制品	钾肥	民营企业	11
凯盛新材	化学原料	其他化学原料	民营企业	11
亚钾国际	农化制品	钾肥	公众企业	10
瑞丰新材	化学制品	其他化学制品	民营企业	10
亚太实业	化学原料	其他化学原料	民营企业	10
东华能源	炼化及贸易	其他石化	民营企业	10
泉为科技	塑料	改性塑料	外资企业	10
元琛科技	化学制品	其他化学制品	民营企业	9
蓝丰生化	农化制品	农药	民营企业	9
泰坦科技	化学制品	其他化学制品	民营企业	8
先达股份	农化制品	农药	民营企业	8
博迈科	油服工程	油气及炼化工程	民营企业	8

数据来源：Choice。

表1-81　2022年石化行业上市公司大股东减持情况统计（按二级行业划分）

类别	公司数量	减持次数	平均减持次数	平均减持次数排名
石化行业	456	564	1.24	—
石油石化行业	46	34	0.74	—
炼化及贸易	29	21	0.72	7
油服工程	13	10	0.77	5
油气开采Ⅱ	4	3	0.75	6
基础化工行业	410	530	1.29	—
化学制品	167	183	1.10	3
塑料	72	147	2.04	1
农化制品	59	116	1.97	2
化学原料	58	61	1.05	4
化学纤维	23	14	0.61	8
橡胶	19	9	0.47	9
非金属材料Ⅱ	12	0	0.00	10
全A股	5 314	6 505	1.22	—

数据来源：Choice。

由表 1-81 可知，在各二级板块中，72 家塑料公司的平均减持次数为 2.04 次，排第 1 名；59 家农化制品公司的平均减持次数为 1.97 次，排第 2 名；167 家化学制品公司的平均减持次数为 1.10 次，排第 3 名。平均减持次数最低的三个板块分别为非金属材料Ⅱ（0 次，第 10 名）、橡胶（0.47 次，第 9 名）以及化学纤维（0.61 次，第 8 名）。

② 大股东股票质押融资❶

截至 2023 年 11 月 30 日，石化行业 456 家上市公司中有 137 家的第一大股东质押了其所持上市公司股票，占全省上市公司数量的 30.04%；137 家公司第一大股东累计质押股数为 210.80 亿股（表 1-82）。

表 1-82 石化行业上市公司第一大股东股票质押情况统计
（按二级行业划分，截至 2023 年 11 月 30 日）

类别	公司数量	质押家数	质押家数占比	占比排名	质押股数（亿股）
石化行业	456	137	30.04%	—	210.80
石油石化行业	46	12	26.09%	—	36.71
炼化及贸易	29	8	27.59%	6	34.66
油服工程	13	4	30.77%	4	2.05
油气开采Ⅱ	4	0	0.00%	10	0.00
基础化工行业	410	125	30.49%	—	174.09
化学制品	167	45	26.95%	7	28.86
塑料	72	20	27.78%	5	13.81
农化制品	59	27	45.76%	1	54.94
化学原料	58	19	32.76%	3	46.53
化学纤维	23	8	34.78%	2	26.57
橡胶	19	5	26.32%	8	2.98
非金属材料Ⅱ	12	1	8.33%	9	0.40
全 A 股	5 314	1 453	27.34%	—	18 792.92

数据来源：Wind。

由表 1-82 可知，在各二级板块中，59 家农化制品公司的质押家数占比为 45.76%，排第 1 名；23 家化学纤维公司的质押家数占比为 34.78%，排第 2 名；58 家化学原料公司的质押家数占比为 32.76%，排第 3 名。质押家数占比最低的三个板块分别为油气开采Ⅱ（0%，第 10 名）、非金属材料Ⅱ（8.33%，第 9 名）以及橡胶（26.32%，第 8 名）。石化行业上市公司第一大股东质押比例前二十名（截至 2023 年 11 月 30 日）见表 1-83。

---

❶ 采用"大股东累计质押股数"和"总股本"指标予以统计。

表1-83　石化行业上市公司第一大股东质押比例前二十名①（截至2023年11月30日）

证券简称	二级行业	三级行业	所有制性质	大股东质押数量（亿股）	大股东质押比例	大股东质押占持股数比例
三房巷	化学纤维	涤纶	民营企业	15.40	39.53%	51.91%
亿利洁能	化学原料	氯碱	民营企业	12.40	34.83%	100.00%
双象股份	塑料	合成树脂	民营企业	0.91	33.93%	52.59%
恒逸石化	炼化及贸易	炼油化工	民营企业	11.49	31.34%	77.18%
齐翔腾达	炼化及贸易	其他石化	地方国有企业	8.87	31.19%	67.93%
恒通股份	炼化及贸易	油品石化贸易	集体企业	2.16	30.22%	75.72%
万盛股份	化学制品	其他化学制品	民营企业	1.74	29.56%	100.00%
金正大	农化制品	复合肥	地方国有企业	9.69	29.49%	98.63%
华西股份	化学纤维	涤纶	地方国有企业	2.60	29.34%	100.00%
金瑞矿业	化学原料	无机盐	公众企业	0.84	29.27%	97.62%
ST实华	炼化及贸易	其他石化	民营企业	1.52	29.15%	100.00%
亚邦股份	化学制品	纺织化学制品	民营企业	1.66	29.13%	100.00%
ST红太阳	农化制品	农药	民营企业	1.68	28.90%	91.76%
美达股份	化学纤维	锦纶	民营企业	1.45	27.49%	100.00%
赤天化	农化制品	氮肥	外资企业	4.43	26.18%	99.02%
宏达股份	农化制品	磷肥及磷化工	民营企业	5.30	26.08%	98.84%
乐通股份	化学制品	涂料油墨	民营企业	0.52	26.00%	99.98%
金浦钛业	化学原料	钛白粉	民营企业	2.55	25.81%	75.33%
华软科技	化学制品	其他化学制品	民营企业	2.06	25.35%	66.21%
川恒股份	农化制品	磷肥及磷化工	民营企业	1.26	25.12%	45.39%

① 质押比例=大股东累计质押股数/公司总股本。
数据来源：Wind。

③ 控股权或控制权的变动和争夺❶

2022年，石化行业上市公司中有30家的实际控制人有变更记录，有变更记录的公司数量占全行业上市公司数量的6.58%。对比而言，全A股上市公司中有变更记录的公司数量占8.00%。

其中：由民营企业变更为国有企业的有3家（金正大、齐翔腾达、尤夫股份），

---

❶ 采用"实际控制人"指标予以统计，筛选出2021年及2022年实际控制人不完全一致的数据。

均为通过重整程序变更；由国有企业变更为公众企业的有 1 家，为通过重整程序变更；由民营企业变更为公众企业的有 2 家（表 1-84）。

表 1-84 2022 年石化行业上市公司控股权变动典型案例

证券简称	二级行业	三级行业	所有制性质	2021年实际控制人	2022年实际控制人
易普力	化学制品	民爆制品	中央国有企业	湖南省人民政府国有资产监督管理委员会	国务院国有资产监督管理委员会
金正大	农化制品	复合肥	地方国有企业	万连步	临沭县国有资产管理服务中心
齐翔腾达	炼化及贸易	其他石化	地方国有企业	张劲	山东省人民政府国有资产监督管理委员会
尤夫股份	化学纤维	涤纶	地方国有企业	山东航天云帆资本管理有限公司	陕西省人民政府国有资产监督管理委员会
金瑞矿业	化学原料	无机盐	公众企业	青海省人民政府国有资产监督管理委员会	
金力泰	化学制品	涂料油墨	公众企业	刘少林	
锦鸡股份	化学制品	纺织化学制品	公众企业	赵卫国	
杭州高新	塑料	改性塑料	民营企业	吕俊坤	胡敏
*ST榕泰	塑料	其他塑料制品	民营企业	杨宝生	高大鹏
ST澄星	农化制品	磷肥及磷化工	民营企业	李兴	李星星
万盛股份	化学制品	其他化学制品	民营企业	高峰，高强，高献国，高远夏，郑国富	郭广昌

数据来源：Wind。

2. 债券融资

截至 2022 年 12 月 31 日，共有 65 家石化行业上市公司存在应付债券❶（指企业为筹集长期资金而实际发行的债券及应付的利息，包含当年新增发债金额和历史发债金额中未偿还部分），占全行业上市公司总数量的 14.25%（表 1-85）；对比而言，全 A 股共 839 家上市公司存在应付债券余额，占全 A 股上市公司总数量的 15.79%；石化行业略低于全 A 股水平。2022 年底石化行业上市公司应付债券总额为 2 402.70 亿元，占全 A 股上市公司应付债券总额的 1.07%。

在各二级板块中，4 家油气开采Ⅱ公司中存在应付债券的公司数量占比为 75.00%，排第 1 名；19 家橡胶公司中的占比为 31.58%，排第 2 名；29 家炼化及贸

---

❶ 采用财务报表中"应付债券"项目予以统计。

易公司中的占比为27.59%，排第3名。数量占比排名最低的三个板块分别为非金属材料Ⅱ（0，第10名）、油服工程（7.69%，第9名）以及化学制品（10.78%，第8名）。

表1-85 石化行业上市公司应付债券情况统计（按二级行业划分，截至2022年12月31日）

类别	公司数量	应付债券总额（亿元）	存在应付债券的公司数量	数量占比	数量占比排名	应付债券平均值（亿元）	平均值排名
石化行业	456	2 402.70	65	14.25%	—	5.27	—
石油石化行业	46	1 900.43	12	26.09%	—	41.31	—
炼化及贸易	29	773.72	8	27.59%	3	26.68	2
油服工程	13	120.22	1	7.69%	9	9.25	3
油气开采Ⅱ	4	1 006.49	3	75.00%	1	251.62	1
基础化工行业	410	502.26	53	12.93%	—	1.23	—
化学制品	167	130.43	18	10.78%	8	0.78	8
塑料	72	35.12	8	11.11%	7	0.49	9
农化制品	59	167.77	9	15.25%	5	2.84	4
化学原料	58	117.94	8	13.79%	6	2.03	5
化学纤维	23	32.86	4	17.39%	4	1.43	6
橡胶	19	18.14	6	31.58%	2	0.95	7
非金属材料Ⅱ	12	0.00	0	0.00%	10	0.00	10
全A股	5 314	223 912.36	839	15.79%	—	42.14	—

数据来源：Wind。

从应付债券平均值来看，4家油气开采Ⅱ公司的应付债券平均值为251.62亿元，排第1名；29家炼化及贸易公司的应付债券平均值为26.68亿元，排第2名；13家油服工程公司的应付债券平均值为9.25亿元，排第3名。应付债券平均值最低的三个板块分别为非金属材料Ⅱ（0，第10名）、塑料（0.49亿元，第9名）以及化学制品（0.78亿元，第8名）。

2022年底存在应付债券的65家石化行业上市公司中，中国海油和中国石油排名前两位，余额分别达918.58亿元及528.48亿元，中国石化位居第三，余额为129.97亿元。排名前二十的公司应付债券余额合计2 212.74亿元，占全行业上市公司应付债券总额的92.09%（表1-86）。

表1-86　石化行业上市公司应付债券余额前二十名（截至2022年12月31日）

排名	证券简称	一级行业	二级行业	所有制性质	应付债券余额（亿元）
1	中国海油	石油石化	油气开采Ⅱ	中央国有企业	918.58
2	中国石油	石油石化	炼化及贸易	中央国有企业	528.48
3	中国石化	石油石化	炼化及贸易	中央国有企业	129.97
4	中海油服	石油石化	油服工程	中央国有企业	120.22
5	新潮能源	石油石化	油气开采Ⅱ	公众企业	77.92
6	安道麦A	基础化工	农化制品	中央国有企业	73.54
7	中化国际	基础化工	化学制品	中央国有企业	42.96
8	东方盛虹	石油石化	炼化及贸易	民营企业	41.43
9	恒逸石化	石油石化	炼化及贸易	民营企业	40.62
10	鲁西化工	基础化工	化学原料	中央国有企业	27.40
11	新疆天业	基础化工	化学原料	地方国有企业	26.69
12	兴发集团	基础化工	农化制品	地方国有企业	26.56
13	盐湖股份	基础化工	农化制品	地方国有企业	25.52
14	华谊集团	基础化工	化学原料	地方国有企业	24.28
15	新凤鸣	基础化工	化学纤维	民营企业	23.93
16	浙江龙盛	基础化工	化学制品	民营企业	22.00
17	荣盛石化	石油石化	炼化及贸易	民营企业	20.35
18	中泰化学	基础化工	化学原料	地方国有企业	15.42
19	三友化工	基础化工	化学原料	公众企业	15.22
20	东材科技	基础化工	塑料	民营企业	11.66
合计					2 212.74

数据来源：Wind。

（二）投资活动

1. 并购（收购、兼并、合并）

（1）并购事件统计

①上市公司总览

2022年，石化行业上市公司共完成并购事件100起❶（表1-87）。对比而言，全A

---

❶ 以"交易完成日"为准并予以统计，筛选"竞买方指标"为"A股上市公司"、"交易进度"为"完成"的记录。

股上市公司共完成并购事件1 049起,石化行业并购事件次数占全A股的9.53%。100起并购事件中,有90起披露了交易金额,披露的交易总金额为493.77亿元,平均每笔交易金额为4.94亿元。绝大多数并购交易的目的为战略合作、横向或垂直整合,属于对外进行产业投资。

说明:因并购交易的复杂性,业界对并购统计的标准未予统一,不同标准之间会有统计差异。本章节中并购事件依据Wind"全球并购库"-"并购事件"进行统计。在统计中,如交易方式为外币或股权支付的,统一折算为人民币。

表1-87 2022年石化行业上市公司并购事件统计(按二级行业划分)

类别	公司数量	并购事件次数	披露的并购总额(亿元)	平均每家并购次数①	平均次数排名	平均每笔并购金额(亿元)②	平均金额排名
石化行业	456	100	493.77	0.22	—	4.94	—
石油石化行业	46	7	158.59	0.15	—	22.66	—
炼化及贸易	29	5	157.99	0.17	7	31.60	1
油服工程	13	2	0.60	0.15	8	0.30	9
油气开采Ⅱ	4	0	—	—	10	—	10
基础化工行业	410	93	335.18	0.23	—	3.60	—
化学制品	167	32	87.34	0.19	6	2.73	5
塑料	72	15	18.41	0.21	5	1.23	7
农化制品	59	18	86.14	0.31	2	4.79	3
化学原料	58	15	113.58	0.26	3	7.57	2
化学纤维	23	8	16.69	0.35	1	2.09	6
橡胶	19	4	12.51	0.21	4	3.13	4
非金属材料Ⅱ	12	1	0.51	0.08	9	0.51	8
全A股	5 314	1 049	5 783.17	0.20	—	5.51	—

① 平均每家并购次数=并购事件次数/该板块上市公司数量。
② 平均每笔并购金额=并购总额/该板块并购事件次数。
数据来源:Wind。

在各二级板块中,23家化学纤维公司的平均并购次数为0.35,排第1名;59家农化制品公司的平均并购次数为0.31,排第2名;58家化学原料公司的平均并购次数为0.26,排第3名。平均并购次数最低的三个板块分别为油气开采Ⅱ(0次,第10名)、非金属材料Ⅱ(0.08次,第9名)以及油服工程(0.15次,第8名)。对比而言,全A股上市公司平均每家并购次数为0.20次。

从平均每笔并购金额来看,炼化及贸易公司的平均并购金额为31.60亿元,排第1名;化学原料公司的平均并购金额为7.57亿元,排第2名;农化制品公司的平均并购金额为 4.79 亿元，排第 3 名。对比而言，全 A 股上市公司平均每笔并购金额为 5.51 亿元。

2023 年，石化行业上市公司共完成并购事件 59 起（表 1-88）。对比而言，全 A 股上市公司共完成并购事件 645 起，石化行业并购事件次数占全 A 股的 9.15%，略低于 2022 年的 9.53%。59 起并购事件中，有 51 起披露了交易金额，披露的交易总金额为 231.51 亿元，平均每笔交易金额为 3.92 亿元。绝大多数并购交易的目的为战略合作、横向整合，属于对外进行产业投资。

表 1-88　2023 年石化行业上市公司并购事件统计（按二级行业划分）

类别	公司数量	并购事件次数	披露的并购总额（亿元）	平均每家并购次数	平均次数排名	平均每笔并购金额（亿元）	平均金额排名
石化行业	456	59	231.51	0.13	—	3.92	—
石油石化行业	46	2	3.90	0.04	—	1.95	—
炼化及贸易	29	2	3.90	0.07	6	1.95	5
油服工程	13	0	—	—	—	—	—
油气开采Ⅱ	4	0	—	—	—	—	—
基础化工行业	410	57	227.61	0.14	—	3.99	—
化学制品	167	26	116.96	0.16	2	4.50	3
塑料	72	4	4.84	0.06	7	1.21	6
农化制品	59	14	41.14	0.24	1	2.94	4
化学原料	58	9	51.98	0.16	3	5.78	2
化学纤维	23	2	0.39	0.09	4	0.19	8
橡胶	19	1	0.90	0.05	8	0.90	7
非金属材料Ⅱ	12	1	11.40	0.08	5	11.40	1
全 A 股	5 314	645	5 142.75	0.12	—	7.97	—

数据来源：Wind。

在各二级板块中，59 家农化制品公司的平均并购次数为 0.24，排第 1 名；167 家化学制品公司的平均并购次数为 0.16，排第 2 名；58 家化学原料公司的平均并购次数为 0.16，排第 3 名。平均并购次数最低的三个板块分别为油气开采Ⅱ（0 次）、油服工程（0 次）以及橡胶（0.05 次，第 8 名）。对比而言，全 A 股上市公司平均每家并购次数为 0.12 次。

从平均每笔并购金额来看，非金属材料Ⅱ公司的平均并购金额为 11.40 亿元，排第 1 名；化学原料公司的平均并购金额为 5.78 亿元，排第 2 名；化学制品公司的平均并购金额为 4.50 亿元，排第 3 名。对比而言，全 A 股上市公司平均每笔并购金额为

7.97 亿元。

② 民营上市公司

2022 年，石化行业民营上市公司共完成并购事件 68 起（表 1-89）。对比而言，全 A 股民营上市公司共完成并购事件 637 起，石化行业并购事件次数占全 A 股的 10.68%。68 起并购事件中，有 61 起披露了交易金额，披露的交易总金额为 310.07 亿元，平均每笔交易金额为 4.56 亿元。

表 1-89　2022 年石化行业民营上市公司并购事件统计（按二级行业划分）

类别	公司数量	并购事件次数	披露的并购总额（亿元）	平均每家并购次数	平均次数排名	平均每笔并购金额（亿元）	平均金额排名
石化行业	307	68	310.07	0.22	—	4.56	—
石油石化行业	21	6	156.87	0.29	—	26.15	—
炼化及贸易	15	4	156.27	0.27	4	39.07	1
油服工程	6	2	0.60	0.33	2	0.30	8
油气开采Ⅱ	0	—	—	—	—	—	—
基础化工行业	286	62	153.19	0.22	—	2.47	—
化学制品	130	22	25.44	0.17	7	1.16	6
塑料	57	15	18.41	0.26	5	1.23	5
农化制品	37	11	27.75	0.30	3	2.52	4
化学原料	22	8	68.58	0.36	1	8.57	2
化学纤维	12	1	0.00	0.08	9	0.00	9
橡胶	17	4	12.51	0.24	6	3.13	3
非金属材料Ⅱ	11	1	0.51	0.09	8	0.51	7
全 A 股	3 387	637	1 930.44	0.19	—	3.03	—

数据来源：Wind。

对于民营上市公司，在各二级板块中，22 家化学原料公司的平均并购次数为 0.36，排第 1 名；6 家油服工程公司的平均并购次数为 0.33，排第 2 名；37 家农化制品公司的平均并购次数为 0.30，排第 3 名。平均并购次数最低的三个板块分别为化学纤维（0.08 次，第 9 名）、非金属材料Ⅱ（0.09 次，第 8 名）以及化学制品（0.17 次，第 7 名）。对比而言，全 A 股民营上市公司平均每家并购次数为 0.19 次。

从平均每笔并购金额来看，炼化及贸易公司的平均并购金额为 39.07 亿元，排第 1 名；化学原料公司的平均并购金额为 8.57 亿元，排第 2 名；农化制品公司的平均并购金额为 3.13 亿元，排第 3 名。对比而言，全 A 股上市公司平均每笔并购金额为 3.03 亿元。

2023年，石化行业民营上市公司共完成并购事件36起（表1-90）。对比而言，全A股民营上市公司共完成并购事件398起，石化行业并购事件次数占全A股的9.05%，低于2022年的10.68%。36起并购事件中，有30起披露了交易金额，披露的交易总金额为67.87亿元，平均每笔交易金额为1.89亿元。

表1-90 2023年石化行业民营上市公司并购事件统计（按二级行业划分）

类别	公司数量	并购事件次数	披露的并购总额（亿元）	平均每家并购次数	平均次数排名	平均每笔并购金额（亿元）	平均金额排名
石化行业	307	36	67.87	0.12	—	1.89	—
石油石化行业	21	1	2.10	0.05	—	2.10	—
炼化及贸易	15	1	2.10	0.07	6	2.10	3
油服工程	6	0	—	—	—	—	—
油气开采Ⅱ	0	—	—	—	—	—	—
基础化工行业	286	35	65.77	0.12	—	1.88	—
化学制品	130	19	30.94	0.15	3	1.63	4
塑料	57	3	2.02	0.05	8	0.67	7
农化制品	37	4	5.78	0.11	4	1.44	5
化学原料	22	5	14.35	0.23	1	2.87	2
化学纤维	12	2	0.39	0.17	2	0.19	8
橡胶	17	1	0.90	0.06	7	0.90	6
非金属材料Ⅱ	11	1	11.40	0.09	5	11.40	1
全A股	3 387	398	1 130.64	0.12	—	2.84	—

数据来源：Wind。

对于民营上市公司，在各二级板块中，22家化学原料公司的平均并购次数为0.23，排第1名；12家化学纤维公司的平均并购次数为0.17，排第2名；130家化学制品公司的平均并购次数为0.15，排第3名。平均并购次数最低的三个板块分别为油服工程（0次）、塑料（0.05次，第8名）以及橡胶（0.06次，第7名）。对比而言，全A股民营上市公司平均每家并购次数为0.12次。

从平均每笔并购金额来看，非金属材料Ⅱ公司的平均并购金额为11.40亿元，排第1名；化学原料公司的平均并购金额为2.87亿元，排第2名；炼化及贸易公司的平均并购金额为2.10亿元，排第3名。对比而言，全A股上市公司平均每笔并购金额为2.84亿元。

(2) 典型并购案例（表 1-91 和表 1-92）

表 1-91　2022 年石化行业上市公司典型并购案例

证券简称	二级行业	三级行业	所有制性质	披露的并购总额（亿元）	交易简介
东方盛虹	炼化及贸易	炼油化工	民营企业	143.60	东方盛虹通过发行股份及支付现金方式，购买交易对方合计持有的斯尔邦100%股权，并向不超过35名符合条件的特定投资者发行股份募集配套资金。其中，向盛虹石化、博虹实业全部发行股份购买资产；向建信投资、中银资产全部支付现金购买资产
远兴能源	化学原料	纯碱	民营企业	58.11	远兴能源以支付现金的方式购买纳百川持有的银根矿业的14%股权、以现金37.25亿元对银根矿业进行增资
星湖科技	化学制品	食品及饲料添加剂	地方国有企业	53.76	星湖科技通过发行股份及支付现金相结合的方式购买伊品生物99.22%的股份，其中上市公司以股份支付的比例约为85.28%，以现金支付的比例约为14.72%。交易完成后，伊品生物成为上市公司的控股子公司
雪天盐业	化学原料	无机盐	地方国有企业	19.28	雪天盐业通过发行股份的方式向交易对方轻盐集团、轻盐晟富基金和华菱津杉购买湘渝盐化100%股权
亚钾国际	农化制品	钾肥	公众企业	17.64	亚钾国际通过发行股份及支付现金方式，购买新疆江之源、劲邦劲德、凯利天壬、联创永津、天津赛普、金诚信、智伟至信合计持有的农钾资源56%股权，并向不超过35名特定投资者发行股份募集配套资金
川发龙蟒	农化制品	磷肥及磷化工	地方国有企业	16.83	川发龙蟒以公开摘牌方式收购重庆渝富控股集团有限公司持有的重庆钢铁集团矿业有限公司（以下简称"重钢矿业"）49%股权
川发龙蟒	农化制品	磷肥及磷化工	地方国有企业	9.56	川发龙蟒以发行股份方式向四川先进材料集团和四川盐业购买其分别持有的天瑞矿业80%股权和20%股权。本次交易完成后，天瑞矿业将成为上市公司的全资子公司

续表

证券简称	二级行业	三级行业	所有制性质	披露的并购总额（亿元）	交易简介
普利特	塑料	改性塑料	民营企业	11.41	普利特以支付现金的方式购买海四达集团所持海四达电源79.7883%股权，完成后，普利特有权向海四达电源增资不超过8亿元，用于海四达电源"年产2GWh高比能高安全动力锂离子电池及电源系统二期项目""年产12GWh方型锂离子电池一期项目（年产6GWh）"两个项目投入。本次股权转让完成后，普利特将持有海四达电源79.7883%股权，本次股权转让及未来增资8亿元完成后，普利特将持有海四达电源87.0392%股权
湖北宜化	农化制品	氮肥	地方国有企业	10.00	湖北宜化以公司对新疆宜化化工有限公司（以下简称"新疆宜化"）10亿元委托贷款债权转化为新疆宜化股权的方式对新疆宜化进行增资入股。本次债转股完成后，湖北宜化对新疆宜化的持股比例由19.90%变更为35.60%
				1.76	湖北宜化对宜昌邦普宜化新材料有限公司全资子公司宜昌邦普宜化环保科技有限公司增资17 640万元。完成后湖北宜化将持有邦普宜化环保49%的股权
皖维高新	化学纤维	其他化学纤维	地方国有企业	7.95	皖维高新通过发行股份的方式，购买交易对方皖维集团、安元创投及自然人合计持有的皖维皕盛100%股权，同时向特定对象皖维集团发行股份募集配套资金
中泰化学	化学原料	氯碱	地方国有企业	7.79	中泰化学通过向新疆兴泰纤维科技有限公司增资的方式持有其65%股权，实现对该公司的控股

数据来源：Wind。

表 1-92　2023 年石化行业上市公司典型并购案例

证券简称	二级行业	三级行业	所有制性质	披露的并购总额（亿元）	交易简介
易普力	化学制品	民爆制品	中央国有企业	53.77	南岭民爆通过发行股份的方式，购买葛洲坝、攀钢矿业及 23 名自然人合计持有的易普力 95.54% 股份。交易完成后，南岭民爆持有易普力 95.54% 股份
新疆天业	化学原料	氯碱	地方国有企业	25.84	新疆天业收购天业集团、锦富投资所持有的天辰化工有限公司 100% 股权
雪峰科技	化学制品	民爆制品	地方国有企业	21.06	雪峰科技通过发行股份及支付现金的方式，购买新疆农牧投、四川金象、合肥五丰、国衡壹号、阿克苏投资、等合计持有的新疆玉象胡杨化工有限公司 100.00% 股权
多氟多	化学制品	氟化工	民营企业	19.00	多氟多以持有的多氟多新能源科技有限公司 94.28% 股权作价 17.56 亿元，与南宁科晟一同认购广西宁福新能源科技有限公司新增股权。交易完成后，多氟多对广西宁福的持股比例由增资前 35.20% 增加至 70.29%
云天化	农化制品	磷肥及磷化工	地方国有企业	15.97	云天化通过协议转让的方式收购云天化集团有限责任公司持有的青海云天化国际化肥有限公司 98.506 7% 股权
				0.70	云天化收购浙江友山新材料有限公司所属全资子公司云南友 天新能源科技有限公司（以下简称"友天新能"）49% 股权。友天新能为华友控股在云南省设立的磷酸铁锂项目公司，云天化与华友控股开展磷酸铁、磷酸铁锂项目合作
亚钾国际	农化制品	钾肥	公众企业	15.20	亚钾国际对农钾资源增资 15.20 亿元，提升和巩固对农钾资源控制，同时保证后续扩产计划顺利实施。交易完成后，亚钾国际的持股比例从 56% 增加到 67.47%
				0.44	亚钾国际收购庆丰农业所持农钾资源 0.686 5% 股权
索通发展	非金属材料Ⅱ	非金属材料Ⅲ	民营企业	11.40	索通发展通过发行股份及支付现金的方式购买薛永、三顺投资、梁金、张宝、谢志懋、薛占青、薛战峰、张学文合计持有的佛山市欣源电子股份有限公司 94.977 7% 股份。索通发展通过本次收购欣源股份，进军负极材料领域

续表

证券简称	二级行业	三级行业	所有制性质	披露的并购总额（亿元）	交易简介
兴化股份	化学原料	其他化学原料	地方国有企业	9.95	兴化股份以支付现金的方式购买延长集团持有的陕西延长石油榆神能源化工有限责任公司51%股权
中核钛白	化学原料	钛白粉	民营企业	9.19	中核钛白支付现金收购贵州开阳双阳磷矿有限公司及贵州新天鑫化工有限公司100%的股权，完善公司新能源材料产业布局
江南化工	化学制品	民爆制品	中央国有企业	5.44	江南化工以现金方式收购北方特种能源集团有限公司、兵器工业股权投资（天津）有限公司及西安庆华投资有限公司持有的陕西北方民爆集团有限公司100%股权
江南化工	化学制品	民爆制品	中央国有企业	4.70	江南化工以现金方式收购北方特种能源集团有限公司持有的山西江阳兴安民爆器材有限公司94.39%股权

数据来源：Wind。

各案例详情见本章节第（三）部分中"1. 重大资产重组"。

2. 收购上市公司

2022年、2023年，石化行业100起并购事件中，有4起事件的标的方为上市公司（表1-93和表1-94）。

表1-93　2022年石化行业上市公司收购上市公司典型案例

证券简称	二级行业	三级行业	所有制性质	披露的并购总额（亿元）	进度	交易简介
广汇能源	炼化及贸易	油品石化贸易	民营企业	7.50	已完成	广汇能源受让新疆合金投资股份有限公司控股股东霍尔果斯通海股权投资有限公司持有的合金投资77 021 275股股份，占合金投资现有总股本20.00%
新金路	化学原料	氯碱	民营企业	5.05	最终未达成交易，将收购合同权益全部出让	新金路拟购买深圳市兆新能源股份有限公司持有的青海锦泰钾肥有限公司全部股权，在办理股权交割过程中，各方意见发生分歧，新金路放弃进一步收购意向，最终向青海霖航贸易有限公司转让其收购公司青海锦泰全部股权的合同权益

续表

证券简称	二级行业	三级行业	所有制性质	披露的并购总额（亿元）	进度	交易简介
中核钛白	化学原料	钛白粉	民营企业	2.00	已完成	中核钛白以自有资金向青海锦泰钾肥有限公司增资2亿元人民币，交易完成后，中核钛白持有锦泰钾肥4.39%的股权
华康股份	化学制品	食品及饲料添加剂	民营企业	0.22	已完成	华康股份通过挂牌公司股票定向发行方式新增宁波中药（833528.NQ）8 518 000股，发行后合计持有权益比例由0%变为20.00%

数据来源：Wind。

表1-94　2023年石化行业上市公司收购上市公司典型案例

证券简称	二级行业	三级行业	所有制性质	披露的并购总额（亿元）	进度	交易简介
华康股份	化学制品	食品及饲料添加剂	民营企业	—	已完成	华康股份受让宁波中药控股股东方明所持宁波中药1.6%股份，完成后华康股份持股比例由20%变为21.6%

数据来源：Wind。

（三）资产重组

1. 重大资产重组[1]

2022年，石化行业有6家上市公司完成了重大资产重组，包括东方盛虹、远兴能源、星湖科技、雪天盐业、亚钾国际和普利特（表1-95～表1-100）。

本次交易前，东方盛虹以民用涤纶长丝的研发、生产和销售为核心，以热电等业务为补充开展业务经营。东方盛虹分别于2019年3月、4月收购盛虹炼化、虹港石化100%股权，并投资建设盛虹炼化一体化项目，形成"原油炼化-PX/乙二醇-PTA-聚酯-化纤"新型高端纺织产业链架构，进入炼油、化纤之间协同发展的新阶段和新格局。

斯尔邦是一家专注于生产高附加值烯烃衍生物的大型民营企业，采用一体化生产工艺技术，以甲醇为主要原料制取乙烯、丙烯等，进而合成烯烃衍生物。斯尔邦主要产品包括丙烯腈、MMA等丙烯下游衍生物，EVA、EO等乙烯下游衍生物。

---

[1] 根据Wind平台的"并购事件"专题中导出的资产重组事件统计，筛选在2022年1月1日至2022年12月31日间完成的资产重组交易。

表1-95 2022年东方盛虹重大资产重组详情

时间	2022-01-24（公告完成日）	
重组标的	江苏斯尔邦石化有限公司100%股权（置入）	东方盛虹（置出）
交易作价	1 436 000.00万元（置出）	1 647 115.29万元（置入）
重组方式	发行股份及支付现金，同时发行股份募集配套资金	
交易价格（万元）	1 436 000.00	
发行方式	非公开发行	
发行对象	盛虹石化集团有限公司、连云港博虹实业有限公司	
发行价格	11.14元/股	
发行数量（股）	1 111 528 326	
发行金额（万元）	1 238 242.56	
募集配套资金	发行对象	不超过35名特定投资人
	发行价格	15.33元/股
	发行数量（股）	266 714 109
	募集总额（万元）	408 872.73
控股股东（变更前）	江苏盛虹科技股份有限公司	
控股股东（变更后）	江苏盛虹科技股份有限公司	

数据来源：Wind。

通过本次交易，东方盛虹将置入盈利能力较强的优质资产。东方盛虹主营业务将进一步拓展并新增高附加值烯烃衍生物的研发、生产及销售，主要产品范围将新增丙烯腈、MMA、EVA、EO及其衍生物等一系列多元基础及精细化学品，有助于增强东方盛虹的可持续发展能力和核心竞争力。

表1-96 2022年远兴能源重大资产重组详情

时间	2022-08-20（公告完成日）	
重组标的	内蒙古博源银根矿业有限责任公司24%股权（置入）	—
交易作价	581 100.00万元（置出）	—
重组方式	支付现金	
交易价格（万元）	581 100.00	

数据来源：Wind。

银根矿业拥有丰富的天然碱资源，目前总储量10.78亿吨左右，位居亚洲第一。本次交易完成后，将进一步巩固远兴能源天然碱龙头的地位，使远兴能源主业更加突出。远兴能源拥有成熟的天然碱开采及生产运营经验，相对其它生产工艺，由天然碱生产的纯碱、小苏打产品具有绿色环保、成本低廉的明显竞争优势，随着银根矿业项目的建成和产能的不断释放，并借助远兴能源现有丰富的销售渠道，天然碱法生产纯碱产品的市场占有率有望显著提高。

本次交易将有助于实现远兴能源进一步聚焦主营业务，增强规模效应，从而不断改善公司的经营状况，提升公司的持续盈利能力和发展潜力，提高公司的资产质量和盈利能力，以实现远兴能源股东的利益最大化。

表1-97　2022年星湖科技重大资产重组详情

时间	2022-12-08（公告完成日）	
重组标的	宁夏伊品生物科技股份有限公司99.22%股份（置入）	星湖科技（置出）
交易作价	537 623.21万元（置出）	458 459.37万元（置入）
重组方式	发行股份及支付现金，同时发行股份募集配套资金	
交易价格（万元）	537 623.21	
发行方式	非公开发行	
发行对象	广新集团、伊品集团、铁小荣、美的投资、新希望集团、扬州华盛、诚益通、马卫东、沈万斌及包剑雄等共10名伊品生物股东	
发行价格	4.97元/股	
发行数量（股）	922 453 450	
发行金额（万元）	458 459.37	
募集配套资金	公司董事兼副总经理闫小龙、闫晓林因对发行价格不认同，未达到伊品集团方对发行价格的要求，最终终止发行募集配套资金发行	
控股股东（变更前）	广东省广新控股集团有限公司	
控股股东（变更后）	广东省广新控股集团有限公司	

数据来源：Wind。

本次交易前，星湖科技主营业务包括食品添加剂、医药中间体、生化原料药及制剂和饲料添加剂的研发、生产和销售，产品应用领域涵盖食品加工、饲料加工、医药制造等多个领域，公司主要产品为以玉米淀粉为原材料通过生物发酵工艺制成的核苷酸类食品添加剂、化学原料药及医药中间体，尽管规模相较行业内可比星湖科技而言较小，但由于主导产品技术含量较高，整体盈利能力多年维持在较高水平。伊品生物长期从事生物发酵行业，以玉米作为主要原材料，利用生物发酵工艺生产出包括L-赖氨酸、L-苏氨酸在内的各类动物营养氨基酸产品、食品添加剂产品，并对废水、废气及废渣进行回收和综合利用以生产出有机肥和其他副产品。伊品生物积累了丰富的行业管理经验,拥有良好的人才储备、营销网络和丰富的客户资源,已经逐步成为行业内具有全球影响力的重要企业之一。

本次交易完成后,伊品生物将成为星湖科技的控股子公司。星湖科技在主营业务和发展方向不变的基础上,以氨基酸及其衍生物为核心的食品添加剂、饲料添加剂产品种类将进一步丰富,竞争优势将较大幅度提升,星湖科技整体在行业内的市场影响力亦将得以加强。星湖科技、伊品生物均可延伸其原有的产业链,实现横、纵向一体化,发挥业务之间的协同效应,提高星湖科技业务的核心竞争力和市场地位。

表1-98　2022年雪天盐业重大资产重组详情

时间	2022-01-21(公告完成日)	
重组标的	重庆湘渝盐化股份有限公司100%股份(置入)	雪天盐业(置出)
交易作价	192 788.91万元(置出)	192 788.91万元(置入)
重组方式	发行股份	
交易价格(万元)	192 788.91	
发行方式	非公开发行	
发行对象	湖南省轻工盐业集团有限公司、湖南轻盐晟富盐化产业私募股权基金合伙企业(有限合伙)、华菱津杉(天津)产业投资基金合伙企业(有限合伙)	
发行价格	4.63元/股	
发行数量(股)	416 390 733	
发行金额(万元)	192 788.91	
控股股东(变更前)	湖南省轻工盐业集团有限公司	
控股股东(变更后)	湖南省轻工盐业集团有限公司	

数据来源:Wind。

本次交易前,雪天盐业主营业务主要为食用盐及盐化工产品的生产与销售,主要服务范围基本覆盖全国。自2017年起,盐改使得食盐销售定价更趋市场化,定点生产企业可直接进入流通环节,批发型企业面对更为激烈的市场竞争和挑战,利润空间被进一步压缩,食盐行业兼并整合加速,产业集中度逐步提高。

本次拟注入雪天盐业的湘渝盐化拥有纯碱产能70万吨/年、氯化铵产能70万吨/年,且其控股子公司索特盐化拥有年产100万吨的井矿盐产能。在资源方面,湘渝盐化控股子公司索特盐化拥有年产100万吨的井矿盐产能,是我国主要的井矿盐生产基地之一,具备食盐定点生产资质和批发资质。如能将湘渝盐化有效整合至上市公司,上市公司的盐产品生产能力将得到提升,制盐的规模效应将得到放大;上市公司的盐化工产业链也得以进一步拓展。在销售方面，在盐改后食盐产品销售的区域限制放开，上市公司在全国已建立 20 余家省外分公司，省外销量已超过省内销量，基本完成对全国市场的布局。但受运输成本等因素考量，公司的产品销售范围难以覆盖整个西南地区。而湘渝盐化区位优势明显，毗邻长江，陆路及水运交通极其便利。

因此，本次交易有助于实现区域战略联合，促进上市公司丰富的盐矿资源与湘渝盐化现有的产业链产生较好的协同效应，公司能以湘渝盐化为据点参与大西南地区及长江流域的市场竞争，对布局全国性食盐销售业务具有重要的意义，有利于实现上市公司"由区域性公司向全国性公司转变，由单纯井矿盐企业向井矿盐、海盐、湖盐、进口盐全品类转变，由单纯盐产业向盐产业链集群转变"的"三个转变"发展战略目标，提升公司整体竞争力和风险抵御能力。

表1-99 2022年亚钾国际重大资产重组详情

时间	2022-01-24（公告完成日）	
重组标的	北京农钾资源科技有限公司56%股权（置入）	亚钾国际（置出）
交易作价	176 400.00万元（置出）	336 400.00万元（置入）
重组方式	发行股份及支付现金，同时发行股份募集配套资金	
交易价格（万元）	176 400.00	
发行方式	非公开发行	
发行对象	新疆江之源、劲邦劲德、凯利天壬、联创永津、天津赛富、金诚信、智伟至信	
发行价格	15.15元/股	
发行数量（股）	111 155 113	
发行金额（万元）	168 400.00	
募集配套资金	发行对象	不超过35名特定投资人
	发行价格	31.65元/股
	发行数量（股）	53 080 568
	募集总额（万元）	168 000.000
控股股东（变更前）	无	
控股股东（变更后）	无	

数据来源：Wind。

本次交易之前，亚钾国际主要从事钾盐矿开采、钾肥生产及销售业务，已经在老挝甘蒙省农波矿区东泰矿段拥有钾盐矿资源并进行生产，钾盐矿石总储量达 10.02 亿吨，氯化钾资源量 1.52 亿吨，2021 年产量达到 33.20 万吨。随着东泰矿段现有改扩建项目建成达产，目前公司钾肥生产能力已提升至 100 万吨 / 年。

通过本次交易，亚钾国际将取得与现有东泰矿段相连的彭下-农波矿段优质钾盐矿产，估算钾盐矿石储量达 39.3 亿吨、氯化钾资源量 6.77 亿吨，有利于公司进一步扩大钾盐矿资源储备，同时更有效地协同利用采、选矿装置及公共设施，节约运营管理成本，为公司钾肥产业发展壮大提供良好基础。交易完成后，公司未来在储量规模、开采条件和资源品位、地理区位、国际合作等方面均将形成比较优势。

表1-100 2022年普利特重大资产重组详情

时间	2022-08-09（公告完成日）	
重组标的	江苏海四达电源有限公司79.788 3%股权（置入）	—
交易作价	114 097.30万元（置出）	—
重组方式	支付现金	
交易价格（万元）	114 097.30	
募集资金	发行对象	不超过35名特定投资人
	发行价格	11.23元/股
	发行数量（股）	96 084 327
	募集总额（万元）	107 902.70
后续安排	本次股权转让完成后，上市公司有权以本次股权转让相同的最终估值作为投前估值，对目标公司增资不超过人民币 80 000.00 万元，用于海四达电源"年产 2GWh 高比能高安全动力锂离子电池及电源系统二期项目""年产 12GWh 方型锂离子电池一期项目(年产 6GWh)"两个项目投入	
控股股东（变更前）	周文	
控股股东（变更后）	周文	

数据来源：Wind。

本次交易完成前，普利特主要从事高分子新材料产品及其复合材料的研发、生产、销售和服务，主要分为改性材料业务和ICT材料业务。其中：改性材料业务板块主要产品包括改性聚烯烃材料、改性工程塑料、改性聚苯乙烯等产品，主要应用于汽车内外饰材料等领域；ICT材料业务板块主要产品系工业化液晶聚合物（LCP），包括改性LCP树脂材料、LCP薄膜材料、LCP纤维材料，主要应用于ICT行业，例如5G高频高速高通量信号传输领域、高频电子连接器、声学线材、航天材料等。

海四达电源深耕电池行业近三十年，是专业从事三元、磷酸铁锂等锂离子电池及其系统等的研发、生产和销售的新能源企业，产品主要应用于电动工具、智能家电、通信、储能、轨道交通、航空航天等领域。通过本次交易，普利特将新增锂离子电池业务，快速切入储能、小动力锂电池等优质行业赛道，从而形成"新材料＋新能源"

双主业运行的经营模式，并形成改性材料、ICT材料、和新能源电池三个业务板块。

本次股权转让完成后，普利特有权向海四达电源增资不超过8亿元，用于海四达电源"年产2GWh高比能高安全动力锂离子电池及电源系统二期项目""年产12GWh方型锂离子电池一期项目（年产6GWh）"两个项目投入。其中：方型锂离子电池为磷酸铁锂离子电池，产品形状一般为方型，可用于储能、通信基站备电等领域，本次投资项目主要应用于储能领域；高比能高安全动力锂离子电池为三元圆柱锂离子电池，产品形状一般为圆柱形，本次投资项目主要应用于电动工具领域的小动力电池。海四达电源现有磷酸铁锂离子电池产品主要应用于通信备电源领域，而本次募投项目所规划的产品将主要应用于储能领域。海四达电源现有方形锂离子电池容量以100Ah及以下为主，而本次规划的"年产12GWh方形锂离子电池一期项目（年产6GWh）"将重点面向大型集中式、工商业、家用储能等领域，产品容量以280Ah为主，技术水平更高，与海四达电源现有方型锂离子电池产品存在差异。

2023年，石化行业有4家上市公司完成了重大资产重组，包括易普力、雪峰科技、兴化股份和贝斯美（表1-101～表1-104）。

表1-101 2023年易普力重大资产重组详情

时间	2023-01-31（公告完成日）	
重组标的	中国葛洲坝集团易普力股份有限公司95.54%股权（置入）	南岭民爆（置出）
交易作价	537 684.24万元（置出）	671 584.24万元（置入）
重组方式	发行股份及支付现金，同时发行股份募集配套资金	
交易价格（万元）	537 684.24	
发行方式	非公开发行	
发行对象	中国葛洲坝集团股份有限公司、攀钢集团矿业有限公司及23名自然人	
发行价格	7.15元/股	
发行数量（股）	752 005 914	
发行金额（万元）	537 684.24	
募集配套资金	发行对象	不超过35名特定投资人
	发行价格	11.43元/股
	发行数量（股）	117 147 856
	募集总额（万元）	133 900.00
控股股东（变更前）	湖南省南岭化工集团有限责任公司	
控股股东（变更后）	中国葛洲坝集团股份有限公司	

数据来源：Wind。

本次交易前，南岭民爆主要从事民爆器材、军品的生产、研发与销售，提供工程爆破服务等业务。通过多年在以湖南为核心的区域内深耕细作，南岭民爆已经覆盖了在民爆业务领域的研发、生产、销售和爆破服务的全产业链条。产品市场已经布局华南、西南、西北等区域。作为具备区域性行业核心地位的民爆企业，南岭民爆产品与服务主要包括工业炸药、工业雷管、工业导爆管及工业导爆索、军用雷管等产品和一体化的民爆系统集成服务。

易普力的主营业务为民用爆炸物品的研发、生产、销售及工程爆破一体化服务，与南岭民爆属于同行业。

通过本次交易，南岭民爆产能结构得到极大优化，有效避免了包装炸药许可产能核减风险，规模优势及行业竞争优势将更加明显。除许可产能方面的明显提升外，易普力作为国内领先的民爆行业头部企业，依托中国能建集团作为世界领先的综合能源建设央企优势地位，境内外产业布局完善，国内市场分布重庆、新疆、四川、广西、湖北等二十多个地区，国际市场分布东南亚、非洲等地区，本次交易完成后南岭民爆市场布局将得到极大扩展，销售渠道将不再局限于现有水平。通过本次交易，南岭民爆将确立国内民爆行业头部地位。

表1-102 2023年雪峰科技重大资产重组详情

时间	2023-01-04（公告完成日）	
重组标的	新疆玉象胡杨化工有限公司100%股权（置入）	雪峰科技（置出）
交易作价	210 632.70万元（置出）	214 066.81万元（置入）
重组方式	发行股份及支付现金，同时发行股份募集配套资金	
交易价格（万元）	210 632.70	
发行方式	非公开发行	
发行对象	新疆农牧业投资（集团）有限责任公司、四川金象赛瑞化工股份有限公司等	
发行价格	5.54元/股	
发行数量（股）	241 997 854	
发行金额（万元）	134 066.81	
募集配套资金	发行对象	不超过35名特定投资人
	发行价格	7.61元/股
	发行数量（股）	105 124 835
	募集总额（万元）	80 000.00
控股股东（变更前）	新疆农牧业投资（集团）有限责任公司	
控股股东（变更后）	新疆农牧业投资（集团）有限责任公司	

数据来源：Wind。

本次交易前，雪峰科技主要从事民用爆炸物品制造与工程爆破服务业务。作为区域内民爆龙头企业，公司业务涵盖民用爆炸物品研发、生产、销售、运输等各环节，且具备爆破方案设计、爆破工程监理、矿山爆破一体化解决方案规划实施等专业化服务能力。

玉象胡杨主要从事三聚氰胺、硝酸铵、硝基复合肥等化工原料、化肥的生产销售，系西北地区三聚氰胺、复合肥生产龙头企业。玉象胡杨主要产品之一硝酸铵，系雪峰科技重要原材料。

本次交易完成后，雪峰科技通过注入天然气化工循环经济产业链模式的三聚氰胺、硝酸铵等业务，借助上市平台整合化工产业及民爆上游原料业务，将有效拓宽其业务范围，从民爆业务为主拓宽至"民爆+化工"双主业，从而实现业务的快速扩张，打造新的盈利增长点，增强抗风险能力，提升股东回报。

表1-103　2023年兴化股份重大资产重组详情

时间	2023-02-28（公告完成日）	
重组标的	陕西延长石油榆神能源化工有限责任公司51%股权（置入）	—
交易作价	99 527.93万元（置出）	—
重组方式	支付现金	
交易价格（万元）	99 527.93	
控股股东（变更前）	陕西延长石油（集团）有限责任公司	
控股股东（变更后）	陕西延长石油（集团）有限责任公司	

数据来源：Wind。

本次交易前，兴化股份主要产品为以煤为原料制成的合成氨、甲醇、甲胺及DMF等煤化工产品，具备年产30万吨合成氨、30万吨甲醇、10万吨甲胺及DMF的基本产能。

榆神能化属于化工企业，主要生产煤基无水乙醇，可作为工业乙醇生产醚、酮、酯及其他醇类等众多大宗化学品和精细化工产品，如产乙醛、乙醚、氯乙醇、氯乙烷、丁二烯、乙硫醚、乙胺等；并衍生出染料、香料、合成橡胶、洗涤剂、农药等产品的许多中间体，制品多达300种以上。无水乙醇也可以调入汽油中作为燃料使用。

本次交易完成后，兴化股份将持有标的公司51.00%的股权，标的公司将成为兴化股份控股子公司，截至2022年8月31日公司总资产增长129.48%，净资产增长15.07%；兴化股份的资产总额和净资产规模同时提高，具备了进一步发挥规模优势的前提，兴化股份的资产质量、持续经营能力和抗风险能力将得到提升，为兴化股份提供新的利润增长点。

表1-104 2023年贝斯美重大资产重组详情

时间	2023-12-08（公告完成日）	—
重组标的	宁波捷力克化工有限公司80%股权（置入）	—
交易作价	34 800.00万元（置出）	—
重组方式	支付现金	
交易价格（万元）	34 800.00	
控股股东（变更前）	宁波贝斯美投资控股有限公司	
控股股东（变更后）	宁波贝斯美投资控股有限公司	

数据来源：Wind。

本次交易前，贝斯美是一家专注于环保型农药医药中间体、农药原药及农药制剂的研发、生产和销售的国家级高新技术企业。

捷力克专业从事农药化工产品国际贸易，农药出口额在国内同类企业中处于领先水平。

本次交易完成后，捷力克将纳入贝斯美的业务体系，有利于贝斯美全球化布局，结合贝斯美原药制造与捷力克面向全球的营销渠道，实现从农药生产端到下游销售渠道的延伸，为贝斯美提供了新的战略方向，是贝斯美农药合成及制造业务的有效延伸和补充。本次收购有利于贝斯美利用捷力克的全球分销网络扩大对全球市场的出口销售。二甲戊灵作为旱田选择性除草剂品种，目前主要应用于欧洲、亚洲、北美等地区，上述地区也是贝斯美出口销售的主要区域。捷力克深耕南美洲、非洲等农药市场，可协助贝斯美在拉美、非洲等地的发展中国家推广二甲戊灵产品，服务发展中国家的农药现代化，提高二甲戊灵产品销量，提高贝斯美整体利润水平。本次收购完成后，贝斯美将借助捷力克的全球农药注册登记实力和丰富的外贸业务经验，有效拓展广阔的海外市场，推动农药出海战略布局，进一步提升贝斯美综合竞争实力和持续经营能力。

2. 剥离 ❶

2022年，石化行业有72家上市公司进行了资产剥离，占全行业上市公司总数量的15.79%（表1-105）；对比而言，全A股共991家上市公司进行了资产剥离，占全国上市公司总数量的18.65%；石化行业低于全A股平均水平。2022年石化行业上市公司通过剥离取得的现金金额前二十名见表1-106。

---

❶ 采用财务报表中"处置子公司及其他营业单位收到的现金净额"项目予以统计。

表1-105　2022年石化行业上市公司应付债券情况统计（按二级行业划分）

类别	公司数量	处置子公司及其他营业单位收到的现金净额（亿元）	进行剥离的公司数量	公司数量占比	占比排名
石化行业	456	166.82	72	15.79%	—
石油石化行业	46	154.78	11	23.91%	—
炼化及贸易	29	150.41	7	24.14%	2
油服工程	13	4.29	3	23.08%	3
油气开采Ⅱ	4	0.08	1	25.00%	1
基础化工行业	410	12.03	61	14.88%	—
化学制品	167	4.16	30	17.96%	4
塑料	72	2.29	8	11.11%	9
农化制品	59	1.05	10	16.95%	5
化学原料	58	4.41	7	12.07%	8
化学纤维	23	0.03	3	13.04%	7
橡胶	19	0.10	3	15.79%	6
非金属材料Ⅱ	12	0.00	0	0.00%	10
全A股	5 314	1 635.59	991	18.65%	—

数据来源：Wind。

表1-106　2022年石化行业上市公司通过剥离取得的现金金额前二十名

排名	证券简称	一级行业	二级行业	所有制性质	处置子公司及其他营业单位收到的现金净额（亿元）
1	中国石化	石油石化	炼化及贸易	中央国有企业	100.41
2	中国石油	石油石化	炼化及贸易	中央国有企业	47.59
3	中海油服	石油石化	油服工程	中央国有企业	3.46
4	广汇能源	石油石化	炼化及贸易	民营企业	2.01
5	龙佰集团	基础化工	化学原料	民营企业	1.74
6	远兴能源	基础化工	化学原料	民营企业	1.65
7	赞宇科技	基础化工	化学制品	民营企业	1.16
8	华软科技	基础化工	化学制品	民营企业	0.98
9	纳尔股份	基础化工	塑料	民营企业	0.75

续表

排名	证券简称	一级行业	二级行业	所有制性质	处置子公司及其他营业单位收到的现金净额（亿元）
10	亿利洁能	基础化工	化学原料	民营企业	0.69
11	永利股份	基础化工	塑料	民营企业	0.67
12	科隆股份	基础化工	化学制品	民营企业	0.57
13	仁智股份	石油石化	油服工程	民营企业	0.57
14	沧州明珠	基础化工	塑料	民营企业	0.50
15	合盛硅业	基础化工	化学制品	民营企业	0.44
16	至正股份	基础化工	塑料	民营企业	0.30
17	新洋丰	基础化工	农化制品	民营企业	0.28
18	海油发展	石油石化	油服工程	中央国有企业	0.27
19	司尔特	基础化工	农化制品	民营企业	0.21
20	昊华科技	基础化工	化学制品	中央国有企业	0.21
合计					164.45

数据来源：Wind。

3. 分拆（包括分拆上市）[1]

上市公司分拆是充分发挥资本市场优化资源配置功能的重要手段，分拆可以促进上市公司理顺业务结构、拓宽融资渠道、完善激励机制，进一步实现业务聚焦、提升专业化经营水平。2022年，石化行业上市公司中有6家拟进行分拆上市（表1-107），占全行业上市公司总数量的1.32%；对比而言，全A股上市公司中有67家拟进行分拆上市，占全A股上市公司总数量的1.26%；石化行业略高于全A股水平。

由于A股上市政策的变化，上市公司的资本运作正在变得有更多的空间和方式。如何推动子公司分拆上市？子公司如何在北交所上市？如何增发其他市场交易的股份（如增发H股）？A股上市公司如何控股A股上市公司？A股上市公司如何参股A股上市公司？这些空间和方式，已经成为一些上市公司利用市值优势，获取资源、卡位竞争、联手战略合作方的重要手段。

---

[1] 根据在Wind平台"公司公告"板块搜索关键词"分拆上市"导出的公告记录统计，以分拆预案为准，同一家上市公司多次分拆的，仅统计1次。

表1-107 2022年石化行业上市公司分拆上市案例

证券简称	二级行业	三级行业	所有制性质	分拆方案概述
和邦生物	农化制品	磷肥及磷化工	民营企业	公司拟将控股子公司武骏光能分拆至上交所主板上市。完成后仍拥有对武骏光能的控股权。 公司目前已完成化工、农业、光伏三大核心业务的布局，公司的主要产品为纯碱、氯化铵、双甘膦、草甘膦、蛋氨酸、优质玻璃原片及制品、光伏材料和制品（在建）。拟分拆的子公司武骏光能系公司开展玻璃产品和光伏产品业务的控股子公司，其组织结构与业务发展均与公司的化工和农业产品业务保持高度的独立性。 通过本次分拆，公司将进一步实现业务聚焦、突出主营业务，专注于传统化工及农业领域的发展，实现做优、做强；同时有利于控股子公司武骏光能专注于绿色能源领域的业务发展
兴发集团	农化制品	磷肥及磷化工	地方国有企业	公司拟将控股子公司兴福电子分拆至科创板上市。完成后仍拥有对兴福电子的控股权。 兴福电子是公司旗下专业从事电子化学品业务的平台，产品主要应用于集成电路、显示面板等领域。上市公司业务板块较多，涉足磷矿石、食品添加剂、草甘膦、有机硅及下游产品、二甲基亚砜、电子化学品、肥料等多个细分领域，市场给予的估值并不能完全体现各领域的内在价值。相较多元化经营的公司，主业集中、定位清晰的公司更有利于资产估值，实现资产价值的重估。 本次分拆兴福电子上市，有利于进一步明晰兴福电子的业务框架，通过资本市场，实现对公司电子化学品业务板块的重新估值，重塑相关业务的内在价值，从而进一步提升上市公司及兴福电子的市场价值
恒力石化	炼化及贸易	炼油化工	民营企业	公司拟分拆子公司康辉新材重组上市。本次分拆完成后，康辉新材将成为大连热电的控股子公司，恒力石化将成为康辉新材的间接控股股东。本次分拆事项不会导致公司丧失对康辉新材的控制权。 公司主营业务涉及炼化、石化以及聚酯新材料行业，涉及PX、醋酸、PTA、乙二醇、民用涤纶长丝、工业涤纶长丝、功能性膜材料、高性能工程塑料、生物可降解材料等产品的生产、研发和销售。康辉新材主营业务为功能性膜材料、高性能工程塑料和生物可降解材料等新材料产品的研发、生产和销售业务。 本次分拆重组上市不仅可以使恒力石化和康辉新材的主业结构更加清晰，同时也有利于恒力石化和康辉新材更加快速地对市场环境作出反应，降低多元化经营带来的负面影响。恒力石化和康辉新材聚焦各自主营业务，可以推动上市公司体系不同业务均衡发展

续表

证券简称	二级行业	三级行业	所有制性质	分拆方案概述
齐翔腾达	炼化及贸易	其他石化	地方国有企业	公司拟将其控股子公司齐鲁科力分拆至深交所创业板上市。本次分拆完成后，公司股权结构不会发生变化，且仍将维持对齐鲁科力的控制权。 齐翔腾达主要从事化工制造板块和供应链管理板块业务，主营业务包括甲乙酮、顺酐、丙烯、甲基丙烯酸甲酯、叔丁醇、异辛烷、MTBE、石油和化工各类催化剂等产品以及能源、化工产品贸易等供应链管理业务。 齐鲁科力的主营业务为石油炼制、石油化工、煤化工行业催化剂的研制、生产、销售。与公司其他业务板块之间保持较高的业务独立性。 通过本次分拆上市，齐鲁科力将明确定位，成为独立于齐翔腾达的上市公司，可以针对其自身行业特点和业务发展需要建立更适应自身的管理方法和组织架构，齐翔腾达和齐鲁科力聚焦各自主营业务领域，主业结构将更加清晰，有利于公司更好地理顺业务架构，降低多元化经营带来的负面影响，推动上市公司体系不同业务均衡发展。 本次分拆事项已于2023年4月28日公告终止
三友化工	化学原料	纯碱	公众企业	公司拟将所属子公司三友硅业分拆至深交所创业板上市。本次分拆完成后，公司股权结构不会发生变化，且仍将维持对三友硅业的控股权。 公司业务板块较多，公司的主要产品包括纯碱、氯化钙、烧碱、聚氯乙烯、混合甲基环硅氧烷、黏胶短纤维等，主要应用于玻璃、有色金属、合成洗涤剂、化学建材、纺织等行业。 三友硅业是公司下属专业从事有机硅业务的主体和平台，主营业务为混合甲基环硅氧烷及其下游产品的生产与销售，主要产品为二甲基硅氧烷混合环体、室温胶、高温胶等。相较多元化经营的公司，主业集中、定位清晰的公司更有利于资产估值，实现资产价值的重估。 本次分拆三友硅业上市，有利于进一步明晰三友硅业的业务框架，通过资本市场，实现对公司有机硅业务板块的重新估值，重塑相关业务的内在价值，从而进一步提升上市公司及其子公司三友硅业的市场价值

续表

证券简称	二级行业	三级行业	所有制性质	分拆方案概述
诚志股份	化学原料	煤化工	地方国有企业	公司拟将所属子公司北京诚志永华分拆至深交所上市。本次分拆完成后，公司股权结构不会发生变化，且仍将维持对北京诚志永华的控股权。 北京诚志永华深耕液晶材料和精细化学品的研发、生产、销售与服务，开创液晶材料的国产化之先河，主营产品广泛应用于各种终端显示产品，如手机、显示器、笔记本电脑、电视、车载显示器，产品销往中国大陆、中国台湾、日本、韩国及欧美地区，客户为全球各大面板厂商，北京诚志永华已成长为半导体显示材料领域的国内领军企业，成为该领域的核心供应商。 分拆北京诚志永华上市有利于公司进一步发展、优化公司在半导体显示材料产业的布局，强化公司的市场及技术优势，实现公司体系增值，有利于公司各方股东价值的最大化

数据来源：Wind。

（四）市值管理

1. 证券分析师发表研究报告

① 上市公司总览

2022年，关于石化行业上市公司的研究报告（简称"研报"）共5 456份，平均研报数量❶为每家11.96份（表1-108）。对比而言，2022年关于全A股上市公司的研报共86 685份，平均研报数量为每家16.31份。

表1-108　2022年石化行业上市公司研报情况统计（按二级行业划分）

类别	公司数量	研报数量	平均研报数量	平均研报数量排名
石化行业	456	5 456	11.96	—
石油石化行业	46	790	17.17	—
炼化及贸易	29	580	20.00	3
油服工程	13	121	9.31	9
油气开采Ⅱ	4	89	22.25	2
基础化工行业	410	4 666	11.38	—
化学制品	167	1 803	10.80	6
塑料	72	356	4.94	10
农化制品	59	1 050	17.80	4

---

❶ 平均研报数量 = 该省市上市公司当年研报总数量 / 该省市截至当年年底上市公司数量。

续表

类别	公司数量	研报数量	平均研报数量	平均研报数量排名
化学原料	58	566	9.76	8
化学纤维	23	380	16.52	5
橡胶	19	192	10.11	7
非金属材料Ⅱ	12	319	26.58	1
全A股	5 314	86 685	16.31	—

数据来源：Chioce。

石油石化行业上市公司2022年度平均研报数量（17.17份/家）显著高于全A股水平；基础化工行业上市公司平均研报数量略少，仅为11.38份/家，拉低了石化行业整体的平均水平。

在各二级板块中，12家非金属材料Ⅱ公司的平均研报数量为26.58份/家，排第1名；4家油气开采Ⅱ公司的平均研报数量为22.25份/家，排第2名；29家炼化及贸易公司的平均研报数量为20.00份/家，排第3名。

②民营上市公司

2022年，关于石化行业民营上市公司的研究报告（简称"研报"）共3 525份（表1-109），平均研报数量为每家11.48份。对比而言，2022年关于全A股上市公司的研报共52 984份，平均研报数量为每家15.64份。

表1-109 2022年石化行业民营上市公司研报情况统计（按二级行业划分）

类别	公司数量	研报数量	平均研报数量	平均研报数量排名
石化行业	307	3 525	11.48	—
石油石化行业	21	519	24.71	—
炼化及贸易	15	481	32.07	1
油服工程	6	38	6.33	8
油气开采Ⅱ	0	—	—	—
基础化工行业	286	3 006	10.51	—
化学制品	130	1 284	9.88	6
塑料	57	320	5.61	9
农化制品	37	384	10.38	5
化学原料	22	425	19.32	3
化学纤维	12	136	11.33	4
橡胶	17	139	8.18	7
非金属材料Ⅱ	11	318	28.91	2
全A股	3 387	52 984	15.64	—

数据来源：Chioce。

石油石化行业民营上市公司2022年度平均研报数量（24.71份/家）显著高于全A股水平；基础化工行业上市公司平均研报数量略少，仅为10.51份/家，拉低了石化行业整体的平均水平。

在各二级板块中，15家炼化及贸易公司的平均研报数量为32.07份/家，排第1名；11家非金属材料Ⅱ公司的平均研报数量为28.91份/家，排第2名；22家化学原料公司的平均研报数量为19.32份/家，排第3名。

2. 机构股东参与情况

（1）机构股东数

①上市公司总览

截至2022年12月31日，石化行业上市公司的机构股东总数为35 395家，平均机构股东数为77.62家（表1-110）。对比而言，全A股上市公司的机构股东总数为610 954家，平均机构股东数为114.97家。

表1-110　2022年石化行业上市公司机构股东数情况统计（按二级行业划分）

类别	公司数量	机构股东数量	平均机构股东数	平均机构股东数排名
石化行业	456	35 395	77.62	—
石油石化行业	46	5 413	117.67	—
炼化及贸易	29	3 847	132.66	2
油服工程	13	852	65.54	8
油气开采Ⅱ	4	714	178.50	1
基础化工行业	410	29 982	73.13	—
化学制品	167	12 552	75.16	6
塑料	72	3 662	50.86	10
农化制品	59	5 047	85.54	4
化学原料	58	3 847	66.33	7
化学纤维	23	1 456	63.30	9
橡胶	19	2 435	128.16	3
非金属材料Ⅱ	12	983	81.92	5
全A股	5 314	610 954	114.97	—

数据来源：Wind。

石油石化行业上市公司2022年度平均机构股东数（117.67家）略高于全A股水平；基础化工行业上市公司平均机构股东数较少，仅为73.13家，拉低了石化行业整体的平均水平。

在各二级板块中，4家油气开采Ⅱ公司的平均机构股东数为178.50家，排第1名；29家炼化及贸易公司的平均机构股东数为132.66家，排第2名；19家橡胶公司的平均机构股东数为128.16家,排第3名。

②民营上市公司

截至2022年12月31日,石化行业民营上市公司的机构股东总数为23 506家,平均机构股东数为76.57家(表1-111)。对比而言,全A股民营上市公司的机构股东总数为387 202家,平均机构股东数为114.32家。

表1-111 2022年石化行业上市公司机构股东数情况统计(按二级行业划分)

类别	公司数量	机构股东数量	平均机构股东数	平均机构股东数排名
石化行业	307	23 506	76.57	—
石油石化行业	21	2 667	127.00	—
炼化及贸易	15	2 528	168.53	1
油服工程	6	139	23.17	9
油气开采Ⅱ	0	0	—	—
基础化工行业	286	20 839	72.86	—
化学制品	130	9 334	71.80	5
塑料	57	3 120	54.74	8
农化制品	37	2 196	59.35	7
化学原料	22	2 284	103.82	3
化学纤维	12	737	61.42	6
橡胶	17	2 214	130.24	2
非金属材料Ⅱ	11	954	86.73	4
全A股	3 387	387 202	114.32	—

数据来源:Wind。

石油石化行业上市公司2022年度平均机构股东数(127.00家)略高于全A股水平;基础化工行业上市公司平均机构股东数较少,仅为72.86家,拉低了石化行业整体的平均水平。

在各二级板块中,15家炼化及贸易公司的平均机构股东数为168.53家,排第1名;17家橡胶公司的平均机构股东数为130.24家,排第2名;22家化学原料公司的平均机构股东数为103.82家,排第3名。

(2)机构持股数量

①上市公司总览

截至2022年12月31日,石化行业上市公司的机构持股数量为4 040.86亿股,平均机构持股数量为8.86亿股(表1-112)。对比而言,全A股上市公司的机构持股数量为38 398.65亿股,平均机构持股数量为7.23亿股。

表 1-112　2022 年石化行业上市公司机构持股数量情况统计（按二级行业划分）

类别	公司数量	机构持股数量（亿股）	平均机构持股数量（亿股）	平均机构持股数排名
石化行业	456	4 040.86	8.86	—
石油石化行业	46	3 141.47	68.29	—
炼化及贸易	29	2 788.43	96.15	1
油服工程	13	314.55	24.20	2
油气开采Ⅱ	4	38.49	9.62	3
基础化工行业	410	899.40	2.19	—
化学制品	167	244.00	1.46	7
塑料	72	58.59	0.81	8
农化制品	59	226.90	3.85	5
化学原料	58	265.44	4.58	4
化学纤维	23	84.90	3.69	6
橡胶	19	15.39	0.81	9
非金属材料Ⅱ	12	4.18	0.35	10
全 A 股	5 314	38 398.65	7.23	—

数据来源：Wind。

石油石化行业上市公司 2022 年度平均机构持股数量（68.29 亿股）远高于全 A 股水平；基础化工行业上市公司平均机构持股数量较少，仅为 2.19 亿股，拉低了石化行业整体的平均水平。

在各二级板块中，29 家炼化及贸易公司的平均机构持股数量为 96.15 亿股，排第 1 名；13 家油服工程公司的平均机构持股数量为 24.20 亿股，排第 2 名；4 家油气开采Ⅱ公司的平均机构持股数量为 9.62 亿股，排第 3 名。

②民营上市公司

截至 2022 年 12 月 31 日，石化行业民营上市公司的机构持股数量为 636.05 亿股，平均机构持股数量为 2.07 亿股（表 1-113）。对比而言，全 A 股上市公司的机构持股数量为 6 623.01 亿股，平均机构持股数量为 1.96 亿股。

表 1-113　2022 年石化行业上市公司机构持股数量情况统计（按二级行业划分）

类别	公司数量	机构持股数量（亿股）	平均机构持股数量（亿股）	平均机构持股数排名
石化行业	307	636.05	2.07	—
石油石化行业	21	251.49	11.98	—
炼化及贸易	15	247.85	16.52	1

续表

类别	公司数量	机构持股数量（亿股）	平均机构持股数量（亿股）	平均机构持股数排名
油服工程	6	3.64	0.61	7
油气开采Ⅱ	0	0.00	—	—
基础化工行业	286	384.56	1.34	—
化学制品	130	86.38	0.66	5
塑料	57	37.46	0.66	6
农化制品	37	88.54	2.39	4
化学原料	22	117.35	5.33	2
化学纤维	12	44.93	3.74	3
橡胶	17	5.94	0.35	9
非金属材料Ⅱ	11	3.96	0.36	8
全A股	3 387	6 623.01	1.96	—

数据来源：Wind。

石油石化行业民营上市公司2022年度平均机构持股数量（11.98亿股）远高于全A股水平；基础化工行业民营上市公司平均机构持股数量较少，仅为1.34亿股，拉低了石化行业民营整体的平均水平。

在各二级板块中，15家炼化及贸易公司的平均机构持股数量为16.52亿股，排第1名；22家化学原料公司的平均机构持股数量为5.33亿股，排第2名；12家化学纤维公司的平均机构持股数量为3.74亿股，排第3名。

（3）机构持股比例

①上市公司总览

截至2022年12月31日，石化行业上市公司的平均机构持比例为32.89%（表1-114）。对比而言，全A股上市公司的平均机构持股比例为36.46%。

表1-114　2022年石化行业上市公司机构持股比例情况统计（按二级行业划分）

类别	公司数量	平均机构持股比例	平均机构持股比例排名
石化行业	456	32.89%	—
石油石化行业	46	44.17%	—
炼化及贸易	29	44.67%	1
油服工程	13	44.01%	2
油气开采Ⅱ	4	41.12%	3
基础化工行业	410	31.52%	—
化学制品	167	31.24%	7

续表

类别	公司数量	平均机构持股比例	平均机构持股比例排名
塑料	72	23.83%	8
农化制品	59	33.92%	6
化学原料	58	40.16%	4
化学纤维	23	38.52%	5
橡胶	19	23.31%	9
非金属材料Ⅱ	12	22.87%	10
全A股	5 314	36.46%	—

数据来源：Wind。

石油石化行业上市公司2022年度平均机构持股比例（32.89%）低于全A股平均水平；基础化工行业上市公司平均机构持股比例（31.52%）也低于全A股平均水平。

在各二级板块中，29家炼化及贸易公司的平均机构持股比例为44.67%，排第1名；13家油服工程公司的平均机构持股比例为44.01%，排第2名；4家油气开采Ⅱ公司的平均机构持股比例为41.12%，排第3名。

②民营上市公司

截至2022年12月31日，石化行业民营上市公司的平均机构持比例为25.97%。对比而言，全A股民营上市公司的平均机构持股比例为29.48%（表1-115）。

表1-115　2022年石化行业上市公司机构持股比例情况统计（按二级行业划分）

类别	公司数量	平均机构持股比例	平均机构持股比例排名
石化行业	307	25.97%	—
石油石化行业	21	32.92%	—
炼化及贸易	15	38.77%	1
油服工程	6	18.29%	8
油气开采Ⅱ	0	—	—
基础化工行业	286	25.41%	—
化学制品	130	26.07%	5
塑料	57	22.04%	6
农化制品	37	27.72%	4
化学原料	22	31.96%	2
化学纤维	12	30.06%	3
橡胶	17	16.83%	9
非金属材料Ⅱ	11	20.77%	7
全A股	3 387	29.48%	—

数据来源：Wind。

石油石化行业民营上市公司 2022 年度平均机构持股比例（32.92%）高于全 A 股民营平均水平；基础化工行业民营上市公司平均机构持股比例（25.41%）低于全 A 股民营平均水平。

在各二级板块中，15 家炼化及贸易公司的平均机构持股比例为 38.77%，排第 1 名；22 家化学原料公司的平均机构持股比例为 31.96%，排第 2 名；12 家化学纤维公司的平均机构持股比例为 30.06%，排第 3 名。

3. 交易量和换手率

（1）成交量

①上市公司总览

2022 年，石化行业上市公司的区间日均成交量为 58.95 亿股，平均区间日均成交量为 0.13 亿股（表 1-116）。对比而言，全 A 股上市公司的区间日均成交量为 762.81 亿股，平均区间日均成交量为 0.14 亿股。

表 1-116 2022 年石化行业上市公司区间日均成交量情况统计（按二级行业划分）

类别	公司数量	区间日均成交量（亿股）	平均日均成交量（亿股）	平均日均成交量排名
石化行业	456	58.95	0.13	—
石油石化行业	46	16.24	0.35	—
炼化及贸易	29	8.24	0.28	3
油服工程	13	3.90	0.30	2
油气开采Ⅱ	4	4.11	1.03	1
基础化工行业	410	42.70	0.10	—
化学制品	167	11.36	0.07	7
塑料	72	4.53	0.06	8
农化制品	59	11.90	0.20	4
化学原料	58	10.62	0.18	5
化学纤维	23	2.82	0.12	6
橡胶	19	1.18	0.06	9
非金属材料Ⅱ	12	0.30	0.02	10
全 A 股	5 314	762.81	0.14	—

数据来源：Wind。

石油石化行业上市公司 2022 年度平均日均成交量（0.35 亿股）远高于全 A 股水平；基础化工行业上市公司平均日均成交量较低，为 0.10 亿股。

在各二级板块中，4 家油气开采Ⅱ公司的平均日均成交量为 1.03 亿股，排第 1 名；

13家油服工程公司的平均区间日均成交量为0.30亿股,排第2名;29家炼化及贸易公司的平均区间日均成交量为0.28亿股,排第3名。

②民营上市公司

2022年,石化行业民营上市公司的区间日均成交量为29.94亿股,平均区间日均成交量为0.10亿股(表1-117)。对比而言,全A股民营上市公司的区间日均成交量为342.19亿股,平均区间日均成交量为0.10亿股。

表1-117　2022年石化行业民营上市公司区间日均成交量情况统计(按二级行业划分)

类别	公司数量	区间日均成交量（亿股）	平均日均成交量（亿股）	平均日均成交量排名
石化行业	307	29.94	0.10	—
石油石化行业	21	4.80	0.23	—
炼化及贸易	15	3.59	0.24	2
油服工程	6	1.22	0.20	3
油气开采Ⅱ	0	—	—	—
基础化工行业	286	25.14	0.09	—
化学制品	130	7.33	0.06	7
塑料	57	3.37	0.06	6
农化制品	37	6.72	0.18	4
化学原料	22	5.40	0.25	1
化学纤维	12	1.16	0.10	5
橡胶	17	0.87	0.05	8
非金属材料Ⅱ	11	0.29	0.03	9
全A股	3 387	342.19	0.10	—

数据来源：Wind。

石油石化行业民营上市公司2022年度平均日均成交量(0.23亿股)高于全A股民营水平;基础化工行业民营上市公司平均日均成交量较低,为0.09亿股。

在各二级板块中,22家化学原料公司的平均日均成交量为0.25亿股,排第1名;15家炼化及贸易公司的平均区间日均成交量为0.24亿股,排第2名;6家油服工程公司的平均区间日均成交量为0.20亿股,排第3名。

(2)换手率

①上市公司总览

2022年,石化行业上市公司的平均日均换手率为2.79%(表1-118)。对比而言,全A股上市公司的平均日均换手率为3.12%。

表1-118　2022年石化行业上市公司日均换手率情况统计（按二级行业划分）

类别	公司数量	平均日均换手率	平均日均换手率排名
石化行业	456	2.79%	—
石油石化行业	46	3.10%	—
炼化及贸易	29	2.30%	8
油服工程	13	4.71%	1
油气开采Ⅱ	4	3.71%	2
基础化工行业	410	2.75%	—
化学制品	167	2.77%	5
塑料	72	2.94%	4
农化制品	59	3.07%	3
化学原料	58	2.59%	6
化学纤维	23	2.18%	10
橡胶	19	2.27%	9
非金属材料Ⅱ	12	2.52%	7
全A股	5 314	3.12%	—

数据来源：Wind。

石油石化行业上市公司2022年度平均日均换手率（3.10%）略低于全A股水平；基础化工行业上市公司平均日均换手率（2.75%）低于全A股水平。

在各二级板块中，13家油服工程公司的平均日均换手率为4.71%，排第1名；4家油气开采Ⅱ公司的平均日均换手率为3.71%，排第2名；59家农化制品公司的平均日均换手率为3.07%，排第3名。

②民营上市公司

2022年，石化行业民营上市公司的平均日均换手率为2.99%（表1-119）。对比而言，全A股民营上市公司的平均日均换手率为3.46%。

表1-119　2022年石化行业民营上市公司日均换手率情况统计（按二级行业划分）

类别	公司数量	平均日均换手率	平均日均换手率排名
石化行业	307	2.99%	—
石油石化行业	21	3.92%	—
炼化及贸易	15	2.76%	6
油服工程	6	6.84%	1
油气开采Ⅱ	0	—	—

续表

类别	公司数量	平均日均换手率	平均日均换手率排名
基础化工行业	286	2.93%	—
化学制品	130	2.96%	5
塑料	57	3.16%	2
农化制品	37	3.04%	4
化学原料	22	3.06%	3
化学纤维	12	2.13%	9
橡胶	17	2.28%	8
非金属材料Ⅱ	11	2.50%	7
全A股	3 387	3.46%	—

数据来源：Wind。

石油石化行业民营上市公司2022年度平均日均换手率（3.92%）高于全A股民营水平；基础化工民营行业上市公司平均日均换手率（2.93%）低于全A股水平。

在各二级板块中，6家油服工程公司的平均日均换手率为6.84%，排第1名；57家塑料公司的平均日均换手率为3.16%，排第2名；22家化学原料公司的平均日均换手率为3.06%，排第3名。

三、科技创新

（一）上市公司总览

2022年，石化行业共有442家上市公司的年报披露了研发支出[1]，占全行业上市公司数量的96.93%。2022年石化行业456家上市公司研发支出的总额为1 148.69亿元（同比增长66.85%）；平均研发收入比[2]为1.08%（上年同期为0.79%），平均研发利润比[3]为19.72%（上年同期为13.50%）。

从研发支出额来看，石化行业上市公司中，中国石油（石油石化-炼化及贸易，中央国有企业）研发支出达到287.18亿元，位列第一；中国海油（石油石化-油气开采Ⅱ，中央国有企业）研发支出52.45亿元，位列第二；荣盛石化（石油石化-炼化及贸易，民营企业）研发支出43.67亿元，位列第三。前二十名的上市公司研发支出合计为639.20亿元，占全行业的55.65%（表1-120）。

---

[1] 采用报表附注中"研发支出合计"项目予以统计。
[2] 平均研发收入比=研发支出总额/营业收入总额。
[3] 平均研发利润比=研发支出总额/净利润总额。

表1-120 2022年石化行业上市公司研发支出前二十名

排名	证券简称	一级行业	二级行业	所有制性质	营业收入（亿元）	研发支出（亿元）	研发收入比
1	中国石油	石油石化	炼化及贸易	中央国有企业	32 391.67	287.18	0.89%
2	中国海油	石油石化	油气开采Ⅱ	中央国有企业	4 222.30	52.45	1.24%
3	荣盛石化	石油石化	炼化及贸易	民营企业	2 890.95	43.67	1.51%
4	万华化学	基础化工	化学制品	地方国有企业	1 655.65	34.20	2.07%
5	中油工程	石油石化	油服工程	中央国有企业	835.90	23.40	2.80%
6	石化油服	石油石化	油服工程	中央国有企业	737.73	18.39	2.49%
7	桐昆股份	石油石化	炼化及贸易	民营企业	619.93	16.55	2.67%
8	东方盛虹	石油石化	炼化及贸易	民营企业	638.22	16.00	2.51%
9	金发科技	基础化工	塑料	民营企业	404.12	14.54	3.60%
10	海油发展	石油石化	油服工程	中央国有企业	477.84	13.31	2.79%
11	中海油服	石油石化	油服工程	中央国有企业	356.59	13.04	3.66%
12	中化国际	基础化工	化学制品	中央国有企业	874.49	12.56	1.44%
13	中泰化学	基础化工	化学原料	地方国有企业	559.11	12.42	2.22%
14	卫星化学	基础化工	化学原料	民营企业	370.44	12.38	3.34%
15	兴发集团	基础化工	农化制品	地方国有企业	303.11	12.36	4.08%
16	鲁西化工	基础化工	化学原料	中央国有企业	303.57	12.29	4.05%
17	恒力石化	石油石化	炼化及贸易	民营企业	2 223.24	11.85	0.53%
18	海油工程	石油石化	油服工程	中央国有企业	293.58	11.22	3.82%
19	新凤鸣	基础化工	化学纤维	民营企业	507.87	10.78	2.12%
20	华峰化学	基础化工	化学纤维	民营企业	258.84	10.62	4.10%
			合计		50 925.15	639.20	—

数据来源：Wind。

从研发收入比来看，石化行业上市公司中，领湃科技（基础化工-化学制品，地方国有企业）研发收入比为15.92%，位列第一；松井股份（基础化工-化学制品，民营企业）研发收入比为14.93%，位列第二；阿拉丁（基础化工-化学制品，民营企业）研发收入比为10.30%，位列第三（表1-121）。

由表1-122可知，石化行业上市公司2022年度研发支出平均值为2.52亿元，对比而言，全A股上市公司2022年度研发支出平均值为3.06亿元。其中，石油石化行业上市公司研发支出平均值（11.85亿元）显著高于全A股水平；基础化工行业上市公司研发支出平均值较小，仅为1.47亿元，大大拉低了石化行业整体的平均水平。

表1-121　2022年石化行业上市公司研发收入比前二十名

排名	证券简称	一级行业	二级行业	所有制性质	营业收入（亿元）	研发支出（亿元）	研发收入比
1	领湃科技	基础化工	化学制品	地方国有企业	4.79	0.76	15.92%
2	松井股份	基础化工	化学制品	民营企业	4.99	0.75	14.93%
3	阿拉丁	基础化工	化学制品	民营企业	3.78	0.39	10.30%
4	瑞华泰	基础化工	塑料	公众企业	3.02	0.27	8.96%
5	世名科技	基础化工	化学制品	民营企业	6.23	0.55	8.84%
6	美邦股份	基础化工	农化制品	民营企业	9.06	0.80	8.83%
7	蔚蓝生物	基础化工	化学制品	民营企业	11.63	1.02	8.80%
8	华宝股份	基础化工	化学制品	外资企业	18.94	1.54	8.12%
9	昊华科技	基础化工	化学制品	中央国有企业	90.68	7.26	8.01%
10	元琛科技	基础化工	化学制品	民营企业	5.79	0.46	7.90%
11	中复神鹰	基础化工	化学纤维	中央国有企业	19.95	1.55	7.76%
12	凯赛生物	基础化工	化学制品	外资企业	24.41	1.88	7.69%
13	七彩化学	基础化工	化学制品	民营企业	12.09	0.91	7.53%
14	嘉必优	基础化工	化学制品	民营企业	4.33	0.32	7.45%
15	中触媒	基础化工	化学制品	民营企业	6.81	0.50	7.28%
16	新纶新材	基础化工	塑料	民营企业	9.79	0.70	7.18%
17	科创新源	基础化工	橡胶	民营企业	5.20	0.37	7.03%
18	金力泰	基础化工	化学制品	公众企业	6.47	0.45	6.95%
19	唯赛勃	基础化工	塑料	外资企业	3.08	0.21	6.91%
20	天新药业	基础化工	化学制品	民营企业	23.05	1.56	6.78%
合计					274.08	22.25	—

数据来源：Wind。

表1-122　2022年石化行业上市公司研发投入情况统计（按二级行业划分）

类别	公司数量	研发支出总额（亿元）	研发支出平均值①（亿元/家）	平均值排名	研发收入比	研发收入比排名
石化行业	456	1 148.69	2.52	—	1.08%	—
石油石化行业	46	545.13	11.85	—	0.65%	—
炼化及贸易	29	407.92	14.07	1	0.53%	10
油服工程	13	83.88	6.45	3	2.99%	3
油气开采Ⅱ	4	53.32	13.33	2	1.22%	9

续表

类别	公司数量	研发支出总额（亿元）	研发支出平均值①（亿元/家）	平均值排名	研发收入比	研发收入比排名
基础化工行业	410	603.56	1.47	—	2.70%	—
化学制品	167	218.08	1.31	7	2.96%	4
塑料	72	71.12	0.99	8	3.33%	2
农化制品	59	124.83	2.12	4	2.29%	7
化学原料	58	119.32	2.06	6	2.37%	6
化学纤维	23	47.36	2.06	5	2.81%	5
橡胶	19	17.59	0.93	9	4.06%	1
非金属材料Ⅱ	12	5.25	0.44	10	1.93%	8
全A股	5 314	16 285.40	3.06	—	2.27%	—

① 总资产平均值=总资产总额/公司数量。
数据来源：Wind。

在各二级板块中，29家炼化及贸易公司的研发支出平均值为14.07亿元，排第1名；4家油气开采Ⅱ公司的研发支出平均值为13.33亿元，排第2名；13家油服工程公司的研发支出平均值为6.45亿元，排第3名。

结合研发收入比来看，橡胶板块的公司研发收入比最大，为4.06%；塑料公司的研发收入比为3.33%，排第2名；油服工程公司的研发收入比为2.99%，排第3名。石化行业研发收入比表现较好，排名前七的板块研发收入比均超过了全A股平均水平（2.27%）。

（二）民营上市公司

2022年，石化行业共有306家民营上市公司的年报披露了研发支出，占全行业民营上市公司数量的99.67%。2022年石化行业民营上市公司研发支出的总额为431.33亿元（同比增长14.24%，显著低于全行业66.85%的增长率）；平均研发收入比为2.20%（上年同期为2.35%），平均研发利润比为36.57%（上年同期为23.08%）。

从研发支出额来看，石化行业民营上市公司中，荣盛石化（石油石化-炼化及贸易）研发支出达到43.67亿元，位列第一；桐昆股份（石油石化-炼化及贸易）研发支出16.55亿元，位列第二；东方盛虹（石油石化-炼化及贸易）研发支出16.00亿元，位列第三。前二十名的上市公司研发支出合计为209.68亿元，占全行业民营的48.61%（表1-123）。

从研发收入比来看，石化行业上市公司中，松井股份（基础化工-化学制品）研发收入比为14.93%，位列第一；阿拉丁（基础化工-化学制品）研发收入比为10.30%，位列第二；世名科技（基础化工-化学制品）研发收入比为8.84%，位列第三（表1-124）。

表1-123　2022年石化行业民营上市公司研发支出前二十名

排名	证券简称	一级行业	二级行业	所有制性质	营业收入（亿元）	研发支出（亿元）	研发收入比
1	荣盛石化	石油石化	炼化及贸易	民营企业	2 890.95	43.67	1.51%
2	桐昆股份	石油石化	炼化及贸易	民营企业	619.93	16.55	2.67%
3	东方盛虹	石油石化	炼化及贸易	民营企业	638.22	16.00	2.51%
4	金发科技	基础化工	塑料	民营企业	404.12	14.54	3.60%
5	卫星化学	基础化工	化学原料	民营企业	370.44	12.38	3.34%
6	恒力石化	石油石化	炼化及贸易	民营企业	2 223.24	11.85	0.53%
7	新凤鸣	基础化工	化学纤维	民营企业	507.87	10.78	2.12%
8	华峰化学	基础化工	化学纤维	民营企业	258.84	10.62	4.10%
9	龙佰集团	基础化工	化学原料	民营企业	241.13	10.14	4.20%
10	梅花生物	基础化工	化学制品	民营企业	279.37	8.29	2.97%
11	新安股份	基础化工	农化制品	民营企业	218.03	7.83	3.59%
12	合盛硅业	基础化工	化学制品	民营企业	236.57	7.28	3.08%
13	浙江龙盛	基础化工	化学制品	民营企业	212.26	7.09	3.34%
14	恒逸石化	石油石化	炼化及贸易	民营企业	1 520.50	6.88	0.45%
15	多氟多	基础化工	化学制品	民营企业	123.58	5.01	4.05%
16	圣泉集团	基础化工	塑料	民营企业	95.98	4.56	4.76%
17	君正集团	基础化工	化学原料	民营企业	214.60	4.18	1.95%
18	广信股份	基础化工	农化制品	民营企业	90.62	4.06	4.48%
19	亿利洁能	基础化工	化学原料	民营企业	111.78	4.00	3.58%
20	广汇能源	石油石化	炼化及贸易	民营企业	594.09	3.97	0.67%
			合计		11 852.12	209.68	—

数据来源：Wind。

表1-124　2022年石化行业民营上市公司研发收入比前二十名

排名	证券简称	一级行业	二级行业	所有制性质	营业收入（亿元）	研发支出（亿元）	研发收入比
1	松井股份	基础化工	化学制品	民营企业	4.99	0.75	14.93%
2	阿拉丁	基础化工	化学制品	民营企业	3.78	0.39	10.30%
3	世名科技	基础化工	化学制品	民营企业	6.23	0.55	8.84%
4	美邦股份	基础化工	农化制品	民营企业	9.06	0.80	8.83%

续表

排名	证券简称	一级行业	二级行业	所有制性质	营业收入（亿元）	研发支出（亿元）	研发收入比
5	蔚蓝生物	基础化工	化学制品	民营企业	11.63	1.02	8.80%
6	元琛科技	基础化工	化学制品	民营企业	5.79	0.46	7.90%
7	七彩化学	基础化工	化学制品	民营企业	12.09	0.91	7.53%
8	嘉必优	基础化工	化学制品	民营企业	4.33	0.32	7.45%
9	中触媒	基础化工	化学制品	民营企业	6.81	0.50	7.28%
10	新纶新材	基础化工	塑料	民营企业	9.79	0.70	7.18%
11	科创新源	基础化工	橡胶	民营企业	5.20	0.37	7.03%
12	天新药业	基础化工	化学制品	民营企业	23.05	1.56	6.78%
13	斯迪克	基础化工	塑料	民营企业	18.77	1.27	6.77%
14	博菲电气	基础化工	塑料	民营企业	3.54	0.24	6.72%
15	安利股份	基础化工	塑料	民营企业	19.53	1.30	6.67%
16	雅本化学	基础化工	农化制品	民营企业	20.01	1.33	6.64%
17	星华新材	基础化工	化学制品	民营企业	7.33	0.48	6.49%
18	金奥博	基础化工	化学制品	民营企业	11.93	0.76	6.41%
19	蓝晓科技	基础化工	塑料	民营企业	19.20	1.21	6.32%
20	奇德新材	基础化工	塑料	民营企业	2.56	0.16	6.25%
合计					205.62	15.08	—

数据来源：Wind。

石化行业民营上市公司 2022 年度研发支出平均值为 1.40 亿元，对比而言，全 A 股民营上市公司 2022 年度研发支出平均值为 1.87 亿元。其中，石油石化行业上市公司研发支出平均值（5.19 亿元）显著高于全 A 股水平；基础化工行业上市公司研发支出平均值较小，为 1.13 亿元（表 1-125）。

在各二级板块中，15 家炼化及贸易公司的研发支出平均值为 7.02 亿元，排第 1 名；12 家化学纤维公司的研发支出平均值为 2.33 亿元，排第 2 名；22 家化学原料公司的研发支出平均值为 2.05 亿元，排第 3 名。

结合研发收入比来看，油服工程板块的公司研发收入比最大，为 4.39%；橡胶公司的研发收入比为 3.58%，排第 2 名；塑料公司的研发收入比为 3.57%，排第 3 名。石化行业民营上市公司研发收入比表现一般，仅排名第一的板块研发收入比均超过了全 A 股平均水平（3.86%）。

表1-125 2022年石化行业民营上市公司研发投入情况统计（按二级行业划分）

类别	公司数量	研发支出总额（亿元）	研发支出平均值①（亿元/家）	平均值排名	研发收入比	研发收入比排名
石化行业	307	431.33	1.40	—	2.20%	—
石油石化行业	21	109.02	5.19	—	1.20%	—
炼化及贸易	15	105.35	7.02	1	1.17%	9
油服工程	6	3.68	0.61	8	4.39%	1
油气开采Ⅱ	0	—	—	—	—	—
基础化工行业	286	322.31	1.13	—	3.07%	—
化学制品	130	113.38	0.87	6	3.49%	4
塑料	57	62.84	1.10	5	3.57%	3
农化制品	37	56.81	1.54	4	2.96%	5
化学原料	22	45.11	2.05	3	2.54%	6
化学纤维	12	27.97	2.33	2	2.33%	7
橡胶	17	11.06	0.65	7	3.58%	2
非金属材料Ⅱ	11	5.14	0.47	9	1.91%	8
全A股	3 387	6 338.33	1.87	—	3.86%	—

① 总资产平均值=总资产总额/公司数量。

数据来源：Wind。

四、ESG 表现

ESG 是近年来资本市场兴起的新概念，是 environmental（环境）、social（社会责任）和 governance（公司治理）三个英文单词的首字母缩写，反映了企业在环境保护、社会责任和公司治理领域的贡献，也是可持续发展理念在企业发展与资本市场方面的具体应用。ESG 概念起步于20世纪90年代的国际资本市场，随着几十年的发展完善，越来越多的上市公司与投资者把其纳入企业经营与投资判断之中。对上市公司的评价和价值判断，除了收入、利润、市值、净资产收益率等传统要素之外，ESG 评价也已逐步形成了市场共识，成为一项更为普遍性的指标。

当前，国内资本市场也在普及 ESG 概念并积极建设 ESG 评价体系。特别是在"碳达峰、碳中和"的大背景下，ESG 已成为更多上市公司和投资者的关切。因此，在本报告中，特纳入 ESG 评价章节，并采用万得数据 ESG 评价体系（Wind ESG）予以分析。

(一) Wind ESG 评级与综合得分

1. 上市公司总览

2022年，石化行业456家上市公司中413家有Wind ESG评级与综合得分。其中，AA级5家、A级19家、BBB级213家、BB级160家、B级14家、CCC级2家（表1-126）。石化行业上市公司ESG评级主要集中分布在BBB级区间，占413家的51.57%。从Wind ESG综合得分看❶，石化行业上市公司ESG平均值为6.10分，中位数为6.03分，与全A股平均水平基本持平。

表1-126 2022年石化行业上市公司Wind ESG评级与评分统计

指标			石化行业上市公司	占比	全A股上市公司	占比
Wind ESG 评级		公司数量	413	—	4 766	—
	各级别数量统计	AAA	0	0.00%	4	0.08%
		AA	5	1.21%	74	1.55%
		A	19	4.60%	438	9.19%
		BBB	213	51.57%	1 838	38.56%
		BB	160	38.74%	2 040	42.80%
		B	14	3.39%	336	7.05%
		CCC	2	0.48%	36	0.76%
Wind ESG 综合得分		平均数	6.10	—	6.08	—
		中位数	6.03	—	6.03	—
ESG 管理实践得分		平均数	3.22		3.22	
		中位数	3.12		3.14	
环境维度得分		平均数	2.24		1.98	
		中位数	1.90		1.51	
社会维度得分		平均数	4.42		3.92	
		中位数	4.22		3.82	
治理维度得分		平均数	6.80		6.74	
		中位数	6.86		6.84	
ESG 争议事件得分		平均数	2.89	—	2.87	—
		中位数	2.91	—	2.91	—

数据来源：Wind。

---

❶ Wind ESG综合得分=ESG管理实践得分+ESG争议事件得分；ESG管理实践得分由环境、社会和治理维度得分构成，在不同的Wind行业中，三项维度的权重不同。

从环境、社会、治理三个维度的得分来看，石化行业上市公司的环境维度得分平均值为 2.24 分，中位数为 1.90 分，对比而言，全 A 股上市公司得分的平均值和中位数分别为 1.98 分和 1.51 分；石化行业上市公司的社会维度得分平均值为 4.42 分，中位数为 4.22 分，对比而言，全 A 股上市公司的得分的平均值和中位数分别为 3.92 分和 3.82 分；石化行业上市公司的治理维度得分平均值为 6.80 分，中位数为 6.86 分，对比而言，全 A 股上市公司的得分的平均值和中位数分别为 6.74 分和 6.84 分。

可以看出，石化行业上市公司在环境、社会和治理三个维度上的得分均优于全 A 股上市公司，显示出较好的综合表现。特别是在环境和社会责任方面，石化行业上市公司的得分显著领先于全 A 股上市公司，这说明了石化行业上市公司在环境保护和社会贡献上做出了积极努力，同时在公司治理方面也取得了不错的成绩。

从 Wind ESG 评级分布来看（图 1-22），石化行业上市公司没有 AAA 级，AA 级的占比（1.21%）和 A 级的占比（4.60%）也分别小于全 A 股 AA 级的占比（1.55%）和 A 级的占比（9.19%）；BBB 级是石化行业上市公司主要分布的评级区间，占比达到 51.57%，远大于全 A 股 38.56% 的占比；石化行业在 BB 级、B 级以及 C 级的占比均小于全 A 股水平。因此相比全 A 股来看，石化行业上市公司的评级分布呈现出更明显的"纺锤型"，大部分石化行业上市公司都处于中等评级水平。

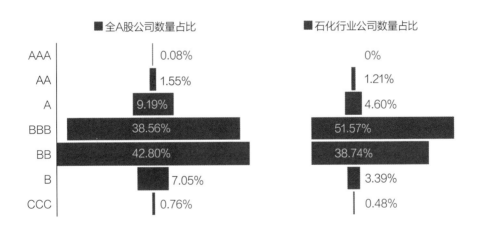

图 1-22 上市公司的 Wind ESG 评级分布

数据来源：Wind。

由表 1-127 可知，在各二级板块中，化学制品、化学原料、橡胶板块在 ESG 得分方面表现较为领先，承包了综合得分、管理实践得分和争议事件得分中位数的前三名；炼化及贸易、油气开采 II 板块的表现较差，上述得分的中位数排在最末位。

表1-127 2022年石化行业上市公司Wind ESG评分统计（按二级行业划分）

类别	综合得分		管理实践得分		争议事件得分		环境维度得分		社会维度得分		治理维度得分	
	平均值	中位数	平均值	中位数	平均值	中位数	平均值	中位数	平均值	中位数	平均值	中位数
石化行业	6.10	6.03	3.22	3.12	2.89	2.91	2.24	1.90	4.42	4.22	6.80	6.86
石油石化行业	5.95	5.75	3.12	2.88	2.82	2.86	2.21	1.87	3.99	4.23	6.78	6.72
炼化及贸易	5.84	5.71	3.02	2.88	2.82	2.88	2.10	1.91	3.49	2.92	6.88	6.81
油服工程	6.32	5.90	3.47	3.07	2.85	2.86	2.73	1.91	4.92	5.22	6.87	6.98
油气开采Ⅱ	5.51	5.38	2.78	2.51	2.73	2.82	1.34	0.44	4.61	4.36	5.74	5.84
基础化工行业	6.12	6.05	3.23	3.14	2.89	2.91	2.24	1.91	4.47	4.22	6.81	6.87
化学制品	6.25	6.16	3.35	3.28	2.90	2.92	2.47	2.02	4.71	4.38	6.84	6.88
塑料	6.08	5.99	3.20	3.07	2.88	2.89	1.85	1.74	4.73	4.52	6.81	6.90
农化制品	6.02	5.79	3.16	3.00	2.86	2.90	2.31	2.35	4.11	3.77	6.82	7.01
化学原料	5.99	6.00	3.08	3.08	2.91	2.92	2.28	2.09	3.84	3.71	6.79	6.85
化学纤维	5.91	5.86	3.02	2.95	2.88	2.91	2.02	1.73	4.07	3.90	6.61	6.74
橡胶	6.36	6.17	3.41	3.37	2.95	2.96	2.25	1.58	5.10	4.42	6.96	6.88
非金属材料Ⅱ	6.00	5.96	3.08	3.03	2.91	2.91	1.14	0.73	4.92	4.56	6.57	6.43
全A股	6.08	6.03	3.22	3.14	2.87	2.91	1.98	1.51	3.92	3.82	6.74	6.84

数据来源：Wind。

从环境维度来看，得分中位数最高的是农化制品（2.35分）、化学原料（2.09分）、化学制品（2.02分）三个板块。从社会维度来看，得分中位数最高的是油服工程（5.22分）、非金属材料Ⅱ（4.56分）、塑料（4.52分）三个板块。从治理维度来看，得分中位数最高的是农化制品（7.01分）、油服工程（6.98分）、塑料（6.90分）三个板块。

2. 民营上市公司

2022年，石化行业307家民营上市公司中268家有Wind ESG评级与综合得分。其中，AA级3家、A级12家、BBB级145家、BB级101家、B级6家、CCC级1家。石化行业民营上市公司ESG评级主要集中分布在BBB级区间，占268家的54.10%。从Wind ESG综合得分看，石化行业民营上市公司ESG平均值为6.14分，中位数为6.04分，均高于全A股平均水平（表1-128）。

表1-128 2022年石化行业民营上市公司Wind ESG评级与评分统计

指标			石化行业民营上市公司	占比	全A股民营上市公司	占比
	公司数量		268	—	2 939	—
Wind ESG评级	各级别数量统计	AAA	0	0.00%	3	0.10%
		AA	3	1.12%	32	1.09%
		A	12	4.48%	248	8.44%
		BBB	145	54.10%	1 220	41.51%
		BB	101	37.69%	1 202	40.90%
		B	6	2.24%	206	7.01%
		CCC	1	0.37%	28	0.95%
Wind ESG综合得分	平均数		6.14	—	6.08	—
	中位数		6.04	—	5.92	—
ESG管理实践得分	平均数		3.24	—	3.20	—
	中位数		3.13	—	3.02	—
环境维度得分	平均数		2.27	—	1.83	—
	中位数		1.96	—	0.97	—
社会维度得分	平均数		4.54	—	3.99	—
	中位数		4.32	—	3.60	—
治理维度得分	平均数		6.77	—	6.69	—
	中位数		6.77	—	6.70	—
ESG争议事件得分	平均数		2.89	—	2.88	—
	中位数		2.91	—	2.90	—

数据来源：Wind。

从环境、社会、治理三个维度的得分来看，石化行业民营上市公司的环境维度得分平均值为2.27分，中位数为1.96分，对比而言，全A股民营上市公司得分的平均值和中位数分别为1.83分和0.97分；石化行业民营上市公司的社会维度得分平均值为4.54分，中位数为4.32分，对比而言，全A股民营上市公司的得分的平均值和中位数分别为3.99分和3.60分；石化行业民营上市公司的治理维度得分平均值为6.77分，中位数为6.77分，对比而言，全A股民营上市公司的得分的平均值和中位数分别为6.69分和6.70分。

可以看出，石化行业民营上市公司在环境、社会和治理三个维度上的得分均优于全A股民营上市公司，显示出较好的综合表现。特别是在环境和社会责任方面，石化行业民营上市公司的得分显著领先于全A股民营上市公司，这说明了石化行业民营上市公司在环境保护和社会贡献上做出了积极努力，同时在公司治理方面也取得了不错的成绩。

从 Wind ESG 评级分布来看（图 1-23），石化行业民营上市公司没有 AAA 级，AA 级的占比（1.12%）略大于全 A 股 AA 级的占比（1.09%），A 级的占比（4.48%）显著小于全 A 股 A 级的占比（8.44%）；BBB 级是石化行业民营上市公司主要分布的评级区间，占比达到 54.10%，远大于全 A 股民营 41.51% 的占比；石化行业民营在 BB 级、B 级以及 C 级的占比均小于全 A 股民营水平。因此相比全 A 股民营来看，石化行业民营上市公司的评级分布呈现出更明显的"纺锤形"，大部分石化行业民营上市公司都处于中等评级水平。

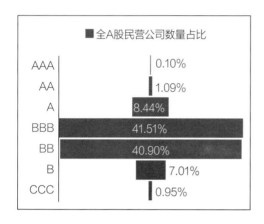 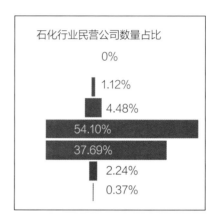

图1-23　民营上市公司的Wind ESG评级分布

数据来源：Wind。

（二）社会责任

1. 就业贡献

（1）就业人数

① 上市公司总览

截至 2022 年 12 月 31 日，石化行业 456 家上市公司员工总数❶达到 208.60 万人（表 1-129），较上年增加 4.93 万人，同比增长 2.42%。对比而言，全 A 股上市公司同期员工总数达到 2 997.33 万人，较上年增加 75.66 万人，同比增长 2.59%。

2022 年底，石化行业上市公司中员工超过 1 万人的有 28 家，较上年增长 1 家。中国石油（石油石化 - 炼化及贸易，中央国有企业）员工总数达到 398 440 人，位列第一；中国石化（石油石化 - 炼化及贸易，中央国有企业）员工总数 374 791 人，位列第二；石化油服（石油石化 - 油服工程，中央国有企业）员工总数 66 792 人，位列第三。前二十名的上市公司员工总数合计为 1 216 310 人，占全行业的 58.75%；剔除中国石油和中国石化后，前二十名的上市公司员工总数合计为 469 107 人，占全行业的 22.49%。

---

❶ 采用"员工总数"指标予以统计。

表 1-129 2022 年石化行业上市公司员工人数情况统计（按二级行业划分）

类别	公司数量	员工人数总额（人）	员工人数平均值[①]（人/家）	平均值排名
石化行业	456	2 086 021	4 574.61	—
石油石化行业	46	1 122 255	24 396.85	—
炼化及贸易	29	942 366	32 495.38	1
油服工程	13	155 223	11 940.23	2
油气开采Ⅱ	4	24 666	6 166.50	3
基础化工行业	410	963 766	2 350.65	—
化学制品	167	325 259	1 947.66	7
塑料	72	93 687	1 301.21	8
农化制品	59	211 880	3 591.19	5
化学原料	58	222 420	3 834.83	4
化学纤维	23	76 088	3 308.17	6
橡胶	19	23 978	1 262.00	9
非金属材料Ⅱ	12	10 454	871.17	10
全A股	5 314	29 973 272	5 640.44	—

① 员工人数平均值=员工人数总额/公司数量。
数据来源：Wind。

员工人数排名前二十的公司中（表 1-130），2022 年员工人数出现下降的有 6 家，其中人数下降最多的三家公司分别是中国石油（减少 18 733 人）、中国石化（减少 10 900 人）和恒逸石化（减少 1 183 人）；增幅排名前三的公司分别是万华化学（23.84%）、龙佰集团（15.96%）和宝丰能源（13.38%）。

表 1-130 2022 年石化行业上市公司员工人数前二十名

排名	证券简称	一级行业	二级行业	所有制性质	2022年员工总数	2021年员工总数	人数净增长
1	中国石油	石油石化	炼化及贸易	中央国有企业	398 440	417 173	−18 733
2	中国石化	石油石化	炼化及贸易	中央国有企业	374 791	385 691	−10 900
3	石化油服	石油石化	油服工程	中央国有企业	66 792	69 232	−2 440
4	中油工程	石油石化	油服工程	中央国有企业	41 500	42 660	−1 160
5	恒力石化	石油石化	炼化及贸易	民营企业	38 550	35 650	2 900
6	桐昆股份	石油石化	炼化及贸易	民营企业	27 510	25 100	2 410

续表

排名	证券简称	一级行业	二级行业	所有制性质	2022年员工总数	2021年员工总数	人数净增长
7	东方盛虹	石油石化	炼化及贸易	民营企业	27 441	24 458	2 983
8	中化国际	基础化工	化学制品	中央国有企业	26 306	25 171	1 135
9	万华化学	基础化工	化学制品	地方国有企业	24 387	19 692	4 695
10	中泰化学	基础化工	化学原料	地方国有企业	23 106	20 678	2 428
11	中国海油	石油石化	油气开采Ⅱ	中央国有企业	21 452	19 086	2 366
12	荣盛石化	石油石化	炼化及贸易	民营企业	19 434	19 331	103
13	三友化工	基础化工	化学原料	公众企业	17 618	17 403	215
14	合盛硅业	基础化工	化学制品	民营企业	16 742	15 265	1 477
15	宝丰能源	基础化工	化学原料	民营企业	16 113	14 211	1 902
16	龙佰集团	基础化工	化学原料	民营企业	15 907	13 718	2 189
17	恒逸石化	石油石化	炼化及贸易	民营企业	15 637	16 820	−1 183
18	中海油服	石油石化	油服工程	中央国有企业	15 151	14 850	301
19	新凤鸣	基础化工	化学纤维	民营企业	14 806	14 331	475
20	海油发展	石油石化	油服工程	中央国有企业	14 627	14 925	−298
21	梅花生物	基础化工	化学制品	民营企业	13 016	12 952	64
22	兴发集团	基础化工	农化制品	地方国有企业	13 012	11 779	1 233
前二十名合计					1 216 310	1 225 445	−9 135
剔除中国石油和中国石化后前二十名合计					469 107	447 312	21 795

数据来源：Wind。

石化行业上市公司2022年度员工人数平均值为4 574.61人/家（表1-129），对比而言，全A股上市公司2022年度员工人数平均值为5 640.44人/家。其中，石油石化行业上市公司员工人数平均值（24 396.85人/家）显著高于全A股水平；基础化工行业上市公司员工人数平均值较小，仅为2 350.65人/家，大大拉低了石化行业整体的平均水平。

在各二级板块中，29家炼化及贸易公司的员工人数平均值为32 495.38人/家，排第1名；13家油服工程公司的员工人数平均值为11 940.23人/家，排第2名；4家油气开采Ⅱ公司的员工人数平均值为6 166.50人/家，排第3名。

②民营上市公司

截至2022年12月31日，石化行业307家民营上市公司员工总数达到64.86万人（表1-131），较上年增加4.67万人，同比增长7.75%。对比而言，全A股上市公司同期员工总数达到1 135.63万人，较上年增加61.31万人，同比增长5.71%。

表1-131　2022年石化行业民营上市公司员工人数情况统计（按二级行业划分）

类别	公司数量	员工人数总额（人）	员工人数平均值（人/家）	平均值排名
石化行业	307	648 562	2 112.58	—
石油石化行业	21	146 365.00	6 969.76	—
炼化及贸易	15	140 873	9 391.53	1
油服工程	6	5 492	915.33	9
油气开采Ⅱ	0	—	—	—
基础化工行业	286	502 197.00	1 755.93	—
化学制品	130	177 352	1 364.25	5
塑料	57	76 537	1 342.75	6
农化制品	37	107 149	2 895.92	4
化学原料	22	75 553	3 434.23	2
化学纤维	12	36 693	3 057.75	3
橡胶	17	18 696	1 099.76	7
非金属材料Ⅱ	11	10 217	928.82	8
全A股	3 387	11 356 256	3 352.90	—

数据来源：Wind。

2022年底，石化行业民营上市公司中员工超过1万人的有12家（表1-132），较上年增长1家。恒力石化（石油石化-炼化及贸易）员工总数达到38 550人，位列第一；桐昆股份（石油石化-炼化及贸易）员工总数27 510人，位列第二；东方盛虹（石油石化-炼化及贸易）员工总数27 441人，位列第三。前二十名的民营上市公司员工总数合计为286 930人，占全行业民营的44.24%。

表1-132　2022年石化行业民营上市公司员工人数前二十名

排名	证券简称	一级行业	二级行业	所有制性质	2022年员工总数	2021年员工总数	人数净增长
1	恒力石化	石油石化	炼化及贸易	民营企业	38 550	35 650	2 900
2	桐昆股份	石油石化	炼化及贸易	民营企业	27 510	25 100	2 410
3	东方盛虹	石油石化	炼化及贸易	民营企业	27 441	24 458	2 983
4	荣盛石化	石油石化	炼化及贸易	民营企业	19 434	19 331	103
5	合盛硅业	基础化工	化学制品	民营企业	16 742	15 265	1 477
6	宝丰能源	基础化工	化学原料	民营企业	16 113	14 211	1 902
7	龙佰集团	基础化工	化学原料	民营企业	15 907	13 718	2 189
8	恒逸石化	石油石化	炼化及贸易	民营企业	15 637	16 820	-1 183

续表

排名	证券简称	一级行业	二级行业	所有制性质	2022年员工总数	2021年员工总数	人数净增长
9	新凤鸣	基础化工	化学纤维	民营企业	14 806	14 331	475
10	梅花生物	基础化工	化学制品	民营企业	13 016	12 952	64
11	云图控股	基础化工	农化制品	民营企业	11 967	10 738	1 229
12	金发科技	基础化工	塑料	民营企业	10 353	9 728	625
13	新洋丰	基础化工	农化制品	民营企业	8 636	8 347	289
14	华峰化学	基础化工	化学纤维	民营企业	8 416	7 395	1 021
15	君正集团	基础化工	化学原料	民营企业	8 359	5 852	2 507
16	多氟多	基础化工	化学制品	民营企业	7 920	5 416	2 504
17	联化科技	基础化工	农化制品	民营企业	7 135	6 434	701
18	和邦生物	基础化工	农化制品	民营企业	6 459	4 919	1 540
19	新安股份	基础化工	农化制品	民营企业	6 347	5 959	388
20	广汇能源	石油石化	炼化及贸易	民营企业	6 182	5 999	183
21	恒力石化	石油石化	炼化及贸易	民营企业	38 550	35 650	2 900
22	桐昆股份	石油石化	炼化及贸易	民营企业	27 510	25 100	2 410
前二十名合计					286 930	262 623	24 307

数据来源：Wind。

员工人数排名前二十的公司中，2022年员工人数出现下降的有1家，为恒逸石化（减少1 183人）；增幅排名前三的公司分别是多氟多（46.23%）、君正集团（42.84%）和和邦生物（31.31%）。

石化行业民营上市公司2022年度员工人数平均值为2 112.58人/家（表1-131），对比而言，全A股民营上市公司2022年度员工人数平均值为3 352.90人/家。其中，石油石化行业民营上市公司员工人数平均值（6 969.76人/家）高于全A股水平；基础化工行业上市公司员工人数平均值（1 755.93人/家）低于全A股水平。

在各二级板块中，15家炼化及贸易公司的员工人数平均值为9 391.53人/家，排第1名；22家化学原料公司的员工人数平均值为3 434.23人/家，排第2名；12家化学纤维公司的员工人数平均值为3 057.75人/家，排第3名。

（2）员工薪酬

① 上市公司总览

2022年，石化行业456家上市公司员工薪酬[1]的总额为5 027.68亿元（表1-133），同比增长7.54%，占营业收入的4.74%。对比而言，全A股上市公司同期员工薪酬的

---

[1] 采用报表附注中"应付职工薪酬合计：本期增加"金额予以统计。

总额为 61 172.97 亿元，同比增长 10.32%，占营业收入的 8.51%。

表1-133　2022年石化行业上市公司薪酬总额情况统计（按二级行业划分）

类别	公司数量	薪酬总额（亿元）	薪酬总额平均值①（亿元）	平均值排名
石化行业	456	5 027.68	11.03	—
石油石化行业	46	3 551.16	77.20	—
炼化及贸易	29	3 027.62	104.40	1
油服工程	13	512.98	39.46	2
油气开采Ⅱ	4	10.55	2.64	7
基础化工行业	410	1 476.53	3.60	—
化学制品	167	520.72	3.12	6
塑料	72	136.68	1.90	8
农化制品	59	308.57	5.23	4
化学原料	58	374.52	6.46	3
化学纤维	23	93.64	4.07	5
橡胶	19	29.28	1.54	9
非金属材料Ⅱ	12	13.11	1.09	10
全A股	5 314	61 172.97	11.51	—

① 薪酬额平均值=薪酬总额/公司数量。
数据来源：Wind。

石化行业上市公司中，中国石油（石油石化-炼化及贸易，中央国有企业）薪酬总额达到1 656.24亿元，位列第一（表1-134）；中国石化（石油石化-炼化及贸易，中央国有企业）薪酬总额1 096.76亿元，位列第二；石化油服（石油石化-油服工程，中央国有企业）薪酬总额179.69亿元，位列第三。前二十名的上市公司薪酬总额合计为3 722.87亿元，占全行业的74.05%；剔除中国石油和中国石化后，前二十名的上市公司薪酬总额合计为1 015.64亿元，占全行业的20.20%。

薪酬总额排名前二十的公司中，2022年薪酬总额出现下降的有3家，包括中化国际（减少1.35亿元）、中国石化（减少0.52亿元）和恒逸石化（减少0.32亿元）；薪酬总额增幅排名前三的公司分别是宝丰能源（26.80%）、中海油服（24.33%）和中泰化学（24.09%）。

石化行业上市公司2022年度薪酬总额平均值为11.03亿元（表1-133），对比而言，全A股上市公司2022年度薪酬总额平均值为11.51亿元。其中，石油石化行业上市公司薪酬总额平均值（77.20亿元）显著高于全A股水平；基础化工行业上市公司薪酬总额平均值较小，仅为3.60亿元，大大拉低了石化行业整体的平均水平。

表1-134 2022年石化行业上市公司薪酬总额前二十名

排名	证券简称	一级行业	二级行业	所有制性质	2022年薪酬总额（亿元）	2021年薪酬总额（亿元）	薪酬总额净增长（亿元）
1	中国石油	石油石化	炼化及贸易	中央国有企业	1 656.24	1 574.89	81.35
2	中国石化	石油石化	炼化及贸易	中央国有企业	1 096.76	1 097.28	−0.52
3	石化油服	石油石化	油服工程	中央国有企业	179.69	170.02	9.67
4	中油工程	石油石化	油服工程	中央国有企业	138.35	135.93	2.42
5	中海油服	石油石化	油服工程	中央国有企业	75.36	60.61	14.75
6	万华化学	基础化工	化学制品	地方国有企业	68.95	68.52	0.43
7	海油发展	石油石化	油服工程	中央国有企业	67.24	60.35	6.89
8	中泰化学	基础化工	化学原料	地方国有企业	45.02	36.28	8.74
9	恒力石化	石油石化	炼化及贸易	民营企业	44.83	40.01	4.82
10	东方盛虹	石油石化	炼化及贸易	民营企业	39.95	32.44	7.51
11	荣盛石化	石油石化	炼化及贸易	民营企业	39.08	38.27	0.81
12	中化国际	基础化工	化学制品	中央国有企业	36.21	37.57	−1.35
13	上海石化	石油石化	炼化及贸易	中央国有企业	35.46	0.00	35.46
14	海油工程	石油石化	油服工程	中央国有企业	33.77	28.76	5.01
15	三友化工	基础化工	化学原料	公众企业	30.15	29.89	0.27
16	桐昆股份	石油石化	炼化及贸易	民营企业	29.04	24.03	5.00
17	鲁西化工	基础化工	化学原料	中央国有企业	27.23	25.86	1.37
18	宝丰能源	基础化工	化学原料	民营企业	27.19	21.44	5.75
19	恒逸石化	石油石化	炼化及贸易	民营企业	26.46	26.78	−0.32
20	云天化	基础化工	农化制品	地方国有企业	25.89	21.64	4.24
21	华谊集团	基础化工	化学原料	地方国有企业	24.46	24.16	0.30
22	金发科技	基础化工	塑料	民营企业	21.30	21.79	−0.48
前二十名合计					3 722.87	3 530.58	192.30
剔除中国石油和中国石化后前二十名合计					1 015.64	904.35	111.28

数据来源：Wind。

在各二级板块中，29家炼化及贸易公司的薪酬总额平均值为104.40亿元，排第1名；13家油服工程公司的薪酬总额平均值为39.46亿元，排第2名；58家化学原料公司的薪酬总额平均值为6.46亿元，排第3名。

② 民营上市公司

2022年，石化行业307家民营上市公司员工薪酬❶的总额为904.99亿元（表1-135），同比增长13.76%，占营业收入的4.62%。对比而言，全A股民营上市公司同期员工薪酬的总额为16 837.40亿元，同比增长14.35%，占营业收入的10.24%。

表1-135　2022年石化行业民营上市公司薪酬总额情况统计（按二级行业划分）

类别	公司数量	薪酬总额（亿元）	薪酬总额平均值① （亿元）	平均值排名
石化行业	307	904.99	2.95	—
石油石化行业	21	216.52	10.31	—
炼化及贸易	15	201.87	13.46	1
油服工程	6	14.65	2.44	5
油气开采Ⅱ	0	—	—	—
基础化工行业	286	688.47	2.41	—
化学制品	130	245.60	1.89	7
塑料	57	110.71	1.94	6
农化制品	37	138.40	3.74	4
化学原料	22	111.73	5.08	2
化学纤维	12	47.71	3.98	3
橡胶	17	21.78	1.28	8
非金属材料Ⅱ	11	12.53	1.14	9
全A股	3 387	16 837.40	4.97	—

① 薪酬额平均值=薪酬总额/公司数量。
数据来源：Wind。

由表1-136可知，石化行业民营上市公司中，恒力石化（石油石化-炼化及贸易）薪酬总额达到44.83亿元，位列第一；东方盛虹（石油石化-炼化及贸易）薪酬总额39.95亿元，位列第二；荣盛石化（石油石化-油服工程，中央国有企业）薪酬总额39.08亿元，位列第三。前二十名的上市公司薪酬总额合计为413.37亿元，占全行业民营的45.68%。

薪酬总额排名前二十的公司中（表1-136），2022年薪酬总额出现下降的有3家，包括浙江龙盛（减少0.98亿元）、金发科技（减少0.48亿元）和恒逸石化（减少0.32亿元）；薪酬总额增幅排名前三的公司分别是合盛硅业（51.59%）、龙佰集团（38.30%）和梅花生物（34.88%）。

❶ 采用报表附注中"应付职工薪酬合计：本期增加"金额予以统计。

石化行业民营上市公司 2022 年度薪酬总额平均值为 2.95 亿元（表 1-135），对比而言，全 A 股民营上市公司 2022 年度薪酬总额平均值为 4.97 亿元。其中，石油石化行业民营上市公司薪酬总额平均值（10.31 亿元）显著高于全 A 股水平；基础化工行业民营上市公司薪酬总额平均值（2.41 亿元）低于全 A 股水平。

表 1-136　2022 年石化行业民营上市公司薪酬总额前二十名

排名	证券简称	一级行业	二级行业	所有制性质	2022年薪酬总额（亿元）	2021年薪酬总额（亿元）	薪酬总额净增长（亿元）
1	恒力石化	石油石化	炼化及贸易	民营企业	44.83	40.01	4.82
2	东方盛虹	石油石化	炼化及贸易	民营企业	39.95	32.44	7.51
3	荣盛石化	石油石化	炼化及贸易	民营企业	39.08	38.27	0.81
4	桐昆股份	石油石化	炼化及贸易	民营企业	29.04	24.03	5.00
5	宝丰能源	基础化工	化学原料	民营企业	27.19	21.44	5.75
6	恒逸石化	石油石化	炼化及贸易	民营企业	26.46	26.78	−0.32
7	金发科技	基础化工	塑料	民营企业	21.30	21.79	−0.48
8	龙佰集团	基础化工	化学原料	民营企业	19.76	14.29	5.47
9	合盛硅业	基础化工	化学制品	民营企业	19.62	12.94	6.68
10	新凤鸣	基础化工	化学纤维	民营企业	17.55	14.93	2.62
11	梅花生物	基础化工	化学制品	民营企业	17.25	12.79	4.46
12	浙江龙盛	基础化工	化学制品	民营企业	17.14	18.12	−0.98
13	新安股份	基础化工	农化制品	民营企业	14.76	12.96	1.80
14	君正集团	基础化工	化学原料	民营企业	14.59	11.86	2.73
15	华峰化学	基础化工	化学纤维	民营企业	14.44	12.68	1.76
16	联化科技	基础化工	农化制品	民营企业	13.32	11.54	1.78
17	广汇能源	石油石化	炼化及贸易	民营企业	10.22	8.84	1.38
18	新洋丰	基础化工	农化制品	民营企业	9.30	7.63	1.67
19	云图控股	基础化工	农化制品	民营企业	8.99	7.68	1.31
20	卫星化学	基础化工	化学原料	民营企业	8.58	6.70	1.88
		前二十名合计			413.37	357.74	—

数据来源：Wind。

由表 1-135 可知，在各二级板块中，15 家炼化及贸易公司的薪酬总额平均值为 13.46 亿元，排第 1 名；22 家化学原料公司的薪酬总额平均值为 5.08 亿元，排第 2 名；12 家化学纤维公司的薪酬总额平均值为 3.98 亿元，排第 3 名。

（3）社保费用

① 上市公司总览

2022年，石化行业456家上市公司社保费用❶的总额为676.77亿元（表1-137），同比增长8.25%。对比而言，全A股上市公司同期社保费用的总额为7 428.15亿元，同比增长11.80%。

表1-137　2022年石化行业上市公司社保费用情况统计（按二级行业划分）

类别	公司数量	社保费用（亿元）	社保费用平均值①（亿元）	平均值排名
石化行业	456	676.77	1.48	—
石油石化行业	46	508.25	11.05	—
炼化及贸易	29	438.20	15.11	1
油服工程	13	69.12	5.32	2
油气开采Ⅱ	4	0.93	0.23	7
基础化工行业	410	168.52	0.41	—
化学制品	167	58.13	0.35	6
塑料	72	12.73	0.18	8
农化制品	59	34.73	0.59	4
化学原料	58	47.29	0.82	3
化学纤维	23	11.05	0.48	5
橡胶	19	3.20	0.17	9
非金属材料Ⅱ	12	1.38	0.11	10
全A股	5 314	7 428.15	1.40	—

① 社保费用平均值=社保费用总额/公司数量。

数据来源：Wind。

由表1-138可知，石化行业上市公司中，中国石油（石油石化-炼化及贸易，中央国有企业）社保费用达到251.59亿元，位列第一；中国石化（石油石化-炼化及贸易，中央国有企业）社保费用158.06亿元，位列第二；石化油服（石油石化-油服工程，中央国有企业）社保费用25.21亿元，位列第三。前二十名的上市公司社保费用合计为529.39亿元，占全行业的78.22%；剔除中国石油和中国石化后，前二十名的上市公司社保费用合计为124.07亿元，占全行业的18.33%。

社保费用排名前二十的公司中（表1-138），2022年社保费用出现下降的有1家，为中油工程（减少0.15亿元）；社保费用增幅排名前三的公司分别是桐昆股份

---

❶ 社保总额采用报表附注中"社会保险费：本期增加"金额+"基本养老保险：本期增加"金额+"失业保险费：本期增加"金额的方式计算。

（46.14%）、东方盛虹（37.28%）和龙佰集团（33.45%）。

表1-138 2022年石化行业上市公司社保费用前二十名

排名	证券简称	一级行业	二级行业	所有制性质	2022年社保费用（亿元）	2021年社保费用（亿元）	社保费用净增长（亿元）
1	中国石油	石油石化	炼化及贸易	中央国有企业	251.59	248.58	3.01
2	中国石化	石油石化	炼化及贸易	中央国有企业	158.06	144.07	13.99
3	石化油服	石油石化	油服工程	中央国有企业	25.21	24.21	1.00
4	中油工程	石油石化	油服工程	中央国有企业	19.20	19.35	−0.15
5	中海油服	石油石化	油服工程	中央国有企业	9.38	7.97	1.41
6	万华化学	基础化工	化学制品	地方国有企业	8.96	7.53	1.43
7	海油发展	石油石化	油服工程	中央国有企业	8.64	7.74	0.90
8	上海石化	石油石化	炼化及贸易	中央国有企业	5.35	5.00	0.35
9	三友化工	基础化工	化学原料	公众企业	4.53	3.78	0.75
10	海油工程	石油石化	油服工程	中央国有企业	4.50	3.96	0.55
11	鲁西化工	基础化工	化学原料	中央国有企业	4.38	3.82	0.56
12	恒力石化	石油石化	炼化及贸易	民营企业	3.86	3.38	0.48
13	中泰化学	基础化工	化学原料	地方国有企业	3.80	2.99	0.80
14	中化国际	基础化工	化学制品	中央国有企业	3.47	3.27	0.20
15	东方盛虹	石油石化	炼化及贸易	民营企业	3.44	2.51	0.94
16	云天化	基础化工	农化制品	地方国有企业	3.43	3.16	0.27
17	桐昆股份	石油石化	炼化及贸易	民营企业	3.37	2.31	1.07
18	华谊集团	基础化工	化学原料	地方国有企业	3.23	3.04	0.18
19	龙佰集团	基础化工	化学原料	民营企业	2.60	1.95	0.65
20	荣盛石化	石油石化	炼化及贸易	民营企业	2.39	2.07	0.32
21	安迪苏	基础化工	化学制品	中央国有企业	2.25	2.28	−0.03
22	华锦股份	石油石化	炼化及贸易	中央国有企业	2.08	1.85	0.22
	前二十名合计				529.39	500.69	—
	剔除中国石油和中国石化后前二十名合计				124.07	112.18	—

数据来源：Wind。

石化行业上市公司2022年度社保费用平均值为1.48亿元，对比而言，全A股上市公司2022年度社保费用平均值为1.40亿元。其中，石油石化行业上市公司社保费用平均值（11.05 亿元）显著高于全 A 股水平；基础化工行业上市公司社保费用平均值较小，仅为 0.41 亿元，大大拉低了石化行业整体的平均水平。

在各二级板块中，29 家炼化及贸易公司的社保费用平均值为 15.11 亿元，排第 1 名；13 家油服工程公司的社保费用平均值为 5.32 亿元，排第 2 名；58 家化学原料公司的社保费用平均值为 0.82 亿元，排第 3 名。

② 民营上市公司

2022 年，石化行业 307 家民营上市公司社保费用的总额为 89.57 亿元（表 1-139），同比增长 20.97%。对比而言，全 A 股民营上市公司同期社保费用的总额为 1 658.14 亿元，同比增长 19.31%。

表 1-139　2022 年石化行业民营上市公司社保费用情况统计（按二级行业划分）

类别	公司数量	社保费用（亿元）	社保费用平均值（亿元）	平均值排名
石化行业	307	89.57	0.29	—
石油石化行业	21	19.10	0.91	—
炼化及贸易	15	17.45	1.16	1
油服工程	6	1.65	0.28	5
油气开采 Ⅱ	0	0.00	—	—
基础化工行业	286	70.47	0.25	—
化学制品	130	24.37	0.19	6
塑料	57	10.00	0.18	7
农化制品	37	14.95	0.40	3
化学原料	22	13.27	0.60	2
化学纤维	12	4.44	0.37	4
橡胶	17	2.15	0.13	8
非金属材料 Ⅱ	11	1.30	0.12	9
全 A 股	3 387	1 658.14	0.49	—

数据来源：Wind。

由表 1-139 可知，石化行业民营上市公司中，恒力石化（石油石化 - 炼化及贸易）社保费用达到 3.86 亿元，位列第一；东方盛虹（石油石化 - 炼化及贸易）社保费用 3.44 亿元，位列第二；桐昆股份（石油石化 - 炼化及贸易）社保费用 3.37 亿元，位列第三。前二十名的民营上市公司社保费用合计为 38.20 亿元，占全行业民营的 42.64%。

社保费用排名前二十的公司中（表 1-139），2022 年社保费用出现下降的有 2 家，为新安股份（减少 0.10 亿元）和浙江龙盛（减少 0.02 亿元）；社保费用增幅排名前三的公司分别是 ST 鸿达（130.36%）、合盛硅业（76.46%）和华峰化学（51.32%）。

表 1-140 2022 年石化行业民营上市公司社保费用前二十名

排名	证券简称	一级行业	二级行业	所有制性质	社保费用（亿元）2022年	社保费用（亿元）2021年	社保费用净增长（亿元）
1	恒力石化	石油石化	炼化及贸易	民营企业	3.86	3.38	0.48
2	东方盛虹	石油石化	炼化及贸易	民营企业	3.44	2.51	0.94
3	桐昆股份	石油石化	炼化及贸易	民营企业	3.37	2.31	1.07
4	龙佰集团	基础化工	化学原料	民营企业	2.60	1.95	0.65
5	荣盛石化	石油石化	炼化及贸易	民营企业	2.39	2.07	0.32
6	恒逸石化	石油石化	炼化及贸易	民营企业	2.05	2.00	0.05
7	宝丰能源	基础化工	化学原料	民营企业	2.00	1.69	0.31
8	君正集团	基础化工	化学原料	民营企业	2.00	1.73	0.27
9	联化科技	基础化工	农化制品	民营企业	1.86	1.40	0.45
10	新凤鸣	基础化工	化学纤维	民营企业	1.79	1.63	0.16
11	ST鸿达	基础化工	化学原料	民营企业	1.59	0.69	0.90
12	梅花生物	基础化工	化学制品	民营企业	1.57	1.27	0.30
13	合盛硅业	基础化工	化学制品	民营企业	1.51	0.85	0.65
14	金发科技	基础化工	塑料	民营企业	1.42	1.21	0.22
15	新安股份	基础化工	农化制品	民营企业	1.38	1.48	−0.10
16	浙江龙盛	基础化工	化学制品	民营企业	1.20	1.22	−0.02
17	广汇能源	石油石化	炼化及贸易	民营企业	1.09	0.78	0.31
18	云图控股	基础化工	农化制品	民营企业	1.09	0.80	0.28
19	华峰化学	基础化工	化学纤维	民营企业	1.06	0.70	0.36
20	新洋丰	基础化工	农化制品	民营企业	0.92	0.80	0.12
	前二十名合计				38.20	30.47	—

数据来源：Wind。

石化行业民营上市公司 2022 年度社保费用平均值为 0.29 亿元（表 1-139），对比而言，全 A 股民营上市公司 2022 年度社保费用平均值为 0.49 亿元。其中，石油石化行业民营上市公司社保费用平均值（0.91 亿元）显著高于全 A 股水平；基础化工民营行业上市公司社保费用平均值较小，仅为 0.25 亿元，大大拉低了石化行业民营整体的平均水平。

在各二级板块中，15 家炼化及贸易公司的社保费用平均值为 1.16 亿元，排第 1 名；22 家化学原料公司的社保费用平均值为 0.60 亿元，排第 2 名；37 家农化制品公司的社保费用平均值为 0.40 亿元，排第 3 名。

2. 税收贡献

（1）税收贡献总额

① 上市公司总览

截至 2022 年 12 月 31 日，石化行业 456 家上市公司税收贡献总额❶达到 11 460.94 亿元（表 1-141），同比增长 39.38%。对比而言，全 A 股上市公司同期税收贡献总额达到 47 907.79 亿元，同比增长 15.19%。

表 1-141　2022 年石化行业上市公司税收贡献情况统计（按二级行业划分）

类别	公司数量	税收贡献总额（亿元）	税收贡献平均值①（亿元）	平均值排名
石化行业	456	11 460.94	25.13	—
石油石化行业	46	10 359.29	225.20	—
炼化及贸易	29	9 067.91	312.69	1
油服工程	13	85.49	6.58	3
油气开采Ⅱ	4	1 205.89	301.47	2
基础化工行业	410	1 101.65	2.69	—
化学制品	167	353.63	2.12	7
塑料	72	58.59	0.81	10
农化制品	59	277.23	4.70	5
化学原料	58	330.05	5.69	4
化学纤维	23	52.87	2.30	6
橡胶	19	15.54	0.82	9
非金属材料Ⅱ	12	13.73	1.14	8
全 A 股	5 314	47 907.79	9.02	—

① 税收贡献平均值=税收贡献总额/公司数量。

数据来源：Wind。

由表 1-142 可知，2022 年，中国石油（石油石化 - 炼化及贸易，中央国有企业）税收贡献达到 4 490.34 亿元，位列第一；中国石化（石油石化 - 炼化及贸易，中央国有企业）税收贡献 3 858.18 亿元，位列第二；中国海油（石油石化 - 油气开采Ⅱ，中央国有企业）税收贡献 1 185.65 亿元，位列第三。前二十名的上市公司税收贡献合计为 10 585.31 亿元，占全行业的 92.36%；剔除"三桶油"后，前二十名的上市公司税收贡献合计为 1 108.49 亿元，占全行业的 9.67%。

税收贡献排名前二十的公司中（表 1-142），2022 年税收贡献出现下降的有 2 家，为龙佰集团（减少 1.60 亿元）和上海石化（减少 0.08 亿元）；增幅排名前三的公司分

❶ 采用财务报表中"支付的各项税费"项目予以统计。

别是盐湖股份（196.72%）、中国海油（190.25%）和荣盛石化（154.01%）。

表 1-142 2022 年石化行业上市公司税收贡献前二十名

排名	证券简称	一级行业	二级行业	所有制性质	税收贡献（亿元）2022年	税收贡献（亿元）2021年	税收贡献净增长（亿元）
1	中国石油	石油石化	炼化及贸易	中央国有企业	4 490.34	3 104.16	1 386.18
2	中国石化	石油石化	炼化及贸易	中央国有企业	3 858.18	3 253.48	604.70
3	中国海油	石油石化	油气开采Ⅱ	中央国有企业	1 185.65	408.49	777.16
4	荣盛石化	石油石化	炼化及贸易	民营企业	263.72	103.82	159.90
5	上海石化	石油石化	炼化及贸易	中央国有企业	143.14	143.21	-0.08
6	恒力石化	石油石化	炼化及贸易	民营企业	112.90	98.20	14.70
7	万华化学	基础化工	化学制品	地方国有企业	89.42	69.99	19.43
8	华锦股份	石油石化	炼化及贸易	中央国有企业	76.00	48.33	27.66
9	盐湖股份	基础化工	农化制品	地方国有企业	55.91	18.84	37.06
10	广汇能源	石油石化	炼化及贸易	民营企业	45.71	22.69	23.02
11	云天化	基础化工	农化制品	地方国有企业	39.91	19.32	20.59
12	合盛硅业	基础化工	化学制品	民营企业	32.11	18.93	13.18
13	鲁西化工	基础化工	化学原料	中央国有企业	31.09	24.20	6.89
14	中油工程	石油石化	油服工程	中央国有企业	26.33	26.19	0.14
15	宝丰能源	基础化工	化学原料	民营企业	25.19	18.66	6.53
16	中泰化学	基础化工	化学原料	地方国有企业	24.62	20.71	3.92
17	华鲁恒升	基础化工	农化制品	地方国有企业	24.18	20.18	4.00
18	龙佰集团	基础化工	化学原料	民营企业	20.69	22.29	-1.60
19	卫星化学	基础化工	化学原料	民营企业	20.19	13.08	7.11
20	中海油服	石油石化	油服工程	中央国有企业	20.03	11.31	8.72
21	海油发展	石油石化	油服工程	中央国有企业	19.76	15.38	4.38
22	恒逸石化	石油石化	炼化及贸易	民营企业	18.92	16.28	2.65
23	中盐化工	基础化工	化学原料	中央国有企业	18.67	11.54	7.13
		前二十名合计			10 585.31	7 466.07	—
		剔除"三桶油"后前二十名合计			1 108.49	743.14	—

数据来源：Wind。

石化行业上市公司 2022 年度税收贡献平均值为 25.13 亿元，对比而言，全 A 股上市公司 2022 年度税收贡献平均值为 9.02 亿元。其中，石油石化行业上市公司税收贡献平均值（225.20 亿元）显著高于全 A 股水平；基础化工行业上市公司税收贡献平均值较小，仅为 2.69 亿元，大大拉低了石化行业整体的平均水平。

在各二级板块中，29 家炼化及贸易公司的税收贡献平均值为 312.69 亿元，排第 1 名；4 家油气开采Ⅱ公司的税收贡献平均值为 301.47 亿元，排第 2 名；13 家油服工程公司的税收贡献平均值为 6.58 亿元，排第 3 名（表 1-141）。

② 民营上市公司

截至 2022 年 12 月 31 日，石化行业 307 家民营上市公司税收贡献总额达到 981.39 亿元（表 1-143），同比增长 40.32%。对比而言，全 A 股民营上市公司同期税收贡献总额达到 7 635.11 亿元，同比增长 19.02%。

表 1-143　2022 年石化行业民营上市公司税收贡献情况统计（按二级行业划分）

类别	公司数量	税收贡献总额（亿元）	税收贡献平均值（亿元）	平均值排名
石化行业	307	981.39	3.20	—
石油石化行业	21	489.47	23.31	
炼化及贸易	15	484.23	32.28	1
油服工程	6	5.24	0.87	8
油气开采Ⅱ	0	0.00	—	
基础化工行业	286	491.92	1.72	—
化学制品	130	176.73	1.36	5
塑料	57	50.52	0.89	7
农化制品	37	86.64	2.34	4
化学原料	22	121.67	5.53	2
化学纤维	12	30.43	2.54	3
橡胶	17	12.87	0.76	9
非金属材料Ⅱ	11	13.06	1.19	6
全 A 股	3 387	7 635.11	2.25	—

数据来源：Wind。

由表 1-144 可知，2022 年，荣盛石化（石油石化 - 炼化及贸易）税收贡献达到 263.72 亿元，位列第一；恒力石化（石油石化 - 炼化及贸易）税收贡献 112.90 亿元，位列第二；广汇能源（石油石化 - 炼化及贸易）税收贡献 45.71 亿元，位列第三。前二十名的上市公司税收贡献合计为 691.00 亿元，占全行业的 70.41%。

税收贡献排名前二十的公司中（表 1-144），2022 年税收贡献出现下降的有 7 家，其中降幅排名前三的为华峰化学（−48.48%）、东方盛虹（−31.53%）和金发科技（−26.87%）；增幅排名前三的公司分别是多氟多（162.83%）、荣盛石化（154.01%）和新安股份（134.31%）。

表 1-144　2022 年石化行业民营上市公司税收贡献前二十名

排名	证券简称	一级行业	二级行业	所有制性质	2022年税收贡献（亿元）	2021年税收贡献（亿元）	税收贡献净增长（亿元）
1	荣盛石化	石油石化	炼化及贸易	民营企业	263.72	103.82	159.90
2	恒力石化	石油石化	炼化及贸易	民营企业	112.90	98.20	14.70
3	广汇能源	石油石化	炼化及贸易	民营企业	45.71	22.69	23.02
4	合盛硅业	基础化工	化学制品	民营企业	32.11	18.93	13.18
5	宝丰能源	基础化工	化学原料	民营企业	25.19	18.66	6.53
6	龙佰集团	基础化工	化学原料	民营企业	20.69	22.29	-1.60
7	卫星化学	基础化工	化学原料	民营企业	20.19	13.08	7.11
8	恒逸石化	石油石化	炼化及贸易	民营企业	18.92	16.28	2.65
9	浙江龙盛	基础化工	化学制品	民营企业	17.28	17.78	-0.50
10	君正集团	基础化工	化学原料	民营企业	16.44	18.92	-2.48
11	桐昆股份	石油石化	炼化及贸易	民营企业	16.04	11.79	4.25
12	和邦生物	基础化工	农化制品	民营企业	15.87	9.12	6.75
13	东方盛虹	石油石化	炼化及贸易	民营企业	14.25	20.82	-6.56
14	梅花生物	基础化工	化学制品	民营企业	12.69	6.95	5.74
15	远兴能源	基础化工	化学原料	民营企业	12.03	13.58	-1.55
16	新安股份	基础化工	农化制品	民营企业	11.53	4.92	6.61
17	华峰化学	基础化工	化学纤维	民营企业	11.50	22.31	-10.82
18	新凤鸣	基础化工	化学纤维	民营企业	8.75	5.98	2.77
19	金发科技	基础化工	塑料	民营企业	7.71	10.54	-2.83
20	多氟多	基础化工	化学制品	民营企业	7.48	2.84	4.63
前二十名合计					691.00	459.50	—

数据来源：Wind。

石化行业民营上市公司 2022 年度税收贡献平均值为 3.20 亿元，对比而言，全 A 股民营上市公司 2022 年度税收贡献平均值为 2.25 亿元。其中，石油石化行业民营上市公司税收贡献平均值（23.31 亿元）显著高于全 A 股水平；基础化工行业民营上市公司税收贡献平均值较小，仅为 1.72 亿元，大大拉低了石化行业整体的平均水平。

在各二级板块中，15 家炼化及贸易公司的税收贡献平均值为 32.28 亿元，排第 1 名；22 家化学原料公司的税收贡献平均值为 5.53 亿元，排第 2 名；12 家化学纤维公司的税收贡献平均值为 2.54 亿元，排第 3 名。

（2）所得税

① 上市公司总览

截至 2022 年 12 月 31 日，石化行业 456 家上市公司所得税总额❶达到 1 609.92 亿元（表 1-145），同比增长 3.88%。对比而言，全 A 股上市公司同期所得税总额达到 12 227.77 亿元，同比下降 6.07%。

表 1-145 2022 年石化行业上市公司所得税情况统计（按二级行业划分）

类别	公司数量	所得税总额（人）	所得税平均值①（人/家）	平均值排名
石化行业	456	1 609.92	3.53	—
石油石化行业	46	1 256.88	27.32	—
炼化及贸易	29	689.53	23.78	2
油服工程	13	23.24	1.79	4
油气开采Ⅱ	4	544.12	136.03	1
基础化工行业	410	353.03	0.86	—
化学制品	167	115.21	0.69	6
塑料	72	13.85	0.19	10
农化制品	59	118.48	2.01	3
化学原料	58	88.32	1.52	5
化学纤维	23	5.95	0.26	9
橡胶	19	5.19	0.27	8
非金属材料Ⅱ	12	6.03	0.50	7
全 A 股	5 314	12 227.77	2.30	—

① 税收贡献平均值=税收贡献总额/公司数量。

数据来源：Wind。

由表 1-146 可知，2022 年，中国海油（石油石化 - 油气开采Ⅱ，中央国有企业）所得税为 530.93 亿元，位列第一；中国石油（石油石化 - 炼化及贸易，中央国有企业）所得税 492.95 亿元，位列第二；中国石化（石油石化 - 炼化及贸易，中央国有企业）所得税 187.57 亿元，位列第三。前二十名的上市公司所得税合计为 1 400.11 亿元，占全行业的 86.97%；剔除"三桶油"后，前二十名的上市公司所得税合计为 203.10 亿元，占全行业的 12.62%。

所得税排名前二十的公司中（表 1-146），2022 年所得税出现下降的有 8 家，其中降幅排名前三为鲁西化工（-55.67%）、万华化学（-39.23%）和龙佰集团（-31.60%）；增幅排名前三的公司分别是盐湖股份（1 326.59%）、新潮能源（318.04%）和广汇能

---

❶ 采用"所得税"项目予以统计。

源（126.09%）。

表 1-146 2022 年石化行业上市公司所得税前二十名

排名	证券简称	一级行业	二级行业	所有制性质	2022年所得税（亿元）	2021年所得税（亿元）	所得税净增长（亿元）
1	中国海油	石油石化	油气开采Ⅱ	中央国有企业	530.93	255.14	275.79
2	中国石油	石油石化	炼化及贸易	中央国有企业	492.95	435.07	57.88
3	中国石化	石油石化	炼化及贸易	中央国有企业	187.57	233.18	−45.61
4	广汇能源	石油石化	炼化及贸易	民营企业	25.74	11.39	14.36
5	万华化学	基础化工	化学制品	地方国有企业	24.99	41.12	−16.13
6	盐湖股份	基础化工	农化制品	地方国有企业	16.76	1.17	15.58
7	云天化	基础化工	农化制品	地方国有企业	14.78	6.63	8.15
8	合盛硅业	基础化工	化学制品	民营企业	11.76	15.63	−3.87
9	华鲁恒升	基础化工	农化制品	地方国有企业	11.23	12.73	−1.50
10	兴发集团	基础化工	农化制品	地方国有企业	10.74	6.85	3.90
11	宝丰能源	基础化工	化学原料	民营企业	10.05	10.50	−0.45
12	新潮能源	石油石化	油气开采Ⅱ	公众企业	9.81	2.35	7.46
13	中盐化工	基础化工	化学原料	中央国有企业	7.77	3.88	3.89
14	梅花生物	基础化工	化学制品	民营企业	7.46	4.49	2.97
15	君正集团	基础化工	化学原料	民营企业	6.96	8.33	−1.37
16	浙江龙盛	基础化工	化学制品	民营企业	6.71	5.24	1.47
17	和邦生物	基础化工	农化制品	民营企业	6.68	5.52	1.16
18	鲁西化工	基础化工	化学原料	中央国有企业	6.33	14.27	−7.95
19	中油工程	石油石化	油服工程	中央国有企业	5.52	4.31	1.20
20	龙佰集团	基础化工	化学原料	民营企业	5.36	7.83	−2.48
21	中海油服	石油石化	油服工程	中央国有企业	4.88	7.67	−2.79
22	海油发展	石油石化	油服工程	中央国有企业	4.87	5.38	−0.51
23	远兴能源	基础化工	化学原料	民营企业	4.68	6.31	−1.63
前二十名合计					1 400.11	1 085.64	—
剔除"三桶油"后前二十名合计					203.10	181.62	—

数据来源：Wind。

石化行业上市公司 2022 年度所得税平均值为 3.53 亿元（表 1-145），对比而言，全 A 股上市公司 2022 年度所得税平均值为 2.30 亿元。其中，石油石化行业上市公司所得税平均值（27.32 亿元）显著高于全 A 股水平；基础化工行业上市公司所得税平均值较小，仅为 0.86 亿元，大大拉低了石化行业整体的平均水平。

在各二级板块中，4 家油气开采Ⅱ公司的所得税平均值为 136.03 亿元，排第 1 名；29 家炼化及贸易公司的所得税平均值为 23.78 亿元，排第 2 名；59 家农化制品公司的所得税平均值为 2.01 亿元，排第 3 名。

② 民营上市公司

截至 2022 年 12 月 31 日，石化行业 307 家民营上市公司所得税总额❶为 182.49 亿元（表 1-147），同比下降 48.40%。对比而言，全 A 股民营上市公司同期所得税总额为 1 902.34 亿元，同比下降 5.99%。

表 1-147　2022 年石化行业上市公司所得税情况统计（按二级行业划分）

类别	公司数量	所得税总额（人）	所得税平均值①（人/家）	平均值排名
石化行业	307	182.49	0.59	—
石油石化行业	21	14.11	0.67	—
炼化及贸易	15	12.19	0.81	3
油服工程	6	1.92	0.32	7
油气开采Ⅱ	0	0.00	—	—
基础化工行业	286	168.39	0.59	—
化学制品	130	63.33	0.49	5
塑料	57	10.72	0.19	9
农化制品	37	41.92	1.13	2
化学原料	22	38.07	1.73	1
化学纤维	12	3.98	0.33	6
橡胶	17	4.49	0.26	8
非金属材料Ⅱ	11	5.88	0.53	4
全 A 股	3 387	1 902.34	0.56	—

① 税收贡献平均值=税收贡献总额/公司数量。
数据来源：Wind。

2022 年，广汇能源（石油石化 - 油气开采Ⅱ）所得税为 25.74 亿元，位列第一；合盛硅业（基础化工-化学制品）所得税 11.76 亿元，位列第二；宝丰能源（基础化工-化学原料）所得税 10.05 亿元，位列第三。前二十名的民营上市公司所得税合计为 1 400.11 亿元，占全行业民营的 65.97%。

---

❶ 本章节中税收贡献统计采用财务报表中"支付的各项税费"项目予以统计，所得税统计采用"所得税"项目予以统计。因为上市公司纳税往往涉及纳税返还、异地纳税、递延纳税、财务报表特殊涉税处理等情形，所以本章节中统计的税收贡献及所得税与上市公司在所属地实际纳税额存在差异。

所得税排名前二十的公司中（表 1-148），2022 年所得税出现下降的有 8 家，其中降幅排名前三为华峰化学（−72.19%）、卫星化学（−62.45%）和龙佰集团（−31.60%）；增幅排名前三的公司分别是东方铁塔（159.55%）、广汇能源（126.09%）和润丰股份（84.96%）。

表 1-148 2022 年石化行业上市公司所得税前二十名

排名	证券简称	一级行业	二级行业	所有制性质	2022年所得税（亿元）	2021年所得税（亿元）	所得税净增长（亿元）
1	广汇能源	石油石化	炼化及贸易	民营企业	25.74	11.39	14.36
2	合盛硅业	基础化工	化学制品	民营企业	11.76	15.63	−3.87
3	宝丰能源	基础化工	化学原料	民营企业	10.05	10.50	−0.45
4	梅花生物	基础化工	化学制品	民营企业	7.46	4.49	2.97
5	君正集团	基础化工	化学原料	民营企业	6.96	8.33	−1.37
6	浙江龙盛	基础化工	化学制品	民营企业	6.71	5.24	1.47
7	和邦生物	基础化工	农化制品	民营企业	6.68	5.52	1.16
8	龙佰集团	基础化工	化学原料	民营企业	5.36	7.83	−2.48
9	远兴能源	基础化工	化学原料	民营企业	4.68	6.31	−1.63
10	新安股份	基础化工	农化制品	民营企业	4.49	4.31	0.18
11	颖泰生物	基础化工	农化制品	民营企业	3.82	2.23	1.59
12	卫星化学	基础化工	化学原料	民营企业	3.68	9.80	−6.12
13	华峰化学	基础化工	化学纤维	民营企业	3.39	12.20	−8.81
14	广信股份	基础化工	农化制品	民营企业	3.36	2.08	1.28
15	新洋丰	基础化工	农化制品	民营企业	2.96	2.85	0.11
16	索通发展	基础化工	非金属材料Ⅱ	民营企业	2.84	2.00	0.84
17	润丰股份	基础化工	农化制品	民营企业	2.65	1.43	1.22
18	云图控股	基础化工	农化制品	民营企业	2.65	2.73	−0.08
19	多氟多	基础化工	化学制品	民营企业	2.58	1.49	1.09
20	东方铁塔	基础化工	农化制品	民营企业	2.54	0.98	1.56
前二十名合计					120.39	117.36	—

数据来源：Wind。

石化行业民营上市公司 2022 年度所得税平均值为 0.59 亿元（表 1-147），对比而言，全 A 股民营上市公司 2022 年度所得税平均值为 0.56 亿元。其中，石油石化行业民营上市公司所得税平均值（0.67 亿元）和基础化工行业民营上市公司所得税平均值（0.59 亿元）均高于全 A 股民营水平。

在各二级板块中，22 家化学原料公司的所得税平均值为 1.73 亿元，排第 1 名；37 家农化制品公司的所得税平均值为 1.13 亿元，排第 2 名；15 家炼化及贸易公司的所得税平均值为 0.81 亿元，排第 3 名。

（三）规范治理

1. "无保留意见审计报告"统计

（1）上市公司总览

2022 年，会计师为石化行业上市公司出具"无保留意见"审计报告的比率❶为 96.49%（表 1-149），同比下降 0.22 个百分点。对比而言，会计师为全 A 股上市公司出具"无保留意见审计报告"的比率为 96.16%，同比下降 0.39 个百分点。

表 1-149 2022 年石化行业上市公司"无保留意见"审计报告比率统计（按二级行业划分）

类别	公司数量	无保留意见率	无保留意见率排名
石化行业	456	96.49%	—
石油石化行业	46	95.65%	—
炼化及贸易	29	96.55%	7
油服工程	13	100.00%	1
油气开采Ⅱ	4	75.00%	10
基础化工行业	410	96.59%	—
化学制品	167	97.60%	5
塑料	72	97.22%	6
农化制品	59	93.22%	8
化学原料	58	93.10%	9
化学纤维	23	100.00%	1
橡胶	19	100.00%	1
非金属材料Ⅱ	12	100.00%	1
全 A 股	5 314	96.16%	—

数据来源：Wind。

石油石化行业上市公司 2022 年度无保留意见审计报告比率（95.65%）低于全 A 股平均水平；基础化工行业上市公司 2022 年度无保留意见审计报告比率（96.59%）高于全 A 股平均水平。

在各二级板块中，油服工程、化学纤维、橡胶、非金属材料Ⅱ上市公司的无保留

---

❶ 采用"审计意见类别"指标予以统计。"无保留意见审计报告"是指会计师对上市公司依照审计准则审查后确认相关财务报告能够在重大方面公允地反应财务状况和经营成果，亦体现上市公司的合规运行情况。无保留意见审计报告比率 = 标准无保留意见审计报告总数 / 公司数量。

意见率均为100.00%；4家油气开采Ⅱ公司的无保留意见率最低，为75.00%；油气开采Ⅱ、农化制品（93.22%）、化学原料（93.10%）板块的无保留意见率低于全A股平均水平。

（2）民营上市公司

2022年，会计师为石化行业民营上市公司出具"无保留意见"审计报告的比率❶为96.09%（表1-150），同比下降0.65个百分点。对比而言，会计师为全A股民营上市公司出具"无保留意见审计报告"的比率为95.87%，同比下降0.58个百分点。

表1-150　2022年石化行业民营上市公司"无保留意见审计报告"比率统计（按二级行业划分）

类别	公司数量	无保留意见率	无保留意见率排名
石化行业	307	96.09%	—
石油石化行业	21	95.24%	—
炼化及贸易	15	93.33%	7
油服工程	6	100.00%	1
油气开采Ⅱ	0	—	—
基础化工行业	286	96.15%	—
化学制品	130	97.69%	5
塑料	57	96.49%	6
农化制品	37	91.89%	8
化学原料	22	86.36%	9
化学纤维	12	100.00%	1
橡胶	17	100.00%	1
非金属材料Ⅱ	11	100.00%	1
全A股	3 387	95.87%	—

数据来源：Wind。

石油石化行业民营上市公司2022年度无保留意见审计报告比率（95.24%）低于全A股平均水平；基础化工行业上市公司2022年度无保留意见审计报告比率（96.15%）高于全A股平均水平。

在各二级板块中，油服工程、化学纤维、橡胶、非金属材料Ⅱ上市公司的无保留意见率均为100.00%；22家化学原料公司的无保留意见率最低，为86.36%；化学原料、农化制品（91.89%）、炼化及贸易（93.33%）板块的无保留意见率低于全A股民营平

---

❶ 采用"审计意见类别"指标予以统计。"无保留意见审计报告"是指会计师对上市公司依照审计准则审查后确认相关财务报告能够在重大方面公允地反应财务状况和经营成果，亦体现上市公司的合规运行情况。无保留意见审计报告比率=标准无保留意见审计报告总数/公司数量。

均水平。

2. 违规处理情况

（1）上市公司总览

2022年，石化行业共有64家上市公司受到122次处罚❶，受处罚家数占比为14.04%（表1-151）。对比而言，全A股共有872家上市公司受到2 609次处罚，受处罚家数占比为16.41%。

表1-151　2022年石化行业上市公司区间违规处罚次数统计（按二级行业划分）

类别	公司数量	受处罚家数	受处罚家数占比	受处罚家数占比排名	平均受处罚次数	平均受处罚次数排名
石化行业	456	64	14.04%	—	0.27	—
石油石化行业	46	10	21.74%	—	0.48	—
炼化及贸易	29	5	17.24%	4	0.31	6
油服工程	13	4	30.77%	2	0.38	3
油气开采Ⅱ	4	1	25.00%	3	2.00	1
基础化工行业	410	54	13.17%	—	0.24	—
化学制品	167	20	11.98%	9	0.17	8
塑料	72	10	13.89%	5	0.36	4
农化制品	59	8	13.56%	7	0.41	2
化学原料	58	8	13.79%	6	0.22	7
化学纤维	23	3	13.04%	8	0.13	9
橡胶	19	1	5.26%	10	0.11	10
非金属材料Ⅱ	12	4	33.33%	1	0.33	5
全A股	5 314	872	16.41%	—	0.49	—

数据来源：Wind。

2022年，石化行业上市公司受处罚家数占比为14.04%，对比而言，全A股上市公司受处罚家数占比为16.41%。其中，石油石化行业上市公司受处罚家数占比（21.74%）高于全A股水平；基础化工行业上市公司受处罚家数占比（13.17%）低于全A股水平。

在各二级板块中，橡胶（5.26%）、化学制品（11.98%）、化学纤维（13.04%）上市公司的受处罚家数占比较低，整体规范性更高；非金属材料Ⅱ（33.33%）、油服工

---

❶ 采用"区间违规处罚次数"指标予以统计。处罚包括中国证监会与各证监局的行政监管措施及行政处罚，各交易所的自律监管措施及纪律处分等。

程（30.77%）、油气开采Ⅱ（25.00%）、炼化及贸易（17.24%）上市公司的受处罚家数占比较高，均高于全A股平均水平。

（2）民营上市公司

2022年，石化行业共有47家民营上市公司受到87次处罚，受处罚家数占比为15.31%（表1-152）。对比而言，全A股共有534家民营上市公司受到954次处罚，受处罚家数占比为15.77%。其中，石油石化行业民营上市公司受处罚家数占比（19.05%）高于全A股民营水平；基础化工行业民营上市公司受处罚家数占比（15.03%）低于全A股民营水平。

表1-152　2022年石化行业民营上市公司区间违规处罚次数统计（按二级行业划分）

类别	公司数量	受处罚家数	受处罚家数占比	受处罚家数占比排名	平均受处罚次数	平均受处罚次数排名
石化行业	307	47	15.31%	—	0.28	—
石油石化行业	21	4	19.05%	—	0.29	—
炼化及贸易	15	2	13.33%	7	0.20	6
油服工程	6	2	33.33%	2	0.50	2
油气开采Ⅱ	0	—	—	—	—	—
基础化工行业	286	43	15.03%	—	0.28	—
化学制品	130	16	12.31%	8	0.17	7
塑料	57	9	15.79%	6	0.42	3
农化制品	37	6	16.22%	5	0.57	1
化学原料	22	5	22.73%	3	0.27	5
化学纤维	12	2	16.67%	4	0.17	8
橡胶	17	1	5.88%	9	0.12	9
非金属材料Ⅱ	11	4	36.36%	1	0.36	4
全A股	3 387	534	15.77%	—	0.28	—

数据来源：Wind。

在各二级板块中，橡胶（5.88%）、化学制品（12.31%）、炼化及贸易（13.33%）民营上市公司的受处罚家数占比较低，整体规范性更高；非金属材料Ⅱ（36.36%）、油服工程（33.33%）、化学原料（22.73%）、化学纤维（16.67%）、农化制品（16.22%）、塑料（15.79%）民营上市公司的受处罚家数占比较高，均高于全A股民营平均水平。

本章小结

本章借助 HJ-18 模型，对中国石化产业上市公司现状进行详细分析，分总体分布、业绩表现、资本运作、科技创新和 ESG 表现五个维度展开，基本结论总结如下：

维度		与全A股上市公司对比	二级行业间对比
总体分布	上市进程	石化产业公司上市进程与全A股基本保持一致	近年化学制品、塑料等板块新增上市公司较多
	市值特点	全球小市值石化上市公司占比较大：国内石化上市公司平均市值低于全球石化上市公司，但中位数更高 石化产业小市值上市公司较全A股更多：石化产业上市公司市值均值与中位数均小于全A股	炼化及贸易、油气开采和化学原料等传统大宗领域上市公司的平均总市值更高
	估值水平	国内石化产业上市公司估值更高：平均市盈率高于全球石化 石化行业上市公司估值低于全A股水平	塑料、橡胶、化学制品等板块估值相对更高
业绩表现	总资产、营收、净利润	与全球石化对比，呈现出平均值小、中位数大的特点 与全A股对比，呈现出平均值大、中位数小的特点	石油石化板块资产、营收规模大；农化制品2022年利润较好
	资产负债率	石化行业资产负债率整体低于全A股	石油石化板块资产负债率整体较高
	利润率	石化行业毛利率低于全A股上市公司，净利率水平高于全A股	油气开采、农化制品、橡胶等板块在2022年有更高利润率
	投资回报	石化行业ROE与ROIC均高于全A股	油气开采、农化制品、非金属材料等板块回报情况更好
	分红股息	石化行业分红与股息情况与全A股相当	炼化及贸易、油气开采和化学原料等板块分红情况更好

续表

维度		与全A股上市公司对比	二级行业间对比
资本运营	融资活动	石化行业上市公司融资活动相对不活跃：增发、股权激励次数较少，股票回购次数少，但总金额占全A股回购金额18.48%	橡胶、农化制品、炼化及贸易和塑料等板块的融资活动相对更活跃
	投资活动	石化行业上市公司投资活动、剥离分拆等操作的频率与规模与全A股基本相当	化学制品、化学原料和非金属材料领域上市公司的投资活动更多，主要目的在于产业链整合/布局新能源新材料 石化产业内的分拆活动多在农化制品、炼化及贸易和化学原料领域，分拆业务多为高估值新兴业务
	市值管理	石化产业上市公司资本市场关注度相对较低	炼化及贸易、油气开采和非金属材料板块的市场参与度更高
科技创新	板块分布	石化行业上市公司在科创板的分布比例小于全A股	化学制品、塑料和化学纤维等领域在科创板的上市公司比例较高
	研发投入	石化行业上市公司整体研发投入情况不及全A股	基础化工板块的研发投入相对更好，尤其橡胶、塑料和化学制品等
ESG表现		石化行业上市公司ESG评分情况与全A股基本持平	基础化工板块ESG表现相对更好，尤其橡胶、塑料和化学制品等

总体来讲，中国石化产业上市公司以小规模公司为主，规模分布呈现金字塔结构，不同行业板块间差距大。以市值为例，中国石化产业上市公司金字塔底部较全A股更宽，即小市值上市公司占比更大；但较全球石化产业上市公司更窄，即全球石化产业上市公司中的小市值公司比例更大（图1-24）。

第一章　中国石化产业上市公司基本情况

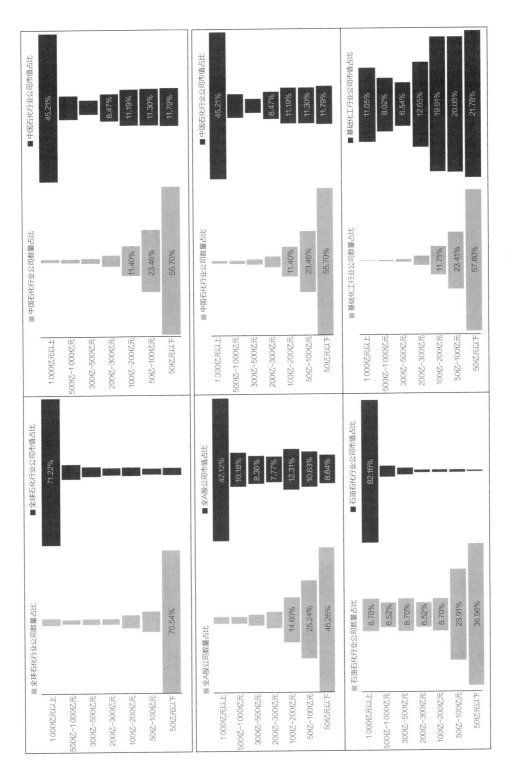

图1-24　全球/中国A股石化产业上市公司市值分布情况

第二章
中国石化产业上市公司发展质量评价

第一节　上市公司发展质量评分方法

一、评分体系构建

伴随市场信息披露愈加透明、行业竞争日益加剧，近年来各类经营主体常通过横向对比衡量自身相对发展水平，有针对性地提升竞争力，相关绩效评估方法层出不穷。

美国所罗门公司（SAL）是全球著名的开展炼油、乙烯等评价的专业公司，多年来一直从事石油石化企业的绩效评估业务，评估结果为多数企业所用。其绩效评估的过程是在大量炼油厂数据的基础上，将可比的指标体系进行分析对比，得到企业在自身体量下相对行业的水平，进而分析参评企业各方面竞争力。所罗门绩效评价通过财务、现金操作费、能耗、可靠性与维修、人力资源、工艺6大类共计23项指标，对炼厂的实际运营情况进行全方位的评估。针对不同的工艺装置，根据其装置类型、进料性质、操作条件以及产品质量等因素，给出该工艺装置的一个标准指标量。通过装置实际指标量与当量标准（当量蒸馏能力）相比，得出工艺装置的相应指数，指数代表炼厂在相应方面相对于标准值的潜力发挥程度。而所罗门绩效评价体系中的当量蒸馏能力来源于其庞大的项目经验库，全球超500家炼厂向所罗门公司提供了其装置配置、能源消耗、人力资源配置、维修需求、完全加工费、原材料以及产品等方面的数据。通过回归分析，这一数据库为不同的生产装置所需要的基本资源提供了客观基础，不同装置所需要的基本资源就是当量蒸馏能力因数。某个工艺装置的当量蒸馏能力，是其装置能力、当量蒸馏能力因数以及当年参与服务时间比例的乘积。

张鹏、张平和黄胤英等人所著的《中国上市公司蓝皮书：中国上市公司发展报告（2022）》中，对上市公司高质量发展的评价研究通过五因素综合评价模型展开，针对上市公司财务状况、估值与成长性、创值能力、公司治理、创新与研发五大维度，下设若干个业绩指标，模型首先对上市公司业绩指标进行标准化和正交化处理，后对指标体系进行专家评分，通过层次分析法确定几个维度及其内部业绩指标之间的权重，加总后得到总评分，以此衡量我国上市公司的高质量发展情况。

本报告构建了针对中国石化产业上市公司发展质量的评价体系，借鉴所罗门绩效评价的构建逻辑和中国上市公司发展系列报告的赋权评价方法。以石化行业所有上市公司为样本，选取了上市公司产业发展（财务表现）、科技创新、资本市场表现和ESG表现四个维度的20个评价指标，以营业收入和总市值做体量标准进行回归分析，得到各指标的当量因数，再代入上市公司营收和市值，得到指标的标准值。根据指标真实值与标准值的相对大小衡量上市公司该项指标在行业内的相对水平，通过对各项指标的赋权，处理得到石化产业上市公司在各项维度的发展质量评分，反映上市公司在该维度上排除体量影响后的相对水平（图2-1）。

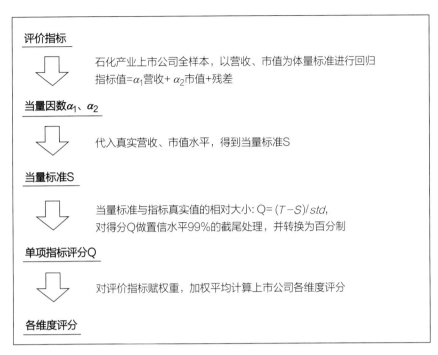

图2-1 中国石化产业上市公司发展质量体系原理简释

二、评价指标

根据国务院2022年发布的《关于"十四五"推动石化化工行业高质量发展的指导意见》,石化化工行业高质量发展包括创新发展、产业结构、产业布局、数字化转型和绿色安全五方面目标,对石化产业上市公司而言,本报告将创新发展要求体现在上市公司的科技创新投入维度(通过上市公司研发投入、研发人员数量等指标衡量);产业结构、产业布局和数字化转型的行业要求通过上市公司的产业发展(财务维度)来体现;绿色安全要求的体现包括在上市公司ESG维度中。

国务院2020年印发《关于进一步提高上市公司质量的意见》,从提高上市公司治理水平、推动上市公司做优做强、健全退出机制、解决上市公司突出问题、提高违法违规成本、形成工作合力等六个方面,提出了17条具体举措,大力提高上市公司质量。在系列举措中,公司治理是其中的基础工程和重要保障,因此,本报告在评价体系中通过公司治理相关指标(ESG维度)体现上市公司治理表现;通过社会贡献相关指标(ESG维度)体现上市公司履行主体责任的情况;通过上市公司的资本市场表现衡量其在资本市场的综合发展水平,具体包括估值和价值传播两个方面。

综上,选取四类维度中的20个相关指标衡量石化产业上市公司发展的质量水平(表2-1和表2-2)。

表2-1 中国石化产业上市公司发展质量评价维度说明

评价维度		选择依据
产业发展（财务表现）		源于《关于"十四五"推动石化化工行业高质量发展的指导意见》，石化产业高质量发展要求之产业结构、产业布局、数字化转型。在公司层面提出了提高产能利用率、提高乙烯和化工新材料保障水平、提高生产装置自控率等目标，由于石化产业体系庞大，目前获取相关数据指标较难，报告通过上市公司财务维度的相关指标来体现。 上市公司的产品布局更合理、数字化转型程度更高，其所带来的财务维度表现更好
科技创新		源于《关于"十四五"推动石化化工行业高质量发展的指导意见》，石化产业高质量发展要求之创新发展。在公司层面提出了提高研发投入及其占比、突破关键技术和新产品等要求，通过上市公司在科技创新维度的表现来衡量。由于产业技术和新产品的非标数据难以获取，本报告主要考虑上市公司在科技创新维度的投入情况
资本市场表现	估值表现	源于国务院《关于进一步提高上市公司质量的意见》，针对提高上市公司质量提出的系列举措：推动上市公司做优做强；健全上市公司退出机制。举措主要包括支持优质企业上市、促进市场化并购重组、完善上市公司融资制度、健全激励约束机制、严格退市监管和拓宽多元化退出渠道等内容，由于在行业层面上市公司的资本运作较难比较，本报告主要通过估值表现和价值传播情况体现上市公司在资本市场的整体发展水平
	价值传播	
ESG表现	环境治理	源于《关于"十四五"推动石化化工行业高质量发展的指导意见》，石化产业高质量发展要求之绿色安全。在公司层面提出了降低单位产品能耗和碳排放、降低挥发性有机物排放等要求。由于当前上市公司在环境和绿色发展方面的数据披露有限，本报告通过上市公司的Wind_ESG评分衡量其在该维度的表现。
	社会贡献	源于国务院《关于进一步提高上市公司质量的意见》，针对提高上市公司质量提出的系列举措：形成提高上市公司质量的工作合力(强化上市公司主体责任)。切实履行社会责任。
	公司治理	源于国务院《关于进一步提高上市公司质量的意见》，针对提高上市公司质量提出的系列举措：提高上市公司治理水平，提高违法违规成本。

表2-2 中国石化产业上市公司发展质量评价指标说明

评价维度	评价指标	指标意义
产业发展（财务表现）	净利润	反映企业综合盈利能力
	净资产收益率	反映企业投入资本的盈利能力
	现金比率	反映企业短期偿债能力

续表

评价维度		评价指标	指标意义
科技创新		研发投入	衡量上市公司的科技投入情况，由于评价体系中已考虑公司的相对体量大小，因此评价指标同时包括绝对量与占比
		研发投入占比	
		研发人员	
		研发人员占比	
资本市场表现	估值表现	市净率	股票市场价格与每股净资产的比率，衡量公司资产价值
		市盈率	股票市场价格与每股盈余（EPS）的比率，衡量股票投资价值
	价值传播	研报数量	衡量资本市场对上市公司的关注程度和上市公司自身情况的传播度
		机构持股比例	机构投资者在上市公司的参与度，反映市场对上市公司业绩和前景的看法
		日均交易量	反映上市公司在资本市场的活跃度
		日均交易额	
ESG表现	环境治理		—
	社会贡献	就业人数	反映上市公司在履行社会责任方面的贡献
		社保费用	
		税收贡献	
	公司治理	现金分红率	反映上市公司对股东回报的水平
		违规处罚（负）	定性衡量上市公司违规情况
		是否ST（负）	通过上市公司是否ST判断其整体经营情况
	Wind ESG评分		上市公司在环境、社会和治理方面的综合评分

三、综合评分

以上市公司营业收入和总市值衡量其体量，通过全样本回归得到在该体量下上市公司各指标的标准值（即行业相对平均水平，具体当量因数与回归过程见表2-3），通过比较标准值与实际值判断上市公司在该指标领域的发展水平。

表2-3 各指标标准值计算过程

类别	维度	评价指标	当量标准
上市公司体量参考	营业收入		
	总市值		
上市公司评价指标	产业发展（财务表现）	ROE	$S_{ROE}=5.30\ln(Rev)-2.49\ln(Cap)-2.60$
		净利润	$S_{Profit}=-0.006Rev+0.142\,8Cap-6.575\,5$
		现金比率	$S_{Cash_{ratio}}=0.53\ln(Rev)-0.63\ln(Cap)+1.12$

续表

类别	维度	评价指标	当量标准
上市公司评价指标	科技创新	研发投入	$S_{Research_{expenses}}=3.48\ln(Rev)+2.51\ln(Cap)-19.26$
		研发投入占比	$S_{Pro\_RD}=0.73\ln(Rev)-0.97\ln(Cap)+3.52$
		研发人员	$S_{Num\_RD}=171.65\ln(Rev)+202.67\ln(Cap)-1\,016.46$
		研发人员占比	$S_{Pro\_Num\_RD}=0.19\ln(Rev)+0.002\ln(Cap)-0.63$
	资本市场表现	市盈率	$S_{PE_{LYR}}=11.87\ln(Rev)-9.33\ln(Cap)+32.28$
		市净率	$S_{PB}=1.06\ln(Rev)-1.32\ln(Cap)+3.47$
		研报数量	$S_{Num_{re}}=10.46\ln(Rev)+1.15\ln(Cap)-33.43$
		机构持股比例	$S_{Per_{institutional}}=5.97\ln(Rev)+3.46\ln(Cap)-3.84$
		日均交易量	$S_{Daily_{trading volume}}=0.005\ln(Rev)+0.063\ln(Cap)-0.079$
		日均交易额	$S_{Daily_{trading value}}=1.12\ln(Rev)+0.09\ln(Cap)-3.37$
	ESG表现	现金分红率	$S_{Cash\_dividend\_ratio}=-0.46\ln(Rev)+3.49\ln(Cap)+18.91$
		违规处罚（负）	若有则取值为1，否则为0
		是否ST（负）	若是则取值为1，否则为0
		就业人数	$S_{Employees}=4.88Rev+14.10Cap+1\,238.18$
		社保费用	$S_{Social_{insurance}}=1.61\ln(Rev)+0.87\ln(Cap)-8.44$
		税收贡献	$S_{Taxes}=10.78\ln(Rev)+6.87\ln(Cap)-59.65$
		Wind_ESG评分	$S_{Wind_{ESG}}=0.13\ln(Rev)-0.03\ln(Cap)+5.56$

得到每个评价指标的当量标准后，由评价指标的当量标准 S 和真实值 T 的相对大小计算其评分 Q：

$$Q=\frac{T-S}{\text{std}}$$

其中，std 表示所有样本上市公司该指标的标准差。

每个上市公司某一指标的评分 Q 表示其在石化行业上市公司整体中的相对水平，Q 值越大，代表该指标在行业内水平越高，原理见图2-2。

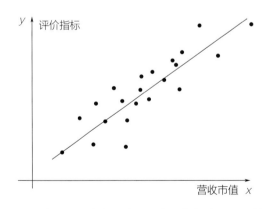

图2-2 中国石化产业上市公司发展指标当量原理简释

通过以上分析得到上市公司在每个细分项的评分，根据石化产业上市公司高质量发展相关政策要求，对四个维度内的指标赋权加和，得到上市公司在四个维度上的评分（表2-4）。

表2-4 中国石化产业上市公司发展质量评价体系内赋权

类别	评价维度	评价指标		各维度内指标赋权	赋权意义
上市公司体量参考	营业收入				
	总市值				
上市公司评价指标	产业发展（财务表现）	净利润		50%	净利润能够直观反映上市公司经营状况，对其赋权更高
		净资产收益率		30%	
		现金比率		20%	
	科技创新	研发投入		30%	为避免大型企业营收/市值较大对其科技投入占比衡量的影响，在赋权中为绝对值的赋权相对更高
		研发投入占比		20%	
		研发人员		30%	
		研发人员占比		20%	
	资本市场表现	估值表现	市净率	60%	因石化行业为资产密集型行业，市净率赋权相对较高
			市盈率	40%	
		价值传播	研报数量	60%	在评价上市公司的资本市场关注度时，研报数量相对直观，维度内赋权更大
			机构持股比例	30%	
			日均交易量	5%	
			日均交易额	5%	
	ESG表现	社会贡献（40%）	就业人数	33%	对上市公司社会贡献的评价，就业人数、社保费用和税收贡献赋权相同
			社保费用	33%	
			税收贡献	34%	
		公司治理（40%）	现金分红率	60%	现金分红率对上市公司经营有重要且长远的意义，对其赋权更高
			违规处罚（负）	20%	
			是否ST（负）	20%	
		综合评分（20%）	Wind ESG评分	100%	目前尚未有对上市公司环境治理的定量评价指标，因此用ESG评分总括

对各个维度的总评分做截尾处理，取99%置信区间（z值2.58），即将指标评分高于2.58的数据取值2.58，指标评分低于−2.58的取值−2.58；最后，将评分转换百分制，得到石化产业上市公司在四个评价维度上的发展质量评分，在最终评分体系中，评分为50.00代表上市公司在该指标上处于行业相对平均水平，与上市公司发展体量相对应。

第二节 上市公司发展质量评分结果

经过第一章对中国石化产业上市公司各指标绝对数据的分析后，利用上述评分方法对石化产业上市公司指标进行处理，得到的评分数据反映上市公司该指标在排除体量影响后在行业内的相对水平。对上市公司发展质量的分析从产业发展（财务维度）、科技创新、资本市场和 ESG 表现四个维度展开。

一、产业发展（财务维度）

石化产业经营状况受周期影响较大，不同年份上市公司的财务维度表现差异较大。2022 年我国石油和化学工业实现营业收入 16.56 万亿元，同比增长 14.4%；实现利润总额 1.13 万亿元，同比下降 2.8%。与行业整体表现相似，石化产业链上下游各板块均实现了营业收入的增长，但盈利情况分化显著，按中国石油和化学工业联合会分类板块来看，油气开采业利润继续大幅增长，2022 年实现营业收入 1.49 万亿元，同比增长 32.9%，实现利润总额 0.36 万亿元，同比增长 114.7%；炼油板块显著承压，2022 年实现营业收入 5.19 万亿元，同比增长 18.5%，实现利润总额 0.02 万亿元，同比下降 87.6%；化工板块覆盖面较广，主要面向下游领域，2022 年实现营业收入 9.56 万亿元，同比增长 10.1%，实现利润总额 0.73 万亿元，同比下降 8.1%。按申万宏源对石化行业上市公司的分类板块来看，2022 年十个二级行业上市公司均实现了营业收入的正向增长，但净利润增减不一、分化严重。

具体地，2022 年我国农化行业普遍增长迅速，营业收入和净利润均有大幅增长，农化制品板块上市公司 2022 年平均营收同比增长 25.21%，平均净利润同比增长 65.99%，财务维度发展评分中农化制品板块上市公司表现出色。2022 年中国石化产业上市公司财务维度评分结果排名前 20 的企业中，农化制品板块上市公司共 6 家，占比达 30%（远高于农化制品上市公司数量占总体比例 12.94%）；农化制品板块上市公司在财务维度的评分均值为 52.28，居十个二级行业板块之首，明显高于石化行业整体均值 49.91。

2022 年非金属材料板块盈利状况良好，新能源产业发展带动化学矿开采利润增长，新材料领域需求空间巨大，2022 年非金属材料板块上市公司平均营收同比增长 76.01%，平均净利润同比增长 67.57%。财务维度评分平均值为 51.96，显著高于石化行业整体水平，但在财务维度排名前 20 的企业中未上榜，说明板块内上市公司财务维度发展集中于行业中上游水平。

油气开采与油服工程均处于产业链上游，2022 年受国际油气价格高位震荡影响，利润维持高位，油气开采板块上市公司 2022 年平均营收同比增长 71.10%，平均净利润同比增长 106.56%；油服工程板块上市公司 2022 年平均营收同比增长 13.58%，平均净利润同比增长159.61%。但在石化产业上市公司发展质量评价体系中，剔除上市公司绝对体量的影响后，油气开采与油服工程板块上市公司在财务维度的相对水平较为落后，排名前20的上市公司中仅一家上市公司上榜，且其在财务维度的评分平均值分别为49.48和45.82，均低于石化行业整体平均水平。

炼化及贸易、化学原料、化学纤维、塑料和橡胶等板块处于石化产业链相对中游水平，成本端增加叠加需求放缓，普遍承压显著，2022年各板块上市公司平均营收均实现正向增长，但平均净利润小幅下滑；在石化产业上市公司财务维度的评分中，处于行业相对平均水平。

化学制品板块作为基础化工的主要组成部分，其2022年盈利水平同样呈下降趋势，化学制品板块上市公司2022年平均营收同比增长15.83%，平均净利润同比下降17.83%。由于化学制品板块上市公司数量较多，其在财务维度的整体评分水平与石化行业相当。2022年中国石化产业上市公司财务维度评分结果前二十名的企业中（表2-5），化学制品板块上市公司共7家，占比35%（化学制品上市公司数量占总体比例为36.62%）；财务维度评分平均值（49.95）略高于行业平均水平（49.91）（表2-6）。

表2-5 中国石化产业上市公司财务维度发展质量评价前二十名列表

证券代码	证券简称	行业	公司属性	净利润	ROE	现金比率	财务维度总评分
000792.SZ	盐湖股份	农化制品	地方国有	64.76	100.00	64.16	75.21
603281.SH	江瀚新材	化学制品	民营企业	50.44	98.71	66.47	68.13
605399.SH	晨光新材	化学制品	民营企业	51.23	77.36	95.08	67.84
000422.SZ	湖北宜化	农化制品	地方国有	53.68	100.00	51.86	67.21
600389.SH	江山股份	农化制品	其他企业	52.59	100.00	50.74	66.44
000707.SZ	双环科技	化学原料	地方国有	51.84	100.00	48.53	65.63
300343.SZ	联创股份	化学制品	民营企业	50.76	99.88	46.17	64.58
000525.SZ	ST红太阳	农化制品	民营企业	51.29	100.00	44.17	64.48
600096.SH	云天化	农化制品	地方国有	57.28	82.81	54.10	64.30
600256.SH	广汇能源	炼化及贸易	民营企业	59.65	81.10	49.73	64.10
603235.SH	天新药业	化学制品	民营企业	49.37	59.72	100.00	62.60
002211.SZ	宏达新材	化学制品	民营企业	50.81	100.00	35.89	62.58
002802.SZ	洪汇新材	化学制品	民营企业	50.73	57.28	100.00	62.55
301003.SZ	江苏博云	塑料	民营企业	50.75	54.37	100.00	61.69
001316.SZ	润贝航科	炼化及贸易	民营企业	50.57	53.64	100.00	61.38
301019.SZ	宁波色母	塑料	民营企业	50.67	53.46	100.00	61.37
301092.SZ	争光股份	塑料	民营企业	50.56	53.34	100.00	61.28
002629.SZ	仁智股份	油服工程	民营企业	50.74	100.00	27.62	60.89
600141.SH	兴发集团	农化制品	地方国有	58.35	71.77	50.27	60.76
688196.SH	卓越新能	化学制品	民营企业	50.77	58.95	88.26	60.72

数据来源：和君咨询整理。

表2-6 中国石化产业上市公司财务维度发展质量评分统计（分二级行业板块）

排名	二级行业	公司数量	净利润	ROE	现金比率	财务维度总评分
1	农化制品	59	51.00	56.66	48.92	52.28
2	非金属材料Ⅱ	12	49.67	57.95	48.70	51.96
3	化学原料	58	49.96	51.62	49.45	50.35
4	橡胶	19	50.15	52.24	46.75	50.10
5	化学制品	167	49.97	50.22	49.50	49.95
6	化学纤维	23	49.79	49.02	49.45	49.49
7	油气开采Ⅱ	4	54.70	44.20	44.35	49.48
8	塑料	72	50.20	48.45	47.55	49.15
9	炼化及贸易	29	48.05	38.82	57.25	47.12
10	油服工程	13	48.35	44.40	41.66	45.82
	总体	456	50.00	50.23	49.20	49.91

数据来源：和君咨询整理。

二、科技创新维度

我国化工行业研发强度仅1%左右，产业整体科技创新水平不及全行业，与美国、欧盟和日本等国家的石化行业研发强度同样存在差距。报告对石化产业上市公司科技创新维度的评价考虑投入端的量化指标，即研发投入和研发人员情况。

在中国石化产业上市公司科技创新维度的评分中，油服工程板块表现出色，其在科技创新维度评分排名前二十名的企业中占据5席（表2-7），占比25%（远高于油服工程上市公司数量占总体比例2.85%），排名前五的上市公司分别为中油工程、海油发展、石化油服、博迈科和海油工程，主要为"三桶油"系列油服公司，高评分得益于其研发人员较多，且占员工总数比例也较大；油服工程板块上市公司的评分平均值（55.80）也明显高于石化行业平均水平（49.82）（表2-8）。与油服工程板块类似，油气开采板块上市公司整体评分水平高于石化行业，主要得益于其较高的研发人员占比。

表2-7 中国石化产业上市公司科技创新维度发展质量评分前二十名列表

证券代码	证券简称	行业	公司属性	研发投入	研发投入占比	研发人员	研发人员占比	科技创新维度总评分
600378.SH	昊华科技	化学制品	中央国有	55.04	96.49	100.00	100.00	85.81
600339.SH	中油工程	油服工程	中央国有	70.89	64.41	100.00	100.00	84.15
002493.SZ	荣盛石化	炼化及贸易	民营企业	75.71	50.95	91.67	63.86	73.18
603225.SH	新凤鸣	化学纤维	民营企业	57.56	52.89	100.00	72.32	72.31

续表

证券代码	证券简称	行业	公司属性	研发投入	研发投入占比	研发人员	研发人员占比	科技创新维度总评分
600968.SH	海油发展	油服工程	中央国有	59.86	56.39	94.57	66.73	70.95
300530.SZ	领湃科技	化学制品	地方国有	49.73	100.00	47.66	100.00	69.22
600309.SH	万华化学	化学制品	地方国有	59.41	46.80	98.95	56.55	68.18
688157.SH	松井股份	化学制品	民营企业	49.48	100.00	47.55	92.33	67.57
688179.SH	阿拉丁	化学制品	民营企业	49.20	100.00	47.02	92.98	67.46
600871.SH	石化油服	油服工程	中央国有	63.95	56.01	100.00	34.83	67.35
300261.SZ	雅本化学	农化制品	民营企业	49.96	77.10	50.53	100.00	65.57
000301.SZ	东方盛虹	炼化及贸易	民营企业	59.03	51.11	95.32	44.95	65.52
000949.SZ	新乡化纤	化学纤维	地方国有	53.98	89.55	67.52	54.09	65.18
002648.SZ	卫星化学	化学原料	民营企业	57.33	56.34	61.81	89.96	65.00
603727.SH	博迈科	油服工程	民营企业	50.58	69.60	52.92	100.00	64.97
300180.SZ	华峰超纤	塑料	民营企业	50.86	69.20	55.77	93.22	64.47
000830.SZ	鲁西化工	化学原料	中央国有	60.51	68.12	74.16	52.20	64.47
002601.SZ	龙佰集团	化学原料	民营企业	56.44	63.12	82.82	49.80	64.36
601233.SH	桐昆股份	炼化及贸易	民营企业	62.65	56.81	86.05	41.13	64.20
600583.SH	海油工程	油服工程	中央国有	58.50	63.10	73.10	60.22	64.14

数据来源：和君咨询整理。

表2-8 中国石化产业上市公司科技创新维度发展质量评分统计（分二级行业板块）

排名	二级行业	公司数量	研发投入	研发投入占比	研发人员	研发人员占比	科技创新维度总评分
1	油服工程	13	54.26	48.93	62.50	54.95	55.80
2	化学纤维	23	50.59	50.54	52.06	47.82	50.47
3	油气开采Ⅱ	4	50.97	45.63	47.38	58.82	50.39
4	化学制品	167	49.76	52.26	48.17	51.55	50.14
5	塑料	72	49.69	53.04	47.00	52.51	50.12
6	炼化及贸易	29	53.22	45.67	53.84	43.29	49.91
7	农化制品	59	50.31	48.26	50.70	47.57	49.47
8	橡胶	19	49.64	52.20	46.24	47.88	48.78
9	化学原料	58	50.21	42.87	51.37	47.89	48.62
10	非金属材料Ⅱ	12	48.82	41.72	45.17	41.12	44.76
	总体	456	50.25	49.73	49.52	49.74	49.82

数据来源：和君咨询整理。

化学制品板块上市公司数量多，涵盖范围广，板块整体发展水平与行业相当，评分平均值 50.14 略高于行业平均值。而板块内部分企业科技创新表现突出，在科技创新维度评分排名前 10 的企业中占据 50%，昊华科技、万华化学和阿拉丁等企业的科技创新投入较大，主要经营 MDI、氟化工和催化剂等高端精细化学品。

三、资本市场维度

我国石化产业在资本市场参与度整体较低，投资并购等资本运作集中在产业内部，服务于产业链横向/垂直整合或向相关领域的布局。报告对于石化产业资本维度的评价考虑估值（市盈率、市净率）和价值传播（研报数量、机构持股情况、日均交易情况）两个方面，从石化产业上市公司资本市场维度的评分结果可知，资本市场对石化产业的主要关注点主要在于高利润和高创新领域，排名前列上市公司有兴发集团、杭州高新、万华化学和荣盛石化等代表型企业。

在中国石化产业上市公司资本市场维度的评分中，油服工程板块同样表现出色。准油股份在 2022 年资本维度的评分排名中排名第一（表 2-9），主要缘于高估值，2022 年其市盈率（LYR）达 243.01 倍，市净率 15.18 倍；油服工程板块上市公司在资本市场维度的评分平均值为 53.77，高于行业平均水平 49.61（表 2-10），同样得益于其较高的市盈率和市净率指标评分。

表 2-9　中国石化产业上市公司资本市场维度发展质量评分前二十名列表

证券代码	证券简称	行业	公司属性	市盈率	市净率	研报数量	机构持股比例	日均交易量	日均交易额	资本市场维度总评分
002207.SZ	准油股份	油服工程	民营企业	100.00	100.00	50.82	60.24	77.84	70.70	75.00
000691.SZ	亚太实业	化学原料	民营企业	64.51	100.00	54.53	58.43	58.70	55.01	68.02
600141.SH	兴发集团	农化制品	地方国有	44.09	49.04	99.13	49.68	48.22	100.00	66.40
000985.SZ	大庆华科	炼化及贸易	中央国有	90.76	58.59	52.91	88.54	46.72	52.01	66.32
300478.SZ	杭州高新	塑料	民营企业	60.73	88.82	54.35	68.70	54.63	54.54	66.25
002597.SZ	金禾实业	化学制品	民营企业	44.43	46.27	100.00	68.51	36.02	47.80	65.58
600256.SH	广汇能源	炼化及贸易	民营企业	44.26	50.29	82.05	52.65	100.00	100.00	65.24
603916.SH	苏博特	化学制品	民营企业	44.73	45.83	100.00	65.98	40.85	43.85	65.11

续表

证券代码	证券简称	行业	公司属性	市盈率	市净率	研报数量	机构持股比例	日均交易量	日均交易额	资本市场维度总评分
600486.SH	扬农化工	农化制品	中央国有	46.69	50.09	100.00	64.57	25.36	38.34	64.94
002211.SZ	宏达新材	化学制品	民营企业	38.28	100.00	53.03	65.68	59.75	53.88	64.67
300767.SZ	震安科技	橡胶	民营企业	73.58	44.29	86.43	56.57	45.54	50.10	64.25
688295.SH	中复神鹰	化学纤维	中央国有	71.68	48.14	86.20	57.77	35.04	34.25	63.44
600426.SH	华鲁恒升	农化制品	地方国有	40.95	46.46	100.00	57.99	32.44	55.58	63.42
600309.SH	万华化学	化学制品	地方国有	41.39	51.10	100.00	47.25	13.53	81.92	63.12
300321.SZ	同大股份	化学制品	地方国有	100.00	45.44	53.91	74.75	51.97	52.33	62.79
688196.SH	卓越新能	化学制品	民营企业	47.18	49.10	100.00	45.76	38.00	43.66	62.47
600610.SH	中毅达	化学原料	其他企业	100.00	100.00	35.37	35.56	46.07	44.59	62.45
002648.SZ	卫星化学	化学原料	民营企业	41.76	48.56	100.00	51.97	31.10	44.94	62.25
301071.SZ	力量钻石	非金属材料	民营企业	55.14	34.95	100.00	49.14	42.02	58.55	62.09
002493.SZ	荣盛石化	炼化及贸易	民营企业	45.10	57.81	84.91	56.89	32.68	40.11	61.17

数据来源：和君咨询整理。

表 2-10 中国石化产业上市公司资本市场维度发展质量评分统计（分二级行业板块）

排名	二级行业	公司数量	市盈率	市净率	研报数量	机构持股比例	日均交易量	日均交易额	资本市场维度总评分
1	油服工程	13	67.10	56.80	42.96	56.26	60.37	46.07	53.77
2	非金属材料Ⅱ	12	51.77	46.83	59.31	48.34	47.58	53.75	52.09
3	炼化及贸易	29	53.30	53.17	51.36	52.31	49.88	45.81	51.85

续表

排名	二级行业	公司数量	市盈率	市净率	研报数量	机构持股比例	日均交易量	日均交易额	资本市场维度总评分
4	农化制品	59	46.84	49.83	52.18	49.57	51.08	53.99	50.33
5	化学纤维	23	46.08	48.38	53.02	54.51	48.61	44.39	50.28
6	化学制品	167	48.90	48.02	49.90	50.76	47.48	49.31	49.26
7	化学原料	58	47.44	49.73	46.21	54.17	51.11	49.60	49.18
8	橡胶	19	46.66	47.05	52.82	47.01	48.42	49.45	48.94
9	塑料	72	50.64	48.00	47.77	47.00	48.58	48.20	48.22
10	油气开采Ⅱ	4	43.59	42.54	41.66	46.72	77.28	68.06	46.81
	总体	456	49.31	48.94	49.74	50.63	49.46	49.50	49.61

数据来源：和君咨询整理。

非金属材料板块上市公司在资本市场维度的发展集中于中上游水平，其评分平均值52.09明显高于行业平均水平，主要得益于较高的研报数量指标评分，受新能源和新材料领域迅猛发展的影响，非金属材料板块上市公司的资本市场关注度相对较高。

四、ESG 表现维度

我国石化产业面临巨大的减排节能压力，绿色低碳加速转型迫在眉睫。从WindESG评分结果来看，石化产业ESG水平略好于全行业，当前进展较好。报告对于石化产业上市公司ESG维度的评分考虑公司治理、社会贡献和环境治理三个维度，由于环境治理方面无可量化指标，用WindESG评分总括。从评分结果可知，我国石化产业各二级行业间的ESG水平差距较小，ESG领域的发展希望主要在石化产业链下游，以化学制品和塑料等板块为代表。

油服工程板块上市公司在ESG方面的评分中仍有较好的表现，板块评分平均值50.87，高于石化行业平均水平，主要得益于社会贡献方面的高评分。

在中国石化产业上市公司ESG维度的评分中，化学制品和塑料板块上市公司的表现突出。排名前20的企业中（表2-11），化学制品板块有10家，占比50%（高于上市公司数量占比36.62%），板块评分平均值50.43；前二十名的企业中塑料板块有4家，占比20%（高于上市公司数量占比15.79%），板块评分平均值49.96。化学制品和塑料板块在ESG维度的高评分得益于其更好地公司治理和环境治理水平。

炼化及贸易板块上市公司在ESG维度同样有较好的表现，板块评分平均值为49.72，位列10个二级板块第4（表2-12）；中国石油和中国石化分别排名第3和第5位，在社会贡献方面的表现突出，充分体现其社会责任。

表2-11 中国石化产业上市公司ESG维度发展质量评分前二十名列表

证券代码	证券简称	行业	公司属性	现金分红率	是否ST	违规处罚（负）	就业人数	社保	税费	Wind_ESG	ESG维度总评分
002909.SZ	集泰股份	化学制品	民营企业	100.00	50.00	50.00	49.18	52.57	50.51	69.74	66.25
301237.SZ	和顺科技	塑料	民营企业	100.00	50.00	50.00	48.76	55.36	50.58	61.36	64.90
601857.SH	中国石油	炼化及贸易	中央国有	57.57	50.00	50.00	58.19	100.00	59.03	69.13	64.60
603683.SH	晶华新材	化学制品	民营企业	100.00	50.00	50.00	49.35	52.49	50.50	59.21	64.15
600028.SH	中国石化	炼化及贸易	中央国有	61.34	50.00	50.00	57.73	100.00	55.66	63.90	63.95
002361.SZ	神剑股份	塑料	民营企业	100.00	50.00	50.00	49.37	49.95	50.39	58.22	63.61
603110.SH	东方材料	化学制品	民营企业	100.00	50.00	50.00	48.85	50.97	50.39	57.49	63.53
002802.SZ	洪汇新材	化学制品	民营企业	89.27	50.00	50.00	48.76	55.65	50.59	66.56	63.40
688386.SH	泛亚微透	塑料	民营企业	94.81	50.00	50.00	48.82	55.24	50.57	59.94	63.36
300798.SZ	锦鸡股份	化学制品	其他企业	93.36	50.00	50.00	49.04	49.76	50.39	57.15	61.73
300522.SZ	世名科技	化学制品	民营企业	83.71	50.00	50.00	48.90	51.54	50.46	67.54	61.72
301077.SZ	星华新材	化学制品	民营企业	82.01	50.00	50.00	49.20	54.65	50.58	65.68	61.41
000990.SZ	诚志股份	化工原料	地方国有	100.00	50.00	50.00	50.74	42.56	49.67	45.19	60.10
002381.SZ	双箭股份	橡胶	民营企业	75.77	50.00	50.00	49.94	51.15	50.47	65.14	59.42
002917.SZ	金奥博	化学制品	民营企业	79.81	50.00	50.00	50.02	52.11	50.50	59.37	59.38
603948.SH	建业股份	化学制品	民营企业	79.60	50.00	50.00	48.89	49.85	50.44	59.82	58.96
002734.SZ	利民股份	农化制品	民营企业	60.59	50.00	50.00	51.91	50.33	50.26	78.93	58.66
300717.SZ	华信新材	塑料	民营企业	63.50	50.00	50.00	48.85	58.06	50.62	69.49	58.14
603639.SH	海利尔	农化制品	民营企业	75.92	50.00	50.00	50.36	46.87	50.19	61.04	58.08
688571.SH	杭华股份	化学制品	地方国有	70.61	50.00	50.00	48.99	53.12	50.53	63.75	58.05

数据来源：和君咨询整理。

表2-12 中国石化产业上市公司ESG维度发展质量评分统计（分二级行业板块）

排名	二级行业	公司数量	现金分红率	是否ST	违规处罚（负）	就业人数	社保	税费	Wind_ESG	ESG维度总评分
1	油服工程	13	45.08	50.00	50.00	55.65	51.99	48.79	55.98	50.87
2	化学制品	167	51.09	50.00	50.46	49.68	50.05	50.19	50.69	50.43
3	塑料	72	48.42	50.27	50.27	49.31	50.95	50.32	51.07	49.96
4	炼化及贸易	29	49.77	51.34	50.67	50.29	47.94	49.25	49.78	49.72
5	化学原料	58	48.77	50.33	50.33	50.73	46.77	49.93	51.15	49.65
6	橡胶	19	49.84	50.00	50.00	49.35	51.43	49.86	47.19	49.55
7	农化制品	59	47.79	50.66	50.66	50.49	46.56	49.94	50.26	49.22
8	化学纤维	23	44.82	50.00	50.84	50.44	47.80	50.23	50.78	48.74
9	非金属材料	12	48.11	50.00	50.00	49.07	52.48	50.70	42.80	48.34
10	油气开采Ⅱ	4	40.04	54.84	54.84	44.90	58.34		41.21	47.15
	总体	456	49.15	50.30	50.47	50.04	49.33	50.04	50.41	49.86

本章小结

本章构建了一套衡量中国石化产业上市公司发展质量的评价体系,该评价体系排除了公司体量对其指标数据的影响,从产业发展、科技创新、资本市场和 ESG 表现四个维度分析上市公司在行业内的相对水平。

所得结果与上市公司绝对量的分析相似,在产业发展维度,农化制品、非金属材料和化学原料等板块表现较为突出;在科技创新维度,油服工程、化学纤维和化学制品等板块表现突出;在资本市场维度,油服工程、非金属材料和炼化及贸易等板块表现突出;在 ESG 表现维度,则是化学制品、塑料和油服工程等板块上市公司表现较为突出。

第三章
中国石化产业发展现状与趋势

第一节　宏观经济形势

一、国际经济环境

2023年全球百年未有之大变局加速演进，地缘政治冲突持续，对区域发展及全球形势造成冲击；单边主义、贸易保护主义抬头，全球范围的通货膨胀及其相应政策的影响仍在持续。全球变暖导致极端天气事件频发，绿色低碳转型成为全球共识；人工智能技术创新与应用突飞猛进，对经济增长和社会进步带来巨大的机遇和挑战；新一轮科技革命和产业变革加快递进，全球产业链、供应链重构呈加速之势。

在全球产业链调整、俄乌冲突、巴以冲突等事件长期影响下，叠加紧缩货币政策、债务风险上升等周期性因素，主要大型经济体经济周期分化持续加剧，全球经济总体疲软。国际货币基金组织预测，2023年世界经济增速约为3%，低于2022年的3.5%，也低于疫情前水平；经合组织也同样做出2023年世界经济增速低于上年度的预测。综合多家研究机构的预测数据，发达经济体2023年的增速整体将显著放缓，新兴市场和发展中经济体的经济增速预计将大体稳定在4.0%水平。

二、国内经济环境

2023年是我国全面贯彻党的二十大精神的开局之年，是三年新冠疫情防控转段后经济恢复发展的一年，经济总量超过126万亿元，同比增长5.2%。以习近平同志为核心的党中央团结带领全党全国各族人民，顶住外部压力、克服内部困难，坚持稳中求进工作总基调，全面深化改革开放，加大宏观调控力度，着力扩大内需、优化结构、提振信心、防范化解风险，我国经济波浪式发展、曲折式前进，全年呈现前低、中高、后稳态势，总体回升向好，高质量发展扎实推进，全面建设社会主义现代化国家迈出坚实步伐。

经济整体回升向好，供给需求稳步改善，转型升级积极推进，就业物价总体稳定，民生保障有力有效，高质量发展扎实推进，主要预期目标圆满实现。分季度看，2023年国内生产总值一季度同比增长4.5%，二季度增长6.3%，三季度增长4.9%，四季度增长5.2%；全年全国规模以上工业增加值比上年增长4.6%。就业物价总体稳定，城镇调查失业率平均值降到5.2%左右、比去年低0.4个百分点，居民消费价格指数上涨约0.2%。国际收支基本平衡，进出口额同比基本持平，出口占国际市场份额有望维持在14%左右的水平。高质量发展扎实推进，现代化产业体系建设取得积极进展，科技创新实现新突破，安全发展基础巩固夯实，民生保障有力有效。总体来看，我国经济回升向好、长期向好的基本趋势没有改变，支撑高质量发展的要素条件不断集聚增多。

但我国当前经济仍面临诸多内外部困难挑战，全球货币过快收紧导致后期活力不足；在地缘政治紧张和全球利率上升的背景下，国内资金存在外流风险；中美关系仍存在较大不确定性。疫情对国内家庭和企业消费投资信心、风险承担意愿和能力造成的影响持续；终端需求疲软；部分行业面临产能过剩问题亟需转型。我国经济发展仍将处于战略机遇和风险挑战并存、不确定难预料因素增多的时期，但经济发展主流和长期趋势没有改变。

第二节 相关政策

一、石化行业主要产业政策分析

石化行业高质量发展以加快推进传统产业改造提升，大力发展化工新材料和精细化学品，加快产业数字化转型，提高本质安全和清洁生产水平，加速石化化工行业质量变革、效率变革、动力变革，推进我国由石化化工大国向强国迈进为指导思想。旨在构建自主创新能力强、结构布局合理、绿色安全低碳的高质量发展格局，推动我国制造业高端化绿色化智能化发展。

2022年4月，工信部、国家发改委等六部门发布《关于"十四五"推动石化化工行业高质量发展的指导意见》，提出了石化行业高质量发展的五方面目标。

第一，创新发展。原始创新和集成创新能力持续增强，到2025年，规上企业研发投入占主营业务收入比重达到1.5%以上；突破20项以上关键共性技术和40项以上关键新产品。突破一批重点战略领域关键基础材料。新材料产业创新能力明显提升，重点行业研发投入强度达到1.5%以上，掌握一批具有自主知识产权的关键共性核心技术。

第二，产业结构。大宗化工产品生产集中度进一步提高，产能利用率达到80%以上；乙烯当量保障水平大幅提升，化工新材料保障水平达到75%以上。重点领域产业集中度进一步提升，形成5到10家具有生态主导力和核心竞争力的产业链领航企业。

第三，产业布局。城镇人口密集区危险化学品生产企业搬迁改造任务全面完成，形成70个左右具有竞争优势的化工园区。到2025年，化工园区产值占行业总产值70%以上。化工园区集约水平显著提升，形成一批石化产业基地。

第四，数字化转型。石化、煤化工等重点领域企业主要生产装置自控率达到95%以上，建成30个左右智能制造示范工厂、50家左右智慧化工示范园区。

第五，绿色安全。大宗产品单位产品能耗和碳排放明显下降，挥发性有机物排放总量比"十三五"降低10%以上，本质安全水平显著提高，有效遏制重特大生产安全事故。

采用提升创新发展水平、推动产业结构调整、优化调整产业布局、推进产业数字化转型、加快绿色低碳发展、夯实安全发展基础等措施，同时加强组织保障，推进我国石油与化学工业高质量发展。

石化行业主要产业政策见表3-1。

表 3-1 石化行业主要产业政策

分类	政策名称	发布时间	政策来源	主要内容
产业规划	《石化化工行业稳增长工作方案》	2023年8月18日	工信部、国家发改委等七部门	推动高端化绿色化智能化发展；丰富优质供给，激活释放消费潜力；稳定外资外贸，增进更高水平对放合作；强化要素供给，保障生产平稳运行；激发企业活力，筑牢稳大盘基础支撑
	石化化工行业鼓励推广应用的技术和产品目录（第二批）	2023年8月1日	工信部	28项技术和产品符合遴选标准
	《产业结构调整指导目录（2023年本）》	2023年7月14日	国家发改委	鼓励、限制、淘汰产业目录
	《关于"十四五"推动石化化工行业高质量发展的指导意见》	2022年4月7日	工信部、国家发改委等六部门	到2025年，石化化工行业基本形成自主创新能力强，结构布局合理、绿色低碳安全的高质量发展格局，高端产品保障能力大幅提高，核心竞争能力明显增强，高水平自立自强迈出坚实步伐
	《"十四五"原材料工业发展规划》	2021年12月21日	工信部、科技部、自然资源部	对石化化工、钢铁、有色金属、建材等原材料工业，促进产业供给高端化、推动产业结构合理化、加快产业发展绿色化、加速产业转型数字化，保障产业体系安全化
	《"十四五"信息化和工业化深度融合发展规划》	2021年11月30日	工信部	石化化工行业数字化转型重点：聚焦设备管理智能制造、安全环保水平、加快推动产业链上下游协同水平不高、安全生产压力大等痛点，产业链切入点，在设备健康管理、智能炼化生产、供应链协同、安全监控等方向开展数字化转型
	石化化工行业鼓励推广应用的技术和产品目录（第一批）	2021年4月23日	工信部	为提升石化化工行业智能化水平，在全国范围内组织开展石化化工行业先进适用技术和产品的征集工作，经地方及相关单位推荐、专家评审等，32项技术和产品符合遴选标准
	《中华人民共和国国民经济和社会发展第十四个五年规划和2035年远景目标纲要》	2021年3月13日	国务院	推动石化、纺织等优质产品供给，钢铁、有色、建材等原材料产业布局优化和结构调整，扩大轻工、纺织等重点行业改造升级，完善绿色制造体系

续表

分类	政策名称	发布时间	政策来源	主要内容
产业规划	大力提升油气勘探开发力度工作推进会	2019年5月	国家能源局	石油企业要落实增储上产主体责任，完成2019~2025七年行动方案
	《关于石化产业调结构促转型增效益的指导意见》	2016年8月4日	国务院办公厅	按照"五位一体"总体布局和"四个全面"战略布局，牢固树立创新、协调、绿色、开放、共享的新发展理念，推进供给侧结构性改革，积极开拓市场，坚持创新驱动，改善发展环境，着力去产能、降消耗、减排放、补短板、调布局、促安全，推动石化产业提质增效、转型升级和健康发展
提高能效	《工业重点领域能效标杆水平和基准水平（2023年版）》	2023年6月6日	国家发改委、工信部等五部门	节能降碳改造范围从《2021年版》的高耗能行业拓展到重点工业重点领域，合计36个重点领域
	《关于进一步做好原料用能不纳入能源消费总量控制有关工作的通知》	2022年10月27日	国家发改委、国家统计局	加快推动能源要素向单位能耗产出效率更高的产业和项目倾斜，推动加快构建高端完整的石化化工生产和供应体系，有力推进行业高质量转型发展
	《工业能效提升行动计划》	2022年6月23日	工信部等六部门	提出到2025年，重点工业行业能效全面提升，钢铁、石化化工、有色金属、建材等行业重点产品能效达到国际先进水平，规模以上工业单位增加值能耗比2020年下降13.5%
	《关于加快推动工业资源综合利用的实施方案》	2022年1月27日	工信部、国家发改委等八部门	明确到2025年，钢铁、有色、化工等重点行业工业固废产生强度下降，大宗工业固废的综合利用比例显著提升，再生资源行业持续健康发展，工业资源综合利用效率明显提升
	《关于严格能效约束推动重点领域节能降碳的若干意见》	2021年10月18日	国家发改委、工信部等五部门	制定石化化工重点行业严格能效约束推动节能降碳行动方案（2021~2025年）（能效水平要求与上文件相同）
	《完善能源消费强度和总量双控制度方案》	2021年9月11日	国家发改委	《方案》提出推动能源清洁安全高效利用，倒逼产业结构、能源结构调整，有效发挥了能耗双控倒逼的制度优势，推动能源结构快速调整和高比例、大规模的可再生能源替代

续表

分类	政策名称	发布时间	政策来源	主要内容
绿色清洁	《关于促进炼油行业绿色创新高质量发展的指导意见》	2023年10月10日	国家发改委、国家能源局等四部门	提出到2025年，国内原油一次加工能力控制在10亿吨以内，千万吨级炼油产能占比55%左右，产能结构和生产力布局逐步优化，技术装备实力进一步增强，能源资源利用效率进一步提升，炼油产品能效原则上达到基准水平、优于标杆水平的超过30%。"十四五"期间污染物排放和碳排放强度进一步下降，绿色发展取得显著成效
	《"十四五"全国清洁生产推行方案》	2021年11月9日	国家发改委	对于石油化工行业：开展高效催化、过程强化、高效精馏等工艺技术改造。推进炼油污水集成再生，煤化工浓盐废水深度处理及回用，精细化工微反应、化工废盐无害化制碱等工艺。实施绿氢炼化、二氧化碳耦合制甲醇等降碳工程
	《关于加强产融合作推动工业绿色发展的指导意见》	2021年9月3日	工信部、人民银行、银保监会、证监会	立足当前我国工业绿色发展实际和碳达峰碳中和目标要求，围绕创新链、产业链、供应链、消费链以及国际合作5个方面，提出工业绿色发展8个重点方向，推动工业主要素、全产业链、全价值链绿色转型
	《关于促进石化产业绿色发展的指导意见》	2017年8月1日	国家发改委、工信部	深入推进石化产业供给侧结构性改革，以"布局合理化、产品高端化、资源节约化、生产清洁化"为目标，优化产业布局，调整产业结构，加强科技创新、完善产业绿色标准，建立绿色发展长效机制，推动石化产业绿色可持续发展
数字化转型	《石化化工行业数字化转型实施指南》	2024年1月	工信部等九部门	提出了石化化工行业数字化转型主要目标，为达成转型目标，提出强化标准基础，科学评估数字化现状水平，强化供应商培育，提升场景开发和解决方案供给能力两大任务
	《原材料工业数字化转型工作方案（2024—2026年）》	2024年1月	工信部等九部门	推动原材料工业数字化转型，加快推进新型工业化，建设制造强国

续表

分类	政策名称	发布时间	政策来源	主要内容
数字化转型	《石化行业智能制造标准体系建设指南（2022版）》	2022年11月4日	工信部	规范和引导石化行业向数字化、网络化、智能化发展，深入落实国家智能制造及标准化有关政策及要求
	《石油和化工行业"十四五"智能制造专项规划》		石化联合会	部署油气勘探开发与生产、石油化工、现代煤化工、农用化学品、橡胶加工和化工新材料等重点行业的智能化转型发展方向
	《到2025年化肥减量化行动方案》《到2025年化学农药减量化行动方案》	2022年11月16日	农业农村部	加快推进化肥农药减量增效，健全化肥农药减量化机制
	《化工园区建设标准和认定管理办法（试行）》	2021年12月28日	工信部等六部门	指导各地规范园区建设和实施认定管理，提升化工园区安全生产和绿色发展水平
	《中国石油和化学工业碳达峰与碳中和宣言》	2021年11月15日	石化联合会及17家石油和化工企业、化工园区	六项倡议和承诺：一是推进能源结构清洁低碳化；二是大力提高能效；三是提升高端石化产品供给水平；四是加快部署二氧化碳捕集驱油和封存项目、二氧化碳用作原料化工产品项目，积极开发碳汇项目；五是加大科技研发力度，着力突破一批核心和关键技术，提高绿色低碳标准；六是大幅增加绿色低碳投资强度
	《关于支持民营企业加快改革发展与转型升级的实施意见》	2020年10月14日	国家发改委	推动油气基础设施向企业公平开放。进一步放开石油、化工、电力、天然气等领域节能环保竞争性业务

199

二、上市公司高质量发展政策分析

自国务院《关于进一步提高上市公司质量的意见》发布以来，金融管理部门和地方政府多次出台相关政策，持续推动我国上市公司治理水平和公司质量提升。上市公司是实体经济的"基本盘"，是经济高质量发展的重要微观基础。提高上市公司质量也是推动资本市场健康发展的内在要求，是新时代加快完善社会主义市场经济体制的重要内容。

对于石化产业而言，提高上市公司质量同样是助推行业转型发展的重要抓手，对服务实体经济高质量发展有重要意义。石化产业上市公司也要紧扣服务实体经济主线，坚持两个"毫不动摇"，不断优化上市公司结构、提升运作规范性、改善信息披露质量、提高可持续发展能力和整体质量，加大对科技创新和高端制造业的支持力度，发挥好上市公司作用，服务石化产业高质量转型发展。上市公司高质量发展政策见表 3-2。

表 3-2 上市公司高质量发展政策

政策文件	发布时间	政策来源	主要内容
《关于加强监管防范风险推动资本市场高质量发展的若干意见》	2024年4月	国务院	要以习近平新时代中国特色社会主义思想为指导，全面贯彻党的二十大和二十届二中全会精神，紧紧围绕打造安全、规范、透明、开放、有活力、有韧性的资本市场，以强监管、防风险、促高质量发展为主线，更好发挥资本市场功能作用，推进金融强国建设，服务中国式现代化大局
中央金融工作会议	2023年10月		优化融资结构，更好发挥资本市场枢纽功能，推动股票发行注册制走深走实，发展多元化股权融资，大力提高上市公司质量，培育一流投资银行和投资机构。促进债券市场高质量发展
《落实〈推动提高上市公司质量三年行动方案（2022—2025）〉工作方案》	2022年12月	深交所	明确推动提高上市公司质量的时间表、路线图、任务书，力争经过三年努力，进一步巩固深市上市公司高质量发展基础，推动形成一批主动服务国家战略、创新能力突出、公司治理规范、经营业绩长期向好、投资者回报持续增强、积极履行社会责任的上市公司群体
《推动提高沪市上市公司质量三年行动计划》	2022年12月	上交所	紧扣服务实体经济主线，坚持两个"毫不动摇"，加大对科技创新企业和高端制造业的支持和倾斜力度，注重发挥化解上市公司风险在防范资本市场整体风险中的作用，以更大的力度推动改善市场生态，不断凝聚提高上市公司质量的合力和共识
《推动提高上市公司质量三年行动方案（2022—2025）》	2022年11月	证监会	在八个方面提出相应措施，推动上市公司高质量发展。力争到2025年，上市公司结构更加优化，市场生态显著改善，监管体系成熟定型，上市公司整体质量迈上新的台阶

续表

政策文件	发布时间	政策来源	主要内容
《提高央企控股上市公司质量工作方案》	2022年5月	国务院国资委	以优势上市公司为核心,通过资产重组、股权置换等多种方式,加大专业化整合力度。 推动央企打造一批创新能力突出、核心竞争力强、品牌和市场影响力大的旗舰型上市公司
《关于进一步提高上市公司质量的意见》	2020年10月	国务院	要加强资本市场基础制度建设,大力提高上市公司质量。坚持存量与增量并重、治标与治本结合,发挥各方合力,强化持续监管,优化上市公司结构和发展环境,使上市公司运作规范性明显提升,信息披露质量不断改善,突出问题得到有效解决,可持续发展能力和整体质量显著提高,为建设规范、透明、开放、有活力、有韧性的资本市场,促进经济高质量发展提供有力支撑

第三节 产业发展现状

一、产业结构优化

为实现"双碳"目标,在高质量发展要求下,我国石化产业面临新的挑战和机遇,由规模扩张向结构升级转变,石油材料化、减油增化和以化为主的深度炼化一体化成为石化行业主要发展方向。在确保能源供应安全可靠的前提下,需大力发展化工新材料,开发优质、耐用、可循环的绿色化工产品,推动非粮生物基材料创新发展。

当前,我国当前石化行业供需结构性矛盾突出。一方面,烯烃、芳烃、聚烯烃、聚碳酸酯、钛白粉等产品仍处于扩产高峰,产能继续保持高速增长,主要石化产品供应能力大幅提升;但受宏观经济环境、地缘政治等因素影响,总体需求疲软,需求增速小于供给增速,部分产品供需矛盾压力较大,对应产品价格下行。另一方面,行业呈现出中低端产品供给过剩、高端产品依赖进口的局面,而化工新材料需求旺盛,增速远高于大宗石化产品,供给结构优化势在必行。

(一)产业规模

1.行业产值

截至2023年底,石油和化工行业规模以上企业30 507家,累计实现营业收入15.95万亿元,同比下降1.1%,实现利润总额8 733.6亿元,同比下降20.7%。全年来看，行业效益总体呈前低后高态势，下半年收入和利润增加，增速回升。上半年，行业营业收入和利润总额分别实现 7.6 万亿元和 4 310.9 亿元，同比分别下降 4.4% 和 41.3%，下半年行业营业收入和利润总额分别实现 8.3 万亿元和 4 422.8 亿元，同比分别增长 2.1% 和 20.5%。中国石化产业历年总营收及利润总额见图3-1。

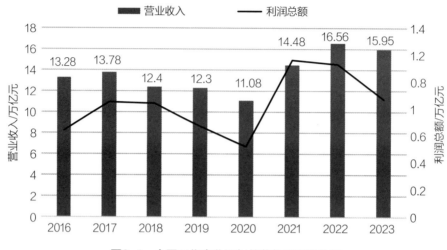

图3-1 中国石化产业历年总营收及利润总额

2023 年，我国石油和化工行业对外贸易主要受到价格影响，外贸量保持增长但金额明显下降。据海关数据统计，全行业进出口总额回落至万亿美元以下为 9 522.7 亿美元，同比下降 9.0%，占全国进出口总额的 16.0%。其中出口总额 3 165.3 亿美元，同比下降 11.2%；进口总额 6 357.5 亿美元，同比下降 7.9%。贸易逆差 3 192.2 亿美元，同比下降 4.3%。剔除价格因素，行业进出口数量总体继续保持增长态势。

分板块来看，效益有所分化，化工表现总体落后。油气开采业累计实现收入和利润分别为 1.44 万亿元和 3 010.3 亿元，同比分别下降 3.9% 和下降 15.5%；炼油业累计实现收入和利润分别为 4.96 万亿元和 656 亿元，同比分别增长 2.1% 和增长 192.3%；化工行业累计实现收入和利润分别为 9.27 万亿元和 4 862.6 亿元，同比分别下降 2.7% 和下降 31.2%；石化化工专用设备制造业累计实现收入和利润分别为 2 862.1 亿元和 204.7 亿元，同比分别增长 9.9% 和增长 26.2%。

2. 主要产品供需

石化产业链包括上游油气开采板块、中游炼化板块和下游化工板块。其中，油气开采板块一般包括地下或者水下油田、气田的勘探，钻井，原油开采和天然气收取等工作环节。炼化指将原油或石油馏分加工或精制成各种石油产品的生产活动，炼化产品包括汽油、煤油、柴油和润滑油等油品以及进一步加工所得的化工品等，可生成以乙烯、丙烯、丁二烯、苯、甲苯、二甲苯为代表的基本化工原料。石油化工是在石油炼制的基础上，以炼油过程提供的原料油进一步化学加工获得，下游产品包括化肥产品（合成氨、尿素、磷肥、磷铵等）、合成树脂（PE、PP、PVC、PC、聚苯乙烯、尼龙等）、合成橡胶（ABS、SBS、丁腈橡胶等）、聚氨酯材料（氨纶、聚醚多元醇、MDI、己二酸等）和聚酯化纤（涤纶长丝、涤纶短纤、聚酯瓶片）等。2022 年我国主要石化产品供需情况见表 3-3。

表 3-3 2022 年我国主要石化产品供需情况[①]

产品		产能（万吨）	产量（万吨）	产能利用率	表观消费量（万吨）	供需格局
石油产品	原油		20 472		71 000	进口依存度较高
	柴油		19 290		18 037	供需基本平衡
	汽油		14 635		15 418	供需基本平衡
	煤油		2 949		1 969	部分进口
基础石化原料	乙烯	4 675	2 898	61.98%	3 089	少量进口，产能扩张中
	丙烯	5 668	4 334	76.46%	4 446	供需基本平衡
	乙二醇	2 504	1 325	52.91%	1 527	少量进口
	PX	3 467	2 475	71.39%	3 530	进口依存度较高
	PTA	7 025	5 313	75.63%	4 980	逐步进入相对过剩状态
基础化工产品	烧碱	4 658	3 981	85.47%	3 613	供需基本平衡
	纯碱	3 028	2 915	96.27%	2 726	产能相对过剩
	甲醇	9 947	8 122	81.65%	8 194	产能过剩，且部分进口
	BDO	276	196	70.83%	167	供需平衡
	钛白粉	510	386	75.69%	214	相对过剩
	醋酸	1 080	903	83.61%	807	相对过剩
化肥产品	合成氨	6 690	6 096	91.12%		供需紧平衡
	尿素	6 540	5 761	88.09%		相对过剩
	磷肥（折 P_2O_5 纯）	2 120	1 522	71.79%		相对过剩
	磷铵	3 930	2 790	70.99%		相对过剩
合成树脂	聚乙烯	2 981	2 532	84.92%	3 806	进口依存度较高
	聚丙烯	3 496	2 966	84.83%	3 281	逐步进入相对过剩状态
	聚氯乙烯	2 642	2 090	79.11%	2 037	供需基本平衡
	聚碳酸酯	320	178	55.63%	250	进口依存度较高
	聚苯乙烯	525	355	67.62%	432	部分依赖进口
	ABS	526	431	82.02%	560	部分依赖进口
	EVA	215	174	80.84%	282	部分依赖进口
	尼龙66	75	49	65.00%	54	进口依存度较高
	茂金属聚烯烃	220	30	13.64%	240	部分依赖进口

续表

产品		产能（万吨）	产量（万吨）	产能利用率	表观消费量（万吨）	供需格局
合成橡胶	SBS	159	88	55.16%	81	合成橡胶板块结构性过剩问题严重
	丁腈橡胶	28	24	85.45%		
聚氨酯材料	环氧丙烷	490	391	79.76%	387	逐步进入相对过剩状态
	己二酸	294	200	68.03%	141	产能过剩
	聚醚多元醇	741	409	55.20%	314	产能过剩
	MDI	437	254	58.03%	183	进口依存度持续降低
	氨纶	110	86	71.68%	80	供需基本平衡
聚酯化纤	涤纶长丝	3 831	3 969		3 643	聚酯板块产需增长均较快，高投产高开工
	涤纶短纤	900				
氟化工原料	萤石		252		228	氟化工处于高速发展阶段，进口替代加速
	氟化氢		180		155	

① 石化产品种类繁多，本文选取了石化联合会《2023年度重点石化产品产能预警报告》中的重点石化化工产品，并做了部分调整和补充。

（1）石油产品

"十四五"以来，我国石化产业深入推进能源革命新部署，认真贯彻落实国家油气增储上产七年行动计划，加快了我国油气勘探开发向深水、深层及非常规领域进军步伐，油气能源保供能力进一步稳固提升。2023年，国内油气产量当量超过3.9亿吨，连续7年保持千万吨级快速增长势头；但原油产量仅2亿吨，进口原油5.6亿吨，进口依赖度高。原油一次加工能力9.18亿吨/年，位居全球首位，原油加工量7.4亿吨，产能过剩近2亿吨。

2022年我国原油累计产量2.05亿吨，同比增长2.9%，产量重回2亿吨平台；天然气产量2 177.9亿立方米，同比增长6.4%。原油一次加工能力净增2 550万吨/年，达到9.18亿吨/年，同比增长2.9%，原油一次加工能力首次超过美国，位居世界首位；全年原油加工量6.76亿吨，同比下降3.9%，受新建产能未能完全释放等因素影响，原油一次加工装置平均开工率同比下降6.3个百分点，降至73.6%。

受宏观经济放缓、能源高价格、疫情超预期及房地产持续下滑等因素影响，石油和化工下游需求总体疲软。2022年全年原油天然气表观消费总量10.39亿吨（油当量），同比下降0.3%；全年进口原油5.08亿吨，同比略降1.0%，进口对外依存度71.2%，同比回落0.8个百分点；全年进口天然气1 520.7亿立方米，同比下降10.4%，进口对外依存度40.2%，同比回落4.4个百分点。

2022年我国成品油（汽煤柴）产量合计约3.66亿吨，同比增长3.2%，其中，柴油产量1.93亿吨，增长18.1%；汽油产量1.46亿吨，下降5.3%；煤油产量2 949.1万吨，下降 24.9%。成品油出口量连续三年下降，出口 3 442.8 万吨，大幅下滑 14.6%。

2023 年，我国原油产量累计达到 2.09 亿吨，同比增长 2%；天然气产量累计 2 297.1 亿立方米，同比增长 5.8%；主要炼厂原油一次加工能力 9.18 亿吨，原油加工量 7.35 亿吨，同比增长 9.3%，全行业保障国家能源安全的"压舱石"更稳更牢。

（2）基础石化原料

当前我国烯烃正处于投产高峰，扩能增速高于消费增速，自给率逐年提升。经过本轮烯烃产业链扩张，多数下游产品将出现产能过剩态势，部分高端下游产品仍存在缺口。受高油价和疫情后终端需求弱势影响，国内乙烯整体产能释放有限，存在少量进口，当前全球乙烯扩产集中在中国和中东地区，至 2025 年国内供给基本满足需求。丙烯供需基本平衡，进口依存度逐渐降低，2023 年迎来丙烯投产高峰，全年新增产能超 900 万吨 / 年，本轮产业链扩张后，丙烯可能进入全面过剩状态。PX 是我国为数不多的进口依赖型化工品，近年来 PX 行业一体化发展迅速，拟在建项目众多，进口依赖度持续下降。随着 PTA 产能迅速扩张，市场供给进入相对过剩阶段，我国已成为 PTA 净出口国。

2022 年国内乙烯总产能 4 675 万吨 / 年，同比增加 12.7%，位居全球首位；乙烯产量 2 897.5 万吨，表观消费量 3 088.9 万吨。乙烯衍生物产品种类众多，在合成材料、有机合成等方面有广泛应用，规模占全球石化产品总量的 75% 以上，广泛应用于包装、农业、建筑、纺织、电子电器、汽车等领域，未来传统工业、新能源和新兴消费等领域的发展将支撑乙烯需求不断增长。根据中国石油和化学工业联合会预测，2025 年我国乙烯产能将突破 7 000 万吨 / 年，将基本满足国内需求，可能出现过剩。

2022 年国内丙烯总产能 5 668 万吨 / 年，同比增长 11.3%；产量 4 333.8 万吨，同比增长 4.4%；表观消费量 4 445.88 万吨。丙烯作为重要的基础化工原料，主要用于生产聚丙烯、丙烯腈、环氧丙烷等化工产品，近两年丙烯当量消费增长的动力主要来自下游聚丙烯和环氧丙烷。2023～2025 年仍是国内丙烯产能投放的高峰阶段，以丙烷脱氢技术（PDH）为生产路径的丙烯产能将密集投产。

2022 年国内乙二醇总产能 2 503.7 万吨 / 年，同比增长 20.3%，新增产能 580 万吨 / 年中煤制乙二醇达 280 万吨 / 年；产量 1 324.8 万吨，同比增长 11.3%；表观消费量 1 527.27 万吨。乙二醇作为聚酯材料生产的重要原料，90% 的下游用途为聚酯生产，其他下游产品包括防冻液等。

2022 年国内 PX 总产能 3 467 万吨 / 年，同比增长 9.7%；产量 2 475 万吨，同比增长 14.6%；表观消费量 3 530 万吨。PX 主要用于加工生产 PTA，是聚酯材料生产的重要原料，对应服装、塑料等终端消费市场。近年来随着聚酯产业链快速扩张，我国 PTA 产能大幅增长，带动原材料 PX 需求增长，为补足供需缺口，部分 PX 原料依赖进口，2019～2023 年为国内 PX 快速扩能周期，进口依赖度从 50% 降至 20% 左右。

2022 年国内 PTA 总产能 7 025 万吨 / 年，同比增长 5.6%，净增产能 396 万吨 / 年；产量 5 313 万吨，同比增长 0.6%；表观消费量 4 980 万吨。近年来我国聚酯行业发展迅速，对于原材料 PTA 的需求快速增长，而随着 PTA 生产技术的不断提高和生产设备的陆续投产，PTA 产能也处于快速扩张中，目前我国对 PTA 的进口依存度几乎为零。

（3）基础化工产品

我国烧碱市场的供给与需求端都相对稳定，进出口依存度均不高。纯碱产能处于相对过剩阶段，产能扩张受限，行业实行等量或减量置换。甲醇产能过剩矛盾较为突出，近几年甲醇进口量保持在超过 1 000 万吨的水平，进口依存度较高。BDO 基本实现自给自足，当前市场处于供需平衡状态，对外依存度低。钛白粉与醋酸均处于相对过剩的状态。

2022 年我国烧碱（NaOH）产能 4 658 万吨/年，同比增加 3.3%；产量 3 981 万吨，同比增加 2.3%，装置平均开工率 85.5%，生产工艺以离子膜法为主流；表观消费量 3 613 万吨，下游需求包括氧化铝、化工、造纸（纸浆）、印染化纤和医药等行业。国内烧碱产能在经历了快速发展和相对过剩后，近几年进入平稳发展阶段。由于当前氯碱工艺和技术较为成熟，烧碱入市门槛相对较低，但在"双碳"目标下，烧碱产能扩张受到限制。

2022 年我国纯碱产能约 3 220 万吨/年，同比基本持平；实际产量约 2 915 万吨，产能利用率约 91%，目前纯碱装置联碱法最多，氨碱法其次；表观消费量 2 726 万吨，主要用于平板玻璃、玻璃制品的生产，也广泛用于生活洗涤、酸类中和以及食品加工中。近年来我国纯碱产能增长较快，目前处于产能相对过剩阶段，产能扩张受到严格限制，除天然碱之外，全国范围内的纯碱产能新增基本均需通过存量或减量置换施行。

2022 年我国甲醇总产能达 9 947 万吨/年，同比增长 2.1%，装置以煤制、焦炉气为主；产量 8 122.1 万吨，同比增长 3.9%，以煤为原料生产甲醇的产量占比超 85%；表观消费量 8 194 万吨；进口量达 1 219 万吨。甲醇下游主要用于烯烃、甲醇和甲醛等产品生产，近几年国内市场消费和需求量保持高速增长，产能增速相对平稳，对进口低价甲醇需求量较大。

2022 年我国 BDO（1,4-丁二醇）产能为 276 万吨/年，增幅 26.9%；产量 195.5 万吨，同比提高 7.4%，装置开工率 71%，当前已投产的 BDO 装置以炔醛法为主，占总产能的 93.62%；表观消费量 166.76 万吨，主要用于 PTMEG 和 PBT 等产品生产，对应终端领域包括纺织服装、医疗、电器和汽车等。

2022 年我国钛白粉产能 510 万吨/年，同比增加 13.7%；产量 386 万吨，同比增加 1.8%；因需求增长低于产能增速，装置开工率降至 75.7%；表观消费量 214 万吨。钛白粉化学名称为二氧化钛，是目前世界上性能最好的白色颜料，约占全部白色颜料使用量的 80%，广泛应用于涂料、塑料、造纸、油墨、化纤、橡胶等领域。

2022 年醋酸国内产能 1 080 万吨/年，产量 903 万吨，平均开工率 84%，国内表观消费量 807 万吨，处于相对过剩的状态。醋酸需求结构中，醋酸酯类约占总需求的 28%，PTA 行业约占 30%，醋酸乙烯约占 18%，氯乙酸和甘氨酸行业约占 8%。

（4）化肥产品

化肥是国家粮食安全和农业生产发展的重要保障，主要包括氮肥、磷肥、钾肥、复合肥等子行业。化肥产品中，氮元素的主要提供者为尿素和氯化铵，少部分来自硝铵、碳铵；磷元素的基础肥料主要为磷酸一铵，其价格发展趋势主要受磷矿石、硫黄资源及磷石膏处理能力与成本的制约；钾元素的基础肥料为氯化钾，我国钾肥产能有限，部分通过进口满足，因此钾肥价格受国际市场影响较大；复合肥行业的上游行业为基础化肥，即尿素、氯化铵、硝铵磷、磷酸一铵、氯化钾、硫酸钾等，主要提供氮、磷、钾元素。

近几年我国合成氨产能呈下降趋势，受农业需求拉动，市场呈现供需紧平衡状态，进出口体量较小。国内尿素行业新旧产能置换步伐加快，总体产能保持稳定，供应量相对充足。磷肥行业同样进入调整期，产能持续出清，供给过剩状态逐渐改善。

2022年我国合成氨产能为6 690万吨/年，净增202万吨/年，增幅3.1%；产量6 096万吨，同比提高3.2%，装置平均开工率91.1%，下游以配套生产尿素为主。近几年合成氨产能增量有限，部分高能耗、工艺落后的小装置退出，合成氨行业去产能效果显著。我国合成氨消费中农业消费量（尿素等氮肥）占比约七成，近年来农业需求拉动合成氨消费量增长，供需态势缩紧，而进出口量远低于国内合成氨产销量。

2022年国内尿素有效产能6 638万吨/年，产量5 761万吨，产能利用率86.8%，表观消费量5 479万吨，出口283万吨。尿素的需求结构中，农用市场需求约占61%，工业市场需求中人造板、三聚氰胺分别占20%和8%。我国尿素产能和产量在近几年保持在相对稳定的水平，出口量受国际地缘政治和经济环境影响波动较大，但占总产量比例较小。

2022年我国磷肥（折P_2O_5纯）产能2 120万吨/年，同比减少1.0%；产量1 522万吨，同比减少9.6%；装置平均开工率71.8%，产品供应依托产业资源。目前国内用量最大的磷肥为磷酸一铵和磷酸二铵，二者合计需求占比超八成，2022年国内磷铵产能3 930万吨/年，增加10万吨/年；磷酸一铵和磷酸二铵产量合计2 790万吨，同比下降21.1%；装置平均开工率70.9%。通过供给侧改革清退过剩产能，磷肥供给过剩状态逐渐改善，在行业综合整治和"双碳"目标背景下，磷铵新增产能受限，目前国内新建拟建磷铵项目较少，短期内产能无明显变化。

（5）合成树脂

2022年我国合成树脂产量1.1亿吨，表观消费量1.3亿吨，进口量近0.3亿吨，部分产品进口依赖度仍较高。其中，聚乙烯进口依存度超30%，目前处于产能扩张中，自给率不断上升；聚丙烯逐渐由供应短缺转向过剩状态，国产替代趋势明显；聚氯乙烯供需基本平衡，落后产能淘汰与新建产能投产同步进行；聚碳酸酯近年来进口占比超50%，随着行业产能释放，自给率将快速攀升；碳酸二甲酯市场处于相对过剩状态；聚苯乙烯、ABS、EVA和茂金属聚烯烃等产品产能快速扩张，较高的进口依赖状态将得到改善；而受限于关键原材料己二腈进口依赖度高，国内PA66开工率处于较低水平，对外依存度较高。

2022年我国聚乙烯（PE）新增产能145万吨/年，总产能2 981万吨/年，同比增加5.1%；产量2 532万吨，同比增加8.7%；进口量1 347万吨，表观消费量3 806

万吨。2020年开始国内大炼化扩能加速，随着炼化一体化项目推进以及产业结构不断优化升级，聚乙烯进口依存度逐步下降。2023年国内聚乙烯新增产能约260万吨/年，投产装置以HDPE和全密度为主。

2022年我国聚丙烯（PP）新增产能280万吨/年，总产能3 496万吨/年，同比增长8.7%，以石脑油制烯烃路线为主；产量2 966万吨，同比增长1.3%；进口量452万吨，表观消费量3 281万吨。伴随2019年以来新炼化一体化企业的快速崛起和轻烃项目的提速发展，国内聚丙烯产量持续增长，自给率不断提升，对进口资源的替代增强。

2022年我国现有PVC产能约2 810万吨/年（包括聚氯乙烯糊状树脂141万吨/年），产能净增长97万吨/年；产量2 170万吨，开工率77%；进口量36万吨，表观消费量2 037万吨。聚氯乙烯是我国第一、世界第二大通用型合成树脂材料，按生产工艺分为以煤炭为源头的电石法和以石油为源头的乙烯法，其中电石法目前在我国PVC行业占据主导地位。目前，国内聚氯乙烯总产能约占全球总产能的47%，随着我国对资源和能源行业的约束不断增强，环保政策要求趋严，聚氯乙烯行业由高速发展进入到高质量发展阶段。

2022年我国聚碳酸酯（PC）总产能320万吨/年，同比增长29.6%；产量178万吨，同比增长36.9%；产能利用率同比提高13.9个百分点，达到56%；进口量139万吨，表观消费量250万吨。我国近年来保持150万吨左右的聚碳酸酯进口量，目前新增产能投产加速，进口量大幅降低。

2022年国内碳酸二甲酯产能194万吨/年，产量115万吨，平均开工率63%，国内表观消费量97万吨，处于相对过剩的状态。碳酸二甲酯需求结构中，电解液及相关行业约占总需求的43%，聚碳酸酯行业约占26%，显影液行业约占3%，涂料胶黏剂等行业约占12%，固光医药等行业约占3%。

尼龙是重要的高分子材料，凭借品种丰富、性质优异的特性，应用已拓展至纺织服装、汽车、电子、新能源、3D打印等各方面。主要包括尼龙6、尼龙66、尼龙610、尼龙11、尼龙12五大品种。其中，尼龙66（聚己二酰己二胺）是应用广泛、规模最大、前景广阔的尼龙品类之一，需求量占全球尼龙产品的比重为44%。2022年我国尼龙66产能达到75.1万吨/年，产量49万吨，产能利用率约65%，进口量约20万吨，表观消费量54.4万吨。尼龙66产业链发展的关键点在于原材料己二腈的供给，而目前己二腈的供给基本掌握在海外巨头手中。2020年全球己二腈总产能179.6万吨/年，主要集中于英威达、巴斯夫（索尔维）、奥升德，三家企业产能占全球产能的比例达到95%，且全球约75%的己二腈产量仅自用。

己内酰胺是重要的有机化工原料之一，主要用途是通过聚合生成聚酰胺切片（尼龙6切片）。2022年国内己内酰胺产能569万吨/年，占全球总产能的63.22%；国内产量423万吨，平均开工率74%，表观消费量428万吨，处于动态平衡状态。

此外，2022年国内聚苯乙烯产能525万吨/年，产量355万吨，进口量88.9万吨，表观消费量432.1万吨。ABS产能526万吨/年，产量431万吨，进口量137万吨，表观消费量560万吨。EVA产能215万吨/年，产量174万吨，进口量120万吨，表观消费量282万吨。茂金属聚烯烃产能220万吨/年，产量30万吨，进口量210万吨，表观消费量240万吨。

（6）合成橡胶

合成橡胶是指用化学方法合成的人造橡胶，具有优良的弹性，被广泛应用于汽车、家用电器、医用产品等众多领域。根据使用特性，合成橡胶可分为通用合成橡胶和特种合成橡胶。其中，通用合成橡胶是指可以部分或全部代替天然橡胶使用的胶种，如丁苯橡胶、顺丁橡胶、异戊橡胶等，主要用于轮胎制品和一般工业橡胶制品，通用合成橡胶需求量大，是合成橡胶的主要品种。特种合成橡胶是指具有耐高温、耐油、耐老化和高气密性等特殊性能，可应用于特殊场合的橡胶，例如三元乙丙橡胶、丁腈橡胶、氯丁橡胶、丁基橡胶、硅橡胶等。

在技术进步和市场需求的双重驱动下，我国合成橡胶产能结构持续优化，但结构性过剩问题依然严峻，乙丙橡胶和丁腈橡胶等产品进口依赖度仍较高。

目前，合成橡胶的主要生产地包括美国、中国、日本、欧洲等国家或地区。2022年全球合成橡胶产能超过2000万吨/年，其中50%以上来自亚洲；其次是EMEA（欧洲、中东和非洲的合称）地区，占全球产能的15%以上；北美地区占比15%左右；俄罗斯和拉丁美洲占比均在10%以下。我国是全球最大的合成橡胶生产国，产量占比超过20%。根据国家统计局数据，我国2022年合成橡胶年产量836万吨，同比增长1.88%。

国内合成橡胶产能中，丁苯和顺丁橡胶占比合计超50%，近年来呈下降趋势；丁基橡胶和乙丙橡胶等品类产能快速增长。2022年我国苯乙烯-丁二烯-苯乙烯嵌段共聚物（SBS）产能159万吨/年；产量约88万吨，同比下降7.4%，装置平均开工率55.2%。丁腈橡胶新增产能3.5万吨/年，达到27.5万吨/年，增幅14.6%；产量23.5万吨，同比增加18.2%，装置开工率85.5%。受行业产能限制和环保监管等因素影响，我国合成橡胶主流产品逐渐向环保型品种发展。

（7）聚氨酯材料

我国聚氨酯中低端产品产能过剩较为严重，出口依赖度高；高端聚氨酯材料仍存在缺口。环氧丙烷产能整体呈现增长态势，处于供需平衡向过剩状态演变中；己二酸行业过剩压力较大；国内聚醚产能同样过剩，出口依赖度近30%；聚氨酯核心材料MDI的全球供应逐渐向中国集中。

聚氨酯（PU）由多异氰酸酯与多元醇反应生成，是一种具有多个氨基甲酸酯链段的有机高分子材料，作为一种新兴的有机高分子材料，被誉为"第五大塑料"。中国聚氨酯主要原材料产能超过全球产能的1/3，已经成为全球最大的聚氨酯原材料和制品生产国和消费国，也是世界上聚氨酯应用领域最全的地区。聚氨酯根据下游用途的不同可加工为聚氨酯泡沫塑料、革用聚氨酯、聚氨酯涂料、聚氨酯弹性体、聚氨酯密封剂、聚氨酯黏合剂和聚氨酯纤维等。

多元醇主要包括聚醚多元醇和聚酯多元醇，工业生产以聚醚为主。聚醚多元醇

（PPG）由起始剂（如甘油、丙二醇）与环氧乙烷（EO）、环氧丙烷（PO）等在催化剂的作用下经加聚反应制得。2022年国内聚醚多元醇新增产能67.5万吨/年，退出产能39.5万吨/年，产能净增28万吨/年，总产能达到740.8万吨/年；总产量为409.2万吨，同比增长1.0%。行业整体产能过剩现象较为严重。2022年我国环氧丙烷（PO）总产能达到490.2万吨/年，增幅19.1%；产量391万吨，同比增长5.8%；产能利用率79.8%，近年来新增产能大量释放，产能利用率短期内有较大波动。

工业中常见的异氰酸酯为二异氰酸酯（含两个N=C=O官能团的分子），包括二苯基甲烷二异氰酸酯（MDI）、甲苯二异氰酸酯（TDI）、六亚甲基二异氰酸酯（HDI）等。MDI是产量最大、用途最广的异氰酸酯，性能优越，易于贮存，截至2022年底，中国共有8家MDI生产企业，总产能达到437万吨/年，新增产能主要为万华化学（福建）MDI装置。2022年国内TDI总产能约为132万吨。

己二酸是一种重要的基础化工原料，主要应用于尼龙板块（PA66）和聚氨酯领域（鞋底原液、PU浆料、TPU等）两方面。2022年国内己二酸行业产能304万吨/年，产量190万吨，开工率63%，处于产能过剩状态。

2022年国内氨纶产能110万吨/年，同比增长12.9%，占全球产能比例约75%，产能不断扩张；氨纶产量86万吨，同比下降0.9%；需求量79.85万吨，同比下降1.3%。

（8）聚酯化纤

聚酯（PET）由PTA与乙二醇合成，根据用途可分为纤维级和非纤维级，其中，纤维级PET用于制造涤纶短纤维和涤纶长丝，是纺织服装及相关产品的原料；非纤维级PET用于制造瓶类、薄膜等聚酯产品，广泛应用于包装、电子电器、医疗卫生、建筑、汽车等领域。依据丝的长度，涤纶可分为涤纶短纤和涤纶长丝。涤纶长丝是长度为千米以上的丝，长丝卷绕成团；涤纶短纤是几厘米至十几厘米的短纤维。我国涤纶长丝产量较涤纶短纤高，应用更为广泛。涤纶长丝又可依据应用领域分为民用涤纶长丝和工业用涤纶长丝。民用涤纶长丝在整个涤纶长丝产业中处于主导地位。

近几年我国聚酯产能与产量高速增长，需求相对稳定，呈现高投产、高开工格局。

2022年国内聚酯总产能7 064万吨/年，同比增长7.75%，其中涤纶长丝产能3 831万吨/年，涤纶短纤产能900万吨/年，聚酯瓶片产能1 231万吨/年。2022年涤纶长丝产量为3 969万吨，同比增长5.37%，约占国内涤纶总产量的80%，表观消费量3 643万吨。

（9）氟硅材料

当前氟硅行业处于高速发展阶段，氟硅材料产能、产量、消费量占比均超过全球50%。含氟精细化学品应用领域不断扩大，进口替代加速。

氟化工产品分为无机氟化物和有机氟化物：无机氟化物是指氟化工产品中含有氟元素的非碳氢化合物，主要下游用途包括涂料、农药、锂电新能源和氧化铝等产业；有机氟化物是指氟化工产品中含有氟元素的碳氢化合物，主要包括含氟高分子材料、含氟制冷剂、含氟精细化学品等三大类，下游用途广泛，包括电子电器、橡胶、涂料、制冷设备、消防器材和医药工业等。

氟化工上游原料为萤石矿，我国萤石矿储量4 900万吨，位居全球第二，仅次于墨西哥，萤石矿产量占全球比例近70%，储采比远低于其他国家，资源稀缺性较为明显。根据中国氟化工行业"十四五"发展规划，目前我国各类氟化工产品总产能超640万吨/年，总产量超过450万吨，总产值超1 000亿元，氟化氢产能占世界产能66%、含氟制冷剂占世界产能70%、四大氟聚合物总产能约占到世界60%，已成为全球最大的氟化工产品生产和消费大国。

氟化工中间品氢氟酸分为无水氢氟酸和有水氢氟酸（电子级氢氟酸）。其中，无水氢氟酸可用浓硫酸与酸级萤石精粉反应生成，根据中国无机盐工业协会数据，2022年我国无水氢氟酸产能达312.6万吨/年，实际生产量约204.1万吨。无水氢氟酸下游涵盖含氟制冷剂、含氟高分子材料、含氟精细化工、无机氟等，其中，含氟制冷剂、含氟聚合物和含氟精细化学品是无水氢氟酸的主要消费领域，合计占比达90%。

电子级氢氟酸是氟精细化学品的一种，腐蚀性强，主要用于集成电路行业超大规模集成电路芯片的清洗和腐蚀领域，太阳能光伏是第二大应用领域。氟碳化学品主要用作制冷剂、发泡剂、气溶胶的喷射剂、灭火剂、电子电气及精密部件的清洗剂，还可用作生产含氟高分子材料及精细氟化学品的原料。

含氟高分子材料是含氟原子的单体通过均聚或共聚反应而得，由于C—F键极短、键能极高，含氟高分子材料相较于一般聚合物产品具有优异的物理和化学性能，主要产品包括聚四氟乙烯（PTFE）、聚偏氟乙烯（PVDF）、聚全氟乙丙烯（FEP）等，在新能源、半导体、通信、装备制造、电子电器、建筑纺织、汽车工业、航天航空工业和军工行业等国民经济的各个领域有广泛应用。

而氟硅材料一般指聚合物中含F—C键、Si—O键和Si—C键，而不含Si—F键的氟化有机硅材料，是在有机硅材料和有机氟材料的基础上发展起来的新兴化学材料，是国家重点支持发展的高性能化工新型材料，广泛应用于军工、航空航天、石油化工、机械、建筑、电子信息、电力、电器、汽车、轻纺、医药、农业、环保、食品和新能源与战略性新兴产业等工业领域和高新技术领域。

3. 主要产品价格

受外部因素和国内供需压力影响，2022～2023年国内石油和主要化学品价格波动较大，价格总水平下降（图3-2）。国家统计局价格指数显示，2022年全年油气开采业出厂价格同比上涨35.9%，化学原料和化学品制造业同比上涨7.7%。2023年石油和主要化学品价格同比下降明显，全年油气开采业出厂价格同比下跌10.2%，化学原料和化学品制造业同比下跌9%。

2022年布伦特原油现货均价101.2美元/桶，同比上涨43.0%；WTI原油现货均价94.5美元/桶，同比上涨39.1%；胜利原油现货均价100.1美元/桶，同比上涨41.7%。2023年上半年，布伦特原油现货平均价格为79.66美元/桶，比上年同期107.94美元/桶下降26.2%；美国西得克萨斯中质原油现货平均价格74.76美元/桶，比上年同期的101.85美元/桶下降26.6%。

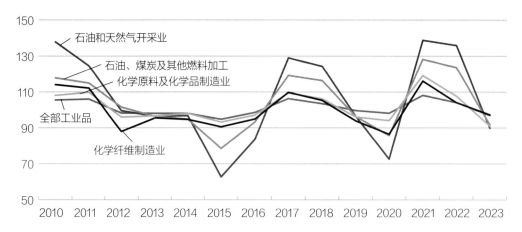

图3-2　中国化工行业相关价格指数走势

数据来源：Wind。

2022年国内成品油价格走势与国际市场油价变化趋势基本保持一致，国家23次调整国内汽、柴油价格，汽、柴油标准品价格累计分别上调人民币550元/吨和530元/吨。2023年上半年国家11次调整国内汽油、柴油价格，汽油标准品价格累计下调人民币55元/吨，柴油标准品价格累计下调人民币50元/吨。

2022年，国内化工市场需求增速下滑，化工市场价格宽幅波动，部分产品出现分化，烯烃及下游合成树脂、合成橡胶价格小幅下跌，芳烃价格小幅上涨；国内化工成本高企，毛利空间收窄，行业开工率同比下降。2023年上半年，全球化工产品市场持续低迷，国内化工市场大部分产品价格下行，其中烯烃及下游合成树脂价格下跌，合成橡胶价格小幅上涨。

（二）竞争格局

我国石化产业内部优化重组趋势明显，市场集中度不断提高，现有产能扩张集中于行业龙头企业和石化一体化强企。石化强企逐渐布局全产业链发展，龙头企业扩产具备技术、资金、渠道等优势。此外，民营企业发展迅速，在打造"单项冠军企业""专精特新'小巨人'企业"方面表现突出。主要石化产品市场竞争格局见表3-4。

表3-4　主要石化产品市场竞争格局

		产业集中度	代表企业
油气开采板块		原油产量CR4约95%	中国石油、中国石化、中国海油 延长石油
炼化板块	汽油	产量CR2约70%	中国石油、中国石化
	煤油	产量CR2约90%	
	柴油	产量CR2约60%	
	乙烯	产量CR2约70%	

续表

		产业集中度	代表企业
炼化板块	PX	产能CR6接近80%	荣盛石化、中国石化、中国石油、恒力石化、东方盛虹、中国海油
	PTA	产能CR6接近90%	荣盛石化、恒力石化、桐昆股份、恒逸石化、新凤鸣、东方盛虹
化工板块	基础化工	烧碱 产能CR10约20%	中泰化学、新疆天业、氯碱化工
		纯碱 产能CR3约30%	河南金山、山东海化、三友化工
		钛白粉 产能CR2约37%	龙佰集团、中核钛白
	化肥产品	复合肥 产能CR4约20%	新洋丰、金正大、云图控股、史丹利
		磷肥 磷酸一铵产能CR5约40%；磷酸二铵产能CR5约70%	湖北祥云、新洋丰、云天化、四川龙蟒、贵州开磷
		氮肥 产能区域分布为主	云天化、华鲁恒升、远兴能源
		钾肥 产能CR2约87%	盐湖股份、藏格控股
	合成树脂	产量CR2约25%	中国石油、中国石化、中泰化学、圣泉集团、宝丰能源
	合成橡胶	产量CR2近30%	中国石油、中国石化
	聚氨酯	己二酸 产能CR3超60%	华峰化学、神马股份、华鲁恒升
		MDI 产能CR1超60%	万华化学
		PPG 产能CR5约47%	万华化学、隆华新材、中海壳牌
		氨纶 产能CR5近70%	华峰化学、晓星氨纶、新乡化纤
	聚酯化纤	产能CR6约63%	荣盛石化、恒力石化、恒逸石化、东方盛虹、桐昆股份、新凤鸣
	氟化工	萤石矿 储量CR1约55%	金石资源
		氢氟酸 产能较为分散	东岳集团、多氟多、永和股份、巨化股份

1. 油气开采板块

2022年国内原油产量20 467万吨，天然气产量2 178亿立方米。据各公司年报数据统计，2022年中国原油产量的51%由中国石油生产，18%由中国石化生产，21%由中国海油生产。

（1）中国石油

2022年中石油原油产量12 264万吨（其中国内10 386万吨，海外1 878万吨），天然气产量1 323.8亿立方米（其中国内1 266.1亿立方米，海外57.7亿立方米）。加工原油 16 412 万吨，比上年同期下降 1.0%，其中加工本集团油气业务生产的原油占比 56.8%，产生了良好的协同效应；生产成品油 10 535.4 万吨（其中，汽油 4 351.4 万吨，煤油 819.2 万吨，柴油 5 364.8 万吨），比上年同期下降 3.1%。化工产品商品量 3 156.8 万吨，比上年同期增长 2.5%，其中，乙烯产量 741.9 万吨，合成树脂产量 1 162 万吨，合成纤维原料及聚合物 109.9 万吨，合成橡胶产量 104.4 万吨，尿素产量 254.9 万吨；化工新材料产量 85.5 万吨，比上年同期增长 56.3%。2022 年聚乙烯产量 645.5 万吨，聚丙烯产量 400.7 万吨。

2023 年上半年中石油原油产量 6 419 万吨（其中国内 5 309 万吨，海外 1 110 万吨），天然气产量 712.8 亿立方米（其中国内 684.5 万吨，海外 28.3 万吨）。加工原油 9 108 万吨，生产成品油 5 885.6 万吨，其中汽油 2 393.8 万吨，煤油 628.8 万吨，柴油 2 863 万吨。化工产品商品量 1 728.6 万吨，其中乙烯产量 398.8 万吨，合成树脂产量 622.6 万吨，合成纤维原料及聚合物 54.6 万吨，合成橡胶 49.3 万吨，尿素产量 102.3 万吨，新材料产量 62.4 万吨。

（2）中国石化

2022 年中石化生产原油 3 801 万吨（其中国内 3 394 万吨，海外 415 万吨），天然气产量 353.6 亿立方米。2022 年原油加工量 24 227 万吨，生产成品油 14 015 万吨，其中汽油 5 905 万吨，煤油 1 801 万吨，柴油 6 309 万吨。全年化工产品经营总量为 8 165 万吨，其中，乙烯产量 1 343.7 万吨，合成树脂 1 854.5 万吨，合成橡胶 128.4 万吨，合成纤维单体及聚合物 888.6 万吨，合成纤维 111.2 万吨。具备 1 063 万吨/年权益乙烯产能，合计 1 007 万吨/年聚乙烯、985 万吨/年聚丙烯产能。

2023 年上半年中石化生产原油 1 890 万吨（其中，国内 1 687 万吨，海外 203 万吨），天然气产量 187.1 亿立方米。上半年加工原油 12 654 万吨，生产成品油 7 607 万吨，其中汽油 3 033 万吨，煤油 1 359 万吨，柴油 3 215 万吨。上半年化工产品经营总量为 4 163 万吨，其中乙烯产量 687.5 万吨，合成树脂 979.3 万吨，合成纤维单体及聚合物 390.3 万吨，合成纤维 51.9 万吨，合成橡胶 67 万吨。

2. 炼化板块

国内烯烃行业不断向原料多元化、产品高端化、布局园区化、产能集中化方向发展，不同工艺路线制烯烃将长期竞争并存，技术、能耗、碳排、环保较好的企业将获得更多的发展机遇，产能规模大、综合实力强的企业在行业中的主导作用将进一步增强。

2014 年以前，我国石油炼化行业受到政府管制，行业集中度较高，中石化及中石油合计炼油产能长期占市场比例超过 60%。2014 年国务院印发《创新重点领域投融资机制鼓励社会投资的指导意见》，明确指出"国家规划确定的石化基地炼化一体化项目向社会资本开放"。由此，恒力炼化 2 000 万吨/年炼化一体化项目、浙石化 4 000 万吨/年炼化一体化项目、恒逸石化文莱 PMB 石油化工项目、盛虹 1 600 万吨/年炼化一体化项目以及旭阳石化 1 500 万吨/年炼化一体化项目等民营炼化项目纷纷规划及建设。2022 年我国 PX 自给率从 2018 年的 40% 提升至 70% 左右，PX 产能中民企占比接近 60%，央企产能占比约 35%。PTA 企业向上游布局 PX 产能，民营企业不断崛起。

截至 2022 年，中国三大石油公司总炼油能力 58 605 万吨/年（其中，中石化 31 040 万吨/年，中石油 22 485 万吨/年，中海油 5 080 万吨/年），中央/国有背景炼厂的总炼油能力超 6 亿吨/年，占中国总炼油能力的比例超 60%。独立炼厂总炼油能力 38 065 万吨/年，其中山东独立炼厂总炼油能力 17 235 万吨/年。

恒力石化中上游业务板块已构筑形成以 2 000 万吨原油和 500 万吨原煤加工能力为起点，年产出 520 万吨 PX、1 660 万吨 PTA、180 万吨乙二醇、120 万吨纯苯、85 万吨聚丙烯、72 万吨苯乙烯、40 万吨高密度聚乙烯、40 万吨醋酸、14 万吨丁二烯等国内紧缺、高附加值的高端化工产品与国六以上高标汽油、柴油和航空煤油等成品油产品。荣盛石化现有 PX 产能 1 060 万吨/年，乙二醇产能 240 万吨/年，PTA 产能 2 200 万吨/年，乙烯产能 420 万吨/年，丙烯产能 330 万吨/年，苯乙烯产能 240 万吨/年，纯苯产能 310 万吨/年。截至 2023 年 6 月末，桐昆股份拥有 1 020 万吨/年 PTA 产能。恒逸石化原油加工设计产能 800 万吨/年；参控股 PTA 产能 1 900 万吨/年；PIA 产能 30 万吨/年。新凤鸣现有 PTA 产能 500 万吨/年。东方盛虹拥有 390 万吨/年的 PTA 产能，其 1 600 万吨/年炼化一体化项目已于 2022 年 12 月全面投产。

3. 化工板块

（1）基础化工产品

我国烧碱行业整体呈现行业集中度逐步提升、产能向大型企业集中的局面。中泰化学目前基础化工产能包括 146 万吨/年离子膜烧碱和 238 万吨/年电石。新疆天业产能包括 65 万吨/年离子膜烧碱和 405 万吨/年电石渣制水泥装置及产能。陕西北元具备 80 万吨/年离子膜烧碱和 220 万吨/年新型干法工业废渣水泥、50 万吨/年电石的生产能力。滨化股份烧碱产能 61 万吨/年，其中粒碱产能 20 万吨/年，片碱装置 20 万吨/年。氯碱化工现有烧碱产能 102 万吨/年。三友化工烧碱产能 53 万吨/年；山东海化目前烧碱产能 30 万吨/年。

近年来国内纯碱总产能变化不大，但行业集中度增加，拥有大型生产设备及环保装置的企业在市场波动中抗风险的能力增强；而中小产能企业面临的环保压力较大，存在被责令整改或者直接关停的风险。三友化工目前纯碱年产能达到 340 万吨/年，产品市场占有率约 12%，国内规模行业领先。山东海化纯碱产能 280 万吨/年。华昌化工现有纯碱产能 70 万吨/年。远兴能源拥有纯碱在产产能 180 万吨/年，小苏打在产产能 110 万吨/年，阿拉善天然碱项目规划建设纯碱产能 780 万吨/年、小苏打产能 80 万吨/年，其中一期 500 万吨/年纯碱、40 万吨/年小苏打项目于 2023 年 6 月投料试车，项目二期于 2023 年 12 月启动建设。和邦生物目前化工板块产能包括 110 万吨/年碳酸钠、110 万吨/年氯化铵。

目前钛白粉制造行业已经基本向大型化、集约规模化、智能自动化发展，同时因硫酸法生产工艺技术较为复杂，生产工序较长，三废治理难度大，为国家限制类项目。当下，全球钛白粉市场基本形成了以国外四大钛白粉企业（科慕、特诺、泛能拓、康诺斯）和中国两大钛白粉企业（龙佰集团、中核钛白）为主的格局。截至2022年，龙佰集团钛白粉产能151万吨/年，规模为全球第一。中核钛白目前钛白粉产能40万吨/年。钒钛股份目前具备硫酸法钛白粉22万吨/年、氯化法钛白粉1.5万吨/年的生产能力，且有一条在建6万吨/年氯化法钛白粉生产线。鲁北化工现有钛白粉产能26万吨/年。

（2）化肥产品

复合肥行业具有生产技术含量低、投资成本低、市场需求大、准入门槛低等基本特征。我国复合肥行业市场高度分散，目前处于持续淘汰落后产能、技术升级、产品升级、渠道整合的洗牌关键时期，行业向规模化、高效化、新型化方向发展。新洋丰是国内磷复肥行业龙头企业，产销量高居全国第一，2022年复合肥产能798万吨/年。华昌化工现有复合肥产能160万吨/年。云天化复合（混）肥产能132万吨/年。

磷肥产业资源依赖性强，产业集中度较高，且近年来磷酸一铵和磷酸二铵的行业集中度呈上升趋势。2022年云天化磷肥产能为555万吨/年，产能位居全国第二，全球第四，其中磷酸二铵产品在国内市场占有率位居全国第一。新洋丰农业级磷酸一铵产能170万吨/年，工业级磷酸一铵15万吨/年。兴发集团产业以磷化工为主，现有磷酸一铵产能20万吨/年、磷酸二铵产能80万吨/年。鲁北化工2022年磷铵产能30万吨。川恒股份现有磷酸一铵产能17万吨。

尿素行业整体集中度不高，产品以局部区域品牌为主，随着落后产能的逐步淘汰，供需格局持续改善。2022年云天化尿素产能200万吨/年，分别布局在云南120万吨/年，内蒙古80万吨/年。华鲁恒升2022年尿素（氮肥）产能150万吨/年。远兴能源尿素在产能154万吨/年。新洋丰合成氨产能30万吨/年。华昌化工现有尿素产能40万吨/年，氯化铵77万吨/年，合成氨10万吨/年。

国内最主要钾肥生产企业为盐湖股份、藏格控股，年产能分别为500万吨/年和200万吨/年，合计占国内产能的87%。盐湖股份2022年氯化钾产量580万吨。

（3）合成树脂

中石油和中石化为合成树脂领域的两大龙头企业，合计产量占市场总产量比例约25%，但其自身产业体量大，合成树脂板块营收占其总营收比例均在5%左右。2022年中石油合成树脂产量1 162万吨，2023年上半年合成树脂产量622.6万吨；2022年中石化合成树脂产量1 854.5万吨，2023年上半年合成树脂979.3万吨。

圣泉集团2022年合成树脂产量53.15万吨，其中包括酚醛树脂产品38.81万吨，铸造用树脂14.33万吨；已建在建的酚醛树脂产能达到64.86万吨/年。公司酚醛树脂、呋喃树脂产销量位居国内第一、世界前列。宝丰能源以煤为原料合成甲醇后再通过甲醇制取乙烯、丙烯，并进一步聚合生成聚乙烯和聚丙烯。2022年合成树脂产量137.25万吨，其中包括聚乙烯70.69万吨，聚丙烯66.56万吨。当前聚乙烯产能达60万吨/年，聚丙烯产能60万吨/年，产能利用率超100%，300万吨/年聚乙烯、聚丙烯项目在建。上海石化 2022 年合成树脂产量 91.53 万吨，其中包括聚乙烯 39.12 万吨，聚丙烯 39.70 万吨，聚酯切片 10.75 万吨，腈纶 1.96 万吨。现有聚乙烯产能 40.8 万吨/年，聚丙烯产能 40 万吨/年。华鲁恒升 2022 年己内酰胺产能 30 万吨/年，己二酸产能 32.66 万吨/年，碳酸二甲酯产能 30 万吨/年。

我国 PVC 产业分布与烧碱类似，是氯碱工业的主要产品。2022 年中泰化学合成树脂产量 191.52 万吨，目前产能主要包括年产 205 万吨聚氯乙烯树脂、88 万吨黏胶纤维、27 万吨棉浆粕、320 万锭纺纱。新疆天业 2022 年具备 89 万吨/年 PVC 产能（包括通用 PVC 69 万吨/年、特种树脂 10 万吨/年、糊树脂 10 万吨/年）。陕西北元聚氯乙烯产能 110 万吨/年。氯碱化工现有产能包括二氯乙烷 72 万吨/年、液氯 60 万吨/年、氯乙烯 20 万吨/年、聚氯乙烯 48 万吨/年。三友化工现有 PVC 产能 52.5 万吨/年。

（4）合成橡胶

合成橡胶产业技术壁垒较高，行业集中度也相对较高。生产商利用不同单体在引发剂和催化剂作用下进行聚合反应生成聚合物，聚合反应后的物料，经脱除未反应单体、凝聚、脱水、干燥等步骤，才可制得成品合成橡胶。

我国橡胶制品企业大小发展不均，总体仍处在粗放发展阶段。市场由中石化、中石油、部分民营企业和小部分外企组成，中石化与中石化为我国合成橡胶领域两大龙头企业，2022 年两者合成橡胶产量占全国总产量的比例合计达 27.84%。2022 年中石化合成橡胶产量为 128.4 万吨，2023 年上半年合成橡胶产量为 67 万吨；2022 年中石油合成橡胶产量为 104.4 万吨，2023 年上半年合成橡胶产量为 49.3 万吨。

（5）聚氨酯材料

氨纶行业正经历新一轮行业挑战与机遇，短期存在产能集中释放、环保政策倒逼、行业优胜劣汰趋势加剧等压力，行业集中度逐年提升，行业头部效应明显。华峰化学主要产品包括氨纶、聚氨酯原液和己二酸，2022 年氨纶产能 22.5 万吨/年。晓星氨纶现有氨纶产能 36 万吨/年。新乡化纤 2022 年氨纶产能 16 万吨/年，目前产能居国内前三位。泰和新材是国内首家氨纶生产企业，目前产能居国内前五位，2022 年末氨纶名义产能约 4 万吨/年。

目前己二酸全球市场整体供应充足，竞争充分市场化。海外产能主要集中在巴斯夫、英威达、奥升德、兰蒂奇等国外传统化工巨头手中，国内产能主要集中在华峰化学、神马股份、华鲁恒升、海力等企业，近年来国内己二酸工艺发展不断成熟、产品品质日益提高、成本优势逐步显现。华峰化学 2022 年己二酸产能 95.5 万吨/年，聚氨酯原液产能 47 万吨/年，己二酸产量全国第一，子公司重庆化工是国内最大的己二酸生产企业。华鲁恒升 2022 年己二酸产能 32.66 万吨/年。

万华化学的聚氨酯业务包括异氰酸酯和聚醚多元醇两部分，2022 年聚氨酯系列产品产量 416 万吨，现有产能 481 万吨/年，其中包括 MDI 项目 305 万吨/年、TDI 项目 65 万吨/年、聚醚项目 111 万吨/年。万华化学位于烟台和宁波的两大装置合计产能占全国总产能的 61.8%；其它企业全部为外资企业，占全国总产能的 38.2%。分区域来看，MDI 装置主要集中在浙江、山东和上海等地。

国内现有7家TDI生产厂商，总产能132万吨/年，其中万华化学产能占比接近50%；沧州大化是我国首家规模生产TDI的公司，现有TDI产能15万吨/年；其余厂商包括科思创、巴斯夫、甘肃银光聚银、新疆巨力等。

截至2022年末，国内聚醚行业生产厂商数量达到44家。目前聚醚行业的主要参与者为销售规模10万吨以上生产厂商，且参与者之间核心产品差异较大，聚醚行业竞争已经进入细分产品竞争阶段。主要参与者有万华化学、佳化化学、蓝星东大、隆华新材、长华化学等企业。隆华新材是国内聚醚龙头企业，产品涵盖软泡用聚醚及CASE聚醚，2022年聚醚多元醇产能72万吨/年。

美瑞新材是目前国内唯一一家以热塑性聚氨酯弹性体（TPU）为主营业务的上市公司，2022年TPU产能8.65万吨/年，在建产能20万吨/年。我国TPU产业起步相对较晚，产量和消费量均已位居世界前列，但生产企业大多属于小型或微型企业，技术开发能力薄弱、生产分散、自动化水平低、规模生产能力不足、缺乏核心竞争力，主要产品集中在技术含量低、竞争激烈的中低端产品市场。美思德具有年产2.2万吨聚氨酯泡沫稳定剂（也称"有机硅匀泡剂"）生产能力，是目前国内生产规模大、品种全、科技含量高的匀泡剂生产企业，在产品品种、生产规模及安全自动化生产等方面，发展成为我国聚氨酯泡沫稳定剂行业的领军企业。汇得科技2022年革用聚氨酯产量16.13万吨，聚氨酯弹性体及原液产量1.46万吨，聚酯多元醇产量3.41万吨。

（6）聚酯化纤

近年来，我国涤纶长丝生产大型企业产能利用率与中小规模企业产能利用率出现两极分化的态势。行业内大型企业的产能利用率接近100%，而中小规模企业产能利用率相对不足甚至停产破产，企业效益两极分化加剧，部分耗能大、产品品质差、竞争力弱的产能将被淘汰。国内涤纶长丝产量排名前六位为桐昆股份、恒逸石化、新凤鸣、恒力石化、东方盛虹及荣盛石化，龙头上市企业在生产规模上具备明显优势，拥有自己的核心生产技术，且在工艺成熟度、产品稳定性以及生产成本控制方面具备了较强的竞争力，2022年产能CR6提升至63%。

涤纶长丝的上游行业为石化行业，PTA和MEG为涤纶长丝生产的主要原材料，约占生产成本的85%左右，涤纶长丝行业利润水平主要取决于上游生产要素价格的波动及下游需求的变化，受到行业周期性波动的影响，行业盈利水平也有较大的波动。

中国聚酯行业的龙头企业正积极向产业链上游延伸。生产聚酯的主要原料是PTA，PTA产品对原油价格的波动较为敏感，拥有PTA产能对于聚酯企业而言不仅有助于企业完善上游产业链，实现生产原料自给自足，充分发挥成本优势，还能提高企业在原材料领域的话语权，以及产品的市场竞争力和企业抗风险能力。以恒力石化、恒逸石化、荣盛石化、东方盛虹等为代表的民营企业则继续向上游进军，建设大炼化项目，进一步延长产业链条，形成从炼油到PX到PTA再到聚酯的一体化布局。截至2022年底，恒力石化涤纶长丝产能140万吨/年，民用丝产能195万吨/年；荣盛石化涤纶长丝产能142万吨/年，聚酯切片25万吨/年，聚酯瓶片（含RPET）270万吨/年，聚酯薄膜43万吨/年；恒逸石化参控股聚合产能共1 106.5万吨/年，包括聚酯纤维 836.5 万吨 / 年、聚酯瓶片（含 RPET）270 万吨 / 年和己内酰胺 40 万吨 / 年；东方盛虹拥有 330 万吨 / 年差别化纤维产能，包括超 30 万吨 / 年再生纤维产能，以高端 DTY 产品为主；桐昆股份拥有 1 120 万吨 / 年聚合产能、1 170 万吨 / 年长丝产能及 1 020 万吨 / 年 PTA 产能；新凤鸣拥有民用涤纶长丝产能 630 万吨 / 年，涤纶短纤产能 90 万吨 / 年。

（7）氟硅材料

氟化工方面，电子级氢氟酸主要运用在集成电路、太阳能光伏和液晶显示屏等领域。由于行业壁垒高，技术工艺难以突破，我国电子级氢氟酸行业起步较晚，国内仅有少数厂商具备了一定的 UPSS 级以上氢氟酸产能，生产厂家主要为一定规模氟化工企业。目前全球高纯度氢氟酸的生产技术和供给主要被 Stella、大金、森田化学等日企所掌握。

国内生产含氟高分子材料的企业均为氟化工一体化程度较高的行业龙头，中高端市场处于供给较为紧张的状态。含氟高分子材料均由氟单体聚合而来，大部分氟单体由制冷剂作为原料生产自给，氟单体供应商较少。如四氟乙烯（TFE）是合成聚四氟乙烯（PTFE）、聚全氟乙丙烯（FEP）的原料，由于其在常温下为气态，且有毒性，运输困难，提供该生产原料供应的厂商较少。因此，国内大多数相关生产企业均需从制冷剂 HCFC-22 开始生产四氟乙烯（TFE），再进一步生产得到六氟丙烯（HFP），最终聚合产生含氟高分子材料，生产流程较长。此外，高端含氟高分子材料技术壁垒较高，国内企业技术研究起点较低。

二、产业空间布局

"十四五"以来，我国石化产业规模化、一体化、大型化发展趋势更加明显。据中国石油和化学工业联合会统计，截至目前，由各省公布的已认定化工园区有 630 家；国家级化工园区（包括位于国家级经济技术开发区、高新区、保税区、新区中的园中园）58 家。目前，化工园区产值占行业总产值比重已达到 62% 左右，随着化企入园、化工园区改扩区、企业园区化等进程加快，有望实现六部委提出的"2025 年化工园区产值占行业总产值 70% 以上"的目标。

从产值来看，全国已形成石油和化学工业产值超过千亿的超大型园区 21 家；产值在 500 亿～1 000 亿元的大型园区 43 家，100 亿～500 亿元的中型园区 261 家，产值小于 100 亿元的小型园区 305 家。

从地区分布来看，我国石化产业产能主要分布于华东、华北、东北和西北地区，主要受上游资源和下游需求市场分布的影响（表 3-5）。

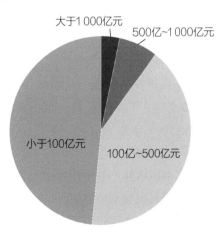

图 3-3 我国化工园区产值分布结构

表 3-5 主要石化产品空间布局情况

		地域分布	影响因素
油气开采板块		山东、辽宁、广东和浙江等地	资源导向,沿海沿江和依托油田
炼化板块		山东、浙江、辽宁、广东等地	原料运输方便,供应便利
化工板块	基础化工 烧碱	山东、内蒙古、江苏、新疆等地	华东、华北:下游消费市场;西北:配套PVC产业,资源丰富
	基础化工 纯碱	河南、青海、山东和江苏等地	下游消费市场
	基础化工 钛白粉	四川、山东、河南和安徽等地	
	基础化工 BDO	新疆、陕西、内蒙古等地	BDO生产原料以煤炭和电石为主,西北资源富集,且电石不宜运输
	化肥产品 复合肥	山东、湖北、江苏和四川等地	农业大省、资源型省份
	化肥产品 磷肥	云南、贵州、四川和湖北等地	主要的磷矿资源地区
	化肥产品 钾肥	青海、云南、四川和甘肃等地	主要的钾盐资源地区
	化肥产品 尿素	各地区品牌和产能差距较大	
	合成树脂 PVC	山东、内蒙古、江苏、新疆等地	下游消费市场,西北氯碱产业集群
	合成树脂 其他	浙江、江苏、山东和内蒙古等地	下游消费市场与上游原材料产地
	合成橡胶	江苏、云南、浙江、广东等地	下游消费市场,乙烯配套产业地
	聚氨酯 聚醚	江苏、辽宁、天津等地	主要原材料聚集地,环氧丙烷不宜运输
	聚氨酯 其他	长三角、珠三角、环渤海等地	下游消费市场,外贸便利
	聚酯化纤	浙江、江苏、福建三省	上游石油炼化企业,下游织造及纺织服装企业聚集
	氢氟酸	福建、江西、内蒙古	上游萤石矿分布

数据来源:中国石油和化学工业联合会,公司公告,和君咨询整理。

我国当前石油化工企业布局以沿海沿江和依托油田布局为主,山东、辽宁、广东和浙江四省合计占全国总能力比例超50%。

炼化方面,我国炼厂主要分布在华东、东北和华南地区,主要源于地区原料运输方便,供应便利,空间上形成了长江三角洲、珠江三角洲、环渤海地区为主导,沿江、西北及东北各具特色产业集群共同发展的格局。截至2022年,华东地区总炼油能力约3.9亿吨/年,占比42.48%;东北地区炼油能力占比19.22%;华南地区炼油能力占比15.81%。华东地区独立炼厂主要集中于山东地区,山东地区稳定运营的独立炼厂有56家,总炼油能力大约在2.2亿吨/年,约占到中国总炼油能力的23.97%。华南地区是中国炼油产业集中度最高的地区,多以国企规模型炼厂为主。

我国目前建设七大沿海石化产业基地:大连长兴岛(西中岛)、河北曹妃甸、江苏连云港、上海漕泾、浙江宁波、广东惠州和福建古雷,2022年七大沿海石化基地炼油产能总计1.39亿吨/年,乙烯产能总计1 440万吨/年,PX产能总计2 190万吨/年,产业基地集群化效果正在显现。

下游化工方面,我国烧碱供应主要集中在华东、华北和西北地区。其中华东是我国烧碱分布最为集中的区域,产能约 2 209 万吨/年,占全国总产能的比重接近 50%;华北地区产能 762 万吨/年,占比 17.21%,华东和华北地区是下游消费的主要市场,且当地氯碱企业配套耗氯产品品种较多,有一定的消耗氯气能力,以解决碱氯平衡问题。西北地区产能 623 万吨/年,占比 14.07%,主要依托资源优势,配套 PVC 产品发展,烧碱生产成本优势较为突出。

纯碱产量分布较为集中,河南、青海、山东和江苏四个省份的纯碱产量占到全国总产量的六成以上。其中,河南是我国纯碱生产第一大省,2022 年纯碱产量占全国纯碱总产量比例接近 20%;青海和山东两省纯碱产量占全国总产量的比重均在 15% 左右;江苏省纯碱产量占全国总产量的比重超 10%。我国钛白粉产能主要分布于四川、山东、河南和安徽等地,目前产能占比分别为 20%、16%、12% 和 10%。

目前 BDO 主要集中在新疆、陕西、内蒙古等省份,西北地区资源相对富集。我国 BDO 的生产工艺以炔醛法为主,炔醛法主要原料为煤炭和电石等。我国西部地区石油、天然气和煤炭资源丰富,电石产能也主要集中在中西部地区,且其具有不宜远距离运输的特点,考虑到开采和运输成本因素,我国炔醛法生产装置主要位于西部地区。且 BDO 产能呈现出进一步向西部集中的态势。

我国化肥行业分布依赖上游矿产资源分布,其中,复合肥产能主要分布在农业大省和资源型省市,山东、湖北、江苏、四川、安徽等约占我国总产能的 70% 以上;受磷矿资源分布影响,国内磷肥产能主要集中于"云、贵、川、鄂"等主要磷矿资源地区;我国主要钾肥资源包含水溶性钾、境外钾及难溶性钾,主要钾盐的资源所在地主要在青海、云南、四川、甘肃及山东等区域。

合成树脂产量排名前五位的省份为浙江省、江苏省、山东省、内蒙古、广东省,2022 年五省区产量共达到 5 228.86 万吨,合计占全国总产量的 46%;其中,浙江省 2022 年合成树脂产量达 1 387.96 万吨,占比 12%。

由于先天资源、经济水平、市场需求等存在较大差异,国内各地区 PVC 产业发展不均衡。西部地区煤炭、电力等资源储备充足,凭借先天资源优势,以氯碱为核心、循环经济为基本发展模式,主要建设大型化煤电盐化循环经济产业项目,逐步形成数个大型氯碱产业集群,充分发挥上下游资源配置一体化大生产的规模优势,是业内公认的电石法生产 PVC 的低成本地区,在我国 PVC 产业格局中占据一定的领先地位。东部地区是我国氯碱工业产品主要消费市场,依托下游需求端支撑和便利的地域、贸易优势,区域内氯碱产业逐步与石化、氟化工、精细化工等行业协同发展,充分发挥下游产业链条合理的结构优势,产品结构相对丰富,目前呈现电石法和乙烯法并存的状态,且未来更倾向于乙烯法工艺扩能。

由于我国轮胎和橡胶制品的主要消费市场集中于东部地区,合成橡胶行业产能主要集中在东部地区,产能占比达到 66%;生产合成橡胶的主要原材料丁二烯来源于乙烯配套产业链,因此乙烯产能较为集中的东北地区合成橡胶产能占比位居第二,产能占比约 15%；此外，西部地区、中部地区也有产能分布。

国内聚氨酯区域分布格局逐步形成六大板块：一是以上海为中心的长三角地区，该地区聚氨酯原料及其制品国内市占率接近 50%；二是以广州为中心的珠三角地区，聚氨酯产品和外贸较为发达；三是以葫芦岛为中心的环渤海和东北地区，该地区化工基础雄厚，产业规划宏伟，聚氨酯产品品种多、产量大；四是以兰州为中心的西北地区，将形成下游聚氨酯产品产业链；五是以重庆为中心的西南地区，化工材料资源丰富；六是以泉州为中心的海峡西岸地区，聚氨酯鞋业和外贸加工产业活跃。

聚醚行业的区域性受其原材料影响较大，聚醚的生产原料包括环氧丙烷、环氧乙烷、苯乙烯、丙烯腈等，其中主要原材料环氧丙烷属于危险化学品，不易长途运输，聚醚生产厂商一般围绕环氧丙烷产地规划建设，目前国内超过 80% 的环氧丙烷产能集中于华东及华南地区。同时，聚醚产品在区域内一般存在较为稳定的供应格局，聚醚产能以区域内消化为主，具有明显的区域性特征。

我国涤纶长丝产能分布具有向优势地域不断集中的趋势。浙江省、江苏省和福建省三省合计涤纶长丝产能占全国产能的比重超 95%，主要为上游石油炼化企业和下游织造及纺织服装企业相对集中的区域，产业集群效应强，物流、仓储、交易成本低，构成了地区化学纤维产业链的核心竞争力。

氟化工方面，我国氢氟酸产能区域分布与上游萤石矿有较大重合，以福建、江西、内蒙古、山东、浙江五省为主，合计拥有产能 187.6 万吨 / 年，占全国比例约 65%。

三、创新驱动发展

进入"十四五"以来，石油和化工行业全面落实创新驱动发展战略，围绕行业发展重大需求，不断加强科技攻关，攻坚克难，持续推进创新体系建设，积极开展协同创新，加快实现高水平科技自立自强，取得了一大批重大科技创新成果。但行业仍然存在创新能力不强、高端新材料产品不足的问题，在创新机制完善、关键核心技术攻关和化工新材料研发布局方面仍需加大力度，推动我国石化产业由大向强迈出关键步伐。

（一）完善构建创新体系

我国石化行业已经部署建设了数量众多的重点实验室、工程实验室、工程技术中心、企业技术创新中心等创新载体。"十四五"以来，中国石油和化学工业联合会共授予科学技术奖 679 项，其中技术发明奖 92 项、科技进步奖 587 项。截至 2023 年底，石化联合会在全行业共认定了 134 家行业创新平台，其中产业技术创新中心 8 家，工程研究中心 33 家，工程实验室 46 家，重点实验室 47 家。

我国化工新材料的园区基地和核心载体正在形成，一批以化工新材料为主业的专业化工园区正在迅速成长，产业技术特色和市场竞争优势快速提升。举例来看，上海化工园区、宁波石化经济开发区、南京化工园区、齐鲁化工园区、大亚湾化工园区集聚发展高端聚烯烃和工程塑料产业；常熟氟化工园区、东岳氟硅新材料园区、江西星火有机硅产业园区集聚发展氟硅材料；烟台万华工业园、宁波大榭开发区、蚌埠生物基化工新材料产业园区和淄博高新园区等集聚发展聚氨酯产业。

但国内诸多创新载体目前整体性系统性仍不强，产业技术创新仍然存在"技术孤岛""资源碎片"等现象，在资源整合、协同创新方面需要进一步加强。行业自主创新能力较弱，一方面，企业研发投入不足，国际大型石化公司的研发投入占销售收入比例约为3%，而我国石化企业该比例普遍在1%左右；另一方面，现行机制仍需优化，在激发企业科研人员开展以应用为导向的原创性基础研究的积极性方面有限。

（二）加快突破核心技术

"十四五"以来，石化行业在基础研究、油气勘探开发、化工新材料和高端化学品新技术、新能源和可再生能源新技术以及传统产业先进适用技术应用方面都取得了多项突破，为产业链高质量发展提供了重要支撑。但面对我国炼油产能过剩、大宗石化产品占比较大、高端和高附加值产品占比较低、碳减排难度大等问题，石化产业迫切需要在下游高端产品、生物炼制和碳捕集及利用等关键技术方面取得突破，更好发挥科技创新在石油化工行业高质量发展中的支撑引领作用。

基础研究方面取得了多项新进展，为行业高端发展、差异化发展提供动力。西安交通大学等单位开展光催化剂结构调控及界面反应强化的基础研究，阐明了催化剂结构对光催化反应过程强化的调控机制，为太阳能光催化技术应用奠定了重要的材料基础与理论依据。江南大学开发的微生物化学品工厂生产效能的分子机制与强化方法，阐释了生长性能、合成能力、环境耐受性调控微生物细胞工厂生产性能的生理机制，提出了一系列提高微生物生产性能的新方法。西安理工大学开展的复合电极材料的表界面功能化及其碱金属离子存储增强机制研究，聚焦新能源电池材料前沿与热点，提出了复合电极材料表界面功能化的新见解，为进一步提高石墨烯、三元正极、金属硫化物、磷、碳等电极材料的电化学性能奠定了理论基础。中国科学院大连化学物理研究所等单位开展二氧化碳催化加氢直接合成高品质汽油的基础研究，在国际上首创CO_2催化加氢直接合成高品质汽油的新路线，为CO_2加氢制液态烃研究拓展了新思路。浙江大学等单位以高效利用餐厨废油和微藻油等低品位油脂为目标，通过创制油脂非临氢脱氧高效非贵金属催化体系，对于我国发展自主的生物航煤大规模生产新技术具有重要的指导意义。

油气勘探开发关键技术多方位突破，为保障我国能源供给安全作出重大贡献。中国石油天然气股份有限公司勘探开发研究院合作开发的中东地区低渗碳酸盐岩油藏分类高效开发关键技术，实现了与老牌国际石油公司从同台竞技中的"跟随"到"引领"的转变，开创了中东地区低渗碳酸盐岩油藏开发新技术的方向，全面带动了全球其它地区相同类型油藏经济高效开发。中国石油大学（北京）合作开发的海相页岩气富集机理与评价关键技术助力川渝地区页岩气相关产业发展，推动我国非常规油气资源勘探开发技术水平走在世界前列，对页岩气产量的持续增长具有重要意义。

化工新材料和高端化学品的新技术不断涌现，有力提升行业创新竞争力。一大批高科技企业在化工新材料和高端化学品方面做出了重大成绩，如浙江新和成特种材料有限公司和浙江大学等单位合作开展高端聚苯硫醚制造关键技术创新；中石化石油化工科学研究院有限公司等单位合作开发丙烯双氧水法制环氧丙烷（HPPO）成套技术及产业化；北京化工大学等单位合作开发芯片用超纯净电子化学品高效绿色制造技术；南京工业大学等单位合作开发耐高温氧化硅基气凝胶复合材料关键技术；以及中科兴业在聚芳硫醚、硅宝集团在有机硅新材料、广东金发科技在改性材料系列、辽宁奥克在环氧树脂、四川金象在三聚氰胺等领域的技术创新。

新能源和可再生能源新技术层出不穷，为加快能源绿色低碳转型作出新探索。中国科学院大连化学物理研究所等单位合作开发的新一代全钒液流电池储能技术及产业化应用，引领了全球液流电池技术发展，提升了相关储能产业上下游技术水平，形成了良好的储能集群效应。上海交通大学等单位围绕钠电正极材料规模化制造技术瓶颈，开发出具有自主知识产权的正极材料一体化绿色制造成套工艺，填补了国际空白，成为我国钠离子电池产业链构建的先行者。南京工业大学等单位开发的生物基聚氨酯是首款获得全球五大生物基认证的聚氨酯材料，实现了高性能生物聚氨酯在工程防腐、建材胶黏、电子元器件灌封等多个重大领域的应用突破。北京首钢朗泽科技股份有限公司等单位开发的富含一氧化碳工业尾气生物发酵制乙醇工艺集成及产业化应用开发了含碳工业尾气发酵制乙醇新技术，打破了工业尾气传统利用方式，开辟了非粮燃料乙醇和饲料蛋白生产新途径。

传统产业应用先进适用技术效果突出，推动传统产业不传统发展的新境界。先进适用技术可以推动炼油、化肥、纯碱、烧碱等传统产业的生产工艺优化，提高产品质量和产能，降低生产成本。中石化石油化工科学研究院有限公司等单位开发的基于活性相和反应环境协同调控的高效低碳柴油加氢关键技术及应用，引领了柴油加氢技术的进步，为将来更严格的柴油质量标准实施、装置高效稳定生产和节能降碳提供了重要支撑。中国石化工程建设有限公司等单位合作开发的劣质原料绿色低碳高效催化裂化成套技术填补了国内催化裂化在重质、劣质原料加工方面的技术空白，对炼厂重质、劣质原料绿色低碳高效转化发挥了重要支撑作用。中国寰球工程有限公司等单位开发的大型氮肥成套工艺有力地提升了大型氮肥装置的自主技术能力和装备的国产化率，大幅降低了装置的投资。多氟多新材料股份有限公司等单位开发的磷肥副产氟硅资源高质利用成套技术突破了磷肥副产氟硅资源高质利用技术瓶颈，解决了磷肥产业环保难题，提升了集成电路关键材料保障能力，对产业可持续发展起到了积极的推动作用。

（三）开发布局高端产品

新一代信息技术、生物技术、新能源、高端装备等战略性产业的兴起，为电子化学材料、功能性膜材料、汽车轻量化材料、车用电子电器材料、锂电新材料及其化学品、高性能复合材料、粘接材料等石化产品拓展了消费空间。根据目前我国的产业分工，化工新材料包括五大类：高性能树脂、特种合成橡胶、高性能纤维、功能性膜材料、电子化学品（锂电池材料、半导体材料、先进显示材料）。其中，高性能树脂又细分为工程塑料、高端聚烯烃塑料、聚氨酯材料、氟硅树脂、其他高性能材料等五个部分。

2022年，我国化工新材料产能超过4500万吨/年，产量达到3323万吨，分别比2015年提高87.5%和97.7%，实现产值13160亿元，产业体系不断完善，产业规模持续扩大，自给率超过50%，但仍面临研发成功率低、投资压力巨大、研发时间长、市场验证时间长、应用量小、总利润低于大宗品等挑战，化工新材料产值占全行业仅10%左右，远低于欧美等发达国家水平。化工新材料是支撑国家战略性新兴产业的重要基础，是石油和化工产业高质量发展的重要方向。

"十三五"以来，我国在化工新材料重大关键技术领域取得了一系列新突破。先后攻克了茂金属聚丙烯、110千伏高压绝缘电缆专用料、光伏级乙烯-醋酸乙烯共聚物（EVA）等高端聚烯烃；光学级聚甲基丙烯酸甲酯（PMMA）、溶液法聚苯醚、聚砜等高性能工程塑料；苯乙烯—乙烯—丁烯—苯乙烯嵌段共聚物（SEBS）、防弹玻璃用热塑性聚氨酯弹性体橡胶（TPU）等高性能橡胶；高强高模聚酰亚胺、大丝束碳纤维、高伸长间位芳纶、高韧性对位芳纶等高性能纤维；钙钛矿量子点光学膜等高性能膜材料；高镍三元正极材料、磷酸铁锂、双氟磺酰亚胺锂、电池用聚偏氟乙烯（PVDF）等新能源电池材料；生物基聚乳酸、尼龙56技术也取得了重大突破，化工新材料为"补短板"和保障国家经济安全做出了突出贡献。

随着企业创新能力的不断提升和自主创新技术的不断突破，一批新材料领军企业快速成长。中国石化、中国石油和中国化学工程集团在高端聚烯烃、高性能纤维、尼龙6、尼龙66和气凝胶领域引领行业高端发展；中化控股公司在工程塑料、有机硅、有机氟、芳纶领域持续发力；华润集团、中车集团、中材集团分别在特种聚酯、高性能纤维、高性能膜材料领域加速布局；万华化学在异氰酸酯全产业链和新能源材料细分领域不断取得新进展；巨化集团、兴发集团、金发科技、丰原集团、泰和新材、福建锦江、长春高崎和江苏先诺等一批地方国企和民营企业在电子化学品、氟化工、芳纶、光伏级EVA、硅材料、膜材料、氨纶、特种尼龙、改性塑料、聚酰亚胺、碳纤维和生物化工等领域不断取得新突破，越来越多的化工新材料技术指标正在接近和达到国际先进水平，显示出我国化工新材料产业创新发展的强大生机与活力。

四、数字化转型

石化化工行业作为典型的传统制造行业，对劳动力、环境资源等传统要素的依赖度较高。随着我国经济进入新常态，行业发展进入瓶颈期，单纯依靠劳动力、资源环境等传统要素的投入无法实现可持续增长，发展特征由"量的合理增长"向"质的有效提升"转变，与新一代信息技术深度融合已成为行业转型升级的必由之路，数据要素价值的释放成为行业高质量发展的关键。

作为流程工业，我国石化化工行业具有良好的自动化基础，自动化、信息化程度走在工业行业前列。截至2023年上半年，石化化工行业关键工序数控化率、工业云平台应用率分别达79.6%、53.4%，已超过工信部等八部门《关于加快传统制造业转型升级的指导意见》中对2027年工业企业关键工序数控化率所设的目标（70%），高于当前我国工业企业60%左右的关键工序数控化率水平。累计39家企业入选智能制造试点示范企业，相关项目生产效率提高了33%、资源利用率提升16%。

当前，以工业互联网为代表的新一代信息技术已在石化化工行业得到初步发展和应用，中石化、中石油、中海油等行业领先企业抢抓机遇持续推进工业互联网融合应用，呈现百花齐放的局面。石化盈科公司深耕企业数字化转型、智能化升级领域，通过发布石油化工工业互联网平台ProMACE3.0，实现了新一代信息技术在工业机理、业务拓展、管理决策等层面与石化行业的深度融合。中国石油目前正积极推进工业互联网平台建设，以面向石油石化行业的开发环境为基础，通过大数据接入、整合、存储及分析，沉淀行业知识、专家经验、生产工艺，实现仿真设计、工艺优化、设备运行优化等专业领域应用。中国海油也正加快通过工业互联网保持公司核心竞争力并提高盈利能力，积极打造油田无人平台、岸电电源、智慧零售等"工业互联网＋智能制造"的发展模式。

智能工厂建设主要围绕生产管控、安全生产、节能减碳、设备管理、供应链、营销管理等领域，通过新技术融合应用提升各业务的感知、分析、决策和协同能力，推动企业提质增效转型升级。上海、上虞、东营港、烟台、济宁、南京、大亚湾、董家口等一批智慧化水平和管理水平、产业集群度高的化工园区，在智慧化建设和数字化转型方面发挥了标杆作用，通过智能控制、风险识别、实时预警大幅提升了管理水平和园区的本质安全水平。

五、绿色低碳发展

我国石化产业结构以大宗基础化学品为主，高耗能产品占比高，多种物耗高、排放高的大宗基础产品都居世界产能产量第一位；而多数高性能材料和高端领域多年来一直依赖进口，中低端产品过剩、高端产品短缺的结构性矛盾突出。2022年我国石化行业总能耗超过2亿吨标煤，对应能耗过程的二氧化碳排放量❶达5亿吨，占国内二氧化碳排放总量的比例超4%，若包含原材料、能源和生产过程，则石化行业碳排放占全国总量的比例达13%。全行业废水、废气、工业固体废弃物和危险废物排放均居工业部门前列，高浓度有机废水、挥发性有机污染物、危险废弃物等治理难度大。

对照"双碳"目标要求，我国石化企业在绿色低碳发展方面进行了诸多有益探索。2022年，国内石化行业氨氮、二氧化硫、氮氧化物等主要污染物排放量较

---

❶ 按1吨标煤燃烧排放二氧化碳量2.46吨计算。

"十三五"下降 10% 以上，电石渣、磷石膏综合利用率分别达 100% 和 50%，绿电耦合炼化和煤化工生产工艺、园区能源梯级利用等技术实现突破。但在 2030 年前实现碳达峰目标的要求下，行业仍面临很大的低碳发展压力，加快形成行业绿色低碳发展新模式势在必行。

（一）协同推进节能降碳

加快推进用能设施电气化改造。目前我国化工行业电力消耗约 5 000 亿千瓦时，折标煤约 0.6 亿吨左右，仅占目前化工行业总能耗水平的 10% 左右。上游业务方面，近年来电锅炉、电伴热、电抽油机、电钻机等陆上油气勘探开发常规方式持续推进，海上风电供能、岸电入海及自消纳新能源发电等新场景逐步拓展；下游业务方面，热力替代、动力替代和电化学工艺技术不断突破，电气化呈加速发展趋势。

开发"绿氢"与石化化工耦合应用。石油石化行业作为工业用氢的主要下游领域，与"绿氢"的耦合应用空间广阔。石油开发方面，无淡化海水原位直接电解等制氢技术逐步研发应用，可应用于油气田采出水电解制氢场景，具有较高的技术竞争力与产业链价值；下游应用方面，替代灰氢的绿氢化工陆续推进，中石化新疆库车绿氢示范项目于 2023 年 6 月全线贯通，所产绿氢通过管道就近供应中石化塔河炼化公司，可实现每年减排二氧化碳 48.5 万吨。

建设 CCS/CCUS 项目助力行业减碳。创新性应用 CCUS 技术是石化行业实现碳达峰碳中和的重要技术手段，目前国内 CCUS 项目多为示范性项目。2023 年上半年，中石油全产业链一体化推进碳捕集、利用及封存业务，上半年注入二氧化碳 74.9 万吨；中石化回收利用二氧化碳 84.3 万吨，二氧化碳注入驱油 42.2 万吨；中海油首个海上二氧化碳封存示范工程项目在恩平 15-1 油田成功投用，初步建立海上二氧化碳捕集、注入、封存和监测技术及装备体系。

（二）清洁生产绿色制造

化工废弃物资源化利用水平不断提升。近年来我国石油化工循环经济蓬勃发展，塑料循环利用、废橡胶循环利用、动力电池循环利用技术不断成熟，相关产业布局加速。

生物基产品的研发应用加速。生物基化工品主要来源于植物，减少了二氧化碳的排放以及对石油的依赖，且其生产过程更加绿色环保。我国生物基化工品行业仍处于发展初期，部分产品（如生物乙醇、乳酸 - 聚乳酸产业链、生物基尼龙等）逐步实现初步产业化，但整体市场规模和技术成熟度均有较大的成长空间，在"低碳经济"大背景下，生物基材料的发展前景广阔。

石化行业龙头企业也在绿色低碳发展领域不断发挥其示范引领作用。中国石油以"双碳"目标为引领加快布局清洁生产和绿色发展，明确将绿色低碳纳入集团公司发展战略，明确了清洁替代、战略接替、绿色转型"三步走"的发展图景和路径，提出了企业绿色低碳发展的"时间表"和"路线图"；构建起油气与新能源、炼化销售与新材料等主营业务板块，将新能源业务放到与油气业务同等重要的位置。第一，中国石油在"稳油"的基础上，把加快天然气发展作为构建清洁低碳、安全高效的现代能源体系、保护生态环境的重要举措和主攻方向，天然气产量当量在油气产量当量占比约50%，油气结构进一步优化。第二，中国石油产品结构不断优化，全面供应国Ⅵ标准汽柴油，仅用10年完成欧美近20年的油品质量升级道路。第三，新能源新业务"六大基地、五大工程"建设蹄疾步稳，中国石油首个规模最大的集中式光伏发电项目——玉门油田东镇20万千瓦光伏并网发电项目已并网成功，清洁电力业务取得新成效。华北石化生产出纯度在99.999%以上的氢气助力北京冬奥会；由中国石油自主研发的绿氢点燃了太子城火炬台，是冬奥近百年历史上首支以绿氢作为燃料的火炬。"十四五"期间，中石油将重点发展地热、风电和光伏发电、天然气发电与新能源融合发展业务，推动CCS/CCUS示范项目建设，为社会提供更清洁的能源产品。

中石化走出了一条具有石化特色的绿色低碳发展之路，积极探索绿色低碳发展路径，加快构建清洁低碳能源供给体系，推动产业转型升级，持续提升绿色低碳竞争力。第一，中石化镇海炼化在国内石化行业中率先启动"无异味工厂"建设；2020年8月，中国首套生物航煤大型工业化装置在镇海炼化建成，装置年设计加工能力10万吨，采用中石化自主研发的HEFA—SPK生产技术，以餐饮废油为原料，首批产出纯生物航煤600多吨。第二，中石化持续加大页岩气勘探开发力度，推动涪陵页岩气田开发，目前涪陵页岩气田累计探明储量近9000亿立方米，生产页岩气突破580亿立方米，创造了中国页岩气田累产新纪录。第三，中石化充分发挥资源、技术、人才优势，深入推动CCUS技术发展。2022年8月，碳捕集利用与封存（CCUS）全产业链示范基地、全国首个百万吨级CCUS项目——中石化齐鲁石化胜利油田CCUS示范工程正式投产。第四，带头开发利用地热资源，截至2022年底，中石化累计建成地热供暖能力8500万平方米，年可替代标煤161.5万吨，减排二氧化碳420万吨，相当于植树223万棵。第五，中石化按照"千站加氢引领，百万绿氢示范，双轮驱动创第一，替代减碳超千万"思路，将氢能作为新能源发展核心业务，建立涵盖"制储运加用研"的氢全产业链条，围绕氢能交通和绿氢炼化领域积极发展氢能一体化业务，实现"制运加氢一体化布局"，加速打造"中国第一氢能公司"。除此之外，中石化还积极布局光伏发电业务，打造实现绿色洁净、转型发展的重要增长极。

第四节　产业发展趋势

我国石化行业已经迈入由大变强的新发展阶段，担负着保障粮食、能源、资源、重要产业链供应链的安全稳定，促进人与自然的和谐共生，加快绿色低碳循环发展，全面满足人民对美好生活向往的时代重任。石化产业的高质量发展需注重高端化、集约化、数字化、绿色化发展，推动安全发展、培育一流企业、加快人才培养，稳中求进，推进新型工业化，塑造石化行业新质生产力，共同推动高质量发展。

一、产业供给高端化

"十四五"以来，我国石化产品供应能力大幅提升，2022年已成为世界第一炼油大国和乙烯大国。当前我国炼油、乙烯、合成氨、电石、烧碱、甲醇等重点高载能行业产值约占全行业产值的40%，而化工新材料产值占比仅约8%，远低于欧美等发达国家水平。

在产品供应能力提升的同时，石化产业供给结构需不断优化调整，加快向高端化、精细化、专业化迈进。实施创新驱动发展战略，是实现我国石油和化学工业供给结构升级的核心，是行业高质量发展的基础和向强国跨越的强大动力，也是我国经济高质量发展和实现中国式现代化的迫切需求。

（一）传统产业转型升级

传统化学工业是我国化学工业发展的基础，也是我国化学工业发展自我配套能力的一大优势。目前国内传统化学工业约占整个化学工业销售收入总额的70%左右，但传统化学工业工艺技术、产业结构和经济效益都比较落后，特别是规模总量大、发展历史比较长的化肥、氯碱、纯碱、橡胶、涂料等工业，都面临着紧迫的转型升级任务。

二十届中央财经委员会第一次会议明确指出，坚持推动传统产业转型升级，不能当成"低端产业"简单退出。在"十四五"期间，要实现传统产业技术创新的全面突破，努力走出一条传统产业不传统发展的新路子，使我国传统产业在由大国向强国跨越的伟大进程中，发挥出顶梁柱的基础优势作用。

（二）新兴产业开拓布局

全球化工新材料产业垄断正在加剧，高端材料技术壁垒的竞争更趋白热化。中国是世界化工第一大国，但化工新材料的创新能力相对较弱，行业高端创新是未来创新发展必须提升的核心竞争力。近年来，我国把战略性新兴产业摆在经济社会发展更加突出的位置，明确提出了要推动节能环保技术、新一代信息技术、生物技术、新能源技术、新材料技术、新能源汽车制造、高端装备制造技术等战略性新兴产业快速发展。

未来石化行业要全力在提高高端制造业和战略性新兴产业的比重和水平上下功夫，力争在化工新能源、化工新材料、高端精细化学品、生物化工和节能环保等高端领域提高自主创新能力。

一是化工新能源领域。在石油需求快速下降的同时，全球可再生能源技术正在取得突破性进展，水电、风电、太阳能技术成本都在迅速降低，特别是氢能的生产技术、生产成本、系统配套能力也在飞速突破。可再生能源的技术突破，正在加快世界能源结构的变化调整。

二是化工新材料领域。化工新材料是世界化工强国和跨国公司竞争的战略高地之一。在未来化工新材料的竞争中，新能源材料、高性能膜材料、生物基材料、生物医用材料、高性能纤维及其复合材料、电子陶瓷材料、先进半导体材料及微电子制造材料、稀土功能材料、新型显示材料等将成为未来材料领域高端前沿技术竞争的焦点。

三是高端精细化学品领域。精细化学品是化学工业中技术含量高、用途广泛、功能性极强的专用化学品，在高端精细化学品领域，化工强国和跨国公司的竞争十分激烈，部分产品市场需求量相对较小，但技术含量极高，功能效果极强，市场影响力极大，是行业高端转型的重要方向。

四是生物制造领域，生物制造产业发展正在迎来历史性机遇。据美国《生物质技术路线图》规划，2030年生物基化学品将替代25%有机化学品和20%的石油燃料；据欧盟《工业生物技术远景规划》，2030年生物基原料替代6%～12%化工原料、30%～60%精细化学品由生物基制造。2023年1月，工信部等六部门印发《加快非粮生物基材料创新发展三年行动方案》，提出到2025年，非粮生物质原料利用和应用技术基本成熟，部分非粮生物基产品竞争力与化石基产品相当的目标。

五是节能环保领域。化学工业在该领域既面临现实矛盾，又面临着急迫解决重大问题的责任，特别是二氧化碳减排、塑料污染治理和量大面广的废水、废气、废固治理等问题。未来在节能环保领域的技术创新将会成为化学工业高质量发展的又一个重要竞争领域和全新的增长点。

二、产业布局集约化

当前中国石油化工产业集群蓬勃发展，特别是在碳达峰碳中和目标之下，多个城市在加快谋划和制定绿色产业发展施工图，积极布局千亿级、万亿级石化、新材料等产业集群。石化园区在产业集聚、产业链协同、原料互供、能源共享和废弃物综合治理等方面的作用正在显现，石化产业的园区化、基地化、炼化一体化水平明显提升，已经具备了推动石化产业集群化发展的基础和条件。

石化产业须将一张蓝图绘到底，按照"主体集中、区域集聚"的原则，推动产业一体化、基地化、集聚化发展，培育打造一批世界一流石化基地和龙头企业。提高产业聚集度，实现园区化、集约化发展，实现产业链上下游协同协调发展。

三、产业转型数字化

发展数字经济是把握新一轮科技革命和产业变革新机遇的战略选择，数字经济具有高创新性、强渗透性、广覆盖性，不仅是新的经济增长点，而且是改造提升传统产业的重要支点，是构建现代经济体系的重要引擎。推进数字化转型是推动石化化工行业高端化、绿色化、安全化、融合化发展,实现质量变革、效率变革、动力变革的重要路径。

数字化应用在整合信息化资源以及化工园区内资源配置、能效优化、安全生产管控、环境生态监测等方面已取得了明显的效果,特别是实现了重大风险源监控、园区封闭管理、可视化操作、现场人员行为识别、应急处置、有毒有害气体泄漏、特殊作业和危化品运输车辆的实时监控与预警,工厂与园区的本质安全水平都大幅提升,数字化转型正在成为石化化工行业高质量发展的重要途径和推动力。

四、产业过程绿色化

我国石化产业目前仍存在能源消耗总量大、排放总量高,且部分存量产能能效水平有待提升的问题。未来,气候变化、环境污染和化学品安全将持续倒逼石化行业加快转型,实现绿色发展。发展清洁化生产、低碳化转型、循环化改造的绿色化学是实现石化产业绿色高质量发展的重要方式。

第一,以清洁化生产减少和消灭环境污染,大力推进清洁生产,利用绿色化学手段对全产业链进行清洁化改造,广泛应用高效催化技术和绿色溶剂,减少和消灭污染。大力发展生物基化学品,基于我国人口多、耕地少、优先保障粮食供应的现状,建立以纤维素原料为主、油脂和含碳气体为辅的可持续原料体系;以绿色反应和实现原子经济为前提,发展低成本生物制造工艺路线;将精细化学品、专业化学品与聚合物材料产业作为未来的发展方向。

第二,以低碳化转型推动能源革命。在确保国家能源需求和能源安全的前提下,抓紧布局、研发新能源技术,走出一条传统能源向新型能源有序接替、跨越转型的新路子,尤其要率先在氢能发展上走出一条创新发展的新高地。发展碳捕集利用和封存技术,实现二氧化碳的资源化和循环利用。

第三,以循环化改造实现资源节约。推动园区成为石化产业循环链接的重要载体,有效降低原料和产品的物流成本和生产成本。推动生产废弃物的完全资源化利用,加快实现废塑料的循环再生。

本章小结

2022年我国石油和化工全行业实现营业收入16.56万亿元,2022年利润总额1.13万亿元。2023年实现营业收入15.95万亿元,同比下降1.1%,利润总额8 733.6亿元,同比下降20.7%。

当前我国石油和化工行业结构性矛盾日益突出，一方面，以化工新材料和高端精细化学品为代表的高端化学品结构性短缺，部分关键化学品市场竞争力不强，面向未来的前瞻性技术和引领性产品储备不足；另一方面，我国炼油、氮肥、甲醇、聚氯乙烯等传统领域产能都处于过剩或严重过剩状态。

产业内部优化重组趋势明显，市场集中度不断提高，开采及炼化板块基本实现寡头垄断，化工板块仍有诸多细分赛道存在产业整合机会。油气开采板块，原油产量中石油占比约50%，中石化与中国海油占比均在20%左右；炼化板块产能规模大、综合实力强的企业在行业中的主导作用将进一步增强，代表企业有中国石油、中国石化、荣盛石化和恒力石化等；基础化工板块呈现行业集中度逐步提升、产能向大型企业集中的局面，代表企业有中国石化、万华化学、盐湖股份、华峰化学等。从空间布局来看，产业规模化、一体化、大型化发展趋势更加明显，产能主要分布于华东、华北、东北和西北地区，主要受上游资源和下游需求市场分布的影响。

当前我国石油和化学工业正处于由大到强跨越的关键期，行业发展进入了创新突破的新阶段，产业发展趋向高端化、集约化、数字化、绿色化，石化产业的高质量发展，将以供给侧结构性改革作为总抓手，用供给侧生产要素的优化配置，用科技创新的突破提升供给侧质量和数量，用新质生产力激活企业的动力和活力。

第四章
石化产业上市公司典型案例

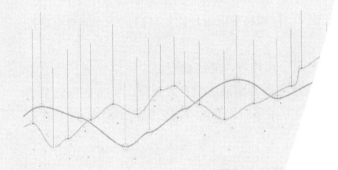

第一节 荣盛石化

一、公司概况

荣盛石化是中国石油化工民营龙头企业之一,位居全球化工最具价值品牌榜第7位、全球化工企业50强第16位等。公司主要从事各类油品、化工品的研发、生产和销售,于环渤海经济圈、长三角经济圈和海南一带一路经济圈等地建有七大生产基地,打造形成了聚酯、工程塑料、新能源材料、高端聚烯烃、特种橡胶五大产业链,是亚洲重要的聚酯、新能源材料、工程塑料和高端聚烯烃的生产商之一,拥有全球最大的PX、PTA等化工品产能。

荣盛石化由浙江荣盛控股集团有限公司控股,集团前身益农网络化纤厂成立于1989年,多年深耕于化纤行业,于1995年改为荣盛纺织有限公司,2006年浙江荣盛控股集团有限公司成立,并于2007年设立荣盛石化股份有限公司,2010年11月在深圳证券交易所挂牌上市(表4-1)。

表4-1 荣盛石化发展历程

年份	公司发展
1989年	集团前身益农网络化纤厂成立
1995年	改名为荣升纺织有限公司
2003年	荣盛化纤集团成立,企业开始集团化运营
2006年	浙江荣盛控股集团有限公司成立
2007年	荣盛石化股份有限公司在荣盛化纤集团有限公司基础上发起设立
2010年	荣盛石化于深交所挂牌上市
2017年	浙石化4 000万吨/年炼化一体化项目开工建设

资料来源:公司公告,Wind,和君咨询整理。

截至2023年末,公司控股股东为浙江荣盛控股集团有限公司,实控人为李水荣。2023年3月27日,荣盛石化控股股东荣盛控股与战略合作方Saudi Arabian Oil Company(沙特阿美)的全资子公司Aramco Overseas Company B.V.签署了《股份买卖协议》,拟将其所持有的公司1 012 552 501股(占截至协议签署之日公司总股本的10%加一股股份)通过协议转让的方式转让给AOC,转让股份的对价总额为246亿元,转让后荣盛控股对公司的持股比例由61.46%下降至51.46%。同时荣盛石化与沙特阿美签署了《战略合作协议》,建立了战略合作关系(表4-2)。

表 4-2 荣盛石化前十大股东明细（截至 2023 年底）

排名	股东名称	持股数量	占总股本比例	股东性质
1	浙江荣盛控股集团有限公司	5 210 237 480	51.46%	境内非国有法人
2	Aramco Overseas Company B.V	1 012 552 501	10.00%	境外法人
3	李水荣	643 275 000	6.35%	境内自然人
4	香港中央结算有限公司	146 336 582	1.45%	境外法人
5	李国庆	96 525 000	0.95%	境内自然人
6	许月娟	96 525 000	0.95%	境内自然人
7	李永庆	96 525 000	0.95%	境内自然人
8	汇安基金—华能信托·嘉月 7 号单一资金信托—汇安基金汇鑫 43 号单一资产管理计划	55 148 287	0.54%	其他
9	华能贵诚信托有限公司—华能信托·荣越威诚集合资金信托计划	50 078 500	0.49%	其他
10	倪信才	47 925 000	0.47%	其他

资料来源：公司公告，Wind，和君咨询整理。

荣盛控股位列世界五百强第 136 位、中国企业 500 强第 40 位、中国民营企业 500 强第 5 位，目前集团已拥有荣盛石化（股票代码：002493）、宁波联合（股票代码：600051）等上市公司，业务涉及油气上游及交易、煤炭、物流、装备制造、工艺工程技术、房地产、创投等多个领域。

二、产业发展

（一）主营业务

公司产品种类丰富，规格齐全，涵盖新能源、新材料、有机化工、合成纤维、合成树脂、合成橡胶、油品等多个领域（图 4-1），基本实现了"一滴油到世间万物"，并不断在现有全球超大型一体化炼化基地和完备上下游配套的基础上提升完善新材料产业链。

1. 炼化板块

浙石化炼化一体化项目以打造"民营、绿色、国际、万亿、旗舰"基地为目标，一次规划、统一布局，目前已形成加工 4 000 万吨 / 年炼油、880 万吨 / 年对二甲苯、420 万吨 / 年乙烯处理能力的世界级炼化一体化基地，其中加氢、重整、PX 等多套装置单系列规模为世界最大。项目设计最大程度实现炼化一体化，最大限度为下游化工装置提供优质的原料，最大化生产芳烃（PX）和化工产品，并尽量减少成品油的产量，成品油收率低于行业平均水平，减油增化成效突出。同时，通过蒸汽、水等能

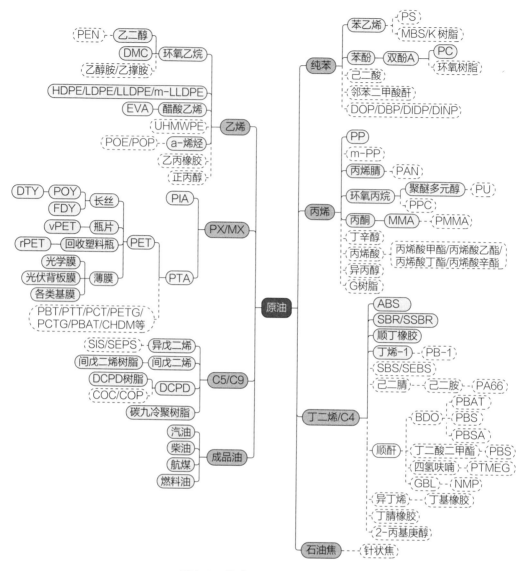

图4-1 荣盛石化主要产品结构

源资源梯级优化利用,充分利用装置低温余热,建成世界规模最大的热法海水淡化装置,实现节能减排。项目的炼化一体化率全球第一,远高于全国石化产业一体化率平均水平,基地规模与一体化程度居世界领先水平。

中金项目于 2015 年 8 月投产运行,是世界上当前在役的单系列规模前列的芳烃联合装置。中金石化首创以燃料油(较石脑油便宜)为原料制成芳烃产品工艺,在解决全球石脑油供应紧张的同时,可大幅节约原料采购成本,引入"循环经济"理念,创新性地利用副产品氢气将燃料油加工成石脑油,不仅可以加工浙石化的燃料油、石脑油,也可以将自身生产的产品进行再加工提升附加值。

荣盛新材料(舟山)作为舟山绿色石化基地的拓展区,以浙石化和宁波中金石化为依托,向下游延伸产业链,发展精细化工、化工新材料。荣盛新材料(台州)将聚焦高端聚烯烃、特种橡胶及弹性体、工程塑料、精细化工品和专用化工品、前沿新材料,打造世界一流化工新材料高地和 RCEP 高水平开放合作示范区。

荣盛新材料(台州)聚焦高端聚烯烃、特种橡胶及弹性体、工程塑料、精细化工品和专用化工品、前沿新材料,打造世界一流化工新材料高地和 RCEP 高水平开放合作示范区,前期工作正有序推进。

2. PTA 板块

荣盛石化自 2002 年建成首套民营 PTA 生产线,现拥有自己的 PTA 生产专利技术,竞争优势明显,老装置技改提升,质耗持续完善,新装置也在不断投产。2022 年逸盛新材料一、二线装置均已顺利投产;海南逸盛现有业务稳定,并积极推进新项目,其中 5 万吨/年食品级再生聚酯瓶片(rPET)于 2021 年 12 月成功投产,另有 9 万吨/年产能正在推进,全部投产后海南逸盛将成为国内最大的食品级 rPET 供应商。

3. 聚酯板块

以"安全环保、品质提升、降本增效"为总方针,重点落实隐患治理、促进流程优化、推进精益生产管理。永盛科技 25 万吨/年功能性聚酯薄膜扩建项目已全部顺利投产,公司的聚酯薄膜年产能达到 43 万吨/年,位居国内前四。盛元二期 50 万吨/年差别化纤维项目,主要生产阻燃、功能性、免染纤维产品,也在积极推进过程当中。

截至 2023 年底,公司现有产品产能及其利用情况见表 4-3。

表 4-3 荣盛石化主要产品产能情况

主要产品	设计产能(万吨/年)	产能利用率	在建产能
成品油	1 366	根据市场灵活调整	
PX	1 060		
纯苯	330		
间二甲苯	20		
PTA	2 150		
PIA	30		
MEG	240		
POY	46		25
FDY	54		25
DTY	42		25
瓶级切片	250		280
苯乙烯	240		

续表

主要产品	设计产能（万吨/年）	产能利用率	在建产能
PP	180	根据市场灵活调整	
苯酚	80		
丁二烯	70		
HDPE	65		
丙烯腈	52		
PC	52		
丙酮	50		
ABS	40		120
LDPE	40		40
EVA	30		40

资料来源：公司公告。

（二）盈利状况

2023年荣盛石化实现营业收入3 251.12亿元，同比增长12.46%；实现归属于上市公司股东的净利润11.58亿元，同比减少65.33%，公司主要从国外进口原油等作为原材料，利润下滑主要受原油天然气价格高位的影响（图4-2）。

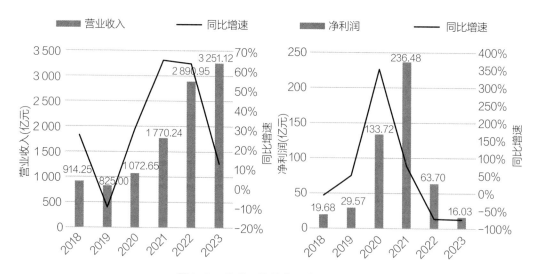

图4-2 荣盛石化营收及净利润情况

资料来源：公司公告，Wind，和君咨询整理。

按产品划分，2023年荣盛石化炼油产品营收1 218.85亿元，占总营收比重37.49%，实现毛利率20.26%；化工产品实现营收1 217.77亿元，占总营收比重37.46%，实现毛利率10.16%；PTA实现营收531.90亿元，占总营收比重16.36%，实现毛利率–0.64%；聚酯化纤薄膜实现营收147.18亿元，占总营收比重4.53%，实现毛利率3.21%；贸易及其他产品实现营收135.43亿元，占总营收比重4.16%，实现毛利率1.09%。2023年公司整体毛利率11.49%，较上年上升0.68个百分点（图4-3）。

荣盛石化盈利能力在2018年到2021年持续向好，2021年净资产收益率（摊薄）为26.26%；2022年以来受上游原材料价格影响，盈利能力下滑，2023年公司净资产收益率（摊薄）仅为2.61%，销售毛利率11.49%，销售净利率0.49%（图4-4）。

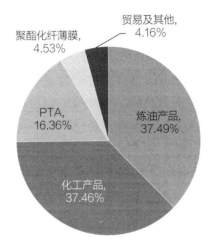

图4-3 2023年荣盛石化营收结构

资料来源：公司公告，Wind，和君咨询整理。

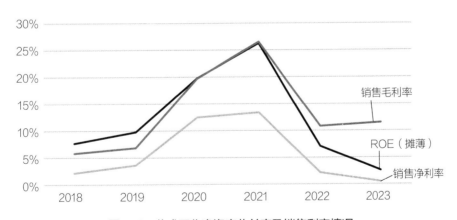

图4-4 荣盛石化净资产收益率及销售利率情况

资料来源：公司公告，Wind，和君咨询整理。

（三）资产负债

2023年度荣盛石化总资产3 749.18亿元，同比增长3.40%。总负债2 802.50亿元，所有者权益954.36亿元，归属于母公司所有者权益443.36亿元（表4-4）。

表 4-4 荣盛石化资产负债情况　　　　　　单位：亿元

项目	2023年	2022年	2021年	2020年	2019年	2018年
货币资金	130.70	182.39	176.82	106.38	128.78	148.53
交易性金融资产	3.10	1.88	3.45	1.28	0.86	1.27
应收票据及应收账款	47.38	71.28	54.11	13.50	20.49	21.60
存货	617.34	606.90	471.10	235.46	265.85	65.02
固定资产（合计）	2 197.00	2 221.61	1 233.45	860.03	712.67	208.81
在建工程（合计）	418.21	261.35	1 085.47	881.93	431.85	589.09
无形资产	71.29	59.98	57.04	58.07	40.24	33.64
资产总计	3 749.18	3 625.87	3 371.77	2 415.15	1 825.87	1 214.15
短期借款	448.11	263.70	378.71	456.91	300.42	250.30
应付票据及应付账款	539.40	724.88	604.75	403.72	403.46	225.20
合同负债	44.22	37.34	42.41	25.47		
长期借款	1 251.80	1 309.62	1 091.18	624.26	584.03	303.26
应付债券		20.35	20.43	30.44	10.00	
负债合计	2 802.50	2 654.22	2 419.34	1 716.55	1 410.19	856.36
资本公积金	108.25	108.23	108.20	141.89	66.88	66.88
未分配利润	288.60	292.65	271.93	155.62	91.18	76.14
归母股东权益	443.36	472.60	488.39	369.66	225.55	209.32
资产负债率	74.75%	73.20%	71.75%	71.07%	77.23%	70.53%

荣盛石化近年来资产负债率相对较高，2022 年资产负债率 73.20%，产能扩张意愿与能力较强。

三、技术创新

（一）研发投入

荣盛石化 2023 年研发投入力度大幅增加。2023 年荣盛石化研发投入 65.55 亿元，相对 2022 年上升 50.11%，研发投入占营业收入比例为 2.02%，相对 2022 年增加了 0.51 个百分点。2022 年公司研发人员 3 659 人，占总员工数比例 19.07%，相对 2022 年增加了 5.02 个百分点。

公司在各子公司均设立专门的研发部门，荣盛控股集团研发中心负责工作内容规划、制度与评级体系建设、专利与奖项申报等工作，子公司负责开展研究项目具体工作。为激发全员"从无到有，从有到优"创新的积极性，制订《大质量创新管理规定（试行）》等配套的创新管理要求及机制办法，规范管理科技成果转化与奖励工作。

荣盛石化已形成完备的技术研发和应用体系，建有高新技术研发中心、院士专家工作站、企业技术中心、博士后科研工作站等科技创新平台，拥有一支以专家、博士和高级工程师为主的专业技术团队。同时公司积极拓展对外交流，形成产学研一体化的战略合作，与浙江大学、浙江理工大学等高等学府长期保持密切合作，令公司始终站在行业研发领域的前沿。

（二）工艺技术

荣盛石化是国家高新技术企业，拥有聚酯纤维及 PTA 制造的核心专利技术，在 PTA 生产工艺、PTA 原料输送、聚酯技术及工艺流程、纺丝技术等领域，多项技术达到国际先进水平。目前已掌握 PET 装置先进控制技术、节能增效技术、余热节能技术、PTA 输送技术等十余项核心技术，同时正在申请多项发明及实用新型专利。

为实现高水平自立自强，荣盛石化缩短基础研究转化周期，紧跟国际科技前沿，不断推出清洁能源、高端材料、绿色发展等方面的新技术和新产品。作为全国化纤行业标准化委员会成员单位，公司主持和参与起草了多项产品行业标准。

公司产品和技术研发创新的重点方向包括：①光伏胶膜专用料 V6110S 研发：突破了 EVA 光伏料要求高 VA 含量、高熔指、并且难以长周期稳定生产的难题，生产出满足光伏胶膜性能要求的产品，打破了国内市场对光伏料严重依赖于进口的局面，成功开发出光伏级 EVA 树脂 V6110S，为公司创造经济效益的同时，也有力支持了国家光伏产业的发展。②动力中心余热利用技术研究：实现余热回收利用，每小时回收除氧器排气约 5t/h，定连排热水约 6t/h，每年节约能源浪费约 20 000 吨标准煤。③PTA 装置氧化反应器进料升温改造项目：增加发电量，改善氧化产品粒径。④基于 AI+大数据技术的聚合物参数优化研究：提高聚合物产品的质量稳定性，通过基于 AI 和大数据技术结合的方式分析数据工艺操作数据，稳定优化生产工艺参数，提升产品品质。

四、资本运作

荣盛石化上市以来共募集资金 2 252.90 亿元，其中包括直接融资 250.13 亿元，其中，2010 年首发融资 30.13 亿元，后陆续通过发行公司债和定向增发的方式融资总计 220 亿元；间接融资总计 2 002.77 亿元，包括 750.98 亿元短期借款和 1 251.80 亿元长期借款（表 4-5）。

表 4-5 荣盛石化上市以来募资情况（截至 2024 年 4 月 30 日）

	金额（亿元）	占比
上市以来募资统计	2 252.90	100.00%
直接融资	250.13	11.10%
首发	30.13	1.34%
股权再融资	180.00	7.99%
发债券融资	40.00	1.78%
间接融资（按增量负债计算）	2 002.77	88.90%
累计新增短期借款	750.98	33.33%
累计新增长期借款	1 251.80	55.56%

资料来源：公司公告，Wind，和君咨询整理。

继 2023 年 3 月沙特阿美以 246 亿元购入荣盛石化 10%的股份并签署《战略合作协议》后，2024 年 1 月 2 日，荣盛石化与 Saudi Arabian Oil Company（沙特阿美）签署了《谅解备忘录》，双方正在讨论荣盛石化（或其关联方）拟收购沙特阿美朱拜勒炼化公司（SASREF）的 50%股权，并拟通过扩建增加产能、提高产品灵活性、复杂度和质量。同时，双方也正在讨论沙特阿美（或其关联方）对宁波中金石化有限公司不超过百分之五十（50%）股权的潜在收购，并联合开发中金石化现有装置升级扩建、开发新建下游荣盛新材料（舟山）项目。

截至 2023 年 11 月 30 日，荣盛石化总市值 1 088.49 亿元，股票收盘价 10.75 元（图 4-5）。

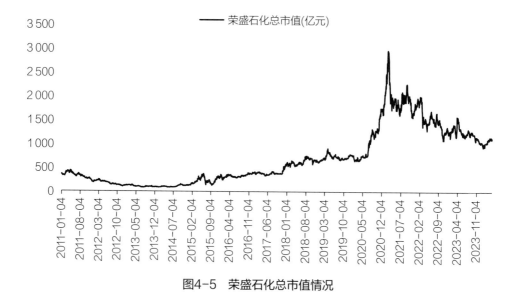

图 4-5　荣盛石化总市值情况

资料来源：公司公告，Wind，和君咨询整理。

荣盛石化股票走向与石油石化市场指数基本一致，整体走向明显优于石油石化板块指数；由于行业周期性原因，行业周期上涨期间表现优于沪深 300 指数，周期下降期间弱于沪深 300 指数（图 4-6）。

五、ESG 表现

2023 年荣盛石化 Wind ESG 评分 7.6，高于石油石化与基础化工板块所有上市公司均值 6.10，Wind ESG 评级为 A，优于行业整体水平。

（一）节能环保

公司环境保护工作始终贯彻"以防为主，防治结合，合理布局，综合利用"的环保工作方针和"谁污染谁治理"的工作原则。目前荣盛石化、荣翔化纤、盛元化纤、

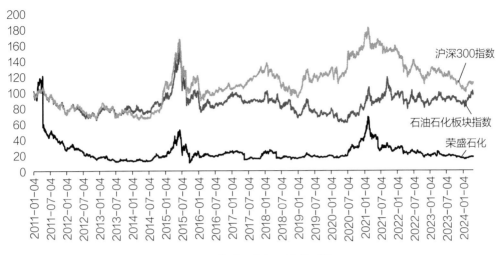

图4-6 荣盛石化股票走势对比

资料来源：公司公告，Wind，和君咨询整理。

永盛科技、中金石化均已通过 ISO 14001 环境管理体系认证，且均开展并通过了年度内审和第三方审核。2023 年，荣盛环保总投入 6.60 亿元，污水排放达标率、噪声达标率、环保培训覆盖率 100%。此外，公司也从碳排放管理、能源管理、清洁生产、绿色办公等多方面不断推进全公司上下节能降耗工作的创新和实践。

荣盛石化作为石化行业龙头企业，坚决响应国家战略部署，主动承担环境责任，积极采取有效的减排措施，不断研发工厂端减碳举措，助力国家早日实现"双碳"目标，同时公司也力求在多方资源协同配合下，在 2030 年实现碳达峰，2060 年实现碳中和。技术方面，公司积极推行循环经济发展模式，回收利用 EO/EG（环氧乙烷/乙二醇）装置产生的高浓度二氧化碳作为 DMC/PC（碳酸二甲酯/聚碳酸酯）装置原料，有效减少碳排放量。目前，公司将一套 80 万吨/年乙二醇装置产生高浓度 CO_2 排放尾气回收精制用于生产聚碳酸酯原料，另有一套乙二醇装置 CO_2 回收项目正在实施中，形成了具有公司特色的 CO_2 回收、利用、制取高端 PC 树脂的环保型绿色产业链流程，2023 年公司温室气体排放密度 1 吨二氧化碳当量/万元营收。

不断夯实能源管理基础，依照 ISO 50001 能源管理体系要求，建立健全能源管理制度和能源管理组织架构。截至 2023 年末，中金石化、逸盛大化等子公司已获得 ISO 50001 能源管理体系认证。2023 年荣盛石化综合能耗密度为 1 吨标煤/万元营收，耗水密度 6 吨/万元营收。

此外，荣盛石化积极响应《中华人民共和国清洁生产促进法》，将综合整治、整体预防的环境保护战略持续应用于生产过程中，提高资源利用效率，从源头控制污染物产生，同时满足经济利益和环境效益的最大化。2023 年，公司 EVA 等清洁技术的收入超 929 亿元人民币，占 2023 年公司总营业收入约 29%，比 2022 年提升了 24 个百分点。

（二）社会责任

员工权益方面，2023年荣盛石化员工社会保险覆盖率100%，劳动合同签订率100%，已实现员工商业保险及员工子女商业保险100%覆盖。人才发展方面，公司将人才分为专业类与管理类，并依据员工不同的能力，为员工安排适合其发展的职业序列，挖掘员工最大的价值。公司已建立完善的内部考核制度，以科学公平的考核方法来评定员工在岗位上的表现。2023年员工培训投入517万元，员工培训覆盖262 631人次，员工培训场次达3 484场。

公司倡导公益理念，热心公益事业，致力于助学助教、医疗互助、扶贫助困与关爱特殊群体，并鼓励员工参与献血、慰问等各类志愿服务活动，发扬志愿者精神，持续推动公益事业及社区健康发展。

2022年公司共发布两期股票回购方案，全年累计回购金额达39.78亿元，金额为所有A股上市公司之最，同时完成了2021年度权益分派，回报广大投资者。2023年公司第三期回购2.32亿股，占公司总股本的2.296 1%，回购总金额26.32亿元。截至2023年底，公司前三期回购累计回购金额66.21亿元。

（三）公司治理

荣盛石化在遵从相关法律法规和规范性文件的基础上，建立健全公司内部控制体系，规范公司运作。公司建立了股东大会、董事会、监事会和高级管理层的"三会一层"的公司治理结构。公司具有独立的业务和经营自主能力，在业务、资产、人员、机构、财务等方面独立运作。董事会下设战略与ESG委员会、审计委员会、风险控制委员会、薪酬与考核委员会和提名委员会。委员会各司其职、相互配合，共同提高公司治理运作效率，保障企业的高质量发展。

荣盛石化连续六年在深交所上市公司信息披露考核中获得最高评价A，信息披露质量高。同时，公司全方位与广大投资者开展交流互动，通过有效充分的沟通对话，树立良好的资本市场形象，增进资本市场对公司的了解。公司深入将社会责任理念与自身经营发展有机融合，逐步深化社会责任管理，持续推进社会责任实践，携手利益相关方共同创造价值，共享发展成果。

荣盛石化将安全生产视为公司运营的首要任务，不断强化安全生产的"红线意识"，持续推进安全生产长效机制建设，严格落实安全生产主体责任，聚焦各类安全生产隐患排查落实落细，全面提高安全生产管理水平，2023年安全生产投入5.42亿元。此外，公司持续完善质量控制标准，对标同行业标杆产品优化公司产品企业标准，在生产过程中加强标准化管理，严格执行产品国标、行标，按照优级品指标开展生产。

六、案例总结

（一）核心竞争力

1.产业协同优势

荣盛石化经过多年的发展和完善，抓住了行业调整中的机遇，实现了快速增长，具备"一滴油到世间万物"的发展业态。通过产业链延伸，上下游相互配套，有效降低了公司业务成本。在保障原料供应的同时，确保产品质量可靠稳定，也提高了公司的持续盈利能力和抗风险能力。

舟山绿色石化基地-宁波石化基地互联互通可实现宁波、舟山两大基地的协同发展，管道运输相对于船舶运输和陆路输运风险和成本大大降低；宁波石化基地副产的大量轻烃原料通过管道输送到舟山绿色石化基地可作为优质的乙烯原料；舟山绿色石化基地的富余油品可以输送到宁波石化基地充当生产芳烃的优质原料。

浙石化项目建设有能满足两期项目原油的保供需求配套设施。马目原油库和鱼山岛原油库总库容达到460万立方米，为国内炼化配套最大规模库容。浙江自贸区作为全国油气企业最集聚的资源配置基地，包括黄泽山岛、册子岛、外钓岛等超3 000万立方米的油库库容，大部分输油管网互联互通，可实现就地运输。

2. 战略布局优势

荣盛石化从涤纶化纤起家，历经多年发展，伴随着2022年初子公司浙石化4 000万吨/年炼化一体化项目全面投产，浙石化一举成为全球最大单体炼厂，该项目成品油收率最低，PX产能最大，已成为全球最大的PX生产基地；最大化生产和回收轻质化组分，作为乙烯裂解装置原料，并且一次性差异化布局下游配套化工装置；主要物料互供，主体装置互备，公用工程互通，单一装置检修不影响整体装置的生产负荷，能实现工厂错时检修和长周期连续运行的目标；采用的重油加工技术路线先进，对原料适应性更强，反应的转化率更高，无论是工艺、规模，还是配套都实现了领先态势。

依托浙石化4 000万吨/年炼化一体化项目，公司加快布局下游化学新材料，瞄准新能源和高端材料领域，部署了EVA、DMC、PC和ABS等一批新能源新材料产品，产品链不断丰富。随着新项目的稳步推进，公司新能源材料、可再生塑料、特种合成材料和高端合成材料等产能将得到有序扩充，新材料转型逐步加速。

2023年3月27日，荣盛石化与沙特阿美签署了《战略合作协议》，建立了战略合作关系。荣盛石化与沙特阿美在产业上互为上下游，双方之间的战略合作可以实现资源共享、优势互补、互利共赢。通过本次战略合作，公司及子公司将进一步巩固与沙特阿美现有原油采购业务的合作关系，获得长期稳定的原油以及其他化工原材料的供应，并有望进一步拓展公司化工产品的海外销售渠道，保障石油化工品产业链的稳定性。

3. 研发创新优势

荣盛石化坚持"自主创新"与"开放合作"双轮驱动的科技研发模式，搭建了高新技术研发中心、院士专家工作站、企业技术中心、博士后科研工作站等一流的研发平台，同时，积极开展对外技术交流和探讨，主动推进产学研一体化合作，整合高校、社会、企业等多方资源，携手提升科研水平、促进技术进步，共同打造开放健康、合作共赢的创新生态。公司近年来不断加大和国内外科研合作，研发投入逐年增长，并维持在行业领先水平。

公司旗下主要生产企业均为国家高新技术企业，研发实力强劲，在长期生产管理中累积了丰富的工艺操作经验，石化板块公司在中金项目选用了新的技术路线，部分以燃料油（较石脑油便宜）为原料制成芳烃产品，在解决全球石脑油供应紧张的同时，可大幅节约原料采购成本，引入"循环经济"理念，利用副产品氢气将燃料油加工成石脑油，为浙石化项目推进奠定了基础。公司利用自PTA专利技术投建项目，有效降低了单位产能投资成本和运行成本，增强了产品的竞争力，而且在成套技术及设备国产化的实践中积累了丰富的经验。公司聚合部门在前期项目中成功应用大规模熔体直纺聚酯和纺丝技术，并在后期项目中进一步发展完善。

4.运营管理优势

公司坚持制度化建设，将数字化、智能化、标准化、流程化、规范化融于企业运作之中，积极加强信息化建设，全面整合采购、生产、存货、销售等业务环节，持续提升快速反应能力。公司已结合自身实际情况建立了一整套行之有效的管理制度，明确了岗位职责与工作流程，通过精细化管理，有效降低了运营成本。通过多年努力，公司信息化、绩效考核、信用管理等体系的建设均处于行业领先水平，同时，通过品牌和文化建设，公司进一步提升了企业凝聚力和品牌影响力，获得"2023年全球化工最具价值品牌榜第七""2023年全球化工企业50强第16位""2022石油和化工企业销售收入前500家排行榜（独立生产经营）第5位""2022石油和化工上市公司销售收入前500家排行榜第7位""2023上市公司董事会最佳实践奖""2023中国上市公司ESG最佳实践案例""第一届国新杯ESG金牛奖ESG碳中和50强""新华信用金兰杯ESG进步飞跃案例""2022浙江辖区资本品牌高价值企业""四星杭州市鲲鹏企业"等荣誉。

（二）高质量发展亮点

荣盛石化前身荣盛纺织1995年设立之初，主要业务为制造、加工化纤布、涤纶丝；1997年荣盛纺织从日本引进先进的PET切片纺涤纶长丝及加弹设备，同时主动放弃织布业务，实现从传统纺织业向上游化纤行业的转型；2002年，公司主营业务架构由PET切片纺长丝及加弹向聚酯、熔体直纺长丝、加弹一体化生产转变；2009年，公司控股子公司逸盛大化PTA项目投产，公司内部产业链进一步完善；2022年初子公司浙石化4 000万吨/年炼化一体化项目全面投产，浙石化一举成为全球最大单体炼厂。

荣盛石化起步于化纤厂，深耕化纤行业，并逐步发展产业链上游业务，已经形成了炼化-芳烃/烯烃-PTA-聚酯-化纤的完整产业链，成为了国内聚酯化纤领域的龙头企业（图4-7）。下一步，一方面公司将基于当前一体化业务，完善产业链纵向整合，加快布局下游化学新材料，瞄准新能源和高端材料领域，不断丰富化工产业链；另一方面，在石化化工业务稳健运行的基础上，谋求现有业务与其他领域的交叉合作，拓宽公司业务范围。

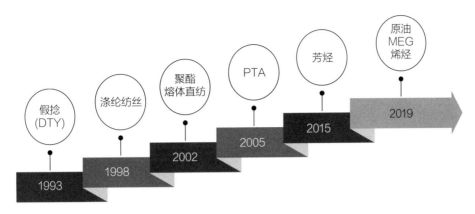

图4-7 荣盛石化业务发展过程

目前荣盛石化已形成原油-芳烃（PX）、烯烃-精对苯二甲酸（PTA）、乙二醇（MEG）-聚酯（切片，瓶片、薄膜）-纺丝（POY、FDY）-加弹（DTY）上下游完整产业链。依托大炼化平台优势，公司将投资目光转向高端新材料领域，重点跟踪新材料领域绿色项目的实时进展，加快推进浙江、大连、海南等基地新项目建设；持续推行和完善全员绩效考核制度，在采购、生产和销售环节上坚持以市场为导向，根据生产和市场的实际情况，动态调整供需水平，以大质量管理为核心进一步提升产品品质；加快转型升级节奏，主动了解掌握前沿新技术的相关信息及应用，不断加大研发投入，为后续项目的筹划及时提供技术支撑，同时继续围绕打造数字化、智能化工厂的目标，持续大力推进机器换人项目落地，实现产业升级和智能生产。

第二节 恒力石化

一、公司概况

恒力石化股份有限公司于2002年11月成立，主营业务涵盖石油炼化、石化、芳烃、烯烃、PTA、乙二醇、民用丝、工业丝、工程塑料、聚酯薄膜、可降解塑料等高端化工原料与各类化工新材料应用等生产消费需求的广泛领域。公司是行业内首家实现"原油-芳烃、烯烃-PTA、乙二醇-聚酯新材料"全产业链一体化化工新材料的上市公司（表4-6）。

恒力石化拥有全球标杆级的四大产能集群，包括2 000万吨/年炼化一体化项目、500万吨/年现代煤化工装置、全球单体最大的150万吨/年乙烯项目和7套行业单体最大合计1 660万吨/年的PTA装置。成功打通上游的"卡脖子"业务环节，打破原料供给瓶颈，构筑了"世界级化工型炼厂+现代煤化工装置"集成的现代化产业体系，实现了"油煤化"深度融合的"大化工"战略支撑平台，同时在差异化纤维、功能性薄膜、工程塑料和可降解新材料等下游化工新材料领域拥有完善的产能布局，进而具备"大化工平台"和"新材料延伸"的体系化产业格局。公司拥有近4万名员工，建有"国家认定企业技术中心"企业竞争力和产品品牌价值均处于国际行业前列。

表4-6 恒力石化发展历程

年份	公司发展
1994年	陈建华购入镇办企业原吴江化纤织造厂
2002年	江苏恒力化纤有限公司成立
2003年	(中国)恒力集团成立
2010年	恒力石化(大连)产业园奠基，进军石化产业
2011年	营口康辉石化计划建成年产80万吨新型聚酯产品生产基地
2012年	恒力石化(大连)一期PTA项目正式投产
2013年	营口康辉石化PBT聚酯工程塑料装置试运行，恒力(南通)一期40万吨/年差别化涤纶长丝投产
2015年	恒力石化(大连)二期PTA项目正式投产
2016年	借壳"大橡塑"上市，收购营口康辉石化有限公司
2017年	恒力2 000万吨/年炼化一体化项目开工
2019年	恒力2 000万吨/年炼化一体化项目全面投产
2021年	年产45万吨生物可降解新材料项目开工
2022年	恒力(大连长兴岛)聚酯科技产业园开工

资料来源：公司公告，Wind，和君咨询整理。

恒力石化控股股东为恒力集团，实际控制人为陈建华、范红卫夫妇。恒力集团2023年总营收8 177亿元，现位列世界500强第123位、中国企业500强第36位、中国民营企业500强第3位、中国制造业企业500强第7位，获国务院颁发的"国家科技进步奖"和"全国就业先进企业"等殊荣。目前，恒力集团旗下有恒力石化股份有限公司（"恒力石化"股票代码：600346）、广东松发陶瓷股份有限公司（"松发股份"股票代码：603268）、苏州吴江同里湖旅游度假村股份有限公司（"同里旅游"股票代码：834199）三家上市公司、二十多家实体企业，在苏州、大连、宿迁、南通、营口、泸州、惠州、贵阳等地建有生产基地（表4-7）。

表4-7 恒力石化前十大股东明细（截至2023年底）

排名	股东名称	持股数量	占总股本比例	股东性质
1	恒能投资（大连）有限公司	1 498 478 926	21.29%	境内非国有法人
2	恒力集团有限公司	1 120 172 342	15.91%	境内非国有法人
3	21恒力E1担保及信托财产专户	980 440 000	13.93%	其他

续表

排名	股东名称	持股数量	占总股本比例	股东性质
4	范红卫	791 494 169	11.24%	境内自然人
5	德诚利国际集团有限公司	732 711 668	10.41%	境外法人
6	香港中央结算有限公司	120 480 118	1.71%	其他
7	玄元元宝16号私募证券投资基金	82 600 783	1.17%	其他
8	玄元元宝15号私募证券投资基金	74 115 694	1.05%	其他
9	大连市国有资产投资经营集团有限公司	68 818 123	0.98%	国有法人
10	玄元元宝17号私募证券投资基金	66 297 823	0.94%	其他

资料来源：公司公告，Wind，和君咨询整理。

二、产业发展

（一）主营业务

恒力石化主营业务囊括从"一滴油到万物"的炼化、芳烃、烯烃、基础化工、精细化工以及下游各个应用领域材料产品的生产、研发和销售，同时依托上游"油、煤、化"融合的大化工平台，深度锚定"衣食住行用"的刚性消费市场以及高技术壁垒、高附加值的高成长新材料赛道，不断强化内部一体化优势、成本护城河与精细化管控，持续打造"平台化＋新材料"的价值成长性上市企业（图4-8）。

公司在上游具备2 000万吨/年原油加工能力，500万吨/年煤炭加工能力，150万吨/年乙烯装置，年产520万吨PX和85万吨醋酸生产能力，中游拥有1 660万吨/年PTA和180万吨/年纤维级乙二醇产能，自产的PTA和乙二醇产品部分自用，其余外售，下游化工新材料产品种类丰富，各类产品规格齐全，定位于中高端市场需求，涵盖民用涤纶长丝、工业涤纶长丝、BOPET、PBT、PBS/PBAT等聚酯与化工新材料产品，应用于纺织、医药、汽车工业、环保新能源、电子电气、光伏产业、光学器材等规模化、差异化、高附加值的工业制造与民用消费的广泛需求领域。

随着上游世界级炼化、乙烯关键产能和精细化工稀缺化工原材料产品的完全投产和全产业链优势不断巩固扩大，公司加快具备了做长、做深和做精下游中高端新材料市场的"大化工"平台支撑与原材料配套条件，并立足于内部技术研发与外部产业合作，持续不断延续化工材料价值产业链，加快切入以先进制造和新能源、新消费、新材料等终端需求为代表的"国产替代"与"刚性消费"的化工新材料市场。

公司经营模式为采购原油及相关辅料，主要生产PX以及成品油与其他化工品，其中PX基本自用于公司PTA工厂的原料所需，PTA部分供公司聚酯工厂自用，其余销售给下游化纤领域客户用于生产聚酯化纤等；将民用涤纶长丝销售给下游织造厂生产纺织品，将工业丝销售给建材企业、汽车零部件厂，将聚酯切片销售给纺丝企业，将BOPET薄膜出售给下游印刷、包装、电子等企业，将PBT树脂销售给下游汽车、电子、机械等企业。

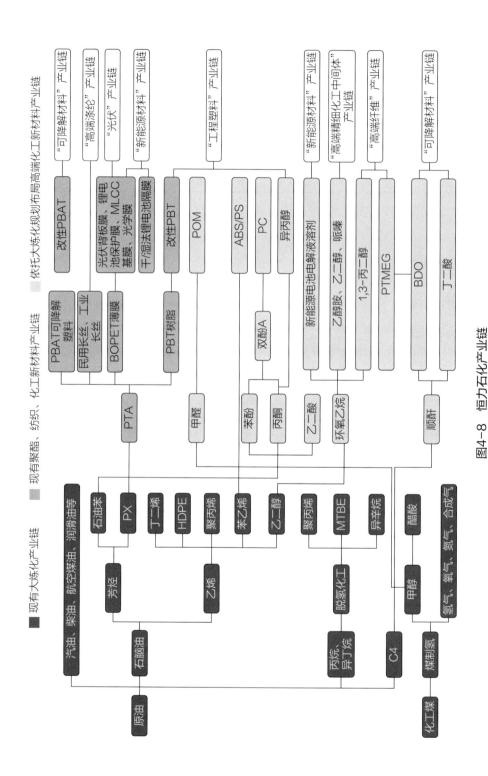

图4-8 恒力石化产业链

（二）盈利状况

2023年恒力石化实现营业收入2 347.91亿元，同比增加5.61%；实现归属于上市公司股东的净利润69.05亿元，较上年同期增加197.83%（图4-9）。

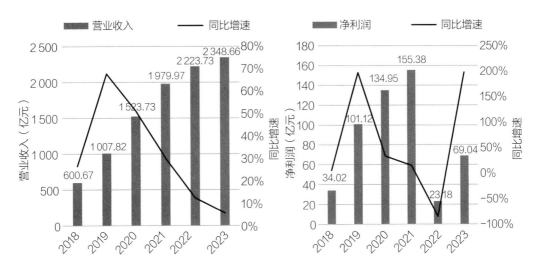

图4-9　恒力石化营收及净利润情况

资料来源：公司公告，Wind，和君咨询整理。

按产品划分，2023年恒力石化炼化产品营收1 199.61亿元，占公司总营收比例51.08%，毛利率18.53%；PTA产品实现营收726.07亿元，占公司总营收比例30.91%，毛利率-1.36%；聚酯产品实现营收341.15亿元，占公司总营收比例14.53%，毛利率10.40%；其他业务收入65.15亿元，毛利率12.41%（图4-10）。

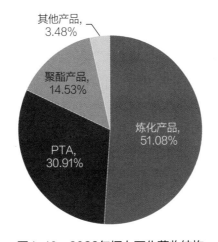

图4-10　2023年恒力石化营收结构

资料来源：公司公告，Wind，和君咨询整理。

受石化产业周期影响，恒力石化盈利能力 2022 年下滑幅度较大，2023 年小幅回升，2023 年净资产收益率（摊薄）为 11.51%，销售毛利率 11.25%，销售净利率 2.94%（图 4-11）。

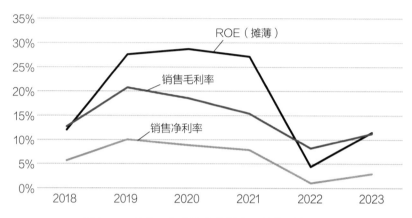

图 4-11　恒力石化净资产收益率及销售利率情况

资料来源：公司公告，Wind，和君咨询整理。

（三）资产负债

2023 年度恒力石化总资产 2 605.99 亿元，同比增长 7.94%。总负债 2 006.00 亿元，所有者权益 599.99 亿元，归属于母公司所有者权益 599.92 亿元（表 4-8）。

表 4-8　恒力石化资产负债情况　　　　　　　　　　　　　　　　单位：亿元

项目	2023年	2022年	2021年	2020年	2019年	2018年
货币资金	204.69	280.76	159.86	156.71	165.09	123.23
交易性金融资产	2.99	6.04	8.14	16.50	26.32	0.45
应收票据及应收账款	5.38	3.72	26.44	13.68	6.93	52.48
存货	312.68	378.36	335.53	196.91	194.64	184.79
固定资产（合计）	1 299.87	1 187.19	1 227.31	1 218.50	830.75	240.56
在建工程（合计）	488.24	272.87	77.83	41.96	242.91	460.08
无形资产	90.35	89.25	73.42	71.89	58.08	49.22
资产总计	2 605.99	2 414.30	2 102.96	1 910.29	1 743.78	1 252.42
短期借款	669.95	693.17	555.91	498.79	475.97	229.91
应付票据及应付账款	276.01	294.73	267.40	228.10	237.62	269.46
合同负债	85.02	120.91	61.27	54.01		

续表

项目	2023年	2022年	2021年	2020年	2019年	2018年
长期借款	706.21	583.47	521.22	538.83	512.65	400.67
应付债券				10.14	10.11	
负债合计	2 006.00	1 885.10	1 529.96	1 440.04	1 376.39	973.34
资本公积金	187.64	186.87	184.56	183.50	182.72	204.58
未分配利润	330.95	262.80	311.18	211.21	105.12	20.87
归母股东权益	599.92	528.63	572.31	469.05	363.33	275.88
资产负债率	76.98%	78.08%	72.75%	75.38%	78.93%	77.72%

资料来源：公司公告，Wind，和君咨询整理。

三、技术创新

（一）研发投入

2023年恒力石化研发投入共计13.71亿元，同比增长15.7%，均为费用化研发投入，占同期营业收入的比例为0.58%，处于行业较低水平。

公司拥有涵盖材料工程、材料化学、电器工程、分析化学、高分子材料等专业的多方位多学科高级人才，在德国法兰克福、日本大阪等地成立了"恒力国际研发中心"和"恒力产学研基地"，聘请德国、日本、韩国等地的资深专家，组成国际研发团队，为企业进行高端差别化产品的研发提供有力保障。

（二）工艺技术

恒力石化在科技创新的道路上步伐坚定，主动承担国家级、省级以及行业协会的重大科技计划项目，技术成果多次获奖，2023年"高均匀性超柔软聚酯纤维"成功入选江苏省第30批重点应用推广目录、德力化纤获得江苏省企业研发管理体系贯标合格单位、恒力化纤、德力化纤等4家主要子公司获评国家"高新技术企业"称号。2023年公司新获专利215项，累计持有专利1 331项。

康辉新材料研发团队经过多次试验和工艺优化，克服了生产过程中的多项挑战，最终在薄膜生产技术上取得重大突破，成功研发并批量生产出3.9微米超薄碳带基膜，获得客户的高度认可。这种新型薄膜以其厚度均匀、平整度高、强度大等优势，有效解决了传统碳带的多项使用问题，并可广泛应用于物联网、工业自动化、医疗等多个领域，有望逐步替代现有的4.5微米碳带基膜市场，进一步促进碳带行业的节能环保和可持续发展。

公司采用自主研发工艺技术和配方，根据市场需求生产 PBS、PBAT、PBSA、PBST 等产品，在生产过程中不添加任何有毒有害物质，且适用于食品级领域的应用。生产出来的产品属于热塑性可完全生物降解聚酯塑料，具有优良的生物降解性，堆肥条件下，可以在 180 天内被微生物完全分解，为保护地球生态环境、减少塑料污染作出了积极贡献。

恒力石化在炼油板块，采用国际尖端工艺和设备，结合国内领先的自动化和监控系统，确保生产环境的安全、节能与高效。在产业链中下游的聚酯新材料、纺织板块，已经建设多个智能化生产车间，实现全流程自动化生产。公司通过上下游流程协同实现全程节能，深度融合数字化、智能化，推动公司的高质量发展。

四、资本运作

恒力石化上市以来共募集资金 1 926.64 亿元，其中包括直接融资 342.97 亿元，其中，首发融资 2.06 亿元，后陆续通过发行公司债和定向增发的方式融资总计 340.91 亿元；间接融资总计 1 583.67 亿元，包括 840.10 亿元短期借款和 743.57 亿元长期借款（表 4-9）。

表 4-9 恒力石化上市以来募资情况（截至 2024 年 4 月 30 日）

项目	金额（亿元）	占比
上市以来募资统计	1 926.64	100.00%
直接融资	342.97	17.80%
首发	2.06	0.11%
股权再融资	300.91	15.62%
发债券融资	40.00	2.08%
间接融资（按增量负债计算）	1 583.67	82.20%
累计新增短期借款	840.10	43.60%
累计新增长期借款	743.57	38.59%

资料来源：公司公告，Wind，和君咨询整理。

2024 年 4 月 22 日，恒力石化控股股东恒力集团与沙特阿美签署《谅解备忘录》，沙特阿美或其关联方，拟收购恒力集团所持恒力石化已发行股本百分之十加一股的股份，沙特阿美完成入股后所持恒力石化股份的市值约为 110 亿元。恒力集团将支持和促使恒力石化（及/或其控制的关联方）与沙特阿美（及/或其控制的关联方）在原油供应、原料供应、产品承购、技术许可等方面进行战略合作。若合作成功实施，沙特阿美或其控制的关联方将成为恒力石化持 5% 以上股东，此举有利于优化和完善恒力石化股本结构，提升公司治理能力，将深化双方在石化领域内的合作内容，在未来长期对公司发展产生积极影响。

截至2023年11月30日，恒力石化总市值987.59亿元，股票收盘价14.03元（图4-12）。

2016年，恒力石化借壳"大橡塑"上市，上市以来股票走势良好，2016～2021年期间涨幅明显大于石油石化板块指数和沪深300指数，2022年开始受行业周期影响，股价逐渐下跌（图4-13）。

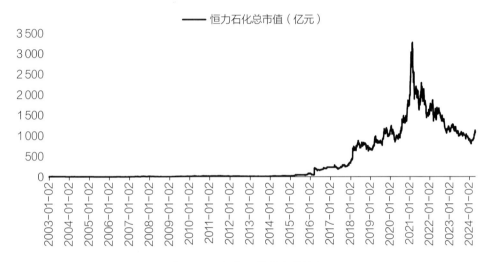

图4-12　恒力石化总市值情况

资料来源：公司公告，Wind，和君咨询整理。

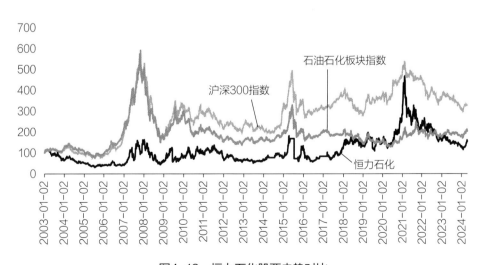

图4-13　恒力石化股票走势对比

资料来源：公司公告，Wind，和君咨询整理。

五、ESG 表现

2023 年恒力石化 Wind ESG 评分 6.80，高于石油石化与基础化工板块所有上市公司均值 6.10，Wind ESG 评级为 BBB，优于行业整体水平。

（一）节能环保

在国家双碳政策的引导下，恒力石化继续朝着高端化、智能化、绿色化发展，持续开展气候变化管理工作，将气候变化因素融入企业发展之中，以"国家级绿色工厂"为载体，采用先进的节能技术，制定一系列减排措施，减少温室气体排放，为全球应对气候变化做出重大贡献。2023 年恒力石化直接温室气体排放量（范围一）为 31 167 270.46 tCO_2e，间接温室气体排放量（范围二）1 677 849.77 tCO_2e，温室气体排放总量 32 845 120.23 tCO_2e，温室气体排放强度 139.89 tCO_2e/百万元。

公司始终坚持"绿色恒力、生态恒力、和谐恒力"的发展理念，严格遵循《环境保护法》等相关法律法规，制定《环境保护管理制度》，设立环境保护组织架构，总体负责环保管理工作，持续提升环境管理水平，为保护环境、维护生态平衡贡献力量。2023 年恒力石化未发生环境领域违法违规事件，环保投入为 2.33 亿元，恒力化工、恒力炼化等子公司已通过 6 家 ISO 14001 环境管理体系认证。公司旗下五家工厂荣膺国家级"绿色工厂"称号，包括恒力石化（大连）、恒力炼化、恒力化纤、恒科新材料和恒力化工；德力化纤荣获"江苏省绿色工厂"称号，康辉新材料荣获"辽宁省绿色制造工厂"。

公司建立全面高效的污染防治管理体系，通过定期监测和监督检查机制，确保生产及运营过程中产生的废气、废水、废弃物等污染物，符合国家及工厂所在地的法律法规要求。同时，公司注重污染治理技术创新，建设了世界 PTA 行业中首套 PTA 残渣回收系统——R2R 装置，实现了石化行业的生态化发展。2023 年公司废水排放总量为 752.45 万吨，每百万元营收废水排放量为 32.05 吨。2023 年一般废弃物产生量 243.32 万吨，一般废弃物处置量 243.34 万吨，危险废弃物产生量与处置量均为 2.99 万吨。

恒力石化坚持绿色发展的理念，制定《能源管理制度》《能源目标、指标和管理方案管理制度》等相关管理制度，设立相应的能源管理部门，不断规范能源管理工作体系化、科学化。报告期内，恒科新材料、康辉新材料等 5 家主要子公司已通过能源管理体系认证。公司子公司通过采用先进技术和实施节能措施，有效降低能源消耗，单位产品综合能耗优于行业标准，恒力化工、恒力石化（大连）、恒力炼化分别荣获 2022 年"能效领跑者"称号。

为响应国家清洁能源政策，公司在运营中广泛采用清洁能源，通过建设光伏等清洁能源项目，提高清洁能源使用占比，持续优化能源利用结构，助力公司绿色发展。公司可再生能源消耗量约为 19.99 万吨标准煤，折算的年减少温室气体排放量为 1 273 102.86 tCO_2e。

公司综合考虑产品设计、采购、生产、包装等环节的环保因素，构建全球回收标准（GRS）体系，积极开展绿色采购，始终关注供应商所提供产品的质量优劣水平、成分是否有害、生产材料可回收性等信息，并纳入供应商合作考察范围，不断促进产品中回收材料的使用，减少或消除其生产所造成的危害。截至报告期末，康辉新材料、恒科新材料等子公司通过了GRS认证。

（二）社会责任

恒力石化始终践行"振兴民族经济、实业报效国家、真诚回报社会"理念，在助推经济社会发展的同时，致力做好各项公益慈善事业，以实际行动彰显企业担当，助力社会发展。2023年恒力公益总投入达1.02亿元。2023年1月，子公司恒力炼化捐赠1亿元助力大连长兴岛地区医疗教育基础设施建设。持续践行志愿服务理念，组织志愿者参与社会服务活动，为社会传递温暖与关爱。2023年共参与志愿活动3 609场，活动志愿时长578 464小时。

持续关注乡村振兴事业，用实际行动助力乡村高质量发展。报告期内，恒力期货为全面贯彻国家乡村振兴战略，围绕产业培育、公益捐赠、特殊人群防止返贫、消费帮扶、党建联建、金融科普等举措，积极开展帮困助困工作，不断增强受帮扶地区自我造血能力。报告期内，公司乡村振兴投入金额0.3万元。

秉承"友好协商，共同解决"的态度致力于在业务发展过程中与社区建立共荣、协同发展的互利关系。公司制定《社区关系制度声明》，设立专人负责社区关系管理，通过依靠各产业园的资源优势，全力支持当地社区建设，共筑美好家园。

（三）公司治理

恒力石化建立"三会一层"治理结构，严格遵守相关法律法规，不断建立健全股东大会、董事会、监事会等各项管理，形成了权力机构、决策机构、监督机构与经营层之间的权责分明、各司其职、有效制衡、科学决策、协调运作的法人治理结构。公司设立薪酬与考核委员会并制定《董事会薪酬与考核委员会实施细则》，高管薪酬由绩效薪酬、股权薪酬、退职金、福利等组成，充分体现了短期和长期激励相结合、个人和团队利益相平衡的设计要求，能够充分调动负责人积极性，保障股东利益，实现公司与管理层共同发展。

公司不断完善制度体系，提升内控与风险管理水平，强化规范管理，牢牢守住制度红线和风险底线，做到经营发展与风控能力相匹配，保障公司持续、稳定、健康发展。公司已建立了一套较为健全的、完善的会计核算体系、财务管理和风险控制、重大事项决策等内部控制管理制度，并能够得到有效执行，能够满足公司当前发展需要。同时公司将根据发展情况，不断更新和完善相关制度，保障公司健康平稳运行。

高度重视投资者关系管理工作，修订完善《投资者关系管理制度（2023年修订）》，持续开展投资者关系管理工作，建立多元化的沟通渠道，通过业绩说明会、投资者实地调研、上证 E 互动平台、投资者热线等多种渠道积极与投资者进行沟通。因不同类型投资者，关注程度和核心关注点各有不同，公司采取差异化的投资者关系管理策略，回应投资者诉求，保持公司与投资者良好的信任关系。2023 年荣获"上市公司 2022 年报业绩说明会优秀实践"表彰，显示对公司投资者关系管理工作的充分认可。

高度重视以现金分红方式回报股东，严格执行《公司章程》中规定的利润分配政策，推出了《未来五年股东回报规划（2020～2024 年）》，结合公司盈利能力、经营发展规划等因素对公司未来五年现金分红政策进行了详细规划。自 2016 年重组上市以来，公司累计分红派现金额达 2 237 109.57 万元（含本次拟现金分红金额），占累计归母净利润的比例为 41.08%。

六、案例总结

（一）核心竞争力

1. 全产业链布局优势

公司是国内最早、最快实施聚酯新材料全产业链战略发展的行业领军企业，积极推动各大业务板块的协同均衡化发展，大力拓展上下游高端产能，致力于打造从"原油 - 芳烃、烯烃 -PTA、乙二醇 - 聚酯 - 民用丝、工业丝、薄膜、塑料"世界级全产业链一体化协同的上市平台发展模式。恒力 2 000 万吨 / 年炼化一体化项目、150 万吨 / 年乙烯项目已全面投产，实现了公司在炼化、芳烃、烯烃关键产能环节的战略性突破，公司成为行业内首家实现从"原油 - 芳烃、烯烃 -PTA、乙二醇 - 聚酯新材料"全产业链一体化经营发展的企业，加上快速推进的 PTA、化工新材料、PBS/PBAT 生物可降解新材料等新建产能依次建设与投产，公司不断升级优化产业模式，巩固扩大各环节产能优势，推动公司经营规模的量变与业务结构的质变，构筑公司适应行业全产业链高质量竞争态势下在产业协同一体、产能结构质量、装置规模成本、技术工艺积累、项目投产速度与上市平台发展的战略领先优势。

2. 综合运营优势

恒力石化通过持续引进国际一流的生产设备与成熟工艺包技术，加以消化吸收利用，并不断进行技术工艺创新改进，在聚酯新材料全产业链的上、中、下游都布局了以"装置大型化、产能规模化、结构一体化、工艺先进、绿色环保、配套齐备"为特点的优质高效产能结构与公用工程配套，不论是单体装置、合计产能还是生产工艺都处于行业领先的加工规模与技术水平，确保了公司在单位投资成本、物耗能耗节约、单位加工成本、产品交付周期、产品高质化、多元化等方面的规模优势、营运效率以及更为稳定卓越的质量表现，加上行业内最为齐备的电力、能源、港口、码头、罐区、储运等产业配套能力，在综合成本节约、服务质量表现与运作效率提升等方面的综合运营优势突出。产业园区内炼油、化工、煤化工相辅相成、互为依托，形成高效业务与成本协同，炼化业务配置了全国规模最大的煤制氢装置，产出低成本纯氢、甲醇、醋酸、合成气等煤化工产品，加上原料、产品储存运输系统优势，大大增强了项目的经营弹性空间与综合成本优势。

3. 创新研发优势

公司走的是市场差异化、技术高端化与装置规模化、业务一体化并重的发展路径，具备长期积累、摸索形成的市场 - 技术联动创新机制，并打造国际化研发团队，构筑高水平科技研发平台，技术研发实力与新品创新能力领先同行，能够快速响应最新市场消费需求变化，具备稳定的中、高端客户资源储备。公司四大经营主体企业恒力化纤、德力化纤、恒科新材料、康辉新材料都是国家高新技术企业，通过对生产过程的精细管理和技术工艺的不断改进，公司自主研发积累了一系列差别化、功能性产品，掌握了大量产品的生产专利，获得市场广泛认可。公司产品在品质以及稳定性上优于同行，是目前国内唯一一家能够量产规格 5DFDY 产品的公司，MLCC 离型基膜国内产量占比超过 65%，更是国内唯一、全球第二家能够在线生产 12 微米涂硅离型叠片式锂电池保护膜的企业，公司在功能性薄膜和民用涤纶长丝领域，拥有绝对的技术优势和工艺积累，形成了短期内难以复制的行业竞争护城河。

（二）高质量发展亮点

2023 年恒力石化开始"分拆 + 借壳"推康辉新材上市，是 A 股首单民营企业"分拆 + 借壳"操作，对恒力石化自身的资本市场和产业发展都有重要意义。康辉新材作为公司开辟的第二增长曲线，其新能源新材料业务在资本市场关注度高，但近三年经营业绩不稳定。分拆上市康辉新材，可以在解决其资金需求的同时，缓解恒力石化自身经营压力，在资本市场寻求更高估值。

2023 年 7 月，恒力石化公布分拆控股子公司康辉新材重组上市的预案。公司拟向大连热电出售公司直接及间接持有的康辉新材 100% 股权，交易完成后，大连热电将成为康辉新材的控股股东，恒力石化将成为大连热电的控股股东，恒力石化依然保留对康辉新材的控制权。康辉新材依托恒力与德国布鲁克纳共同研发的拉膜工艺及自有的聚酯合成技术，全力打造行业领先的双向拉伸聚酯薄膜（BOPET）、PBT 工程塑料、功能性聚酯、PBS/PBAT 生物可降解塑料及锂电池隔膜生产基地。康辉新材在营口基地建有基于自主技术的年产 3.3 万吨 PBAT 项目，在大连长兴岛有年产 45 万吨 PBS/PBAT/PBT 可降解新材料项目，在江苏有年产 80 万吨功能性薄膜、功能性塑料项目，其中改性 PBAT8 万吨。

若分拆上市顺利完成，将对提升恒力石化产业链和供应链水平、充分利用公司"大化工"平台资源具有重要意义；同时康辉新材将通过资本市场获取更广阔的发展平台和更有力的资源支持，不断做大做强新材料产业。

在未来发展中，恒力石化将继续走"完善上游、强化下游"的发展战略：一方面，持续强化上游以"炼化 + 乙烯 + 煤化"为产业载体的"大化工"平台基础支撑与发展平台作用，积极实施"补链强链"和"研发创新"，为未来下游各类新材料业务的持续拓展预留空间，铺设路径。另一方面，做深、做精下游产业，巩固传统市场优势，对标"新消费"和"硬科技"发展与升级的重点新材料突破性领域，持续开辟具有规模优势和领先水平的新材料业务增长点，向着世界一流全产业链石化新材料企业的发展方向不断迈进。

第三节　万华化学

一、公司概况

万华化学是一家全球化运营的化工新材料公司，主要从事聚氨酯业务、石化业务和精细化学品及新材料业务。目前已形成产业链高度整合，深度一体化的聚氨酯、石化、精细化学品、新兴材料四大产业集群，所服务的行业主要包括生活家居、运动休闲、汽车交通、建筑工业、电子电气、个人护理和绿色能源等。

作为一家全球化运营的化工新材料公司，万华化学拥有烟台、蓬莱、宁波、四川、福建、珠海、宁夏、匈牙利、捷克十大生产基地及工厂，形成了强大的生产运营网络；此外，烟台、宁波、北京、北美、欧洲五大研发中心已完成布局，并在欧洲、美国、日本等十余个国家和地区设立子公司及办事处，致力于为全球客户提供更具竞争力的产品及综合解决方案。万华化学发展历程见表4-10。

表4-10　万华化学发展历程

年份	公司发展
1983年	烟台合成革厂建成
1995年	MDI装置年产量首次突破1万吨
1998年	经过股份制改造，烟台万华聚氨酯股份有限公司正式成立
2001年	公司在上海证券交易所上市，成立北京研究院，研究聚氨酯在下游领域应用
2005年	宁波16万吨/年MDI装置一次性投料试车成功
2008年	万华实业集团有限公司成立
2011年	烟台工业园正式开工，建设聚氨酯一体化、环氧丙烷及丙烯酸酯一体化和特种涂料三大产业，收购匈牙利宝思德化学
2012年	首套万吨级HDI生产装置在宁波建成并一次开车成功
2013年	公司更名为万华化学集团股份有限公司

续表

年份	公司发展
2019年	完成吸收合并万华化工,建设烟台工业园聚氨酯产业链一体化-乙烯项目;收购福建康乃尔51%股权;全资收购Chematur Technologies AB(瑞典国际工厂)
2021年	烟台MDI技改后生产能力为110万吨/年
2023年	匈牙利MDI技改至40万吨/年,拟进行福建MDI技改从40万吨/年扩能到80万吨/年

资料来源:公司公告,Wind,和君咨询整理。

截至2023年末,烟台国丰投资控股集团有限公司为公司控股股东,直接持有公司股票677 764 654股,占总股本的21.59%。公司实际控制人为烟台市国资委(表4-11)。

表4-11 万华化学前十大股东明细(截至2023年底)

排名	股东名称	持股数量	占总股本比例	股东性质
1	烟台国丰投资控股集团有限公司	677 764 654	21.59%	国有法人
2	烟台中诚投资股份有限公司	330 379 594	10.52%	境内非国有法人
3	香港中央结算有限公司	307 073 430	9.78%	其他
4	宁波市中凯信创业投资股份有限公司	301 808 357	9.61%	境内非国有法人
5	Prime Partner International Limited	172 993 229	5.51%	境外法人
6	中国证券金融股份有限公司	73 348 508	2.34%	其他
7	中国工商银行-上证50交易型开放式指数证券投资基金	22 930 510	0.73%	其他
8	阿布达比投资局	21 386 866	0.68%	境外法人
9	中央汇金资产管理有限责任公司	20 695 020	0.66%	境内自然人
10	上海高毅资产管理合伙企业(有限合伙)-高毅晓峰2号致信基金	20 141 559	0.64%	其他

资料来源:公司公告,Wind,和君咨询整理。

二、产业发展

(一)主营业务

公司产品门类众多,涵盖了化工领域所涉及的氧化、加氢、光气化、聚合、羰基化、煤气化等众多工艺过程。其中异氰酸酯和石化两大产业链紧密结合,在两大产业链上又衍生出了精细化学品及新材料产业(表4-12)。

表 4-12 万华化学主要产品

产品	所属细分行业	主要上游原材料	主要下游应用领域	价格主要影响因素
聚氨酯	化工	苯	保温、轻工等	市场供需/原材料
石化产品	化工	LPG	塑料、薄膜、电缆等	市场供需/原材料
精细化学品及新材料	化工	内部供应	汽车、涂料、日化等	市场供需

资料来源：公司公告。

截至2023年底，公司聚氨酯项目产能516万吨/年（包括MDI项目310万吨/年、TDI项目95万吨/年、聚醚项目111万吨/年），烟台工业园PO/AE一体化项目产能203万吨/年，烟台工业园聚氨酯产业链一体化-乙烯项目产能345万吨/年，烟台工业园PC项目产能48万吨/年，烟台工业园PMMA项目产能16万吨/年（表4-13）。公司是目前全球最大的MDI供应商和全球第三大TDI供应商。

表 4-13 万华化学主要产品产能情况

主要厂区或项目	设计产能	产能利用率
聚氨酯项目	516万吨/年（包括MDI项目310万吨/年、TDI项目95万吨/年、聚醚项目111万吨/年）	98%
烟台工业园PO/AE一体化项目	203万吨/年	97%
烟台工业园聚氨酯产业链一体化—乙烯项目	345万吨/年	90%
烟台工业园PC项目	48万吨/年	76%
烟台工业园PMMA项目	16万吨/年	64%

资料来源：公司公告，和君咨询整理。

万华化学在拓展业务板块、延伸上下游产业链的同时，成立了聚氨酯事业部、石化公司、新材料事业部、表面材料事业部、功能化学品分公司、高性能聚合物事业部和电池材料科技有限公司七大事业部/子公司，更高效、快速地响应客户，提供专业、个性化的解决方案。

（二）盈利状况

2023年万华化学实现销售收入1 753.61亿元，同比增加5.92%；实现归属于上市公司股东的净利润168.16亿元，同比增加3.59%；每股收益5.36元（图4-14）。

按产品划分，2023年万华化学聚氨酯系列产品营收673.86亿元，占总营收比重38.43%，毛利率27.69%；石化系列产品营收693.28亿元，占总营收比重39.53%，毛利率3.51%；精细化学品及新材料系列产品营收238.36亿元，占总营收比重13.59%，毛利率21.42%（图4-15）。

万华化学近年来一直具有较高的盈利能力，2022年来受原材料价格上涨影响，盈利能力有所下降。2023年公司净资产收益率（摊薄）降至18.97%，实现销售毛利率16.79%，销售净利率10.44%（图4-16）。

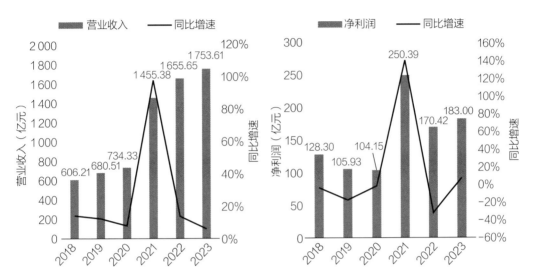

图4-14 万华化学营收及净利润情况

资料来源：公司公告，Wind，和君咨询整理。

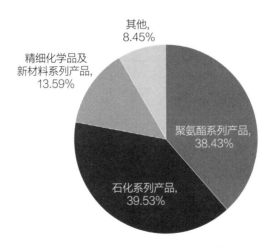

图4-15 2023年万华化学营收结构

资料来源：公司公告，Wind，和君咨询整理。

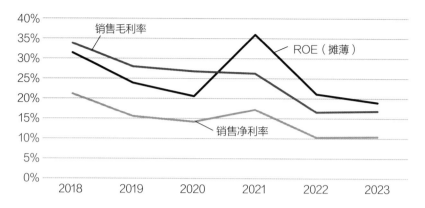

图4-16 万华化学净资产收益率及销售利率情况

资料来源：公司公告，Wind，和君咨询整理。

（三）资产负债

2023年万华化学总资产2 530.40亿元，同比增长25.99%。总负债1 585.86亿元，所有者权益990.10亿元，归属于母公司所有者权益886.56亿元（表4-14）。

表4-14 万华化学资产负债情况　　　　单位：亿元

项目	2023年	2022年	2021年	2020年	2019年	2018年
货币资金	237.10	189.89	342.16	175.74	45.66	50.96
交易性金融资产					0.30	
应收票据及应收账款	91.44	90.60	86.46	63.09	44.33	120.82
存货	206.50	181.85	182.82	87.04	85.87	78.10
固定资产（合计）	987.64	785.58	652.33	563.71	374.78	291.20
在建工程（合计）	504.55	370.64	293.52	232.57	240.66	102.51
无形资产	107.86	99.80	79.82	69.05	53.37	31.29
资产总计	2 530.40	2 008.43	1 903.10	1 337.53	968.65	769.13
短期借款	435.26	440.19	538.73	382.45	200.34	174.12
应付票据及应付账款	455.94	242.05	203.90	174.93	164.11	78.35
合同负债	56.74	53.92	44.34	28.79		
长期借款	398.11	159.68	156.44	118.22	59.63	38.18
应付债券		2.00				
负债合计	1 585.86	1 195.06	1 186.14	821.02	529.34	376.62

续表

项目	2023年	2022年	2021年	2020年	2019年	2018年
资本公积金	18.16	21.60	21.61	21.61	21.62	23.93
未分配利润	810.25	692.32	608.48	402.81	343.21	258.29
归母股东权益	886.56	768.45	684.99	487.80	423.64	337.79
资产负债率	62.67%	59.50%	62.33%	61.38%	54.65%	48.97%

资料来源：公司公告，Wind，和君咨询整理。

三、技术创新

（一）研发投入

2023年万华化学研发投入合计40.81亿元，均为费用化研发投入，占营业收入比例2.33%；公司研发人员数量4 079人，占公司总人数的比例达14.04%，远高于行业平均水平。研发投入主要围绕高端化工新材料及解决方案、新兴材料等新业务板块技术孵化，重点研发碳中和相关技术、聚氨酯下游应用、高性能材料（尼龙12、特种PC、POE、光学级PMMA等）、新能源及电池材料、CMP信息材料（电子材料）、分离与纯化等项目。

2023年校企联合创新工作不断深入，与北京大学、华东理工大学、北京化工大学等知名高校签订战略合作协议，发挥双方人才和技术平台的优势，在新能源、功能材料等前瞻性方向开展合作；充分利用社会资源，与多家头部企业建立联合创新机制，加速创新产品的应用推广。

（二）工艺技术

2023年，万华各园区通过多项新技术投用，装置突破最优运行水平；成熟技术持续推广，降本显著。MDI的低盐酸比新工艺投用、盐水回用技术推广，装置能耗进一步降低；新一代TDI技术在福建落地，纯度提升至99.99%，处于行业领先地位；聚醚连续化单套产能提升至50万吨/年，全球最大；自主研发的异丙苯共氧化法绿色高效制备环氧丙烷技术的工业化即将开车。

万华在高端化工新材料方面持续获得突破，自主研发的异氰酸酯固化剂、聚醚胺、甲基胺装置一次性开车成功，各项指标行业领先。卡波姆一次性开车成功。医疗用PMMA新产品开发成功，销量逐步提升。XLPE、MS树脂等中试开车，为工业化做好储备。

万华将电池材料业务作为第二增长曲线，布局了正极、负极、电解液全系列产品，建立了电池材料生态圈。三大电池负极材料快速推进，电池化学品持续工艺创新。加速技术创新及技术升级，树立行业"首席创新官"形象。

万华持续扩展对外合作领域，在新能源、电子材料、生物合成、电化学、新兴材料和数智化等基础创新领域，发挥高校的基础研究与原始创新，以及公司在应用研究、工程放大与产业转化方面的优势，推动技术的变革，促进科技成果的转化。与多所知名高校新签产学研项目40余个，实现校企资源有机结合，深化合作。

万华不断创新，全年共申请国内外发明专利1 120件，新获得授权982件，ADI技术攻关团队荣获首届国家卓越工程师团队荣誉称号，1人荣获山东省科学技术最高奖。

各园区装置持续进行工艺优化升级，MDI、TDI等核心制造技术进一步突破；引进技术持续补短板，聚烯烃装置通过新产品开发能力提升和工艺优化，产品溢价能力提升。尼龙12、硅共聚PC等卡脖子关键材料产业化成功，多项技术完成中试验证。产品进入高端医疗和光学领域，产品线不断完善。布局新能源赛道，建立了电池材料生态圈，打造新能源电池、汽车内饰、改性材料等一体化解决方案，开展了多个CO_2减排及综合利用等前瞻性技术的研究。

四、资本运作

万华化学上市以来共募集资金2 388.63亿元，其中包括直接融资1 301.99亿元，其中，2000年首发融资4.51亿元，后通过定向增发融资547.18亿元，发债券融资750.30亿元；间接融资总计1 086.64亿元，包括625.77亿元短期借款和460.87亿元长期借款（表4-15）。

表4-15 万华化学上市以来募资情况（截至2024年4月30日）

	金额（亿元）	占比
上市以来募资统计	2 388.63	100.00%
直接融资	1 301.99	54.51%
首发	4.51	0.19%
股权再融资	547.18	22.91%
发债券融资	750.30	31.41%
间接融资（按增量负债计算）	1 086.64	45.49%
累计新增短期借款	625.77	26.20%
累计新增长期借款	460.87	19.29%

资料来源：公司公告，Wind，和君咨询整理。

截至2023年11月30日，万华化学总市值2 532.21亿元，股票收盘价80.65元（图4-17）。

图4-17　万华化学总市值情况

资料来源：公司公告，Wind，和君咨询整理。

万华化学股票走向与基础化工市场指数基本一致，2018年前市场表现稍弱于板块指数，后随着MDI产品市场开拓和新材料不断研发，2020年公司股价大幅上涨，之后整体表现明显优于基础化工市场指数和沪深300指数（图4-18）。

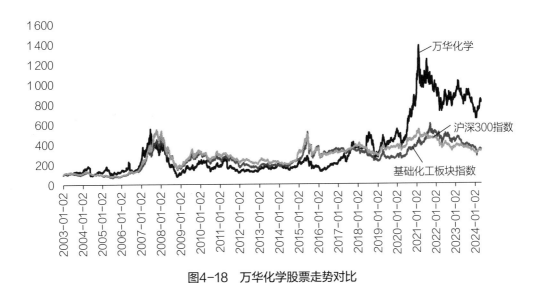

图4-18　万华化学股票走势对比

资料来源：公司公告，Wind，和君咨询整理。

五、ESG表现

2023年Wind ESG评分，高于石油石化与基础化工板块所有上市公司均值6.09，Wind ESG评级为BBB，优于行业整体水平。

（一）节能环保

万华化学秉承"化学，让生活更美好！"的企业使命，制定了明确的双碳目标，实施全产业链降碳、减碳。以清洁能源为源头，携手多方投资布局风电、光伏等项目，为园区和周边城市带来绿色升级；以低碳工艺打造绿色园区，对全球园区进行工艺优化及节能降耗，为"零碳"园区发展注入动能；以技术创新推动产业生态，在提供创新性绿色材料解决方案的同时，实现了原料端碳足迹减少，进一步助力行业高质量升级。

公司早在 2016 年成立节能低碳委员会，统筹管理公司节能低碳工作，通过建立公司碳排放管理架构和制度流程，组建跨部门碳排放管理团队，引入、开发和推广先进的节能低碳新技术，不断促进节能减排工作落地。2023 年公司能源消耗总量 36.4TWh，能耗强度 122kgce/t（较 2021 年下降超 20%），碳排放总量 3 257 万吨，碳排放强度 $0.89tCO_2e/t$（较 2021 年下降超 20%）。

公司在研发、生产运行、工艺优化等阶段强化水资源管理，规范废水产生、收集、处理、回用、排放的全过程管理，以废水零排放为目标，利用不同工艺处理、回用废水，减少工业用水和水污染，促进源头减排。2023 年公司单位产品新鲜水耗 1.03 立方米/吨（比 2022 年下降 0.36 立方米/吨），水循环利用率 98.8%，COD 排放强度 0.018 吨/千吨。

公司按固废"减量化、资源化、无害化"处置原则，从源头削减废物产量，并最大限度实现固废在园区内外的循环利用，借助"吃干榨净"的极限追求积极推进固废"零排放"。2023 年公司固废产生强度 3.38 万吨/百万吨（较 2021 年下降超 10%），固废填埋比例 0.5%。

（二）社会责任

公司将自身发展与社会责任相结合，不断引领积极向上的社会面貌。在员工及团队体系完善方面，我们充分尊重和保障人权、高度注重员工发展，不断改善员工工作及生活环境并提供多样化人才培训体系。同时，我们联合上下游持续开展公益类活动，以创新化学科普激发公众对科学的感知与兴趣，同心同行，共创和谐社会。

员工权益方面，2023 年公司员工总人数 29 053 名，公司坚持以人为本，打造助力人才发展的国际化舞台，聚焦员工与社区需要，让人的成长与企业的成长相辅相成，铸就最佳雇主品牌。

公司携手社会、关注社区、热心公益、关心教育，利用自身产业优势和企业特色，积极承担社区责任，扶持所在社区文化教育和社会公益事业，吸收社区人员就业，帮助社会弱势群体，每年对外捐款/捐物超千万。

（三）公司治理

在公司治理方面，公司致力于强化高效运营机制，在股东大会、董事会、监事会、经理层及各主体间增强公司运营信息畅通，有效提升治理效能。并通过不断完善公司治理结构、规范公司运作，健全内控制度，及时披露公司信息，积极维护投资者关系，以认真、务实的态度共同促进公司健康可持续发展，打造绿色减碳的时代先锋，为人类创造美好生活。

万华化学耗时30年，经过改制重组、股权结构调整、引入国外战略投资、领导班子管理权下放、整体上市等五次大刀阔斧的改革，基本完成了现代企业制度建设，建立起规范的法人治理结构，管理效率大幅提高，经营结构更加清晰，主业更加聚焦；信息更加公开透明，公众更加信任我们，为全球化发展奠定了坚实的基础。

自2001年上市以来，在回报股东方面，万华化学一直致力于做负责任的上市公司，做到"为股东创造财富，为社会创造价值"。首先，公司注重投资回报，在融资的同时就会考虑资金与项目的匹配以及项目的盈利前景，真正做到融资是为股东带来更好的回报。其次，公司在坚持稳健融资与可持续发展基础上，能够与投资者共享发展成果：公司每年根据实现的利润，拿出一定比例来对股东进行分配，2023年5月实施现金分红达50.24亿元，截止到2023年12月31日累计现金分红412.73亿元。

六、案例总结

（一）核心竞争力

1. 技术创新优势

万华化学已经建立起了完善的流程化研发框架和项目管理机制，形成了从基础研究、工程化开发、工艺流程优化到产品应用研发的创新型研发体系，拥有"先进聚合物国家工程研究中心""国家认定企业技术中心""国家技术标准创新基地（化工新材料）"及8个"国家认可分析实验室"等研发平台。

2023年，公司坚定加快现有业务做强做大步伐，能耗更低、质量更高的第七代MDI技术、新一代TDI技术成功产业化，众多创新型聚醚产品为客户提供更高效、更环保的体验，万华聚氨酯产业技术继续引领全球。电池材料作为公司第二增长曲线，业务加速发展，为打造电池材料"首席创新官"和"行业领导者"注入强大信心。

2. 卓越运营优势

万华将卓越运营作为发展的基础，科学整合创新资源，通过研究、借鉴全球先进管理理念以及国内外大中型企业的最佳实践，不断完善公司管理体系，形成了万华特色的卓越运营体系。公司搭建多维绩效评价框架，兼顾短期经济效益和长期战略价值，助力各业务高效能可持续发展。

2023年，公司建立健全以"微创新、微改善、精益项目"为抓手的全员精益改善体系，构建了全球一体化的供应链物流管理平台，海外物流全覆盖；上线财务共享中心，构建起战略财务、业务财务、共享财务的三支柱模式；加强集团数据治理，深耕 AI、大数据、工业互联网在研发、采购、营销等业务领域应用，通过持续的、系统性的数智建设，打造万华全新竞争优势；智能制造水平再上新台阶，助力装置提升自主运行水平，推动调度一体化管理，装置运行更加稳定与安全。

（二）高质量发展亮点

万华化学经过40年的发展积累，在聚氨酯、石化板块已经确立其规模与技术优势，依托其强大根基与技术创新强大动力，不断拓展新的产品及应用领域，诸如 TPU、PC、尼龙12、POE、特种胺、柠檬醛及香精香料等等。围绕聚氨酯、C_3/C_4、乙烯等产业链布局高端产品，不断开拓新能源新材料蓝海市场，依靠国内广阔消费市场，不断拓宽发展空间。

万华化学2023年全年研发投入40.81亿元，主要围绕领先业务继续扩大优势、持续突破化工新材料及解决方案、布局电池业务等方向展开。聚氨酯业务方面主要包括 MDI 的低盐酸比新工艺投用、盐水回用技术推广，装置能耗进一步降低；新一代 TDI 技术在福建落地，纯度提升至99.99%·领先；聚醚连续化单套产能提升至50万吨，为全球最大；自主研发的异丙苯共氧化法绿色高效制备环氧丙烷技术的工业化即将开车。

万华化学持续突破高端化工新材料及解决方案，自主研发的异氰酸酯固化剂、聚醚胺、甲基胺装置一次性开车成功，各项指标行业领先。卡波姆一次性开车成功；医疗用 PMMA 新产品开发成功，已形成销量。XLPE、MS 树脂等中试开车，为工业化做好储备。

将电池材料业务作为第二增长曲线，布局了正极、负极、电解液全系列产品，建立了电池材料生态圈。三大电池负极材料快速推进，电池化学品持续工艺创新。通过加速技术创新突破及技术升级，使万华成为电池材料的技术领先者和行业领导者，树立行业"首席创新官"形象。

此外，万华持续扩展对外合作领域，在新能源、电子材料、生物合成、电化学、新兴材料和数智化等基础创新领域，发挥高校的基础研究与原始创新，以及公司在应用研究、工程放大与产业转化方面的优势，推动技术的变革，促进科技成果的转化。

在未来发展中，万华化学将加快布局关键化工新材料和精细化学品、新能源、"双碳"等新兴行业，在新能源、新基建、减碳、半导体和生命健康等领域探讨业务发展模式、推动行业进步、创造更多的创新技术和行业解决方案，不断研发"为国分忧、为民造福"的好产品，实现新技术、新业务的可持续发展。未来充分利用现有工业园产业链一体化优势，大力开拓聚烯烃高性能材料平台，促进聚烯烃产业链转型升级，并进一步做强做大改性塑料业务，拓展材料业务高端应用下游，不断向新材料领域开拓和迈进。

第四节 中国石化

一、公司概况

中国石化是中国最大的一体化能源化工公司之一，主要从事石油与天然气勘探开采、管道运输、销售；石油炼制、石油化工、煤化工、化纤及其他化工产品的生产与销售、储运；石油、天然气、石油产品、石油化工及其他化工产品和其他商品、技术的进出口、代理进出口业务；技术、信息的研究、开发、应用；氢气的制备、储存、运输和销售等氢能业务及相关服务；新能源汽车充换电，太阳能、风能等新能源发电业务及相关服务。中国石化发展历程见表4-16。

表4-16 中国石化发展历程

年份	公司发展
1983年	中国石油化工总公司成立
1985年	中国石油化工总公司销售公司成立
1991年	单次建成规模最大的杨子30万吨乙烯通过国家验收
1993年	镇海炼油化工股份有限公司成立
1995年	炼油产能达1.6亿吨/年
1998年	中国石油化工集团公司成立
2000年	成立股份制公司，分别于香港/纽约/伦敦上市
2001年	上交所主板上市，中国石化集团国际石油勘探开发公司成立
2005年	打破国内欧Ⅳ标准汽油长期进口依赖
2011年	加油站突破3万座
2012年	石油工程业务专业化整合重组
2016年	公司首个海外炼化项目投产
2020年	中科炼化一体化项目投产，建成国内首座油氢合建站；向国家石油天然气管网集团有限公司出售油气管道相关资产
2022年	首个百万吨级CCUS项目建成，首次实施A股和H股回购
2023年	镇海炼化150万吨/年乙烯开工

资料来源：公司公告，Wind，和君咨询整理。

公司控股股东为中国石化集团有限公司，截至2023年底共持有公司股份67.56%；实控人为国务院国资委（表4-17）。

表 4-17 中国石化前十大股东明细（截至 2023 年底）

排名	股东名称	持股数量	占总股本比例	股东性质
1	中国石油化工集团有限公司	80 633 828 289	67.56%	国有法人
2	香港中央结算（代理人）有限公司	24 226 599 699	20.30%	其他
3	中国证券金融股份有限公司	2 325 374 407	1.95%	其他
4	中国石油天然气集团有限公司	2 165 749 530	1.81%	国有法人
5	香港中央结算有限公司	1 228 874 968	1.03%	其他
6	中国人寿保险股份有限公司-传统-普通保险产品-005L-CT001沪	603 945 092	0.51%	其他
7	中央汇金资产管理有限责任公司	315 223 600	0.26%	其他
8	国新投资有限公司	243 314 589	0.20%	其他
9	国信证券股份有限公司	237 544 524	0.20%	其他
10	中国工商银行-上证50交易型开放式指数证券投资基金	233 504 214	0.20%	其他

资料来源：公司公告，Wind，和君咨询整理。

二、产业发展

（一）主营业务

中石化将经营活动分为勘探及开发事业部、炼油事业部、营销及分销事业部、化工事业部四个事业部和本部及其他。勘探及开发事业部生产的绝大部分原油及少量天然气用于公司炼油、化工业务，绝大部分天然气及少部分原油外销给其他客户。2023年事业部销售原油 3 437 万吨，同比增长 0.3%；销售天然气 334 亿立方米，同比增长 4.9%；销售气化 LNG 171 亿立方米，同比降低 20.7%；销售液态 LNG 141 万吨，同比降低 0.8%。原油平均实现销售价格为人民币 3 833 元/吨，同比降低 11.1%；天然气平均实现销售价格为人民币 1 774 元/千立方米，同比降低 2.3%；气化 LNG 实现销售价格为人民币 3 561 元/千立方米，同比增长 0.7%；液态 LNG 实现销售价格为人民币 4 135 元/吨，同比降低 27.6%。

炼油事业部业务包括从第三方及勘探及开发事业部购入原油，并将原油加工成石油产品，大部分汽油、柴油、煤油内部销售给营销及分销事业部，部分化工原料油内部销售给化工事业部，其他精炼石油产品由炼油事业部外销给国内外客户。营销及分销事业部业务包括，从炼油事业部和第三方采购石油产品，向国内用户批发、直接销售和通过该事业部零售分销网络零售、分销石油产品及提供相关的服务。

化工事业部业务包括从炼油事业部和第三方采购石油产品作为原料，生产、营销及分销石化和无机化工产品。事业部主要的六大类产品为基本有机化工品、合成树脂、合成纤维单体及聚合物、合成纤维、合成橡胶和化肥。本部及其他业务主要包括附属公司的进出口贸易业务及本公司的研究开发活动以及总部管理活动。

（二）盈利状况

2023年，国际原油价格宽幅震荡，成品油需求反弹，化工市场不振，中石化全年营业收入32 122亿元，同比降低3.2%；实现归母净利润583.10亿元，同比降低12.9%（图4-19）。

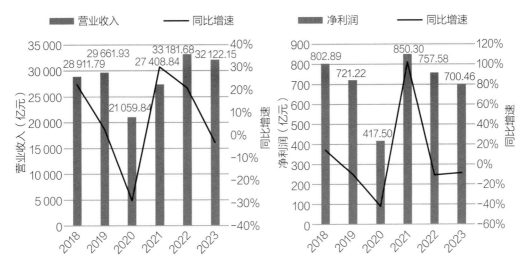

图4-19 中国石化营收及净利润情况

资料来源：公司公告，Wind，和君咨询整理。

按产品划分，2023年中国石化勘探及开发事业部实现营收（抵销事业部间销售收入前）3 000.19亿元，占公司总营收比例5.20%；炼油事业部实现营收15 297.86亿元，占总营收比例26.80%；营销及分销事业部实现营收18 184.29亿元，占总营收比例31.90%；化工事业部实现营收5 153.07亿元，占总营收比例9.10%；本部及其他实现营收15 383.20亿元，占总营收比例27.00%；抵消事业部间销售收入共24 896.46亿元（图4-20）。

中石化盈利能力近年来基本保持稳定，2023年净资产收益率（摊薄）为7.50%，销售毛利率15.65%，销售净利率2.18%（图4-21）。

（三）资产负债

2023年度中国石化总资产20 266.74亿元，同比增长4.00%。总负债10 680.19亿元，所有者权益9 586.55亿元，归属于母公司所有者权益8 057.94亿元（表4-18）。

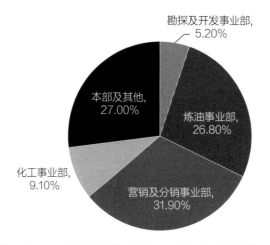

图4-20 2023年中国石化营收结构（抵消事业部间销售收入前）

资料来源：公司公告，Wind，和君咨询整理。

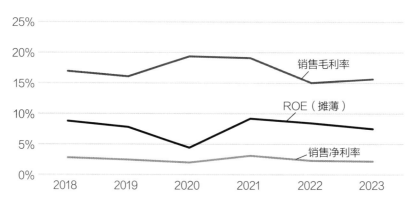

图4-21 中国石化净资产收益率及销售利率情况

资料来源：公司公告，Wind，和君咨询整理。

表4-18 中国石化资产负债情况　　　　　　　　　　单位：亿元

项目	2023年	2022年	2021年	2020年	2019年	2018年
货币资金	1 649.60	1 450.52	2 219.89	1 844.12	1 279.27	1 670.15
交易性金融资产	0.03	0.02		0.01	33.19	257.32
应收票据及应收账款	486.52	463.64	348.61	355.87	548.65	648.79
存货	2 508.98	2 442.41	2 074.33	1 518.95	1 924.42	1 845.84
固定资产（合计）	6 909.57	6 307.58	5 989.32	5 892.85	6 224.23	6 178.12
在建工程（合计）	1 802.50	1 960.45	1 559.39	1 247.65	1 734.82	1 369.63
无形资产	1 381.81	1 206.94	1 192.10	1 140.66	1 089.56	1 038.55
资产总计	20 266.74	19 486.40	18 892.55	17 338.05	17 550.71	15 923.08

续表

项目	2023年	2022年	2021年	2020年	2019年	2018年
短期借款	598.15	213.13	273.66	207.56	311.96	446.92
应付票据及应付账款	2 590.00	2 694.24	2 156.40	1 616.56	1 997.92	1 927.57
合同负债	1 272.39	1 254.44	1 246.22	1 261.60	1 267.35	1 247.93
长期借款	1 793.47	949.64	493.41	454.59	396.25	615.76
应付债券	85.13	129.97	426.49	383.56	191.57	319.51
负债合计	10 680.19	10 114.87	9 732.14	8 499.29	8 781.66	7 346.49
资本公积金	1 172.73	1 188.75	1 201.88	1 225.58	1 221.27	1 191.92
未分配利润	3 403.81	3 230.87	3 186.45	2 865.75	2 871.46	2 794.82
归母股东权益	8 057.94	7 855.77	7 751.02	7 424.63	7 391.69	7 183.55
资产负债率	52.70%	51.91%	51.51%	49.02%	50.04%	46.14%

资料来源：公司公告，Wind，和君咨询整理。

三、技术创新

（一）研发投入

2023年中国石化研发投入232亿元，同比增长3.11%，占营业收入比重0.72%，处于行业较低水平。

2023年公司加大科技创新力度，强化科研资源统筹，科技创新能力得到提升。构建战略性创新平台体系，牵头建设的4个国家重点实验室全部通过优化重组，新参与建设2个全国重点实验室。与高校、企业等多方合作搭建研发平台，贯通产学研用。为重点项目设立专项支持资金，持续优化考核激励机制，进一步激发科技创新活力。持续强化基础研究，完善顶层设计、中长期规划、考核激励机制等，夯实基础研究管理机制的有效性。深化科技改革，积极对外合作。加大"揭榜挂帅""赛马"等科技攻关组织模式实施力度，实施"种子计划"课题试点，征集化工与材料领域原创性、前瞻性思路和解决方案，拓展新领域、新工艺、新技术源头。

（二）工艺技术

中石化持续推进科技创新驱动提质转型升级。强化科技创新，提高研发投入强度，发力前沿基础性研究，围绕油气勘探、高端化工新材料等领域持续攻关，一批关键核心技术取得重大进展，专利质量位居国内企业前列。加快炼化业务转型升级，一批炼油转化工及乙烯提质改造项目顺利实施。有序推进"油气氢电服"综合能源服务商建设，启动实施充电网络发展三年行动计划，全力推动充换电业务发展；聚焦氢能交通、绿氢炼化布局氢能业务，打通氢走廊；风光发电量稳步增长，CCUS产业化取得突破，绿色低碳发展优势加速形成。

2023年中石化持续加大科技研发投入，着力突破关键核心技术，强化前沿基础研究，深化科技体制机制改革，科技创新取得积极进展。上游方面，特深层油气、陆相页岩油气勘探开发理论认识深化，技术取得新突破。炼油方面，全球首套300万吨/年重油催化裂解RTC装置顺利投产，生物航煤装置全系列产品顺利通过RSB（Roundtable on Sustainable Biomaterials）认证。化工方面，首套CHP（过氧化氢异丙苯）法制环氧丁烷装置成功投产，高性能液体橡胶工业装置开车成功。此外，氢能全产业链技术研发加速推进，燃料电池关键材料实现自主研发；"工业互联网+""人工智能基础设施工程"等示范项目顺利推进。全年申请境内外专利9 601件，获得境内外专利授权5 483件；获得中国专利银奖1项、优秀奖4项。

在未来发展中，中石化将坚定实施创新驱动战略，推动创新链、产业链、资金链、人才链深度融合，全力攻坚关键核心技术，发挥科技创新支撑和引领作用。围绕稳油增气降本提效推进油气勘探开发技术攻关，推动油气资源增储上产。优化炼油产品结构，提升资源清洁高效低碳利用水平。积极开展"油转化""油转特"、氢能关键技术和CCUS技术攻关与应用开发。围绕化工与材料升级需求，聚力攻关多元化、过程绿色化基础化学品生产技术，加快高附加值合成材料生产关键核心技术突破。大力推动数智化改造升级，充分发挥数据要素作用，加强新技术研究、数智应用场景探索与试点成果转化。

四、资本运作

中国石化上市以来共募集资金9 670.85亿元，其中包括直接融资6 709.87亿元，其中，首发融资118.16亿元，后陆续通过发行公司债和定向增发的方式融资总计6 591.71亿元；间接融资总计2 960.99亿元，包括1 333.85亿元短期借款和1 627.14亿元长期借款（表4-19）。

表4-19 中国石化上市以来募资情况（截至2024年4月30日）

	金额（亿元）	占比
上市以来募资统计	9 670.85	100.00%
直接融资	6 709.87	69.38%
首发	118.16	1.22%
股权再融资	756.21	7.82%
发债券融资	5 835.50	60.34%
间接融资（按增量负债计算）	2 960.99	30.62%
累计新增短期借款	1 333.85	13.79%
累计新增长期借款	1 627.14	16.83%

资料来源：公司公告，Wind，和君咨询整理。

截至 2023 年 11 月 30 日，中国石化总市值 6 107.95 亿元，股票收盘价 5.47 元（图 4-22）。

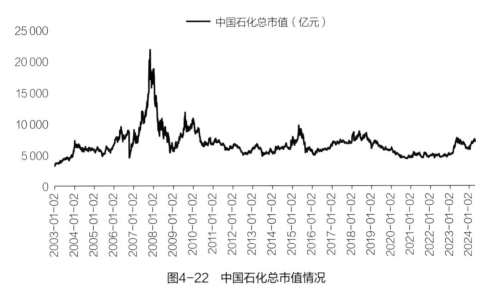

图 4-22　中国石化总市值情况

资料来源：公司公告，Wind，和君咨询整理。

中国石化自 2001 年主板上市以来，股票走势与石油石化板块指数保持高度一致（图 4-23）。

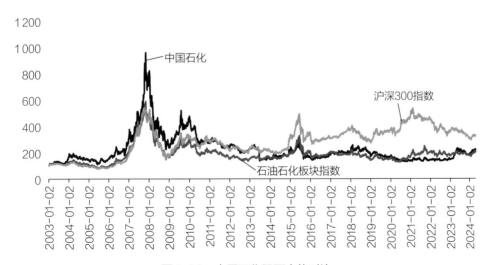

图 4-23　中国石化股票走势对比

资料来源：公司公告，Wind，和君咨询整理。

五、ESG 表现

2023 年中国石化 Wind ESG 评分 7.21，高于石油石化与基础化工板块所有上市公司均值 6.10，Wind ESG 评级为 A，优于行业整体水平。

中石化 ESG 工作近年来取得了长足进步。董事会立足战略高度加强 ESG 管治，突出理念引领，提升管理成效。践行绿色低碳战略，全面实施碳达峰行动。不断健全 HSE 管理体系，开展安全生产专项整治，打好污染防治攻坚战，助力生态文明建设。面对大灾大险，积极参与抢险救援，全力保障能源材料供应，维护产业链供应链稳定。接续助力乡村振兴，服务保障北京冬奥会、冬残奥会，广泛参与社会公益事业。坚持以人为本，保障员工身心健康，促进境内外作业项目所在地经济、环境、社会协调发展，发展成果更多惠及民众，负责任大公司的形象更加彰显。

（一）节能环保

公司将应对气候变化融入战略发展规划、公司治理体系、全面风险管理体系与日常运营管理中，建立"董事会 - 管理层 - 执行层"的三层气候治理结构，明确各层级职责。公司高度重视气候变化风险，在制定整体发展战略时充分考虑气候变化风险，并紧密跟踪国家碳达峰碳中和政策走向，及时对公司发展战略和规划进行调整。

中国石化大力实施绿色洁净发展战略，坚持生态优先、绿色转型、洁净发展，全方位推进化石能源洁净化、洁净能源规模化、生产过程低碳化，坚定不移走绿色低碳发展之路。公司将应对气候变化融入发展战略和生产经营，加快锻造绿色低碳竞争力，致力于成为行业绿色洁净低碳发展新标杆，努力为全球应对气候变化贡献中国石化力量。2023 年，公司较好地完成了各项减排目标任务，实现捕集二氧化碳 174.9 万吨，封存二氧化碳 84.7 万吨，回收利用甲烷 8.74 亿立方米。2018 年至 2023 年，公司累计减排二氧化碳 2 367 万吨，圆满完成减排目标。公司将于 2024 年全面启动绿色企业行动计划第二阶段工作，相关行动方案将在确定后正式对外公布。

公司遵照《中华人民共和国节约能源法》《重点用能单位节能管理办法》《固定资产投资项目节能审查办法》《工业节能管理办法》等法律法规，制定了《中国石化节约能源管理办法》《中国石化固定资产投资项目节能审查管理办法》等管理制度，强化能源管理责任，大力实施"能效提升"计划，开展能效对标活动，不断提升节能降耗水平。2023 年，中国石化实施 497 项"能效提升"项目，节能 86 万吨标煤，工业万元产值综合能耗（2020 年可比价）同比下降 2.64%。

公司积极推动生产过程能源消费清洁化，严格管控动力煤消耗，持续推动燃煤机组能效提升。2023 年公司太阳能光伏发电量约为 132 百万千瓦时，同比增加 200%，折标煤约为 4 万吨。油田企业以"生产用能低碳化、能源消费清洁化"为目标，开发利用厂矿区域内的风能、太阳能等清洁能源，持续提高低碳化发展水平。炼化企业依托炼化基地，开展光伏项目建设，布局"大型可再生能源发电 - 储能 - 绿电制氢"项目，逐步实现绿电替代、绿氢炼化。销售企业积极推进分布式光伏发电项目建设。

中国石化大力实施绿色洁净发展战略，将生态环境保护要求融入企业生产经营发展的各个环节。公司严格遵守环境保护相关法律法规，建立并持续完善公司环境保护政策制度和管理体系，积极开展环境影响及风险管理，高标准实施环境污染防治和生态环境保护，不断提升绿色发展质量。2023 年公司外排废气中二氧化硫量为 4 661 吨，同比减少 5%；外排废气中氮氧化物量为 19 984 吨，同比增加 4%，主要是因为海南乙烯、安庆石化等新项目投产，剔除主要新增项目后，同比下降 0.6%。

（二）社会责任

中石化切实履行企业社会责任。积极应对全球气候变化，大力发展洁净能源，稳步推进碳达峰行动方案，保护生态环境和生物多样性。实施安全管理强化年行动，努力提升本质安全水平。积极助力乡村振兴，参加国家抢险救灾，"春蕾加油站""院士进课堂"等社会公益项目取得良好反响。关爱员工身心健康，在境内外项目所在地构建稳定和谐的社区关系。

中国石化坚持以产销结合、教育扶智的方式助力乡村振兴发展，为乡村振兴与共同富裕作出"石化贡献"；坚持以多元化公益慈善项目为抓手，将自身发展成果与社会共享，为增进民生福祉贡献"石化力量"。2023 年，公司依据《中国石化助力乡村振兴"十四五"计划》《中国石化教育帮扶工作实施方案》《中国石化大力开展消费帮扶接续助力乡村振兴实施方案》等规划安排，不断扩大教育帮扶成果，持续深化"一县一链"产业链条，进一步开展消费帮扶，带动帮扶地增销创收，加快巩固"以消费带产业、以产业带振兴、以教育带发展"的"三带"帮扶模式，积极推进乡村振兴工作。

中国石化高度重视供应链管理，坚持阳光采购和绿色采购理念，积极将 ESG 理念和要求融入供应商与承包商管理体系。公司承诺将不断优化供应链管理，以开放的姿态与供应链伙伴开展战略合作，共同构建阳光透明、健康诚信的产业生态。中国石化在业务开展过程中，积极识别、评估和缓解运营活动对周边社区可能产生的影响，不断完善社区沟通机制，尊重社区文化习俗和行为，携手打造企业和社区共同发展的良好局面。

（三）公司治理

近年来中石化公司治理效能不断持续提升。董事会加强战略谋划，研究制定"十四五"中长期发展战略，保持较高现金分红水平，连续两年在境内外实施股份回购，维护公司价值和股东权益。完善公司治理基础性制度，加强合规体系建设，持续提升内控制度执行有效性。对标世界一流开展管理提升行动，提高专业化发展水平。信息披露和投资者关系工作质量持续提升，利益相关方沟通成效显著。稳妥完成美国存托股份退市。发挥党建优势，加强监督保障，提振员工精气神，激发干事创业积极性。良好的公司治理为公司赢得众多资本市场荣誉。

公司坚持两个"一以贯之"，不断探索建立现代企业制度，着力构建权责法定、权责透明、协调运转、有效制衡的公司治理结构，建立健全系统完备、科学规范、运行高效的公司治理制度体系，实现股东大会、董事会及其专门委员会、监事会和管理层权责清晰、协同配合、履职尽责。公司根据法律法规和上市地监管规则，制定了《公司章程》等18项治理制度，为公司规范运作提供制度保障。公司跟踪研究境内外最新监管规则，及时开展制度修订，保持公司治理制度先进性。

公司严格依法依规履行各上市地的信息披露义务，提高透明度。以投资者需求为导向，完善信息披露制度，强化与内控制度的结合；优化披露内容和方式，发布"一图看懂"等数字材料，努力做到言简意赅、通俗易懂，不断提高信息披露的有效性。2023年公司信息披露工作连续第10年获得上海证券交易所信息披露A级评价。

积极打造制度、风险、内控、合规、法律"五位一体"法治工作格局，建立健全合规管理制度体系、工作流程和运行保障机制，充分发挥合规管理"三道防线"作用，致力于构建全面覆盖、有效运行且具有石化特色的合规管理体系。严格遵循《中华人民共和国刑法》《中华人民共和国公司法》《中华人民共和国监察法》《中华人民共和国公职人员政务处分法》《国有企业领导人员廉洁从业若干规定》《中央企业违规经营投资责任追究实施办法（试行）》等相关法律法规、业务所在国（地区）适用的反腐败和反贿赂法律、《联合国反腐败公约》等国际公约，遵守公司及商业伙伴廉洁从业和反腐败的规定、承诺，依规开展运营。

六、案例总结

（一）核心竞争力

1.世界级产能优势

中石化近年来储量产量持续增长，增储稳油增气降本成效显著。未来发展将持续加快建设世界级炼化产业基地，做大优势产能，稳步推进"油转化""油转特"，炼油、聚烯烃等产能稳居世界第一，油气当量产量、原油加工量创历史新高，化工高附加值产品比例持续提高。成品油销售业务巩固网络综合竞争优势，加油站总数保持世界第二，境内成品油经销量再创新高，非油业务持续健康发展。全面建设"油气氢电服"综合能源服务商，推进氢能、充换电、可再生能源发电、CCUS等业务，培育绿色发展新优势。

2. 积极转型发展新动能

中石化目前全面加快推进油气勘探开发和新能源融合发展，继续加大勘探开发力度，全力推动天然气大发展，扩大绿电利用规模，构建多能互补、协同发展、安全可靠的绿色能源供应体系。加快建设"世界级、高科技、一体化"炼化基地，布局新材料、生物技术等战略性新兴产业。积极打造中国第一氢能公司，拓展多场景充电网络，打造头部直营平台，培育多元服务业态，实现销售网络全方位增值。

（二）高质量发展亮点

中石化在强大的石化产业基础上，着力推进绿色化转型，发力新能源新材料领域，加大绿色低碳技术研发应用，推进 CCUS 技术产业化规模化发展，抢抓氢能发展重大机遇，为我国石化产业的绿色转型起到了带头作用。

在化工新材料领域，2023 年中石化自主研发首套 CHP（过氧化氢异丙苯）法制环氧丁烷装置成功投产。建成高性能液体橡胶 5 000 吨 / 年工业装置，开发了 5G 通讯高频覆铜板和柔性树脂版用液体橡胶，实现高性能液体橡胶商业化生产和规模化应用。聚烯烃弹性体（POE）成功开发出用于光伏膜、树脂改性、发泡的多个产品牌号，实现批量应用。成功开发废塑料连续热解（RPCC）技术，具有可大型化、连续化、杂质脱除率高等优势，是废塑料化学循环关键技术，可有效解决"白色污染"问题。开发了多个牌号医卫防护高分子材料新产品，可满足口罩、防护服、隔离舱、手术服等制品的制备。

中国石化高度重视 CCUS 技术研发与工业应用，加大科研投入，加快推进重点项目建设，大力推动 CCUS 全产业链工业应用。2023 年，公司持续开展制氢、合成氨等装置排放的高浓度二氧化碳回收利用，捕集二氧化碳 174.9 万吨，同比增加 14%。公司具备 CCUS 全链条技术开发、工程设计、装备制造和工程建设能力，并率先建成我国首个百万吨级 CCUS 示范项目，投运国内首条百公里二氧化碳长距离输送管道，实现了上中下游全链条、大规模、一体化整装建设。2023 年，公司与多个同业企业在华东地区联合开展全国首个开放式千万吨级 CCS/CCUS 攻关研究。2023 年 6 月，公司百万吨级 CCUS 示范工程在波兰华沙全球碳封存领导人论坛上获得 CSLF 认证，标志着中国石化 CCUS 技术已具备国际水平，拥有在全球实施 CCUS 项目的通行证。

中国石化在氢能领域拥有丰富的产业经验和竞争优势，抢抓氢能发展的重大战略机遇，把氢能作为公司新能源的核心业务加快发展，紧紧围绕洁净交通能源和绿色炼化的氢能利用，努力构建规模最大、科技领先、管理一流的中国第一氢能公司。在氢能供给方面，公司结合"3+2"氢燃料电池示范城市群加氢站用氢需求，打造燃料电池用氢供氢中心，截至 2023 年末，已累计在 11 家企业建成氢燃料电池供氢中心，总能力达到 2.9 万标立 / 时，2023 年车用高纯氢产量为 2 112 吨，同比增长 25%。加氢站建设方面，依托全国 3 万多座加油站的销售网络优势，按照"国家有布局、市场有需求、发展有效益、战略有协同"的发展原则，初步建成成渝万、京津唐、沪嘉甬三大氢能交通走廊。稳妥布局加氢站建设，累计发展加氢站128座，已成为全球最大的加氢站运营单一企业，供给量占全国40%左右。2023年，加氢量为3471万吨，同比增加100%。已发布《氢气输送管道工程技术规范》等企标3项、团标9项。

第五节　巴斯夫

一、公司概况

巴斯夫是一家于1865年成立的国际领先化工公司，产品分属化学品（石油化学品、单体、中间体）、特性产品（分散体和颜料、护理化学品、营养与健康、特性化学品）、功能材料与解决方案（催化剂、化学建材、涂料、特性材料）、农业解决方案（作物保护）和石油与天然气五大业务领域。下设化学品部门、材料部门、工业解决方案部门、表面技术部门、营养与保健部门、农业解决方案部门六大业务部门。巴斯夫发展历程见表4-20。

表4-20　巴斯夫发展历程

年份	公司发展
1865~1901年	以染料业务起家，在单一产品领域持续技术创新，推进了包括中国在内的主要市场的全球化销售
1901~1924年	开发了用氢和氮高压合成合成氨工艺，并开发合成氨用高效铁催化剂，于1913年建成第一套合成氨装置，开发了合成尿素、甲醇以及褐煤沸腾床气化技术（温格勒法），开拓了第二驱动业务板块：化肥
1924~1944年	实现了聚苯乙烯、聚丙烯腈、聚丙烯酸酯等产品的产业化，围绕汽车应用板块开发了燃料、合成橡胶、表面涂料、染料原料及车用化学品等业务
1944~1964年	战后重建时期，发展塑料工业，并用石油代替煤作为源头
1964~1989年	将业务拓展到表面涂料、医药、农药和化肥等多个领域；通过持续的研发投入、产品工艺创新和对外合作，先后实现了苯酐、三聚氰胺、MDI、丙烯酸、聚丙烯、聚氨酯、甲基丙烯酸甲酯（MMA）产品的产业化；通过兼并收购进军和强化了涂料、有机颜料、油墨、制药、石油开发与炼油、维生素、聚合物分散体等业务领域
1989年至今	开始业务调整和整合：退出煤炭业务、医药业务、尼龙纤维业务等；通过持续收购进一步拓展业务版图：收购霍尼韦尔的工程塑料业务、汽车尾气净化催化剂安格公司、默克电子化学品业务、北美树脂制造商庄臣的聚合物公司、德固赛的建筑化学品业务等

资料来源：公司官网，和君咨询整理。

二、经营状况

巴斯夫主营业务覆盖化学品及塑料、天然气、植保剂和医药，保健及营养，染料及整理剂，化学品，塑料及纤维，石油及天然气。2023 年巴斯夫实现营业收入 5 415.15 亿元（人民币），同比减少 21.10%，销售额主要受价格和销量大幅下降的影响；实现净利润 17.68 亿元，同比增长 135.89%。

巴斯夫化学品业务领域由石油化学品、单体和中间体组成，产品范围覆盖溶剂、增塑剂、大容量单体和胶水，以及用于诸多领域的原料，如洗涤剂、塑料、纺织纤维、涂料、作物保护产品和药品。化学品业务是巴斯夫一体化结构的核心，除服务于化工客户及其它各行各业的客户外，还为巴斯夫的其它业务部门提供用于生产下游产品的化学品。

公司特性产品组合包括维生素、其他食品添加剂以及面向制药、个人护理、化妆品、卫生和日用品行业的配料。部分特性产品可用于改进造纸、油气生产、矿石开采和水处理等行业的流程，并且能提升燃油和润滑剂效率，增强黏合剂和涂料性能，以及提高塑料稳定性。主要产品分为分散体与颜料、护理化学品、营养与健康和特性化学品。

公司功能性材料与解决方案业务领域为汽车、电器、化工、建筑、家居、体育和休闲用品等特定行业及客户提供整合的系统解决方案、服务和创新产品。相应的解决方案和产品覆盖催化剂、电池材料、工程塑料、聚氨酯系统、汽车涂料、表面处理解决方案、混凝土混合剂以及瓷砖黏合剂和装饰漆等建材系统产品。

农业解决方案业务领域致力于为作物保护、种子处理、水源管理、养分供给和植物抗性等领域提供创新的化学和生物解决方案。石油与天然气业务集中在石油与天然气储量丰富的欧洲、北非、俄罗斯、南美及中东等地区。

2023 年巴斯夫实现营业收入 5 415.15 亿元，同比下滑 21.1%；实现净利润 17.68 亿元，同比增长 135.89%（图 4-24）。

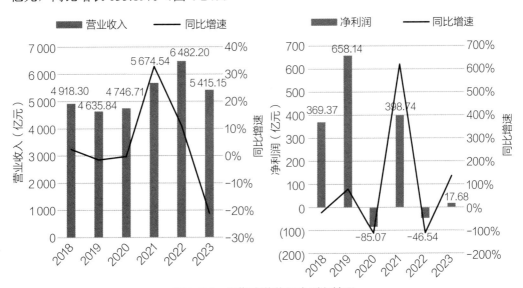

图 4-24 巴斯夫营收及净利润情况

资料来源：公司公告，Wind，和君咨询整理。

近年来巴斯夫盈利状况波动较大,2023年净资产收益率(摊薄)仅0.64%,销售毛利率24.24%,销售净利率0.55%(图4-25)。

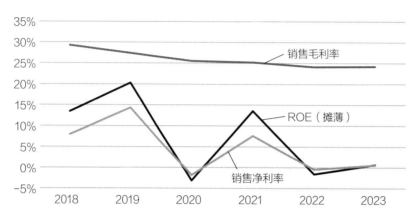

图4-25 巴斯夫净资产收益率及销售利率情况

资料来源:公司公告,Wind,和君咨询整理。

截至2023年底,巴斯夫总资产6 082.63亿元,同比减少2.99%,总负债3 202.62亿元,股东权益合计2 880亿元,归属母公司股东的权益2 772.49亿元(表4-21)。

表4-21 巴斯夫资产负债情况 单位:亿元

项目	2023年	2022年	2021年	2020年	2019年	2018年
现金及现金等价物	206.23	186.76	189.44	347.48	189.68	180.49
交易性金融资产						
应收款项合计	1 172.44	1 384.07	1 264.17	1 134.65	1 006.87	1 083.24
存货	1 090.54	1 189.74	1 001.23	803.30	877.13	954.70
固定资产净值	1 892.50	1 704.82	1 556.06	1 576.67	1 703.15	1 630.67
权益性投资	161.43	174.88	183.38	150.71	1 172.95	172.88
商誉及无形资产	960.08	985.24	974.59	1 054.89	1 135.20	1 299.04
资产总计	6 082.63	6 270.27	6 308.79	6 443.43	6 795.58	6 792.31
交易性金融负债	171.49	285.34	246.91	272.45	262.76	
应付账款及票据	529.79	626.05	565.01	424.60	397.57	401.94
长期借贷	1 342.74	1 126.13	993.72	1 269.47	1 173.50	1 203.15
负债合计	3 202.62	3 232.67	3 270.60	3 682.99	3 485.71	3 958.73
归母股东权益	2 772.49	2 937.39	2 945.13	2 706.67	3 243.20	2 750.79
资产负债率	52.65%	51.56%	51.86%	57.16%	51.29%	58.28%

资料来源:公司公告,Wind,和君咨询整理。

三、资本运作

巴斯夫在其悠久的发展历程中，通过技术研发、产品技术收购和资本运作，实现了核心业务的更替，核心产品的技术、规模和竞争力都处于世界的引领者地位。在全球范围内，巴斯夫在1990～2000年期间，UP树脂生产装置在南京投产；THF和polyTHF生产装置在日本投产；收购Sandoz AG全球部分作物除草剂业务；马来西亚一体化基地建成投产。在2001～2007年期间，收购日本武田维生素业务；F500吡唑醚菌酯在施瓦茨海德基地投产；收购拜耳的Fipronil杀虫剂和部分种子处理杀菌剂业务；收购默克全球电子化学品业务；收购安格公司。2008年至今，分别收购了Ciba、科宁、凯密特尔以及挪威国家石油公司Statoil的石油和天然气田。

巴斯夫1969年开始在台湾地区进行首次投资，1982年巴斯夫中国有限公司在香港成立，1986年在中国大陆成立首家合资公司；1995年在香港设立巴斯夫东亚地区总部，2000年成立扬子石化-把巴斯夫有限责任公司，2004年将大中华区总部迁往上海。通过一系列的投资和收购，现今巴斯夫在中国已经有四个生产基地，其中南京基地为巴斯夫六个一体化基地之一。

截至2023年11月30日，巴斯夫总市值2 973.30亿元（人民币），股票收盘价333.14元（图4-26和图4-27）。

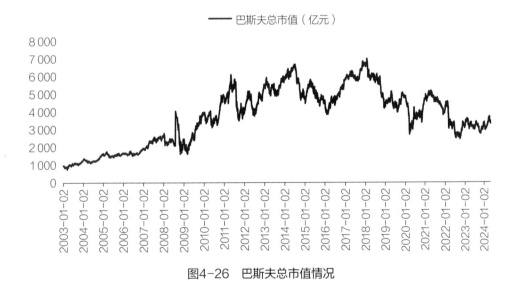

图4-26 巴斯夫总市值情况

资料来源：公司公告，Wind，和君咨询整理。

四、案例总结

巴斯夫经过一百多年的发展，从最初然染料起家到成为国际化工巨头，期间发展经历了主营染料、化肥；生产塑料/泡沫新产品；发展卫生护理、营养、作物保护等业务；开发综合性产品等阶段，在不断拓宽新兴领域的同时退出部分传统业务，保持高盈利与可持续增长。巴斯夫将创新和可持续发展作为公司发展的最重要驱动力，并作为公司长期战略加以坚持，其创新方向涉及节能、环保、新能源、新材料等领域，目前有 3 000 多项研发项目，分为资源、环境和气候，食品和营养，生活品质三个关键领域。公司的创新重点从单一化学品逐步转向定制产品、功能性材料和系统解决方案。通过与客户及研究机构的密切合作，巴斯夫将化学、生物、物理、材料科学、工程等领域的专业知识融为一体，创造出全新的解决方案。

图4-27　巴斯夫股票走势对比

资料来源：公司公告，Wind，和君咨询整理。

一体化战略是巴斯夫自创立之初起就一直坚持的基本战略，涵盖了巴斯夫生产、研发、服务、销售所有环节，在实体、技术、市场和数字等方面都具有独特的优势，创造了从基础化学品到涂料和作物保护产品等高附加值产品的高效产业链，助力公司在所有业务领域实现技术和低成本优势，从而保证了极大竞争力。在一体化战略框架下，巴斯夫通过兼并上下游企业，形成庞大的"生产链"，并进一步布局化学与技术、化学与生物融合的边缘领域。

第六节　韩国 SK 集团

一、公司概况

韩国 SK 集团成立于 1953 年，起步于生产织物的工厂，现已成为韩国最大的综合性企业集团之一，业务涵盖能源、化工、信息通信、物流和服务等多个领域。集团凭借强大的技术创新能力、渠道整合能力以及资本创新能力成功构筑其在全球石化化工行业中的核心竞争优势（表4-22）。

表 4-22 韩国 SK 集团发展历程

年份	公司发展
1953年	朝鲜战争结束,创立鲜京织物
1966年	鲜京织物更名为海外纤维,开始生产完成品
1969年	成立生产聚酯纤维的鲜京合纤,开始生产原纱
1973年	成立鲜京石油,开始"从石油到纤维"的垂直整合战略
1977年	鲜京化工(现SKC)在韩国成功研发聚酯薄膜
1979年	确立经营管理体系SKMS(SK经营管理体系)
1980年	收购大韩石油公社
1988年	油公(现SK innovation)在韩国成功开发海外原油
1991年	蔚山新工厂竣工,完成从石油到纤维的纵向一体化
1994年	作为韩国移动通信(现SK电讯)的最大股东,正式进军ICT领域
1998年	公司进行重新布局和调整,正式更名为SK
2002年	SK电讯成功实现同步式3G商用化
2010年	SK中国成立,SK创新、SK能源、SK综合化学、SK海力士等企业陆续开始独自运营模式
2012年	收购SK海力士,打造第三个发展引擎"半导体"
2016年	通过收购SK materials为半导体材料事业领域的增长奠定了基础
2017年	通过收购生产半导体晶圆的SK siltron完成了半导体材料事业组合
2020年	SK能源环保设备VRDS竣工,SKC成立铜箔事业企业SK nexilis;SK株式会社氢气事业推进团成立,将氢能作为新一代能源事业集中培育
2022年	SK集团宣布向美国半导体、绿色能源生物科学等科技产业投资220亿美元

资料来源:公司官网,和君咨询整理。

二、经营状况

SK集团的主营业务主要有能源/化工、信息通信/半导体、营销/服务三大块。能源/化工板块主要涉及从原油到化纤的全产业链化工产品以及电动汽车电池、环保材料、制药和生物等革新性技术产品。信息服务/半导体板块主要经营互联网、IT服务、通信设备、半导体等业务。营销/服务板块涵盖贸易、运输、消费品、基础建设和资产管理服务等服务。

SK集团未来的发展方向集中于先进材料、绿色、生物制药和数字化,致力于构建可持续发展的投资生态系统,以推进更可持续的未来。先进材料领域包括半导体材料、电池材料以及电动汽车(EV)材料,通过掌握新一代技术提升国际竞争力。绿色领域中氢气将成为"绿色"投资的核心,SK致力于能源转型、可持续发展、清洁能源和碳管理，其中碳捕获、利用和存储（CCUS）技术以及碳排放交易是重点开展业务。生物领域包括CDMO业务和医药事业，并计划推动基于开放式创新的革新型新药技术。数字板块方面，重点关注人工智能技术、建设数据中心和5G，具体包括数字化转型关键技术、构建新平台，以及数字基础设施。

2023年韩国SK集团实现营业收入7 236.46亿元，同比下降0.64%；净亏损42.83亿元（图4-28）。

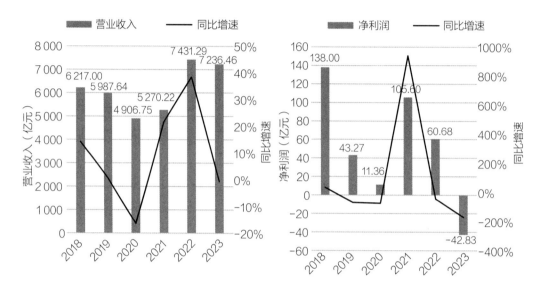

图4-28　韩国SK集团营收及净利润情况

资料来源：公司公告，Wind，和君咨询整理。

2022年以来，韩国SK集团盈利状况持续下滑，2023年净资产收益率（摊薄）下降至–3.75%，销售毛利率9.75%，销售净利率–0.31%（图4-29）。

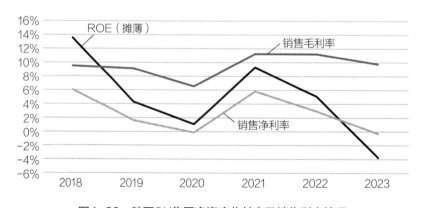

图4-29　韩国SK集团净资产收益率及销售利率情况

资料来源：公司公告，Wind，和君咨询整理。

截至 2023 年底，韩国 SK 集团总资产 11 412.34 亿元，同比增长 6.23%，总负债 7 118.09 亿元，股东权益合计 4 294.25 亿元，归属母公司所有者的权益 1 142.87 亿元（表 4-23）。

表 4-23 韩国 SK 集团资产负债情况　　　单位：亿元

项目	2023年	2022年	2021年	2020年	2019年	2018年
现金及现金等价物	1 250.78	1 181.58	660.22	605.51	481.46	415.46
交易性金融资产		13.29	18.94	9.04	11.17	12.11
应收款项合计	934.06	988.30	740.06	629.88	741.32	782.56
存货	827.46	858.95	572.49	370.58	551.23	550.81
固定资产净值	4 052.48	3 309.49	2 755.37	2 753.26	2 584.49	2 432.60
权益性投资	1 463.28	1 516.45	1 396.30	1 247.92	1 320.69	1 177.12
商誉及无形资产	1 310.36	1 628.10	1 430.80	1 567.91	1 366.94	991.68
资产总计	11 412.34	10 742.56	8 864.41	8 254.17	7 963.49	7 316.74
应付账款及票据	714.03	774.59	510.25	363.51	531.41	552.99
长期借贷	2 752.17	2 604.37	2 383.83	2 279.60	2 047.21	1 892.74
负债合计	7 118.09	6 776.56	5 350.12	5 144.13	4 815.83	4 199.86
归母股东权益	1 142.87	1 192.72	1 138.91	1 045.58	1 006.49	1 018.44
资产负债率	62.37%	63.08%	60.36%	62.32%	60.47%	57.40%

资料来源：公司公告，Wind，和君咨询整理。

三、资本运作

截至 2023 年 11 月 30 日，韩国 SK 集团总市值 699.26 亿元（人民币），股票收盘价 902.58 元（图 4-30 和图 4-31）。

SK 集团同样通过投资和收购扩展业务范围，1980 年收购大韩石油公社，2012 年通过收购 SK 海力士，打造第三个发展引擎"半导体"；2016 年通过收购 SK materials 为半导体材料事业领域的增长奠定了基础；2017 年通过收购生产半导体晶圆的 SK siltron 完成了半导体材料事业组合。

四、案例总结

SK 集团从化学纺织品开始做起，逐渐向上游石化产业链进行纵向延伸。在做大、做强石油化工产业链各产品的同时，进行产业链下游横向拓展，生产各类精细化学品、特种化学品等，建立了公司内部强有力的上下游产品体系，并在全球拥有一定的市场份额和技术影响力。同时，集团通过技术交叉渗透产业融合，实现了从石化化工产品到化学材料、电子产品、通信等新兴技术的融合拓展，实现集团的整体多元化飞跃。此外，集团顺应韩国出口导向型发展政策，积极进行海外布局，打破国内需求限制，进一步突破自身发展瓶颈，正式成为韩国石化龙头企业之一。

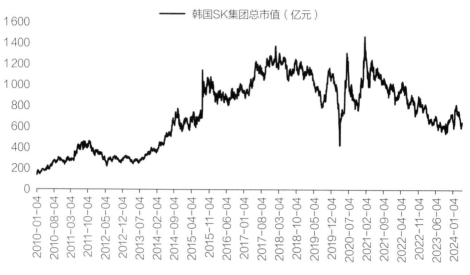

图4-30　韩国SK集团总市值情况

资料来源：公司公告，Wind，和君咨询整理。

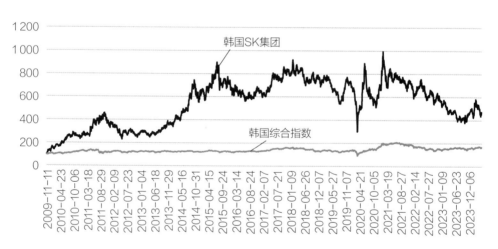

图4-31　韩国SK集团股票走势对比

资料来源：公司公告，Wind，和君咨询整理。

第五章
中国石化产业上市公司发展建议

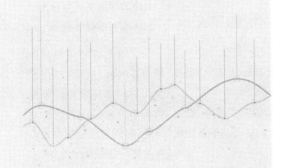

第一节 中国石化产业上市公司发展问题总结

我国石化产业从上游的油气开采、油服工程，到中游炼化贸易、化学原料等，再到偏下游的化学制品、橡胶塑料和非金属材料等板块，上市公司发展规模横向差距大，发展特点各异，各板块在四个分析维度的主要表现见表5-1。

表5-1 中国石化产业上市公司发展现状

维度	上市公司现状 （绝对数据分析）	上市公司发展质量分析 （相对数据分析）
产业发展 （业绩表现）	石油石化与基础化工行业差距大，石油石化行业上市公司数量少、规模大，营收平均值（1 820.61亿元）远高于基础化工行业上市公司（54.58亿元）。 越接近产业链上游，上市公司资产负债率越高，石油石化板块上市公司资产负债率（49.5%）显著高于基础化工板块（36.98%）。 受周期影响，油气开采、农化制品和非金属材料等板块的利润率与ROE等指标均较高；而炼化及贸易、油服工程和化学纤维等板块盈利承压，利润率较低。 油气开采、炼化及贸易和化学原料等偏上游板块上市公司的分红表现领先	在剔除上市公司绝对体量的影响后，农化制品、非金属材料和化学原料等板块上市公司的财务表现整体更好，对应于上市公司较高的利润率和资产回报率。 同样，油服工程、炼化及贸易等偏上游领域上市公司由于其绝对体量大，叠加2022年周期影响，在财务维度质量评分中排名较后
资本运营	石化产业上市公司资本市场参与度整体较低，投融资活动主要目的在于产业链的横向/垂直整合和布局新能源新材料等相关领域。 石化产业上市公司在股票回购方面表现整体较好，以炼化及贸易、化学制品和化学原料等板块为代表。 化学制品、农化制品、化学原料和非金属材料板块上市公司在投资并购方面更为活跃。 受规模和数量的影响，非金属材料、油气开采和炼化及贸易板块上市公司在资本市场的平均关注度更高	油服工程、非金属材料和农化制品等板块在资本市场表现相对更好，得益于上市公司较高的盈利水平，估值与交易情况较好
科技创新	从投入端来看，石化全行业上市公司整体研发投入情况不及全A股，基础化工行业上市公司的研发投入力度大于石油石化行业，其研发投入占营收的平均比重（2.70%）显著高于石油石化行业（0.65%）。 行业内橡胶、塑料、化学制品和油服工程板块上市公司的研发投入力度相对更大。	油服工程、化学纤维和化学制品等板块的科技创新投入处于行业相对领先水平

续表

维度	上市公司现状 （绝对数据分析）	上市公司发展质量分析 （相对数据分析）
科技创新	从上市公司分布来看，基础化工行业上市公司有7.1%分布于科创板，说明其科技创新水平较高，其中以化学制品（10.18%）、塑料（12.5%）、化学纤维（8.70%）和非金属材料（8.33%）板块为代表，而石油石化行业无科创板上市公司	
ESG表现	石化行业上市公司在ESG方面的表现略好于全A股，其中以橡胶、化学制品和塑料等基础化工行业上市公司为代表	油服工程、化学制品、塑料和炼化及贸易等板块上市公司在ESG方面的表现相对领先于行业

总体来讲，从产业发展维度来看，化工领域"大而不强"特点突出。我国石化产业上市公司呈现出从产业链上游到下游规模减小、数量增多的态势，上游油气开采、油服工程和炼化板块上市公司强者恒强，占石化行业营收和净利润的很大比例；中下游化学制品、农化制品、橡胶塑料和非金属材料等板块上市公司体量普遍较小，中小企业居多，竞争激烈。但从盈利质量来看，产业链上游的传统大宗领域上市公司利润率较低，资产回报率不及下游农化制品、化学原料和非金属材料等板块。

从资本运营维度来看，石化产业上市公司对资本市场的利用不充分。资本运作主要集中于行业内部，多数投融资活动目的为横向/垂直整合和对新能源/新材料等相关领域的拓展布局。同时，由于石化行业大部分产品属于较为传统的大宗商品，行业上市公司整体估值低于全A股水平，其中上游油气开采、油服工程和炼化及贸易等板块尤甚，石油石化一级板块的市盈率中位数（8.86）明显低于偏下游的基础化工板块（25.38）；化学制品、塑料、橡胶和非金属材料等高附加值、有新兴应用领域上市公司的估值较高（市盈率高于20倍）。

从科技创新维度来看，石化产业上市公司在科技创新方面表现较差，石化产业上市公司研发投入占营收的比例均值仅1.08%，远低于全A股平均水平2.27%，同样低于欧美等国家石化产业3%左右的水平，近年来我国石化行业科技创新取得一些新突破，但在高端化工新材料等领域，创新能力仍然不强。当前石化产业内部科技创新主要集中在下游化学制品、塑料、橡胶和非金属材料板块，新能源新材料等新兴领域的高速发展对化工材料提出更高要求与更大需求，推动石化产业不断创新发展。上游油气开采、炼化及贸易和化学原料等板块的科技创新程度不够，在高质量发展要求下，亟待通过技术创新提升资源利用效率和产品附加值，推动产业链向高端化、精细化转型发展。

从ESG表现维度来看，石化产业整体表现较好，上市公司ESG评分均值略高于全A股水平。石化产业作为能源消耗与二氧化碳排放大户，面临严峻的节能减排形势；

同时,作为我国经济体量巨大的支柱产业,石化产业也需承担对应的经济社会责任,在 ESG 领域的建设任重道远。

第二节 中国石化产业上市公司高质量发展建议

上市公司总市值是对其公司规模和市场认可度的综合衡量,高市值是上市公司高质量发展的重要体现,上市公司总市值由净利润与市盈率决定,本报告采用和君咨询对上市公司的市值管理方法(图 5-1),分析石化产业各板块上市公司的发展现状,并提出针对性建议。

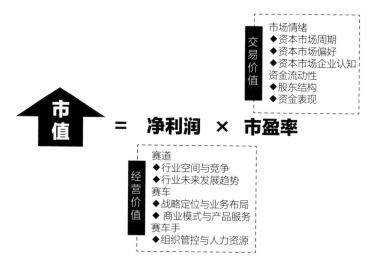

图 5-1 和君咨询市值管理基本模型

石化产业上市公司净利润较之于全 A 股,呈现出更为分散的特点,即强者更强弱者更弱,2022 年石化产业上市公司净利润平均值(12.77 亿元)大于全 A 股(10.03 亿元);而净利润中位数(1.30 亿元)小于全 A 股(1.09 亿元)。石化产业上市公司净利润主要来源于上游油气开采和炼化贸易板块,主要经营传统大宗油气商品,石油石化板块上市公司平均净利润(83.07 亿元)远高于基础化工板块(4.89 亿元);而下游农化制品、化学制品、橡胶和非金属材料等领域上市公司利润率则普遍更高。

从市盈率角度,石化产业上市公司整体估值水平较低,市盈率中位数(24.63)小于全 A 股(25.00),其中石油石化一级板块的市盈率中位数(8.86)明显低于偏下游的基础化工板块(25.38),产业链上游领域的上市公司市场表现稳定,商业模式成熟,市场估值相对较低；而下游化工领域当前仍处于激烈竞争阶段，化学制品、塑料、橡胶和非金属材料等板块伴随新能源新材料等产业迅速发展，是科技创新主要投入与产出的环节，市场认可度较高，发展空间大。

对石化产业各二级板块的上市公司，按其利润与估值水平的绝对量和相对量分别做四象限图（图5-2和图5-3）。

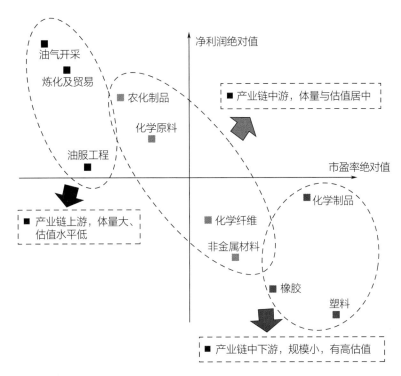

图5-2　中国石化产业各板块上市公司发展现状（绝对量）

一、化学制品、橡胶、塑料板块

根据以上对石化产业各二级板块上市公司发展现状的定位，化学制品、橡胶和塑料三个板块的发展状况较为相似，该三类板块上市公司处于石化产业链中下游，产品可应用于电子信息、新能源、食品、医药、生物技术、科学研究等领域。从绝对量来讲，其净利润规模较小，2022年化学制品、橡胶和塑料板块上市公司的净利润平均值分别为3.78亿元、1.46亿元和1.43亿元，均远小于石化行业上市公司净利润均值（12.77亿元）；但其估值水平处于行业前列，2022年化学制品、橡胶和塑料板块上市公司市盈率中位数分别为26.86倍、24.09倍和34.19倍。从相对量来讲，化学制品、橡胶和塑料板块在四象限图中处于第一象限，即相对盈利状况和估值水平均处于行业领先水平，上市公司发展质量较高，主要得益于其技术密集程度高，产品附加值高，利润率水平较高。

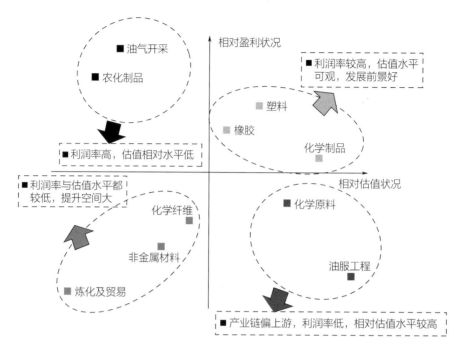

图5-3 中国石化产业各板块上市公司发展现状（相对量）

化学制品、橡胶和塑料板块的发展依赖科技创新，是当今化学工业中最具活力的化领域之一，对经济增长、国防建设、社会民生等领域的高质量发展起到重要支撑作用，精细化工是其未来重要发展方向。下一步该三类板块上市公司的发展，一是继续加大科研攻关力度，加快突破关键核心技术。重点开发高性能化、专用化、复合化、绿色化产品，提升原始创新能力，打造原始创新策源地，为我国加快建设科技强国、实现高水平科技自立自强不断取得新的突破。二是立足绿色发展理念，推动精细化工产业高质量发展。不断创新绿色技术，推进清洁生产，做好源头预防、过程控制、综合治理，加大绿色清洁工艺和新技术的创新和推广应用，全面提升各企业和全行业绿色发展的水平，加快"双碳"目标的实现和行业高质量发展。三是推动产业链融通发展，迈向化工价值链中高端。强化产业链、供应链产供销、产学研用资的有效衔接，高效集聚各类生产要素，进一步加强不同企业间的分工合作、优势互补，促进我国产业链、供应链循环畅通，优化资源配置，增强产业优势，打造具有世界水平的现代产业集群，引领精细化工产业链上中下游企业融通创新。四是注重资本市场作用，充分利用上市公司资本平台。积极利用上市公司平台开展投融资活动，助力实现产业链整合与拓展；积极回报投资者，畅通多元沟通途径，稳定投资者预期，促进资本市场健康发展。

二、油气开采、炼化及贸易、油服工程板块

油气开采、炼化及贸易和油服工程均处于石化产业链上游，发展状况类似。从绝对量来讲，该三类板块上市公司净利润规模较大，而估值水平整体较低，2022年

油气开采、炼化及贸易和油服工程板块上市公司的净利润平均值分别为361.63亿元、79.16亿元和6.07亿元，其中油气开采和炼化及贸易板块的平均值远高于石化产业整体上市公司净利润均值（12.77亿元）；2022年油气开采、炼化及贸易和油服工程板块上市公司的市盈率中位数分别为7.40倍、8.17倍和10.84倍，均明显低于石化产业整体上市公司市盈率中位数（24.63倍）。从相对量来讲，2022年受行业周期影响，油气开采业务利润率高（板块平均利润率27.69%），板块相对净利润处于行业前列，而炼化及贸易、油服工程板块上市公司盈利状况不佳，利润率分别为1.22%和4.94%，因此相对净利润处于行业末端；油气开采和炼化及贸易板块上市公司的相对估值水平也相对较低。

油气开采、炼化及贸易和油服工程板块上市公司的高质量发展，一是向高端化方向发展。推进炼化项目"降油增化"，延长石油化工产业链。增强高端聚合物、专用化学品等产品供给能力，引导烯烃原料轻质化、优化芳烃原料结构，提高碳五、碳九等副产资源利用水平。二是加大创新投入，提高技术水平。加大科技研发投入，完善公司创新机制与配套建设，激发创新活力。加快构建重点实验室、重点领域创新中心、共性技术研发机构"三位一体"创新体系，推动产学研用深度融合。积极牵头组建产业技术创新联盟、上下游合作机制等协同创新组织，支持地方合理布局建设区域创新中心、中试基地等。三是向低碳化绿色化方向发展。加快石化化工行业节能提效改造升级，加强高效精馏系统产业化应用，加快原油直接裂解制乙烯、新一代离子膜电解槽、重劣质渣油低碳深加工、合成气一步法制烯烃、高效换热器、中低品位余热余压利用等推广。因地制宜、合理有序开发利用"绿氢"，推进炼化、煤化工与"绿电""绿氢"等产业耦合示范，利用炼化、煤化工装置所排二氧化碳纯度高、捕集成本低等特点，开展二氧化碳规模化捕集、封存、驱油和制化学品等示范。加快原油直接裂解制乙烯、合成气一步法制烯烃、智能连续化微反应制备化工产品等节能降碳技术开发应用。四是完善企业管理，践行社会责任。加强上市公司股权结构管理，保持股权权属清晰，设定合理的董事会决策机制；建立健全符合上市公司监管要求和公司自身特点的现代化公司制管理制度；真实、准确、完整披露上市公司信息，做好投资者关系管理工作，积极践行社会责任。

三、农化制品、化学原料、化学纤维、非金属材料板块

农化制品、化学原料、化学纤维和非金属材料板块处于石化产业链相对中游，盈利状况与估值水平居中，发展状况受行业周期影响大。从绝对量来讲，2022年农化制品、化学原料、化学纤维和非金属材料板块上市公司的净利润平均值分别为11.56亿元、7.72亿元、3.44亿元和2.67亿元；市盈率中位数分别为17.21倍、17.37倍、20.29倍和22.91倍，均处于行业中游水平。从相对量来讲，农化制品处于四象限中的第二象限，相对估值水平不高，盈利状况主要受2022年农化产业高景气周期的正面影响；化学纤维和非金属材料板块处于四象限中的第三象限，即相对盈利状况和估值

水平均较低，改进空间大；化学原料板块处于第四象限，相对净利润不高，但相对估值水平处于行业前列。

农化制品、化学原料、化学纤维和非金属材料板块上市公司的高质量发展，一是做强做优石化产品。加快结构调整和转型升级，实施石化工业供给侧结构性改革，科学规划新增石化产品产能，发展基地化、集约化、大型化的先进产能；围绕国家高端制造业重大战略需求，布局实现高端石化产品国产化，开展产业升级工程建设，补强产业链短板以迈向产业链中高端。二是加快关键核心技术攻关，提高产业链稳定性和竞争力。突破制约产业链安全的"卡脖子"技术问题，围绕新能源、高性能树脂、特种合成橡胶、高性能纤维、医用材料等高端石化产品，加大技术攻关投入力度，增强产业链和供应链自主可控能力。三是打造核心竞争力，提升企业价值。经营价值层面，明确细分行业供需格局与未来发展空间，把握市场机遇；找准自身战略定位，通过在细分领域不断迭代和创新打造公司核心竞争力，推动各类要素向主营业务集中，提升自身在行业市场的影响力；不断强化创新主体地位，积极增加研发投入，瞄准关键核心技术特别是"卡脖子"问题，加快技术攻关；提升公司组织能力和效率，完善独立董事规则，积极健全企业管理制度，提高信息披露质量。交易价值层面，通过合理的资产结构提高发展安全系数，借助资本市场的投融资工具提升上市公司效率和竞争力；优化投资回报，适度提高分红，通过多元激励机制鼓励长期投资者加入；同时积极稳定市场、回馈社会、履行责任，践行绿色发展理念，助力生态环境的改善。